公路工程造价人员资格考试用书

公路工程造价基础理论及相关法规

Gonglu Gongcheng Zaojia Jichu Lilun ji Xiangguan Fagui

交通运输部职业资格中心

人民交通出版社

内 容 提 要

本书为《公路工程造价人员资格考试用书》之一。本书根据最新考试大纲编写，共分5章，内容包括：公路工程造价管理及其基本制度、工程经济、工程财务、工程项目管理、法律法规。

本书注重理论联系实际，针对性、实用性、操作性强，既可为广大考生复习备考的参考用书，也可供相关从业人员和高校师生学习参考。

图书在版编目(CIP)数据

公路工程造价基础理论及相关法规 / 交通运输部职业资格中心组织编写. — 北京：人民交通出版社，2011.10

公路工程造价人员资格考试用书

ISBN 978-7-114-09460-6

Ⅰ. ①公… Ⅱ. ①交… Ⅲ. ①道路工程－工程造价－资格考试－自学参考资料②道路工程－建筑造价管理－法规－中国－资格考试－自学参考资料 Ⅳ. ①U415.13②D922.296

中国版本图书馆CIP数据核字(2011)第209755号

公路工程造价人员资格考试用书

书　　名：公路工程造价基础理论及相关法规
著 作 者：交通运输部职业资格中心
责任编辑：沈鸿雁　刘永超
出版发行：人民交通出版社
地　　址：（100011）北京市朝阳区安定门外外馆斜街3号
网　　址：http：//www.ccpress.com.cn
销售电话：（010）59757973
总 经 销：人民交通出版社发行部
经　　销：各地新华书店
印　　刷：北京交通印务实业公司
开　　本：787×1092　1/16
印　　张：21.25
字　　数：519千
版　　次：2011年10月　第1版
印　　次：2013年12月　第5次印刷
书　　号：ISBN 978-7-114-09460-6
定　　价：62.00元
（有印刷、装订质量问题的图书由本社负责调换）

《公路工程造价人员资格考试用书》

审 定 委 员 会

本册编写人员

何寿奎　刘　燕

前　言

公路交通是经济社会发展的重要基础性和先导性产业，也是事关国计民生的重要服务性行业。近年来我国的公路交通基础设施建设取得了举世瞩目的成就，为国民经济和社会发展以及人民群众的安全便捷出行做出了贡献。公路工程造价管理是公路建设不可或缺的一项重要工作，对于科学、合理确定和使用公路建设资金，发挥其最大效能具有不可替代的重要作用。培育一支高素质的公路工程造价从业人员队伍，是加强公路建设资金管理的重要保证。

为适应当前公路建设和发展的需要，保障工程质量和安全，解决公路工程造价人员数量与工程建设实际需求不相适应的突出矛盾，交通运输部组织实施了公路工程造价人员过渡考试。考试共2天，设4个科目，即：公路工程造价基础理论及相关法规、公路工程造价的计价与控制、公路工程技术与计量和公路工程造价案例分析。

为方便考生备考，我们组织来自公路工程造价（定额）管理、设计、施工、造价咨询等单位和部分高校的专家编写了公路工程造价人员资格考试用书，包括《公路工程造价基础理论及相关法规》、《公路工程造价的计价与控制》、《公路工程技术与计量》和《公路工程造价案例分析》4册，分别与4个考试科目对应。考试用书根据《公路工程造价人员资格考试大纲》（交职发〔2011〕255号）编写，紧密围绕交通运输部最新颁布和修订的行业标准、规范，体现了公路建设新结构、新设备、新技术、新工艺和新材料的发展对公路工程造价人员管理的新要求，强调了“安全、耐久、节约、和谐”的建设理念。考试用书注重理论联系实际，针对性、实用性和操作性强，既可作为广大考生复习备考的参考用书，也可供相关从业人员和高校师生学习参考。

考试用书编写过程中参考了大量文献资料，交通公路工程定额站以及部分公路工程建设、造价（定额）管理、设计、施工和造价咨询等单位的专家提出了宝贵意见，在此谨致谢意！也借此机会向关心公路工程造价人员资格管理工作的各界人士表示衷心的感谢！

交通运输部职业资格中心

二〇一一年八月

目　　录

第一章　公路工程造价管理及其基本制度

第一节　公路工程造价的定义及其构成

一、建设工程造价的定义及其构成

工程造价通常是指工程的建造价格。根据所站角度的不同，工程造价有不同含义。

第一种含义：工程造价是指一个建设项目从立项开始到建成交付使用预期花费或实际花费的全部费用。根据我国现行的制度规定，建设工程造价由建筑安装工程费、设备和工器具购置费、工程建设其他费及预备费等组成。

第二种含义：工程造价是指工程价格。即为建成一项工程，预计或实际在土地市场、设备材料市场、技术劳务市场以及承包市场等交易活动中所形成的建筑安装工程的价格和建设工程总价格。工程造价的第二种含义是以社会主义市场经济为前提的，它以工程这种特定的商品形式作为交易对象，通过招投标、承发包或其他交易方式，在进行多次性预估的基础上，最终由市场确定的价格。在这里，工程的范围和内涵既可以是涵盖范围很大的一个建设项目，也可以是一个单项工程，甚至也可以是某个分部工程。

通常把工程造价的第二种含义只认定为工程承发包价格。承发包价格是工程造价中一种重要的，也是最典型的价格形式。它是在建筑市场通过招投标，由需求主体（投资者）和供给主体（建筑商）共同认可的价格。鉴于建筑安装工程价格在项目固定资产中占有50%～70%的份额，是工程建设中最活跃的部分；而且建筑企业是建设工程的实施者，占有重要的市场主体地位，因此工程承发包价格被界定为工程价格的第二种含义，很有现实意义。但是这样界定对工程造价的含义理解较狭窄。

工程造价的两种含义是从不同角度把握同一事物的本质。对建设工程的投资者来说，面对市场经济条件下的工程造价就是项目投资，是“购买”项目要付出的价格，同时也是投资者在作为市场供给主体“出售”项目时定价的基础。对于承包人、供应商和规划、设计等单位来说，工程造价是他们作为市场供给主体出售商品和劳务的价格总和，或特定范围的工程造价，如建筑安装工程造价。

区别工程造价的两种含义的理论意义在于：为投资者和以承包人为代表的供应商在工程建设领域的市场行为提供理论依据。当政府提出降低工程造价时，是站在投资者的角度充当着市场需求主体的角色；当承包人提出要提高工程造价、提高利润率并获得更多的实际利润时，他是要实现一个市场供给主体的管理目标。这是市场运行机制的必然。不同的利益主体绝不能混为一谈。同时，两种含义也是对单一计划经济理论的一个否定和反思。区别两重含义的现实意义在于：为实现不同的管理目标，不断充实工程造价的管理内容，完善管理方法，更好地为实现各自的目标服务,从而有利于推动经济增长。

二、公路工程造价的定义及其构成

公路工程造价是指建设一条公路或一座独立大桥或隧道使其达到设计要求所花费的全部费用。公路工程属建设工程,其造价同样由建筑安装工程费、设备及工器具购置费、工程建设其他费用及预备费组成。公路建设项目工程造价构成如图1-1所示。

1.建筑安装工程费

建筑安装工程费由建筑工程费和设备安装工程费两部分组成,即是指建筑物或构筑物的建造费用、需要安装设备的安置和装配费用以及相关的辅助工程和费用(包括临时设施、施工措施和施工管理所发生的全部费用),也就是支付给施工企业的全部费用。

在公路建设项目中,建筑工程费一般包括临时工程、路基工程、路面工程、隧道工程、桥涵工程、交叉工程、其他工程及沿线设施以及管理、养护、服务房屋工程的费用。

公路建设项目中,设备安装工程主要指高等级公路中的管理设施的安装,如收费站的收费设施安装、通信设施安装、监控设施安装、供电设备安装,以及某些隧道的通风设备、供电设备的安装等。但桥涵工程及其他混凝土工程中的预制构件的安装,不属于设备安装工程,而是建筑工程中混凝土工程施工的一种方法。

建筑安装工程费是直接用于形成工程实体所发生的费用,包括直接费、间接费、利润及税金。

(1)直接费由直接工程费、其他工程费组成

直接工程费是指施工过程中耗费的构成工程实体和有助于工程形成的各项费用,包括人工费、材料费、施工机械使用费。

其他工程费系指直接工程费以外施工过程中发生的直接用于工程的费用。内容包括冬季施工增加费、雨季施工增加费、夜间施工增加费、特殊地区施工增加费、行车干扰工程施工增加费、安全及文明施工措施费、临时设施费、施工辅助费、工地转移费9项。

(2)间接费由规费和企业管理费组成

规费系指法律、法规、规章、规程规定施工企业必须缴纳的费用,包括:养老保险费;失业保险费;医疗保险费(含生育保险);住房公积金;工伤保险费。各项规费以各类工程的人工费之和为基数,按国家或工程所在地法律、法规、规章、规程规定的标准计算。

企业管理费由基本费用、主副食运费补贴、职工探亲路费、职工取暖补贴和财务费用5项组成。

(3)利润

利润系指施工企业完成所承包工程应取得的盈利,利润按直接费与间接费之和扣除规费后按7%计算。

(4)税金

税金系指按国家税法规定应计入建筑安装工程造价内的营业税、城市维护建设税及教育费附加。

2.设备、工具、器具及家具购置费

设备、工具、器具及家具购置费包括设备购置费、工器具购置费、办公和生活用家具购置费。设备购置费是指为满足公路的运营、管理、养护需要,购置的达到固定资产标准的设备和虽然低于固定资产标准但属于设计明确列入设备清单的设备的费用。工器具购置费是指建设

项目交付使用后为满足初期正常营运必须购置的第一套不构成固定资产的设备、仪器、仪表、工卡模具、器具、工作台(框、架、柜)等的费用。办公和生活用家具购置费是指为保证新建、改建项目初期正常生产、使用和管理所必须购置的办公和生活用家具、用具的费用。

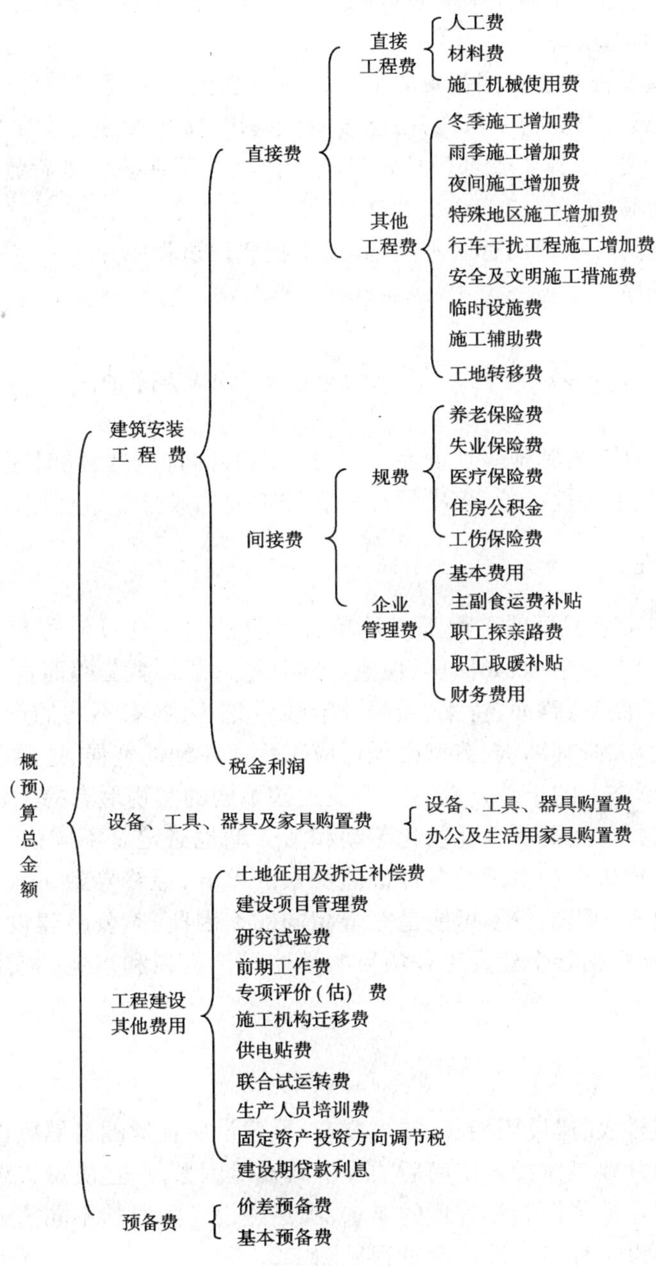

图1-1　公路建设项目工程造价构成

3. 工程建设其他费用

工程建设其他费用,是指除建筑安装工程费用和设备、工具、器具及办公和生活用家具购置费用以外的一些费用,根据国家有关规定应在基本建设投资中支付,并构成工程造价的一个组成部分。它包括土地征用及拆迁补偿费、建设项目管理费、研究试验费、前期工作费、专项评价(估)费、施工机构迁移费、联合试运转费、生产人员培训费、建设期贷款利息等。

4. 预备费

为了对一些在工程开工之前不可能预见到而必须增加的工程和费用,以及建设期间可能发生的由于自然灾害、物价变动及国家政策调整对工程造价的影响作准备,在上述三部分费用之外,列有一项费用称为预备费。

预备费由价差预备费及基本预备费两部分组成。在公路工程建设期限内,凡需动用预备费时,属于公路交通部门投资的项目,需由建设单位提出,按建设项目隶属关系,报交通运输部或省交通运输厅(局、委)基建主管部门核定批准。该项费用在公路工程施工招标文件的工程量清单中称为暂列金额。

此项费用与前述的三项费用有所不同,其在工程建设过程中并不一定完全使用,而且动用时有其严格的审批程序。

第二节　工程造价计价的特点

工程造价计价除具有与其他一切商品价格计价的共同特点外,同时还有其自身的技术经济特点,这些特点就是单件性计价、多次性计价和按工程构成分部组合计价。

一、计价的单件性

产品的个体差别决定了每项工程都必须单独计算造价。建设工程都有其指定的专门用途,因此就有不同的形态和结构,如厂房、住宅、公路、港口等。就公路而言,其用途是供汽车行驶,但构成公路整体的路基、路面、桥梁、涵洞及沿线设施等,各有不同的形态和结构。建设工程都是固定在一定地点的,其结构、造型必须适应工程所在地的气候、地质、水文等自然客观条件,因而形成在实物形态上的千差万别。在建设这些不同的实物形态的工程时,必须采取不同的工艺、设备和建筑材料,因而所消耗物化劳动和活劳动也必定是不同的,再加上不同地区的社会发展不同致使构成价格和费用的各种价值要素的差异,最终导致工程造价各不相同。任何两个公路建设项目其工程造价不可能是完全相同的。因此,对公路建设工程只能是单件性计价。也就是说,只能根据各个建设工程项目的具体设计资料和当地的实际情况单独计算工程造价。

二、计价的多次性

建设工程一般规模大、建设周期长、技术复杂、受建设所在地的自然条件影响大,消耗的人力、物力和财力巨大,并要考虑投入使用后的经济效益等因素,一旦决策失误,将造成不可挽回的巨大损失。为了适应造价控制和管理的要求,满足建设各阶段的不同需要,必须在建设全过程进行多次计价。建设工程多次性计价过程见图 1-2。

(1)在项目建议书阶段编制项目建议书投资估算,作为项目建议书阶段可行性研究时进行经济评价的依据。项目建议书经批准后可进入可行性研究报告阶段。

(2)在可行性研究报告阶段编制可行性研究报告投资估算,作为可行性研究进行经济评价的依据。可行性研究报告经批准后,其投资估算是决策、筹资和控制造价的主要依据。

(3)在初步设计阶段编制初步设计概算,按两阶段设计的建设项目,概算经批准后是确定建设项目投资的最高限额，是签订建设项目总承包合同的依据。

工程多次计价程序
工程准备阶段
工程实施阶段
项目建议书 → 可行性研究 → 初步设计 → 技术设计 → 施工图设计 → 招标投标 → 合同实施 → 竣工验收
投资估算　投资估算　概算　修正概算　施工图预算　标底或招标控制价　投标报价　中间结算　设计变更结算　竣工结算　竣工决算

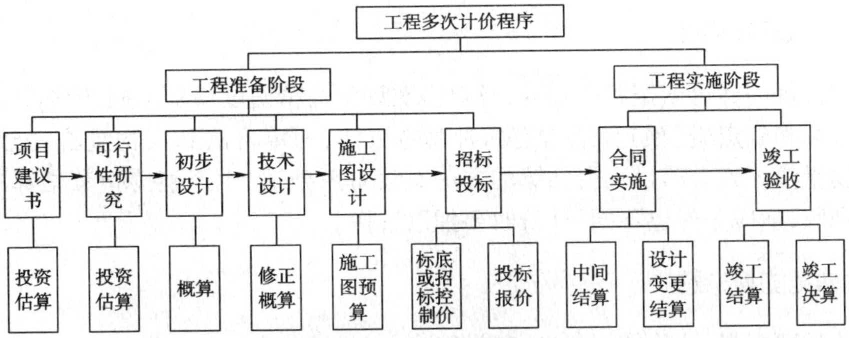

图 1-2　工程多次计价过程图

(4)在技术设计阶段编制技术设计修正概算，按三阶段设计的建设项目，修正概算经批准后是确定建设项目投资的最高限额，是签订建设项目总承包合同的依据。

(5)在施工图设计阶段编制施工图预算，施工图预算经批准后，是签订建筑安装工程承包合同，办理工程价款结算的依据。也是实行建筑安装工程造价包干的依据。实行招标的工程，其建筑安装工程费用是编制标底的基础。

(6)实行建筑安装工程及设备采购招标的建设项目，一般都要编制标底或招标控制价，编制标底或招标控制价也是一次计价。

(7)施工单位为参加投标，首先要根据招标文件和现场情况编制施工预算，作为本企业的控制成本的依据，然后再根据市场情况编制有竞争性的投标报价。

以上是建设单位、施工单位在不同阶段对建设项目作出的预期工程造价计算，确定中标单位后，按照合同条款的约定签订合同价，在施工过程中根据工程变更和市场物价变动情况确定结算价，结算价才是建设项目各分部分项工程的实际造价。工程竣工并通过验收合格后，建设单位根据各分部分项工程的结算价编制的竣工决算才是整个建设项目的实际造价。

一个建设项目各个阶段的计价是相互衔接、由粗到细、由浅到深、由预期到实际的发展过程。前者是后者的依据，后者是前者的修正和补充。

三、计价的组合性

建设工程规模大，工程结构复杂，根据建设工程单件性计价的特点，不可能简单直接地计算出整个建设工程的造价，必须将整个建设工程分解，分解到合理的最小工程结构部位，直至对计量和计价都相对准确的程度。如将公路建设工程分解为路基工程、路面工程、桥梁工程等，对路基工程再分解为土方工程、石方工程等，对土方工程再分解为挖方工程、填方工程等，对挖方工程再分解为机械开挖、人力开挖等，机械开挖再分解为挖掘机开挖或推土机推开挖等，如确定采用推土机推开挖，就可以通过推土机推挖土方的工程定额得到推挖 $1m^3$ 土方所需推土机机械台班消耗量，再按推土机的每台班单价计算出所需的费用。各项工程都可以这样分解，然后再将各部位的费用按设计确定的数量加以组合就可确定全部工程所需要的费用。任何规模庞大、技术复杂的工程都可以采用这种方法计算其全部造价。

工程定额就是根据这一原理编制的，为了适应不同设计阶段编制工程造价的需要，编制了施工定额、预算定额、概算定额、估算指标，这几种定额是相互衔接的，其单项定额所综合的工程内容是逐级扩大的。

四、计价方法的多样性

由于多次计价的计价依据各不相同，且对多次计价的精确度要求不同，因而计价方法有多样性特征。计算和确定概（预）算造价有两种基本方法，即单价法和实物量法，公路项目预算造价采用实物量法。建设项目投资估算的方法有设备系数法、生产能力指数估算法等。不同的方法各有利弊，适应条件也不同，计价时要加以选择。

五、计价依据的复杂性

影响造价的因素多，计价依据复杂、种类繁多，主要可分为以下 7 类：

(1)确定设备和工程数量依据。包括项目建议书、可行性研究报告、设计文件等。

(2)计算人工、材料、机械等实物消耗量依据。包括投资估算指标、概算定额、预算定额等。

(3)计算工程单价的价格依据。包括人工单价、材料价格、材料运杂费、机械台班费等。

(4)计算设备购置费的依据。包括设备原价、设备运杂费、进口设备关税等。

(5)计算其他工程费、间接费和工程建设其他费用依据。主要是相关的费用定额和指标及当地的征地拆迁补偿政策。

(6)政府规定的税收和有关收费标准。

(7)物价指数和工程造价指数。

计价依据的复杂性不仅使计算过程复杂，而且要求计价人员熟悉项目建设相关的法律法规及造价编制的各类依据，并加以正确运用。

第三节　我国公路工程造价管理体制和基本内容

一、工程造价管理的含义

(一)工程造价管理的含义

工程造价管理有两种含义：一是建设工程投资费用管理；二是建设工程价格管理。其概念区别见表 1-1。

工程造价管理的两种含义　　表 1-1

<table>
<tr><td rowspan="4">工程造价管理的两种含义</td><td rowspan="2">建设工程投资费用管理</td><td>定义</td><td>建设工程投资费用管理的含义是，为了实现投资的预期目标，在拟定的规划、设计方案的条件下，预测、计算、确定和监控工程造价及其变动的系统活动</td></tr>
<tr><td>特点</td><td>这一含义既涵盖了微观的项目投资费用的管理，也涵盖了宏观层次的投资费用的管理</td></tr>
<tr><td rowspan="2">工程价格管理</td><td>定义</td><td>工程造价第二种含义的管理，即工程价格管理，属于价格管理范畴</td></tr>
<tr><td>特点</td><td>价格管理分两个层次：(1)在微观层次上，是生产企业在掌握市场价格信息的基础上，为实现管理目标而进行的成本控制、计价、定价和竞价的系统活动。(2)在宏观层次上，是政府根据社会经济发展的要求，利用法律手段、经济手段和行政手段对价格进行管理和调控，以及通过市场管理规范市场主体价格行为的系统活动。
国家对政府投资公共、公益性项目工程造价的管理，不仅承担一般商品价格的调控职能，而且在政府投资项目上也承担着微观主体的管理职能</td></tr>
</table>

(二)全面造价管理

全面造价管理(TCM)是指有效地利用专业知识与技术,对资源、成本、盈利和风险进行策划和控制。建设工程全面造价管理的含义包括:全寿命期造价管理、全过程造价管理、全要素造价管理和全方位造价管理。其含义与区别见表1-2。

全面造价管理的含义　　表1-2

全面造价管理	全寿命期造价管理	建设工程全寿命期造价是指建设工程初始建造成本和建成后的日常使用成本之和,它包括建设前期、建设期、使用期及拆除期各个阶段的成本
	全过程造价管理	建设工程全过程是指建设工程前期决策、设计、招投标、施工、竣工验收等各个阶段,全过程工程造价管理覆盖建设工程前期决策及实施的各个阶段,包括前期决策阶段的项目策划、投资估算、项目经济评价、项目融资方案分析;设计阶段的限额设计、方案比选、概预算编制;招投标阶段的标段划分、承发包模式及合同形式的选择、标底(限价)编制;施工阶段的工程计量与结算、工程变更控制、索赔管理;竣工验收阶段的竣工结算与决算等
	全要素造价管理	建设工程造价管理不能单就工程造价本身谈造价管理,因为除工程本身造价之外,工期、质量、安全及环境等因素均会对工程造价产生影响。为此,控制建设工程造价不仅仅是控制建设工程本身的成本,还应同时考虑工期成本、质量成本、安全与环境成本的控制,从而实现工程造价、工期、质量、安全、环境的集成管理
	全方位造价管理	建设工程造价管理不仅仅是业主或承包单位的任务,而应该是政府建设行政主管部门、行业协会、业主方、设计方、承包方以及有关咨询机构的共同任务。尽管各方的地位、利益、角度等有所不同,但必须建立完善的协同工作机制,才能实现建设工程造价的有效控制

二、我国公路工程造价管理体制

工程造价管理体制是指对工程造价实施管理所采取的组织体系和管理方法。其核心是在有利于建设工程发展的前提下,如何处理中央和地方、国家与部门、参与建设的各方之间的管理权限、经济责任和经济利益。工程造价管理体制是国家经济体制和国家建设管理体制的一部分,在总体上受国家经济体制和国家建设管理体制的制约,在具体实施上有其独有的特性。工程造价管理体制属于上层建筑范畴,受经济基础的制约,又反作用于经济基础。建立与我国工程建设发展相适应的工程造价管理体制,就能够对工程建设的发展起促进作用,反之,就起消极作用。

(一)我国公路工程造价管理制度的发展历程

新中国成立以来,我国工程造价管理体制的发展,大体上可分为六个阶段:

1. 实行国家计划下的工程预算制度阶段(1949~1952年)

新中国成立初期,为恢复受到战争破坏的经济,适应大规模经济恢复重建工作,在工程建设方面实行工程预算制度。各部门根据国家的建设计划,凭借以往的经验,编制建设工程预算作为计划拨款的依据。各部门各地区成立工程局,实施国家建设计划,承担工程设计、施工任务。在工程实施期间,以各工程局编制的工时定额手册和普工、技工两个工资等级确定的工资单价,作为计件工资的依据,以此支付民工的劳动报酬。工程竣工后以实际的全部支出向国家报销。在这一时期,国家没有统一的预算定额。由于新中国成立初期,人民群众建设热情高,干部责任心强,国家建设计划执行的都很好。对非国家计划的建设项目,由私营的营造厂根据自己的经验报价,经业主同意后签订承建合同,作为结算的依据。

在这一时期,公路的新建、改建、恢复工程,都是实行民工建勤制,由省一级的劳动主管部门根据国家建设工程用工计划按州(地)、县分派民工指标的形式,并由州(地)、县配备行政管理干部,成建制地组织上路担负施工任务。当时的建设单位,也就是施工单位的主管部门,根据这一组织模式,参照以往施工经验,编制了工时定额手册,并以壮工和技工两个工资等级确定工资单价,作为计件工资的依据,以此支付民工的劳动报酬。在这个时期内,基本建设是属于事后算账,实行实报实销的工程造价管理。但对于竣工结算则要求十分严格,可以说比现行的办法则要繁琐得多。

2. 建立与计划经济相适应的概预算制度阶段(1953～1957 年)

第一个五年计划开始时,我国的工程造价管理主要采用前苏联的高度集中的基本建设工程造价管理模式。国务院颁布了《基本建设工程设计和预算文件审核批准暂行办法》,国家建设委员会颁布了《工业与民用建设设计及预算编制暂行办法》,各专业部也相继颁布了各专业工程的预算编制办法。随后,各部委又颁布了工程概算指标和概算编制办法,建立了全国统一的以各专业概预算定额、指标为计价依据,以相应的概预算编制办法作为确定的工程造价构成和造价计算方法,形成我国建设工程概预算制度和体系。同时,国务院和各部委还规定了建设项目必须进行经济调查和效益分析,制定了基本建设程序、建设项目和概预算审批权限等制度,奠定了我国在计划经济体制下建设工程造价管理的制度。

在"一五"时期,公路基本建设工程大都实行了承发包制。交通部(现已更名为交通运输部,后同)颁布了第一部《公路工程预算定额》和《公路基本建设工程预算编制办法》。一般公路建设工程都能做到设计有概算、施工有预算、竣工有决算,在施工过程中十分重视经济效果的分析。当时普遍实行了月、季、年的定期分析制度,及时组织生产,平衡资源调度。故工期短、质量好、工程造价都能控制在国家计划要求之内,取得了较好的投资和施工经济效果。

在预算编制方法上,最初,公路与工业与民用建筑工程一样,采用"单位估价法"的办法来进行编制,但由于公路建设工程是一种线性建筑,施工现场交通不便,远离城镇,所需的砂石地方材料,大都是在沿线就地采集加工使用。由于受这些因素的影响和制约,加之每一个公路建设项目的各种材料的运距和运输方式,都存在着很大的差异,而又无一定的规律可循,故在使用这种"单位估价法"时,需要进行大量的调整和修改,既烦琐而且又增加了不少的计算工作。因此改用"工、料分析"的方法(也称实物法)来编制和确定公路工程造价。这一方法经过几十年不断实践、改进,沿用至今,日臻完善。

3. 概预算制度被削弱的阶段(1958～1965 年)

从 1958 年开始,由于过分强调发挥地方和企业的积极性,在中央放权的背景下,许多部门的概预算与定额管理权限也全部下放。1958 年 6 月,工业与民用建筑行业将该行业的基本建设预算编制办法、建筑安装工程预算定额和间接费用定额下放各省、自治区、直辖市负责管理,造成该行业的工程量计量规则和定额项目在全国不统一,给跨地区的建设工程造成极大的困难。公路工程的定额和概预算管理工作虽然没有下放,但也被大大削弱。各级基建管理机构的概预算管理部门被取消,设计单位概预算人员减少,只算政治账,不算经济账。尽管在此期间有过重整定额和概预算管理的措施,如实行过投资包干制等管理制度,取得了一定的成效,然而，概预算制度被削弱的趋势未能改变。

4. 概预算制度遭到严重破坏的阶段(1966～1976 年)

1966 年开始进入“十年动乱”，“一五”期间建立起来的一些好的造价管理制度被否定，定额和概预算管理机构被撤销，预算人员改行，大量基础资料被销毁，定额被说成是“管、卡、压”的工具。造成设计无概算，施工无预算，竣工无决算，投资大敞口，以致许多工程不计经济效果，工期拖长，质量下降，造价提高，分不清经济责任。虽然没有概预算不得列入年度计划的国家规定没有被废除，但是建设单位关心的只是得到一个批准的概算，一旦工程项目列入计划，概算就完成了使命。以致在实际建设过程中，决算超预算、预算超概算、概算超估算的“三超”现象非常普遍。

在此期间，公路的定额和概预算管理工作也遭到严重破坏。交通部自 1964 年起用三年时间组织各省力量修订完成的《公路工程预算定额》，被认为是“修正主义”的产物，不予批准执行。定额管理人员被全部下放，公路施工企业实行经常费制度，即企业的管理费用按企业规模核定经常费标准，工程费用按完工的实际支出核销，整个建设费用处于实报实销的状况。为了恢复承发包制，1972 年交通部决定重新修订《公路工程预算定额》，编制《公路工程概算定额》和《公路基本建设工程概预算编制办法》，并于 1973 年颁布执行，公路的定额和概预算管理工作开始得到恢复。

5. 概预算制度重建和发展阶段(1976 年～1989 年)

1977 年国家开始恢复被“十年动乱”破坏的经济工作，加强了基本建设管理工作，定额和概预算管理工作受到重视。1983 年 8 月，国家计委成立基本建设标准定额局(1988 年划归建设部，成立标准定额司)，组织制定工程建设概预算定额、费用定额等管理制度，使工程造价管理工作进入规范化、系列化发展阶段。

为了加强建设项目决策的科学性，在基本建设程序中增加了项目建议书和工程可行性研究两个阶段，在这两个阶段中都必须进行可行性研究和经济评价。标准定额局于 1985 年制定了投资估算指标编制的原则和规定等文件，规范和推动各部门投资估算指标的编制工作，使建设工程造价管理工作开始从局限于设计阶段向上延伸到项目的决策阶段。

1985 年中国建设工程造价管理协会成立，标志着建设工程造价管理工作开启了由政府统管变为社会团体参与管理的新局面，协会组织会员在工程造价学术理论探讨、经验交流、推动工程造价社会咨询服务和建立我国造价工程师执业资格制度等方面发挥了积极作用。

公路的定额和概预算管理工作，在这一时期也得到进一步发展。1982 年重新修订和颁布了概预算定额和概预算编制办法，1983 年交通部首次召开了全国公路工程定额管理工作会议，决定加强定额和概预算管理工作，在全国建立定额和概预算工作联络网，下设六个片区联络网，开展工程造价学术理论研究和工程造价管理工作经验交流；1984 年编制建设项目投资估算指标，以满足编制投资估算的需要。同年成立交通部公路工程定额站，负责组织编制全国公路定额，检查、监督定额的执行情况。1988 年交通部发出通知，要求建立省、自治区、直辖市公路工程定额站，对公路定额和概预算工作实行统一领导，分级管理。这些都是前所未有的重大举措，对于加强和深化工程造价管理工作具有重大意义。

6. 工程造价管理体制进入改革阶段(1990 年开始)

在深入进行改革开放、工程建设加速发展的大好形势下，工程造价管理体制也在不断改革、发展、完善，主要体现在：

(1)思想观念有了根本转变

在对工程造价管理的认识上、思想观念有了根本转变。要合理确定、有效控制工程造价，必须进行全过程的、全面的管理和控制的观点已得到普遍认同。合理确定工程造价，就是要求工程造价的确定要具有科学性、先进性、合理性；有效控制工程造价，就是要建立并实行工程造价控制的责任制；要重视和加强项目决策阶段的投资估算工作，努力提高可行性研究阶段投资估算的准确程度，使其真正能起到控制建设项目总投资的作用；在工程造价控制中，要有系统控制、动态控制的观点，应建立和完善工程项目造价控制系统，切实发挥造价管理人员的造价控制作用等已成为共识。

鉴于我国已经加入 WTO，我国的建设工程造价要与国际市场建设工程管理接轨，这就需要转变观念，消除我国目前工程计价仍然带有的一定计划价格和行政干预的色彩，改变现行计价方法。为了达此目的，要认真研究国际建设工程常见的国际惯例或做法，如国际工程建设程序、国际工程设计常用的技术标准和规范、国际工程招投标的惯例或规则、国际工程常见的合同条款、关贸总协定中对价格问题的规定、国际工程常用的支付方法、国际工程常见的保险种类、国际工程常见的税收制度、国际工程对索赔的处理等；要树立“全面造价管理”的观念，将造价管理看作战略资产管理；努力与国际性造价管理模式接轨，完善造价管理的理论和工程造价计价方法；要利用先进的计算技术和计算工具，建立多渠道的信息发布体系和网络；采用国际通用的合同文本，参照国际惯例和规则来计算工程造价；建立行之有效的政府间接调控功能和规范化的计价依据，推行造价工程师执业资格制度，提高工程估价水平。这些问题的研究和解决将有助于我国的设计单位、施工单位、监理单位走出国门，参与国际市场竞争，也有助于我国建筑工程领域的对外开放。

(2)造价编制中，考虑了动态影响因素

在编制投资估算、设计概算时，考虑了影响造价的动态因素，如原材料价格的变化、贷款利率的变化等，增列了价差预备费，在总费用中增列了建设期贷款利息。

(3)进一步完善了工程造价管理机构

进一步完善了工程造价管理机构，各地区、各部门的建筑工程定额站许多已改名为建设工程造价管理(总)站，以加强对本专业工程造价的管理、监督，包括制定、发布工程造价管理办法，制定、发布定额标准等。

(4)按照现行财务制度，调整了费用项目组成。将凡属于生产工人开支范围的费用统归入人工费内，临时设施费作为其他工程费归入直接费，在间接费中增加了规费。

(5)开始实行造价工程师执业资格制度和工程造价咨询单位资质管理办法。这些制度的实行对于提高建设工程造价管理社会化程度，提高工程造价专业人员的素质，确保建设工程造价工作质量起了积极作用。

(6)公路工程造价管理工作取得了显著进展

公路工程造价管理工作改革发展的进展主要体现在以下几方面：

①根据工程建设的客观要求，适时修订了概预算定额和概预算编制办法

1992 年，交通部对 1982 年颁布的《公路工程概算定额》、《公路工程预算定额》、《公路基本建设工程概算、预算编制办法》(以下简称《编制办法》)进行了修订，颁布了新的《公路工程概算定额》(以下简称《概算定额》)、《公路工程预算定额》(以下简称《预算定额》)、《公路基本建设工程概算、预算编制办法》、《交通基本建设项目竣工决算编制办法》，1996 年又颁布了

新的《公路基本建设工程概算、预算编制办法》，并对概预算定额中的“基价”进行了修订；1984年发布了《建设项目投资估算指标》，1993年修订、颁布了《公路工程估算指标》（以下简称《估算指标》）和《公路基本建设工程工程投资估算编制办法》，1996年再次进行了修订，颁布了新的《公路工程估算指标》和《公路基本建设工程工程投资估算编制办法》。这些文件规定在造价编制中采用市场价，施工企业投标报价不受《编制办法》约束。在96《编制办法》中，对其他直接费与间接费的计算作了改变，采用定额基价来进行计算；造价按“定额量、市场价、控制费”的原则进行编制；在总造价中列入预留费（含预备费和工程造价增涨预留费）作为造价的动态费用考虑。工程招投标时，标底应控制在批准的总造价的相应范围内，但施工企业的报价不受《编制办法》约束。《估算指标》采用市场价计价、总估算中要列入动态费用，这进一步提高了投资决策阶段投资估算的准确度。

2007年修订的《编制办法》根据建设部、财政部发布的《建筑安装工程费用项目组成》（建标[2003]206号）的规定，对建筑安装工程费的内容进行的调整：原直接工程费更名为直接费，原直接费更名为直接工程费；取消“现场经费”，将其内容拆分后分别划入直接费和间接费中；直接费中增加“风沙地区施工增加费”和“安全及文明施工措施费”两项内容；在间接费中增加规费内容；取消企业管理费中的上级管理费，企业管理费按工程类别计算，不再与企业的资质等级或隶属关系挂钩；将施工技术装备费和计划利润合并，统称为利润。参照建设部制定的《建设项目总投资组成及其他费用规定》，对工程建设其他费用内容进行了调整：修订土地征用及拆迁补偿费内容和标准；建设单位的概念越来越模糊，而建设项目却是唯一、明确的，原“建设单位管理费”更名为“建设项目管理费”，增加了竣（交）工验收试验费；将原“勘察设计费”归入为“建设项目前期工作费”；由于环境保护法规的相继出台，增加“专项评价（估）费”；增加“联合试运转费”和“生产人员培训费”；将建设期贷款利息的计算方法调整为复利计算，利息计算更符合实际；由于施工企业装备水平近年大幅度提高，取消大型专用机械设备购置费；将“工程保险费”列入预备费的构成内容。现行编制办法中对生产工人工资标准，要求结合地方工资标准的变化情况及时调整，充分体现动态管理的要求。

②加强了对造价从业人员的管理

1995年，交通部颁布了《公路工程造价人员资格认证管理办法》，对公路工程造价从业人员的资质与业务范围进行了规定。该管理办法对加强造价管理工作，提高造价编制质量和造价人员素质起了积极作用。

（二）工程造价管理体制改革

随着我国市场经济体制的逐步确立，工程造价管理模式发生了一系列变革。工程造价管理体制改革主要体现在以下几个方面：

（1）重视和加强项目决策阶段的投资估算工作，努力提高政府投资或国有投资的大中型或重点建设项目的可行性研究报告中投资估算的准确度，切实发挥其控制建设项目总造价的作用。

（2）进一步明确概预算工作的重要作用。概预算不仅要计算工程造价，更要能动地影响设计、优化设计，从而发挥控制工程造价、促进建设资金合理使用的作用。工程设计人员要进行多方案的技术经济比较，通过优化设计来保证设计的技术经济合理性。

（3）引入竞争机制，通过招标方式择优选定工程承包公司和设备材料供应单位，以促使这些单位改善经营管理，提高应变能力和竞争能力，降低工程造价。

（4）提出用"动态"方法研究和管理工程造价。研究如何体现项目投资额的时间价值，要求各地区、各部门工程造价管理机构定期公布各种设备、材料、工资、机械台班的价格指数以及各类工程造价指数，尽快建立地区、部门乃至全国的工程造价管理信息系统。

（5）提出对工程造价的估算、概算、预算、承包合同价、结算价、竣工决算实行"一体化"管理，并研究如何建立一体化的造价监督管理制度，改变过去分段管理的状况。

（6）进一步完善和加强对造价工程师执业资格制度的管理，扶持与引导工程造价咨询机构的发展。

我国工程造价管理体制改革的最终目标是：建立市场形成价格的机制，实现工程造价管理市场化，与国际惯例接轨，形成社会化的工程造价咨询服务业。

三、工程造价管理的基本内容

工程造价管理的基本内容就是合理确定和有效地控制工程造价。

1. 工程造价的合理确定

工程造价的合理确定，就是在工程建设各个阶段采用科学的方法和切合实际的计价依据，合理确定投资估算、设计概算、施工图预算、承包合同价、结算价、竣工决算价。

（1）在项目建议书阶段，按照有关规定，应编制投资估算，经政府管理部门批准，作为拟建项目列入国家中长期计划和开展前期工作的控制造价。

（2）在可行性研究报告阶段，按照有关规定编制的投资估算，经政府管理部门批准，即为该项目国家计划控制造价。

（3）在初步设计阶段，按照有关规定编制的初步设计总概算，经政府管理部门批准，即为控制拟建项目工程造价的最高限额。

（4）在施工图设计阶段，按规定编制施工图预算，用以核实施工图阶段造价是否超过批准的初步设计概算。经承发包双方共同确认、主管部门审查通过的预算，可以作为工程价款结算的依据。

（5）对施工图预算为基础招标投标的工程，承包合同价也是以经济合同形式确定的建筑安装工程造价。

（6）在工程实施阶段要按照承包方实际完成的工程量，以合同单价为基础，同时考虑因物价上涨所引起的造价提高，考虑到设计中难以预计的而在实施阶段实际发生的工程和费用，合理确定结算价。

（7）在竣工验收阶段，全面汇集在工程建设过程中实际花费的全部费用，编制竣工决算，如实体现该建设工程的实际造价。

2. 工程造价的有效控制

所谓工程造价的有效控制，就是在优化建设方案、设计方案的基础上，在建设程序的各个阶段，采用一定的方法和措施把建设工程造价的发生控制在合理的范围和核定的造价限额以内。以求合理地使用人力、物力和财力，取得较好的投资效益和社会效益。有效控制造价应该体现以下三个原则。

（1）以设计阶段为重点的建设全过程造价控制

工程造价控制贯穿于项目建设全过程，但是必须重点突出。很显然，工程造价控制的关键在于施工前的投资决策和设计阶段，而在项目作出投资决策后，控制工程造价的关键就在于设计。据西方一些国家分析，设计费一般只相当于建设工程全寿命费用的1%以下，但正是这少于1%的费用对工程造价的影响度占75%以上。由此可见，设计质量对整个工程建设的效益是至关重要的。

长期以来，我国普遍忽视工程建设项目前期工作阶段的造价控制。有效控制工程造价要坚决地把控制重点转到建设前期阶段上来，尤其是抓住设计这个关键阶段，以取得事半功倍的效果。在满足公路建设项目设计方案应有的公路技术等级标准及使用功能的前提下，可以运用价值工程分析方法通过对路线方案的调整、限额设计、标准化设计等措施来达到控制和降低工程造价的目的。

(2)采取主动控制，以取得令人满意的结果

传统决策理论是建立在绝对的逻辑基础上的一种封闭式决策模型，它把人看作具有绝对理性的"理性的人"或"经济人"，在决策时，会本能地遵循最优化原则(即取影响目标的各种因素的最有利的值)来选择实施方案。而美国经济学家西蒙首创的现代决策理论的核心则是"令人满意"准则。他认为，由于人的头脑能够思考和解答问题的容量同问题本身规模相比是渺小的，因此在现实世界里，要采取客观合理的举动，哪怕接近客观合理性，也是很困难的。西蒙提出了用"令人满意"这个词来代替"最优化"。如某一可行方案符合这种衡量准则，并能达到预期的目标，则这一方案便是满意的方案，可以采纳；否则应对原衡量准则作适当的修改，继续挑选。只要造价控制的方案符合这套衡量准则，取得令人满意的结果，则应该说造价控制达到了预期的目标。

长期以来，人们一直把控制理解为目标值与实际值的比较，这种立足于调查—分析—决策基础之上的偏离—纠偏—再偏离—再纠偏的控制方法，只能发现偏离，不能使已产生的偏离消失，不能预防可能发生的偏离，因而只能说是被动控制。自20世纪70年代初开始，人们将系统论和控制论研究成果用于项目管理后，将"控制"立足于事先主动地采取决策措施，以尽可能地减少以至避免目标值与实际值的偏离，这是主动的、积极的控制方法，因此被称为主动控制。也就是说，我们的工程造价控制，不仅要反映投资决策，反映设计、发包和施工，被动地控制工程造价，更要能动地影响投资决策，影响设计、发包和施工，主动地控制工程造价。

(3)技术与经济相结合是控制工程造价最有效的手段

要有效地控制工程造价，应从组织、技术、经济、合同与信息管理等多方面采取措施。从组织上采取的措施，包括明确项目组织结构，明确造价控制者及其任务以使造价控制有专人负责，明确管理职能分工；从技术上采取措施，包括重视设计多方案选择，严格审查监督初步设计、技术设计、施工图设计、施工组织设计，深入技术领域研究节约投资的可能；从经济上采取措施，包括动态地比较造价的计划值和实际值，严格审核各项费用支出，采取对节约投资的有力奖励措施等。

技术与经济相结合是控制工程造价最有效的手段。国外的技术人员时刻考虑如何降低工程造价，而中国技术人员则把它看成与己无关的财会人员的职责。而财会、概预算人员的主要责任是根据财务制度办事，他们往往不熟悉工程知识，也较少了解工程进展中的各种关系和问题，往往单纯地从财务制度角度审核费用开支，难以有效地控制工程造价。为此，需要树立以提高工程造价效益为目标的思想，在工程建设过程中把技术与经济有机结合，通过技术比较、经济分析和效果评价，正确处理技术先进与经济合理两者之间的对立统一关系，力求在技术先进条件下的经济合理，在经济合理基础上的技术先进，把控制工程造价观念渗透到各项设计和

施工技术措施之中。

四、国外及香港特区的工程造价管理

1. 行之有效的政府间接调控

在国外，按项目投资来源渠道的不同，一般可划分为政府投资项目和私人投资项目。政府对建设工程造价的管理，主要采用间接手段，对政府投资项目和私人投资项目实施不同力度和深度的管理，重点控制政府投资项目。

如英国对政府投资工程采取集中管理的办法，按政府的有关面积标准、造价指标，在核定的投资范围内进行方案设计、施工设计，目标控制，不得突破限额。如遇非正常因素非突破不可时，宁可在保证使用功能的前提下降低标准，也要将投资控制在额度范围内。

美国对政府的投资项目则采用两种方式：一是由政府设专门机构对工程进行直接管理，美国各地方政府、州政府、联邦政府都设有相应的管理机构。如纽约市政府的综合开发部（DGS）、华盛顿政府的综合开发局（GSA）等都是代表各级政府专门负责管理建设工程的机构；二是通过公开招标委托承包商进行管理。美国法律规定所有的政府投资项目都要采用公开招标，特定情况下（涉及国防、军事机密等）可邀请招标和议标。但对项目的审批权限、技术标准（规范）、价格、指数都作出特定规定，确保项目的资金不突破审批的金额。

对于私人投资项目的工程造价管理，国外一般都采取政府不干预的方式，但这种不干预不等于“不闻不问”，而是对各项目的具体实施过程不加干预，政府对私人投资项目主要是进行政策引导和信息指导，由市场经济规律调节，体现了政府对造价的宏观管理和间接调控，实际上是积极的“不干预”。

如美国政府对私人工程项目投资方向的控制有一套完整的项目或产品目录，明确规定私人投资者应在哪些领域投资，应将资金投放在哪些行业上。政府使用经济杠杆，如价格、税收、利率、信息指导、城市规划等来引导和约束私人投资方向和区域分布。政府通过定期发布信息资料，使私人投资者了解市场状况，尽可能使投资项目符合经济发展的需要。

2. 有章可循的计价依据

从国外的工程造价管理来看，一定的造价依据仍然是不可缺少的。事实上他们并不是不搞这方面工作，实际上他们也有很多相类似的资料，而且比我们的更细致，所不同的是：

（1）名称、形式不像我国那么规范，没有“定额”、“指标”这种叫法，基本上都归之为“价格”、“单价”、“费用”。

（2）不像我国主要由政府部门组织制定统一的计价标准，他们没有统一的工程项目造价计价依据和标准。

在美国，工程造价计价的定额、指标、费用标准等，一般是由各个大型的工程咨询公司制订。各地的咨询机构，根据本地区的具体特点，制订出单位建筑面积的消耗量和基价作为所管辖项目的造价估算的标准。此外，美国联邦政府、州政府和地方政府也根据各自积累的工程造价资料，并参考各工程咨询公司的有关造价资料，分别对各自管辖的政府工程项目制订相应的计价标准，作为项目费用估算的依据。

英国也没有统一的定额，工程量的计算规则就成为参与工程建设各方共同遵守的计量、计价的基本规则，现行的《建筑工程工程量计算规则》（SMM）是皇家测量学会组织制订并为各方共同认可的，在英国使用最为广泛。此外，还有《土木工程工程量计算规则》等。英国政府投资的工程从确定投资和控制工程项目规模及计价的需要出发，各部门大都制订了并经财政部门认可的各种建设标准和造价指标，如政府办公楼人均面积标准，这些标准和指标均作为各部门向国家申报投资、控制规划设计、确定工程项目规模和投资的基础，也是审批立项、确定规模和造价限额的依据。

（3）国外的计价依据不像我国具有指令性或指导性，而一般都只是参考性的。

3. 多渠道的工程造价信息

在市场经济社会中，能够及时、准确地捕捉建筑市场价格信息是业主和承包商保持竞争优势和取得盈利的关键。造价信息是建筑产品估价和结算的重要依据，是建筑市场价格变化的指示灯。

我国香港特区工程造价信息的发布主要采取价格指数的形式，按照指数内涵划分。香港发布的主要工程造价指数可划分为三类，即投入价格指数、成本指数和价格指数，分别依据投入品价格、建造成本和建造价格的变化趋势编制。按照发布机构分类，工程造价指数可分为政府指数和民间指数，政府指数由建筑署定期发布，包括建筑工料综合成本指数、劳工指数、建材价格指数和投标价格指数。香港政府部门和社会咨询服务机构除了定期发布工程造价指数之外，还编制建筑市场价格报告及走势分析，用以引导业主和承包人的定价。此外，香港建筑业各阶层人士通过各种媒介，经常对建筑市场走势、动态进行分析和研究，为业主与承包人提供了全方位的信息来源，避免了工程建设及施工的盲目性。目前，香港工程造价信息从编制到发布已形成了较完整的体系，信息及时、准确、实用，适应了市场快速、高效、多变的特点，基本上满足建筑市场主体对价格信息的需要。

4. 造价工程师的动态估价

在香港，业主对工程的估价一般要委托工料测量师行来完成。测量师行的估价大体上按比较法和系数法进行，经过长期的估价实践，他们都拥有极为丰富的工程造价实例资料，甚至建立了工程造价数据库，对于标书中所列的每一项目价格的确定都有自己的标准。在估价时，工料测量师行将不同设计阶段提供的拟建工程项目资料与以往同类工程项目对比，结合当前建筑市场行情，确定项目单价，未能计算的项目（或没有对比对象的项目），则以其他建筑物的造价分析得来的资料补充。承包人在投标时的估价一般要凭自己的经验来完成，往往把投标工程划分为各分部工程，根据本企业定额计算出所需人工、材料、机械等的耗用量，而人工单价主要根据各劳务分包人的报价，材料单价主要根据各材料供应商的报价加以比较确定，承包人根据建筑市场供求情况随行就市，自行确定管理费率，最后作出体现工程实际价格的报价。总之，项目参与各方的估价，都是以市场状况为重要依据，是完全意义的动态估价。

在美国，工程造价的估算主要由设计部门或专业估价公司来承担，造价估算师在具体编制工程造价估算时，除了考虑工程项目本身的特征因素（如工程项目拟采用的独特工艺和新技术、项目管理方式、现有场地条件以及资源获得的难易程度等）外，一般还对项目进行较为详细的风险分析，以确定适度的预备费。但确定工程预备费的比例并不固定，因项目风险程度大小而不同，对于风险较大的项目，预备费的比例较高，否则较小。造价估算师通过掌握不同的预备费率来调节造价估算的总体水平。

美国工程造价估算中的人工费由基本工资和工资附加两部分组成。其中，工资附加项目包括管理费、保险金、劳动保护金、退休金、税金等。计算造价估算中人工费的依据是基本工资加工资附加总额。至于材料费和机械使用费均以现行的市场行情或市场租赁价作为造价估算的基础，并在人工费、材料费和机械使用费总额的基础上按照一定的比例（一般为10%左右）再计提管理费和利润。

考虑到工程造价管理的动态性，美国造价估算也允许有一定的误差范围。目前在造价估算中允许的误差幅度一般为：

可研估算：+30%～-20%；

初设估算：+15%～-10%；

施工图估算：+10%～-5%。

总之，美国在编制造价估算方面的工作做得细致具体，而且考虑了动态因素对工程造价估算的影响。我国工程造价的确定和编制主要是由国家有关部门确定造价定额、规定费用构成和颁布价格及费率来完成的，工程设计及咨询部门在编制造价方面的主动性、创造性不高，责任感不强，只注重套定额指标，造价估算编制基本上属于静态管理。这种造价管理模式与造价确定方法下，工程造价估算的结果难以准确反映造价变化的客观实际。

5. 通用的合同文本

作为各方签订的契约，合同在国外工程造价管理中有着重要的地位，对双方都具有约束力，对于各方利益与义务的实现都有重要的意义。因此，国外都把严格按合同规定办事作为一项通用的准则来执行，并且有的国家还实行通用的合同文本。

在英国其建筑合同制度已有几百年的历史，有着丰富的内容和庞大的体系。澳大利亚、新加坡和我国香港的建筑合同制度都始于英国，著名的国际咨询工程师联合会FIDIC合同文件，也以英国的一种文件作为母本。英国有着一套完整的标准建筑合同体系，包括JCT（Joint Contract Triounal 联合合同化）合同系列、ACA（咨询顾问建筑师协会）合同系列、ICE（土木工程合同通用条文招标协议及保证金）合同系列、皇家政府合同系列。JCT是英国的主要合同体系，主要通用于房屋建筑工程。JCT合同系列本身是一个系统的合同文件体系，它针对房屋建筑的工程规模、性质、建造条件，提供各种不同的文本，供建设单位在发包、采购时选择。其内容由三部分组成，即协议书条款、合同条件和附录。

6. 重视项目实施过程中的造价控制

国外对工程造价的管理是以市场为中心的动态控制。造价工程师能对造价计划执行中所出现的问题及时分析研究，及时采取纠正措施，这种强调项目实施过程中的造价管理的做法，体现了造价控制的动态性，并且重视造价管理所具有的随环境、工作的进行以及价格等变化而调整造价控制标准和控制方法的动态特征。

以美国为例，造价工程师十分重视工程项目具体实施过程中的控制和管理，对于工程实施阶段实际成本与计划目标出现偏差的工程项目，首先按照一定标准筛选成本差异，然后进行重要成本差异分析，并填写成本差异分析报告表，分析此项成本差异对项目其他成本项目的影响、拟采取的纠正措施以及实施的时间、负责人及所需条件等。对于采取措施的成本项目，每月还要跟踪检查采取措施后费用的变化。如若采取的措施不能消除成本差异，则需重新进行成本差异分析，再提出新措施，如果仍不奏效，造价控制项目经理则有必要重新审定项目竣工决算。美国一些大的工程公司，重视工程变更的管理工作，建立了较为详细的工程变更制度，可随时根据各种变化了的情况及时提出变更，修改造价估算。美国工程造价的动态控制还体现在造价信息的反馈系统。各微观造价管理单位（工程公司）十分注意收集在造价管理各个阶段上的造价资料，并把向有关行业提出造价信息资料视为一种应尽的义务，不仅注意收集造价资料，也派出调查员实地调查，以事实为依据。这种造价控制反馈系统使动态控制以事实为依据，保证了工程造价管理的科学性。

第四节　公路工程建设管理体制

我国工程建设管理体制改革的目标是：改革市场准入、项目法人责任、招标投标、勘察设计、工程监理、合同管理、工程质量监督和建筑安全生产管理等制度，建立单位资质与个人执业注册管理相结合的市场准入制度，对政府投资工程严格实行四项基本制度，建立通过市场竞争形成工程价格的机制，完善工程风险管理制度，将建设市场的运行管理逐步纳入法制化轨道。按照国家有关规定，在工程建设中应该严格执行项目法人责任制、招投标制、工程监理制和合同管理制等主要制度。这些制度相互关联、互相支持，共同构成了建设工程管理制度体系。

一、项目法人责任制

为建立投资决策约束机制，规范项目法人的行为，明确其责、权、利，提高建设项目投资效益，原国家计委于1996年发布了《关于实行建设项目法人责任制的暂行规定》，规定指出：国有单位经营性基本建设大中型项目在建设阶段必须组建项目法人。交通部规定凡列入国家和地方基本建设计划的公路建设项目必须实行项目法人责任制度，由项目法人对建设项目负总责。项目法人责任制度是按2006年新颁布的《中华人民共和国公司法》(以下简称《公司法》)的含义以设立有限责任公司和股份有限公司的形式设立项目法人。由项目法人对项目的策划、决策、资金筹措、建设实施、生产经营、债务偿还和资产的保值增值，实行全过程负责的责任制度。

公路建设项目法人分为经营性公路建设项目法人和公益性公路建设项目法人。依法投资建设经营性公路项目的国内外经济组织为经营性公路建设项目法人。非经营性公路建设项目法人为公益性公路建设项目法人。经营性公路建设项目应依法成立有限责任公司或股份有限公司，对公路建设项目的筹划、资金筹措、建设实施、运营管理、债务偿还和资产管理全过程负责。公益性公路建设项目应明确项目法人或组建项目法人，根据交通主管部门的授权，对建设项目的筹划、资金筹措、建设实施全过程负责。根据《公司法》的规定，有限责任公司的股东以其认缴的出资额为限对公司承担责任；股份有限公司的股东以其认购的股份为限对公司承担责任。

(1)项目法人的设立

项目建议书被批准后，应由项目的投资方派代表组成项目法人筹备组，具体负责项目法人的筹建工作。在申报项目可行性研究报告时，需同时提出项目法人的组建方案，否则，可行性研究报告不被批准。在项目可行性研究报告被批准后，正式成立项目法人，确保项目资本金按时到位，及时办理公司设立登记。重点工程的公司章程报国家发改委备案；其他项目的公司章程按隶属关系分别报有关部门和地方发改委备案。

由原有企业负责建设的大中型基建项目，需设立子公司的，要重新设立项目法人；只设立分公司或分厂的，原企业法人即是项目法人，原企业法人应向分公司或分厂派遣专职管理人员，并实行专项考核。

(2)项目法人的组织形式和职责

①组织形式。国有独资公司设立董事会，由投资方负责组建。国有控股或参股的有限责

任公司、股份有限公司设立股东会、董事会、监事会。各类建设项目的董事在建设期间应至少有一名常驻现场管理。董事会应建立例会制度,讨论项目的重大事宜,对资金支出进行严格管理,以决议形式予以确认。

②董事会的职权。建设项目的董事会具有的职权包括:负责筹措建设资金;审核、上报项目初步设计和概算文件;审核、上报年度投资计划,落实年度资金;提出项目开工报告;研究解决建设过程中出现的重大问题;负责提出项目竣工验收申请报告;审定偿还债务计划和生产经营方针,并负责按时偿还债务;聘任或解聘项目总经理,并根据总经理的提名聘任或解聘其他高级管理人员。

③项目总经理的职权。项目总经理具体行使的职权包括:组织编制项目初步设计文件,对项目工艺流程、设备选型、建设标准、总图布置提出意见,提交董事会审查;组织工程设计、监理、施工和设备材料采购的招标工作,编制和确定招标方案、标底和评标标准,评选和确定投标、中标单位;编制并组织实施项目年度投资计划、用款计划、建设进度计划;编制项目财务预、决算;编制并组织实施归还贷款和其他债务计划;组织工程建设实施,负责控制工程投资、工期和质量;在项目建设过程中,在批准的概算范围内对单项工程的设计进行局部调整(凡引起生产性质、能力、产品品种和标准变化的设计调整以及概算调整,需经董事会决定并报原审批单位批准);根据董事会授权处理项目实施中的重大紧急事件,并及时向董事会报告;负责生产准备工作和培训有关人员;负责组织项目试生产和单项工程预验收;拟订生产经营计划、企业内部机构设置、劳动定员定额方案及工资福利方案;组织项目后评价,提出项目后评价报告;按时向有关部门报送项目建设、生产信息和统计资料;提请董事会聘任或解聘项目高级管理人员。

(3)考核与奖罚

①项目董事会负责对总经理进行定期考核,各投资方负责对董事会成员定期考核。

②国务院各有关部门、各地发改委负责对有关项目进行考核。考核的主要内容包括:国家发布的固定资产投资与建设的法律、法规的执行情况;国家年度投资计划和批准设计文件的执行情况;概算控制、资金使用和工程组织管理情况;建设工期、施工安全和工程质量控制情况;生产能力和国有资产形成及投资效益情况;土地、环境保护和国有资源利用情况;精神文明建设情况;其他需要考核的事项。

③建立对董事长、总经理的任职和离职的审计制度。

④凡应实行项目法人责任制而没有实行的建设项目,投资计划管理部门不准批准开工,也不予安排投资计划。

二、招投标制度

为把市场竞争机制引入投资管理体制改革,党的十四届五中全会不仅明确提出工程建设要全面推行项目法人责任制,而且还明确要求工程建设实行招投标制度。原国家计委 1997 年 8 月印发了大中型项目实行招投标制度的有关规定;1999 年,全国人大又通过了《中华人民共和国招标投标法》(以下简称《招标投标法》),于 2000 年 1 月 1 日起实施。《招标投标法》要求大中型建设项目的工程设计、建筑安装、监理和主要设备、材料、工程总承包单位以及招标代理机构,必须通过招标投标确定。为了规范施工招标资格预审文件、招标文件编制活动,促进招标投标活动的公开、公平和公正,国家发展和改革委员会、财政部、建设部、铁道部、交通运输部、信息产业部、水利部、民用航空总局、广播电影电视总局联合制定了《标准施工招标资格预审文件》和《标准施工招标文件》(试行规定)及相关附件,自2008年5月1日起施行。交通运输部颁布了《公路工程标准施工招标文件(2009年版)》(交公路发[2009]221号),自2009年8月1日起施行。招标投标不受地区、部门、行业的限制,任何地区、部门和单位不得进行保护。招标投标应遵循公平、公开、公正、择优和诚实守信的原则。招标投标必须严格按照程序进行。

原交通部2000年第7号令规定,公路建设项目除涉及国家安全、国家机密、抢险救灾或利用扶贫资金实行以工代赈、民工建勤、民办公助的项目不适宜招标外,达到下列规模标准之一的,必须进行招标:

(1)建设项目总投资额在3 000万元人民币以上的;

(2)工程单项合同估算价在200万元人民币以上的;

(3)重要设备、材料等货物的采购,单项合同估算价在100万元人民币以上的;

(4)勘察、设计、监理等服务的采购,单项合同估算价在50万元人民币以上的。

公路项目分标段招标的,招标人应合理划分标段,合理确定工期。施工标段的确定应有利于施工单位的合理投入和机械化施工。高速公路标段路基工程一般应不少于10km,路面工程一般应不少于15km。其他等级公路标段工作量一般情况应不少于5 000万元。边远地区和特殊地段可视实际情况调整。监理标段的划分应不低于施工标段标准。

施工招标的评标可采用综合评价的方法,对投标人的人员素质、设备投入、技术方案、业绩信誉、投标价等方面分别打分,按照得分高低推荐中标候选人;也可以通过商务和技术评审,采取经评审的最低投标价法,按照经评审的最低投标价由低到高推荐中标候选人,但不得推荐投标价低于成本价的投标人作为中标候选人。

三、工程监理制

原建设部于1988年7月25日印发了《关于开展建设监理工作的通知》,通知强调:参照国际惯例建立具有中国特色的工程监理制度。1989年7月28日,原建设部颁发了《建设监理试行规定》,这是我国开展建设监理工作的第一个法规性文件。1995年12月15日,原建设部和原国家计委印发《工程建设监理规定》的通知,自1996年1月1日起实施。推行工程监理制度目的是为了改变新中国成立以来一直由建设单位及其主管部门自己组织工程筹建班子或工程指挥部开展项目建设的陈旧的工程管理模式,以更好地适应我国从计划经济体制向社会主义市场经济体制转型、投资主体多元化并全面开放建设市场的新形势,从而进一步提高投资效益和建设水平,努力开拓国际建设市场。

交通部在总结全国各地的经验基础上,于1989年4月发布了《公路工程施工监理暂行办法》,1992年5月制定了《公路工程施工监理办法》,1995年发布了《公路工程施工监理规范》(JTJ 077—95)。交通建设是中国建设管理体制改革的先行领域之一,通过引进、消化和吸收FIDIC(菲迪克)条款,对中国特色的建设管理体制进行改革和创新,逐步形成了适合中国国情的交通建设工程监理模式,完善了建设工程监理制度。

列入公路基本建设计划的大中型公路工程项目,必须实行工程监理制度。公路建设项目工程监理是由具有公路工程监理资格的监理单位,按国家有关规定受项目法人委托对施工承包合同的执行、工程质量、进度、费用等方面进行监督与管理。工程监理单位必须符合公路建设市场准入条件。监理单位必须根据监理服务合同,建立相应的现场监理机构,健全工程监理质量保证体系，配备足够的、合格的人员和设备，确保对工程进行有效监控。

承担工程监理任务的人员，应具备相应的能力和技术条件：

(1)项目总监、总监代表、高级驻地监理工程师，应具有高级工程师或高级经济师职称，并具有交通部颁发的监理工程师证书。

(2)专业监理工程师，应具有工程师或经济师职称和省级以上交通主管部门颁发的专业监理工程师证书。

(3)测量、试验及现场旁站等监理员，应具有初级技术职称并经过专业技术培训和监理业务培训。

监理人员数量应根据工程规模、投资、工期、复杂程度等因素确定，并签订合同。监理人员在工程施工期间不得随意更换，保证监理工作的连续性。监理现场必须配备相应的检测、通信、交通工具等设备，设有经交通主管部门检验合格的独立试验室。监理单位和监理人员必须全面履行监理服务合同和施工合同规定的各项监理职责，按照有关法律、法规、规章、技术规范、设计文件的要求进行工程监理。监理工程师不得营私舞弊、滥用职权，不得损害项目法人和承包人的利益。

我国的工程监理，按最初的设想，包括建设前期的投资决策咨询、设计阶段、招投标阶段和施工阶段。但实践中，由于种种原因，目前工程监理主要在施工阶段，而且重在施工质量控制。为此，今后，应参照国外工程监理的做法，加大工程监理的力度，拓展工程监理的范围。遵照《中华人民共和国建筑法》，将政府投资的工程建设项目列为强制监理的工程范围。另外，还应加强监理工程师培训、注册、执业管理，提高监理队伍的素质和监理水平。

四、合同管理制

合同是约束和规范合同双方行为的重要依据和手段。从 1991 年起，原建设部和国家工商总局相继联合颁发了《建设工程勘察合同示范文本》、《建设工程施工合同示范文本》、《工程建设监理合同示范文本》、《建筑装饰施工合同示范文本》。建设主管部门组织力量参照 FIDIC 合同条件，对《建设工程施工合同示范文本》进行修订，充分论证后，将该文本在部分政府工程中推行使用。此外，还参照 FIDIC 合同条件，针对不同的工程规模、性质、承发包方式等，制定不同的合同通用条款和专用条款。形成标准合同文本系列，供在不同的政府工程中强制推行使用。我国《中华人民共和国合同法》于 1999 年 10 月 1 日起实行，使我国建设工程合同管理更加规范地向前发展。

交通部早在 1992 年参照 FIDIC 合同条件编制发布了《公路工程国际招标文件范本》，1995 年编制了《公路工程国内招标文件范本》第一版，在工程建设领域较早推行工程量清单报价，按 FIDIC 合同条件进行合同管理，为规范公路工程招投标与合同管理起了积极的作用。1999 年编制了《公路工程国内招标文件范本》第二版，其背景是 1997 年颁布的《中华人民共和国公路法》和 1999 年《中华人民共和国招标投标法》的相继出台，另外一个背景就是 1 万多公里高速公路的建成积累了一部分经验，出台了一些新的技术标准、规范等。

2003 年版《公路工程国内招标文件范本》出台的背景主要是当时国家 7 部委令《评标委员会和评标办法暂行规定》、《工程建设项目施工招标投标办法》和原交通部《公路工程施工招标投标管理办法》、《公路工程施工招标评标委员会工作细则》的相继出台，导致 1999 年版的个别条款不符合新的法规精神，因此必须进行改版。

2009年交通运输部发布了《公路工程标准施工招标资格预审文件》和《公路工程标准施工招标文件》(以下简称《公路工程标准文件》),并于2009年8月1日起施行。2009年版《公路工程标准施工招标文件》的出台背景是国家9部委2007年颁布《标准施工招标文件》,并要求各部委根据自身的行业特点出台本行业的标准招标文件。另外一个背景就是近年来,《公路工程施工招标投标管理办法》(原交通部令2006年第7号)、《公路工程施工招标资格预审办法》(交公路发[2006]57号)、《公路工程质量检验评定标准》(JTG F80/1—2004)等一系列招投标法规文件和技术规范陆续出台,使得《公路工程国内招标文件范本》(2003年版)部分内容已不能满足公路施工招标投标和建设管理的要求,需要对其进行修订。

2009年版《公路工程标准施工招标文件》的合同条款分为"通用合同条款"、"公路工程专用合同条款"和"项目专用合同条款"三部分,在合同条款上有三层关系,以国家九部委联合编制的《标准施工招标文件》合同条款为"通用合同条款","公路工程专用合同条款"是根据公路特点对"通用合同条款"进行补充修改而形成的,"项目专用合同条款"是针对具体施工项目的不同,对"通用合同条款"和"公路工程专用合同条款"进行的补充与细化。《标准施工招标文件》中通用合同条款借鉴国际工程合同管理经验,以1999年版FIDIC合同条件为主,参照英国ICE和世界银行推荐的合同文本等,依据国内相关法律法规进行编写,分为24条,体现了简明、通用的特点。而2003年版《公路工程国内招标文件范本》中合同通用条款基本上与87年版菲迪克合同条款内容保持一致,并按照公路建设项目的特点及国内相关法律法规编写,分26项73个条款,内容具体详实。

第五节　公路建设项目的划分

建设项目是一个建设单位在一个或几个建设区域内,根据上级下达的计划任务书和批准的总体设计和总概算书,经济上实行独立核算,行政上具有独立的组织形式,严格按基建程序实施的基本建设工程。

一、建设项目分类

1. 按性质分类

一个基本建设项目只能有一种建设性质,并在整个建设周期内保持不变。

①新建项目。指从无到有,新开始建设的单位。经改、扩建活动后新增加的固定资产价值超过该企事业和行政单位原有固定资产价值三倍以上的,也算作新建项目。

②扩建项目。指在原有基础上增建主要生产车间、生产线、办公楼、增加道路宽度等,提高产品生产能力,扩大生产规模,提高道路通行能力的建设工程。

③改建项目。为了提高产品质量,治理三废污染,降低能耗和成本,采用新工艺、新材料、新技术、新设备而对现有设施进行的技术改造和更新活动。

④迁建项目。指为改变生产力布局或由于环境保护和安全生产的需要等原因而易地建设的工程。不论迁移他地建设项目规模的大小,均算作迁建项目。

⑤恢复项目。因自然灾害、意外事故等原因,使原有固定资产全部或部分报废后,更新投资建设的项目。

2. 按规模分类

建设项目按照计划总投资、设计生产能力或工程效益，可划分为以下三类：大型基建项目、中型基建项目、小型基建项目。

二、公路工程建设项目的划分

公路建设项目属于基本建设项目的一种，自然具有基本建设项目的特性。公路建设项目按划分的标准不同，有以下不同的分类方法。

1. 按投资的再生产性质划分

可分为基本建设项目和更新改造项目。属于基本建设项目的有新建、扩建、改建、迁建和重建等；属于更新改造项目的有技术改造项目、技术引进项目和设备技术更新项目等。

2. 按建设规模划分

依据国家颁布的《基本建设项目大中小型划分标准》，对于公路建设项目，新、扩建的国防、边防和跨省干线长度 >200km 以及独立公路大桥 >1 000m 的，为大、中型项目。对于公路更新改造项目，总投资 >5 000 万元的，为限额以上项目；总投资在 100 ~ 5 000 万元的，为限额以下项目；总投资 <100 万元的，为小型项目。

依据《公路工程技术标准》(JTG B01—2003)，公路隧道：长度 L >3 000m 的为特长隧道；长度在 1 000 ~ 3 000m 之间的为长隧道；长度在 500 ~ 1 000m 之间的为中隧道；长度在 500m 以下的为短隧道。公路桥梁：总长 8 ~ 30m，或单孔跨径 5 ~ 20m 的为小桥；总长 30 ~ 100m，或单孔跨径 20 ~ 40m 的为中桥；总长 100 ~ 1 000m，或单孔跨径 40 ~ 150m 的为大桥；总长 >1 000m，或单孔跨径 >150m 的为特大桥。

3. 按建设阶段划分

可分为预备项目(投资前期项目)或筹建项目、新开工项目、施工项目、续建项目、投产项目、收尾项目、停建项目。

4. 按投资建设的用途划分

可分为生产性建设项目和非生产性建设项目。

(1)生产性建设项目，即用于物质产品生产的建设项目。如工业项目、运输项目等。交通运输项目是为生产和流通服务的，是国民经济的重要基础设施，是生产性建设项目。

(2)非生产性建设项目，是指为满足人们物质文化生活需要的项目。非生产性项目还可分为经营性项目和非经营性项目。

5. 按资金来源划分

可分为国家预算拨款项目、国家拨改贷项目、银行贷款项目、企业联合投资项目、企业自有资金项目、利用外资项目、外资项目等。

6. 基础性和公益性项目

(1)基础性项目。是指建设周期长、投资量较大的基础设施和部分基础工业项目，如交通、通信、能源、水利、城市公用设施等。一些基础性项目具有自然垄断性，而有些基础性项目收益较低。

(2)公益性项目。是指那些主要为社会发展服务、难以产生直接回报的建设项目，如科研、教育、医疗保健、文化等社会事业，也包括某些公路建设项目。

7. 按公路技术等级划分

按照《公路工程技术标准》(JTG B01—2003),公路根据使用任务、功能和适应的交通量分为高速公路、一级公路、二级公路、三级公路、四级公路五个等级。

高速公路为专供汽车分向、分车道行驶并全部控制出入的干线公路。

四车道高速公路能适应按各种汽车折合成小客车的远景设计年限年平均昼夜交通量为25 000 ~ 55 000 辆;六车道高速公路能适应按各种汽车折合成小客车的年平均日交通量为45 000 ~ 80 000 辆;八车道高速公路能适应按各种汽车折合成小客车的年平均日交通量为60 000 ~ 100 000 辆。

一级公路为供汽车分向、分车道行驶的部分控制出入的多车道公路。四车道一级公路能适应按各种汽车折合成小客车的年平均日交通量为 15 000 ~ 30 000 辆。六车道一级公路能适应按各种汽车折合成小客车的年平均日交通量为 25 000 ~ 55 000 辆。

二级公路为供汽车行驶的双车道公路,双车道二级公路能适应按各种各种汽车折合成小客车的年平均日交通量为 5 000 ~ 15 000 辆。

三级公路为供汽车行驶的双车道公路,双车道三级公路能适应按各种各种汽车折合成小客车的年平均日交通量为 2 000 ~ 6 000 辆。

四级公路为供汽车行驶的双车道或单公路,双车道四级公路能适应按各种各种汽车折合成小客车的年平均日交通量为 2 000 辆以下,单车道四级公路能适应按各种各种汽车折合成小客车的年平均日交通量为 400 辆以下。

在公路设计时,我国规定高速公路和具有干线功能的一级公路设计交通量按 20 年预测;具有集散功能的一级公路,以及二、三级公路设计交通量按 15 年预测;四级公路可根据实际情况确定。

8. 按公路的行政隶属关系划分

《中华人民共和国公路法》第六条规定:"公路按其在公路网中的地位分为国道、省道、县道和乡道"。这就是我国按照行政管理体制,根据公路所处的地理位置、公路在国民经济中的地位和作用及公路交通运输的特点进行公路行政分级。

(1)国道即国家干线公路是指公路网中具有全国性政治、经济意义的主要干线公路,包括重要的国际公路、国防公路,联结首都与各省、自治区首府和直辖市的公路,联结各大经济中心、港站枢纽、商品生产基地和战略要地的公路。

(2)省道是指具有全省(自治区、直辖市)政治、经济意义,联结省内中心城市和主要经济区的公路,以及不属于国道的省际间的重要公路,它们是在中央政府颁布国道后,由省、市、自治区交通主管部门对具有全省意义的干线公路加以规划,并负责建设、养护和改造的公路。

(3)县道是指具有全县(旗、县级市)政治、经济意义,联结县城和县内主要乡(镇)、主要商品生产和集散地的公路,以及不属于国道、省道的县际间的公路。

(4)乡道是指主要为乡(镇)内部经济、文化、行政服务的公路,以及不属于县道以上公路的乡与乡之间及乡与外部联络的公路。

除上述作为社会公共道路的公路,还有专用道路,即企业或者其他单位修建的为本单位与外部连接使用的道路。如矿山企业的矿区专用道路、森林企业的林区专用道路、国防科研基地的专用道路等,是由本单位自行建设、管理、养护,主要为本单位服务的。《中华人民共和国公路法》的相关规定原则上不适用于专用道路。

9. 按公路的经济性质划分

按公路的经济性质划分为经营性公路和非经营性公路。

第一类是经营性公路，它主要包括有偿转让经营权的公路，实施公路企业资本化经营的公路和实施 BOT 项目建设经营的公路。它是政府对公路基础设施的特许经营。

第二类是非经营性公路，非经营性公路又可以细分为两种，一种是收费性的高等级公路。这类收费公路并不是以盈利为目的，其收费的目的，中央政府也有明文规定，就是为了偿还借贷款，一旦借贷款还清本息之后，要立即停止收费。另一种是不收费的社会公益性公路。它们是由国家财政拨款投资、养路费投资、民工建勤、以工代赈或者个人及社会捐资修建的公路。这些公路不收取过路费，其养护管理成本从征收的养路费中开支，即社会公益性公路的价值补偿和实物补偿要通过收取税费的方式解决。

第六节　公路基本建设的制度与法规

一、公路建设管理基本制度

由于公路在政治、经济和公民生活中具有重要的作用，国家对公路建设有非常严格的管理制度。县级以上人民政府交通主管部门应当依据职责维护建设秩序，加强对公路建设的监督管理。

1. 公路建设的基本程序

公路建设应当按照国家规定的基本建设程序和有关规定进行。按照交通部颁发的《公路工程基本建设管理办法》规定，公路工程基本建设程序如下：

①项目建议书；②项目可行性研究、项目环境影响报告书；③编制初步设计文件和概算；④编制施工图和施工图预算；⑤列入年度基本建设计划；⑥项目实施前的各项准备工作；⑦项目实施；⑧竣工验收；⑨项目后评价。

2. 公路建设四项制度

公路建设项目应当按照国家有关规定实行项目法人责任制度、招标投标制度、工程监理制度和合同管理制度。

（1）公路建设项目法人责任制度。是指项目的建设方必须组建项目法人。项目法人可按《公司法》的规定设立有限责任公司（包括国有独资公司）和股份有限公司形式。项目法人对项目的策划、资金筹措、建设实施、生产经营、债务偿还和资产的保值增值，实行全过程负责。

（2）公路建设的招标投标制度。包括公路建设的勘察、设计、施工、监理、材料设备的招标投标。大中型公路建设项目的施工，凡纳入国家或地方财政投资的公路建设项目，可实行国内公开招标；凡利用外资或国际间贷款的公路建设项目，可实行国际招标。

（3）公路建设项目必须实行工程监理制度。工程监理是由具有公路工程监理资质的监理单位按国家有关规定受项目法人委托，对施工承包合同的执行、工程质量、进度、费用等方面进行监督与管理。监理单位和监理人员必须全面履行监理服务合同和施工合同规定的各项监理职责，不得损害项目法人和承包人的合法利益。

（4）合同管理制度。公路建设项目的勘察设计、施工、工程监理以及与工程建设有关的重要建筑材料、设备采购，必须遵循诚实信用原则，依法签订合同，通过合同明确各自的权利义务。合同当事人应当加强对合同的管理,建立相应的制度,严格履行合同。各级交通主管部门应依照法律法规,加强对合同执行情况的监督。

3. 公路工程技术标准制度

公路建设必须符合公路工程技术标准。承担公路建设项目的建设单位、设计单位、施工单位和工程监理单位,应当按照国家有关规定建立健全质量保证体系,落实岗位责任制,并依照有关法律、法规、规章以及公路工程技术标准的要求和合同约定履行各自职责,严格执行强制性标准,保证公路工程建设质量。

4. 公路建设项目的主体资格管理制度

公路建设单位应当根据公路建设工程的特点和技术要求,选择具有相应资格的勘察设计单位、施工单位和工程监理单位,并依照有关法律、法规、规章以及公路工程技术标准的要求,分别签订合同,明确双方的权利义务。

承担公路建设项目的可行性研究单位、勘察设计单位、施工单位和工程监理单位,必须持有国家规定的资质证书。

5. 政府对公路建设资金监督管理制度

政府对公路建设资金监督管理的主要内容:

(1)是否严格执行建设资金专款专用、专户存储、不准侵占、挪用等有关管理规定;

(2)是否严格执行概预算管理规定,有无将建设资金用于计划外工程;

(3)资金来源是否符合国家有关规定,配套资金是否落实、及时到位;

(4)是否按合同规定拨付进度款,有无高估冒算,虚报冒领情况,工程预备费使用是否符合有关规定;

(5)是否在控制额度内按规定使用建设管理费,按规定的比例预留工程质量保证金,有无非法扩大建设成本的问题;

(6)是否按规定编制项目竣工财务决算,办理财产移交手续,形成的资产是否及时登记入账管理;

(7)财会机构是否建立健全,并配备相适应的财会人员。

二、公路基本建设法规

公路建设法规是特指国家立法机关、行政机关制定的旨在调整公路建设法律关系的行政法规和地方法规。广义的公路建设法规是泛指国家立法机关制定的调整各种公路建设法律关系的法律规范的总称。

公路建设法律关系主体包括:交通建设主管部门;公路建设项目法人;公路工程勘察、设计、施工、监理、咨询、试验检测等从业单位。

我国公路建设法规体系包括:①《中华人民共和国公路法》(颁布时间:2004 年 8 月 28 日);②《中华人民共和国公路管理条例》(颁布时间:2008 年 12 月 27 日);③《公路建设市场管理办法》(颁布时间:2005 年 3 月 1 日);④《公路工程施工招标投标管理办法》(颁布时间:2006 年 6 月 23 日);⑤《公路工程设计变更管理办法》(颁布时间:2005 年 5 月 9 日);⑥《公路工程质量管理办法》(颁布时间:1999 年 2 月 24 日);⑦《公路建设监督管理办法》(颁布时间:2006 年 6 月 8 日);⑧《公路工程施工监理招标投标管理办法》(颁布时间:2006 年 5 月 25 日)等。这里介绍公路基本建设主要法规,部分法规见第 5 章。

1. 公路工程施工招标投标管理办法(原交通部令2006年第7号)

第二条规定:本办法的公路工程包括公路、公路桥梁、公路隧道及与之相关的安全设施、防护设施、监控设施、通信设施、收费设施、绿化设施、服务设施、管理设施等公路附属设施的新建、改建与安装工程。

第三条规定:①投资总额在3 000万元人民币以上的公路工程施工项目;②施工单项合同估算价在200万元人民币以上的公路工程施工项目;③法律、行政法规规定应当招标的其他公路工程施工项目必须进行招标。但涉及国家安全、国家秘密、抢险救灾或者利用扶贫资金实行以工代赈等不适宜进行招标的项目除外。

第七条规定:公路工程施工招标的项目应当具备的条件:①初步设计文件已被批准;②建设资金已经落实;③项目法人已经确定,并符合项目法人资格标准要求。

第八条规定:公路工程施工招标的招标人,应当是依照本办法规定提出公路工程施工招标项目、进行公路工程施工招标的项目法人。

第十四条规定:公路工程施工招标,应当按下列程序进行:①确定招标方式。采用邀请招标的,应当按照国家规定报有关主管部门审批;②编制投标资格预审文件和招标文件。招标文件按照本办法规定备案;③发布招标公告,发售投标资格预审文件;采用邀请招标的,可直接发出投标邀请书,发售招标文件;④对潜在投标人进行资格审查;⑤向资格预审合格的潜在投标人发出投标邀请书和发售招标文件;⑥组织潜在投标人考察招标项目工程现场,召开标前会;⑦接受投标人的投标文件,公开开标;⑧组建评标委员会评标,推荐中标候选人;⑨确定中标人。评标报告和评标结果按照本办法规定备案并公示;⑩发出中标通知书;⑪与中标人订立公路工程施工合同。

第四十九条规定:属于下列情况之一的,应当作为废标处理:①投标文件未经法定代表人或者其授权代理人签字,或者未加盖投标人公章;②投标文件字迹潦草、模糊,无法辨认;③投标人对同一标段提交两份以上内容不同的投标文件,未书面声明其中哪一份有效;④投标人在招标文件未要求选择性报价时,对同一个标段,有两个或两个以上的报价;⑤投标人承诺的施工工期超过招标文件规定的期限或者对合同的重要条款有保留;⑥投标人未按招标文件要求提交投标保证金;⑦投标文件不符合招标文件实质性要求的其他情形。

2. 经营性公路建设项目投资人招标投标管理规定(原交通部令2007年第8号)

第二条规定:本规定所称经营性公路是指符合《收费公路管理条例》的规定,由国内外经济组织投资建设,经批准依法收取车辆通行费的公路(含桥梁和隧道)。

第七条规定:需要进行投资人招标的经营性公路建设项目应当符合的条件:①符合国家和省、自治区、直辖市公路发展规划;②符合《收费公路管理条例》第十八条规定的技术等级和规模;③已经编制项目可行性研究报告。

第八条规定:招标人是指依照本规定提出经营性公路建设项目、组织投资人招标工作的交通主管部门。

第十九条规定:投标人应当具备的基本条件:①注册资本一亿元人民币以上,总资产六亿元人民币以上,净资产二亿五千万元人民币以上;②最近连续三年每年均为盈利,且年度财务报告应当经具有法定资格的中介机构审计;③具有不低于项目估算的投融资能力,其中净资产不低于项目估算投资的百分之三十五;④商业信誉良好,无重大违法行为。

招标人可以根据招标项目的实际情况,提高对投标人的条件要求。

第三十五条规定:招标人与项目法人应当在完成项目核准手续后签订项目特许权协议。特许权协议应当参照国务院交通主管部门制定的特许权协议示范文本并结合项目的特点和需要制定。特许权协议应当包括以下内容:①特许权的内容及期限;②双方的权利及义务;③项目建设要求;④项目运营管理要求;⑤有关担保要求;⑥特许权益转让要求;⑦违约责任;⑧协议的终止;⑨争议的解决;⑩双方认为应规定的其他事项。

3. 公路建设监督管理办法(原交通部令2006年第6号)

第二条规定:本办法所称公路建设是指公路、桥梁、隧道、交通工程及沿线设施和公路渡口的项目建议书、可行性研究、勘察、设计、施工、竣(交)工验收和后评价全过程的活动。

第三条规定:公路建设监督管理实行统一领导,分级管理。交通部主管全国公路建设监督管理;县级以上地方人民政府交通主管部门主管本行政区域内公路建设监督管理。

第五条规定:公路建设监督管理的职责包括:①监督国家有关公路建设工作方针、政策和法律、法规、规章、强制性技术标准的执行;②监督公路建设项目建设程序的履行;③监督公路建设市场秩序;④监督公路工程质量和工程安全;⑤监督公路建设资金的使用;⑥指导、检查下级人民政府交通主管部门的监督管理工作;⑦依法查处公路建设违法行为。

第六条规定:交通部对全国公路建设项目进行监督管理,依据职责负责国家高速公路网建设项目和交通部确定的其他重点公路建设项目前期工作、施工许可、招标投标、工程质量、工程进度、资金、安全管理的监督和竣工验收工作。

除应当由交通部实施的监督管理职责外,省级人民政府交通主管部门依据职责负责本行政区域内公路建设项目的监督管理,具体负责本行政区域内的国家高速公路网建设项目、交通部和省级人民政府确定的其他重点公路建设项目的监督管理。

设区的市和县级人民政府交通主管部门按照有关规定负责本行政区域内公路建设项目的监督管理。

第八条规定:公路建设应当按照国家规定的建设程序和有关规定进行。

政府投资公路建设项目实行审批制,企业投资公路建设项目实行核准制。县级以上人民政府交通主管部门应当按职责权限审批或核准公路建设项目,不得越权审批、核准项目或擅自简化建设程序。

第十三条规定:公路建设项目应当按照国家有关规定实行项目法人责任制度、招标投标制度、工程监理制度和合同管理制度。

第十六条规定:县级以上人民政府交通主管部门依据职责,负责对公路建设市场的监督管理,查处建设市场中的违法行为。对经营性公路建设项目投资人、公路建设从业单位和主要从业人员的信用情况应进行记录并及时向社会公布。

第二十一条规定:县级以上人民政府交通主管部门应当加强对公路建设从业单位的质量与安全生产管理机构的建立、规章制度落实情况的监督检查。

第二十二条规定:公路建设实行工程质量监督管理制度。公路工程质量监督机构应当根据交通主管部门的委托依法实施工程质量监督,并对监督工作质量负责。

第二十七条规定:对于使用财政性资金安排的公路建设项目,县级以上人民政府交通主管部门必须对公路建设资金的筹集、使用和管理实行全过程监督检查,确保建设资金的安全。

公路建设项目法人必须按照国家有关法律、法规、规章的规定,合理安排和使用公路建设资金。

第三十一条规定:县级以上人民政府交通主管部门应定期向社会公开发布公路建设市场管理、工程进展、工程质量情况、工程质量和安全事故处理等信息,接受社会监督。

4. 公路工程施工监理招标投标管理办法(原交通部令2006年第5号)

第四条规定:交通部负责全国公路工程施工监理招标投标活动的监督管理。

县级以上地方人民政府交通主管部门负责本行政区域内公路工程施工监理招标投标活动的监督管理工作。

交通主管部门可以委托其所属的质量监督机构具体负责施工监理招标投标活动的监督管理工作。

第八条规定:进行施工监理招标的公路工程应具备的条件:①初步设计文件应当履行审批手续的,已经批准;②建设资金已经落实;③项目法人或者承担项目管理的机构已经依法成立。

第十二条规定:公路工程施工监理应当公开招标。符合下列条件之一的项目,经有审批权的部门批准后,可以进行邀请招标:①技术复杂或者有特殊要求的;②符合条件的潜在投标人数量有限的;③受自然地域环境限制的;④公开招标的费用与工程监理费用相比,所占比例过大的;⑤法律、法规规定不宜公开招标的。

第十六条规定:二级以下公路、独立中、小桥及独立中、短隧道的新建、改建以及养护大修工程项目,可根据具体条件和实际需要对上述程序适当简化,但应当符合《招标投标法》的规定。

5. 公路工程设计变更管理办法(原交通部令2005年第5号)

第二条规定:设计变更是指自公路工程初步设计批准之日起至通过竣工验收正式交付使用之日止,对已批准的初步设计文件、技术设计文件或施工图设计文件所进行的修改、完善等活动。

第四条规定:公路工程设计变更应当符合国家有关公路工程强制性标准和技术规范的要求,符合公路工程质量和使用功能的要求,符合环境保护的要求。

第五条规定:公路工程设计变更分为重大设计变更、较大设计变更和一般设计变更。

有下列情形之一的属于重大设计变更:①连续长度10km以上的路线方案调整的;②特大桥的数量或结构形式发生变化的;③特长隧道的数量或通风方案发生变化的;④互通式立交的数量发生变化的;⑤收费方式及站点位置、规模发生变化的;⑥超过初步设计批准概算的。

有下列情形之一的属于较大设计变更:①连续长度2km以上的路线方案调整的;②连接线的标准和规模发生变化的;③特殊不良地质路段处置方案发生变化的;④路面结构类型、宽度和厚度发生变化的;⑤大中桥的数量或结构形式发生变化的;⑥隧道的数量或方案发生变化的;⑦互通式立交的位置或方案发生变化的;⑧分离式立交的数量发生变化的;⑨监控、通信系统总体方案发生变化的;⑩管理、养护和服务设施的数量和规模发生变化的;⑪其他单项工程费用变化超过500万元的;⑫超过施工图设计批准预算的。

一般设计变更是指除重大设计变更和较大设计变更以外的其他设计变更。

第六条规定:公路工程重大、较大设计变更,属于对设计文件内容作重大修改,应当按照规定的程序进行审批。未经审查批准的设计变更不得实施。任何单位或者个人不得违反本办法规定擅自变更已经批准的公路工程初步设计、技术设计和施工图设计文件。不得肢解设计变更规避审批。经批准的设计变更一般不得再次变更。

第七条规定:重大设计变更由交通部负责审批。较大设计变更由省级交通主管部门负责审批。

第八条规定:项目法人负责对一般设计变更进行审查,并应当加强对公路工程设计变更实施的管理。

第十六条规定:对需要进行紧急抢险的公路工程设计变更,项目法人可先进行紧急抢险处理,同时按照规定的程序办理设计变更审批手续,并附相关的影像资料说明紧急抢险的情形。

第二十条规定:由于公路工程勘察设计、施工等有关单位的过失引起公路工程设计变更并造成损失的,有关单位应当承担相应的费用和相关责任。由于公路工程设计变更发生的建筑安装工程费、勘察设计费和监理费等费用的变化,按照有关合同约定执行。由于公路工程设计变更发生的工程建设单位管理费、征地拆迁费等费用的变化,按照国家有关规定执行。

第二十四条规定:项目法人有以下行为之一的,交通主管部门责令改正;情节严重的,对全部或者部分使用国有资金的项目,暂停项目执行。构成犯罪的,依法追究刑事责任:①不按照规定权限、条件和程序审查、报批公路工程设计变更文件的;②将公路工程设计变更肢解规避审批的;③未经审查批准或者审查不合格,擅自实施设计变更的。

第二十五条规定:施工单位不按照批准的设计变更文件施工的,交通主管部门责令改正;造成建设工程质量不符合规定的质量标准的,负责返工、修理,并赔偿因此造成的损失;情节严重的,责令停业整顿,降低资质等级或者吊销资质证书。

6.公路工程质量监督规定(原交通部令2005年第4号)

第二条规定:公路工程质量监督,是指依据有关法律、法规、规章、技术标准和规范,对公路工程质量进行监督的行政行为。

第四条规定:从事公路工程建设的建设单位、勘察、设计单位、施工单位、监理单位、试验检测单位以及相关设备、材料的供应单位,依法承担公路工程质量责任,接受、配合交通主管部门和其所属的质量监督机构(以下简称质监机构)的监督检查,不得拒绝或者阻碍。

第六条规定:公路工程质量监督包括的主要内容:①工程质量管理的法律、法规、规章、技术标准和规范的执行情况;②从业单位的质量保证体系及其运转情况;③勘察、设计质量情况,工程质量情况,使用的材料、设备质量情况;④工程试验检测工作情况;⑤工程质量资料的真实性、完整性、规范性、合法性情况;⑥从业单位在工程实施过程中的质量行为。

第十一条规定:建设单位办理公路工程质量监督的手续。建设单位应当向公路工程项目所在地的质监机构提出申请,并提交以下材料:①公路工程质量监督申请书。包括公路工程项目名称及地点、建设单位、联系方式、提出工程质量监督的申请等;②公路工程项目审批文件;③公路工程项目设计、施工、监理等合同文件;④公路工程项目从业单位的资质证明材料;⑤交通主管部门要求的其他相关材料。

第十四条规定:勘察、设计单位必须按照公路工程建设强制性标准进行勘察、设计,并对其勘察、设计的质量负责。

第十五条规定:交通主管部门及其委托的质监机构履行监督检查职责时,有权采取下列措施:①要求被检查的单位提供有关工程质量的文件和资料;②进入被检查单位的施工现场进行检查;③发现有影响工程质量的问题时,责令改正。

第十七条规定:交通主管部门及其委托的质监机构对检查中发现的问题,应当及时以书面方式通报有关单位。对一般质量管理问题和一般质量缺陷,责令限期整改;对不合格工程,责令限期返修;对违法的质量行为依法予以纠正。存在问题的单位应当按要求进行整改、返修,并提交整改报告。

7. 公路工程竣(交)工验收办法(原交通部令2004年第3号)

第四条规定:公路工程验收分为交工验收和竣工验收两个阶段。

交工验收是检查施工合同的执行情况,评价工程质量是否符合技术标准及设计要求,是否可以移交下一阶段施工或是否满足通车要求,对各参建单位工作进行初步评价。

竣工验收是综合评价工程建设成果,对工程质量、参建单位和建设项目进行综合评价。

第五条规定:公路工程竣(交)工验收的依据是:①批准的工程可行性研究报告;②批准的工程初步设计、施工图设计及变更设计文件;③批准的招标文件及合同文本;④行政主管部门的有关批复、批示文件;⑤交通部颁布的公路工程技术标准、规范、规程及国家有关部门的相关规定。

第六条规定:交工验收由项目法人负责。

竣工验收由交通主管部门按项目管理权限负责。交通部负责国家、部重点公路工程项目中100公里以上的高速公路、独立特大型桥梁和特长隧道工程的竣工验收工作;其他公路工程建设项目,由省级人民政府交通主管部门确定的相应交通主管部门负责竣工验收工作。

第八条规定:交工验收应具备的条件:①合同约定的各项内容已完成;②施工单位按交通部制定的《公路工程质量检验评定标准》及相关规定的要求对工程质量自检合格;③监理工程师对工程质量的评定合格;④质量监督机构按交通部规定的公路工程质量鉴定办法对工程质量进行检测(必要时可委托有相应资质的检测机构承担检测任务),并出具检测意见;⑤竣工文件已按交通部规定的内容编制完成;⑥施工单位、监理单位已完成本合同段的工作总结。

第十四条规定:公路工程各合同段验收合格后,项目法人应按交通部规定的要求及时完成项目交工验收报告,并向交通主管部门备案。国家、部重点公路工程项目中100km以上的高速公路、独立特大型桥梁和特长隧道工程向省级人民政府交通主管部门备案,其他公路工程按省级人民政府交通主管部门的规定向相应的交通主管部门备案。

第十六条规定:公路工程进行竣工验收应具备的条件:①通车试运营2年后;②交工验收提出的工程质量缺陷等遗留问题已处理完毕,并经项目法人验收合格;③工程决算已按交通部规定的办法编制完成,竣工决算已经审计,并经交通主管部门或其授权单位认定;④竣工文件已按交通部规定的内容完成;⑤对需进行档案、环保等单项验收的项目,已经有关部门验收合格;⑥各参建单位已按交通部规定的内容完成各自的工作报告;⑦质量监督机构已按规定对工程质量检测鉴定合格,并形成工程质量鉴定报告。

第十九条规定:竣工验收委员会由交通主管部门、公路管理机构、质量监督机构、造价管理机构等单位代表组成。大中型项目及技术复杂工程,应邀请有关专家参加。国防公路应邀请军队代表参加。项目法人、设计单位、监理单位、施工单位、接管养护等单位参加竣工验收工作。

8. 交通基本建设项目竣工决算报告编制办法(交财发〔2000〕207号)

按照交通部《交通基本建设项目竣工决算报告编制办法》(以下简称《竣工决算报告编制法》)中的规定,涉及公路建设项目类型的竣工决算报告可分为公路建设项目、独立的公路桥梁建设项目和不能归入上述项目的其他小型项目的竣工决算报告。编制竣工决算报告需填制全套报表。

第五条规定：编制竣工决算报告所依据的文件、资料有：①经批准的可行性研究报告、初步设计、概算或调整概算、变更设计以及开工报告等文件；②历年的年度基本建设投资计划；③经审核批复的历年年度基本建设财务决算；④编制的施工图预算，承包合同、工程结算等资料；⑤历年有关财产物资、统计、财务会计核算、劳动工资、审计及环境保护等资料；⑥工程质量鉴定、检验等有关文件；⑦施工企业交工报告等有关技术经济资料；⑧有关建设项目附产品、简易投产、试运营（生产）、重载负荷试车等产生基本建设收入的财务资料；⑨有关征地拆迁资料和土地使用权证明；⑩其他有关的重要文件。

第六条规定：竣工决算报告的内容由以下部分组成：①竣工决算报告的封面、目录；②竣工工程平面示意图；③竣工决算报告说明书；④竣工决算表格。

第七条规定：竣工决算报告说明书是竣工决算报告的重要组成部分，主要内容包括：工程项目概况及组织管理情况；工程建设过程和工程管理工作中的重大事件、经验教训；工程投资支出和财务管理工作的基本情况（包括主要会计事项处理原则，财产物资清理及债权债务清偿情况；基建结余资金、基建收入等的上交分配情况；主要技术经济指标的分析、计算情况等）；工程遗留问题等。

第八条规定：竣工决算报告表式分为决算审批表、工程概况专用表和财务通用表。

9. 公路工程行业标准管理办法（交公路发（1999）426 号）

第 1.4 条规定：公路工程行业标准分为强制性标准和推荐性标准。

涉及控制质量和安全及环保等方面的标准为强制性标准。强制性标准以外的标准是推荐性标准。

第 1.5 条规定：凡属于产品标准方面内容，不宜在公路工程行业标准中规定。

第 1.6 条规定：交通部是公路工程行业标准管理的主管部门，交通部公路司是制定和修订公路工程行业标准的职能管理部门，其任务是对标准的制定、修订和实施进行管理监督，省、自治区、直辖市交通主管部门可在国标和行标的基础上补充制定本地区本行业的公路工程标准，并应报交通部备案。

第 2.3.1 条规定：项目的主编单位应具备的条件：承担过与该公路工程行业标准项目相应的工作；具有较丰富的实践经验，较高的技术水平和组织管理水平，能组织解决公路工程行业标准编制中的重大技术问题；能够组织人员和设备力量，按期完成制订或修订任务的单位。

第 2.3.2 条规定：对编写人员的要求：参加标准编制的人员应具有从事与该标准内容有关的工作五年以上的经验或有关专长；应熟悉国家有关技术经济政策，并具有一定的书面表达能力；主编单位的编写负责人应同时具备一定的组织能力。

第 3.1 条规定：标准制（修）订应满足最佳经济效益原则、可实施性原则以及给设计人员一定灵活性的原则；必须贯彻执行国家的法律、法规和方针政策；合理利用资源，做到安全可靠、技术先进、经济合理、有利环保；应积极吸纳技术上成熟，经济上合理且有利环境保护的新技术、新工艺、新设备、新材料；凡纳入标准的新成果应经过充分论证或试设计，确保技术上成熟、经济上合理。

第 3.2 条规定：标准制（修）订按大纲（工作大纲和编写大纲）、征求意见（征求意见稿）、送审（送审稿）和报批（报批稿）四个阶段进行。工作量大、内容复杂的标准可在征求意见阶段前增加一个初稿阶段。

第 4 条规定：公路工程行业标准由交通部统一编号，并批准发布。当新标准的实施与已进行项目发生矛盾时,应结合项目具体情况与业主协调解决,必要时应报交通部批准。公路工程行业标准的出版由交通部负责组织。标准的出版印刷应按《工程建设标准出版印刷规定》执行。

第7条规定:标准发布后,应由主编单位明确若干专职或兼职人员负责标准的日常管理工作;随时了解标准的执行情况,收集和研究国内外有关的标准、信息,每年写一篇工作简报报部,并同时在《公路》杂志上发表。

10. 公路工程质量管理办法(交公路发[1999]90号)

第四条规定:公路工程质量是指有关公路工程建设的法律、法规、规章、技术标准以及批准的设计文件和工程合同对建设公路工程的安全、适用、经济、美观等特性的综合要求。

第五条规定:国务院交通主管部门主管全国公路工程质量管理工作。

县级以上人民政府交通主管部门负责本行政区域内公路工程质量管理工作;但是,大中型公路建设项目的质量管理工作,由省、自治区、直辖市人民政府交通主管部门负责。

县级以上人民政府交通主管部门设置的公路工程质量监督机构(以下简称质监机构)根据交通主管部门委托的权限,代表交通主管部门行使行政执法职能,具体负责公路工程质量监督工作。

第六条规定:公路工程质量实行建设单位或项目法人(以下统称建设单位)全面负责,监理单位控制,设计、施工单位保证和政府监督相结合的质量管理体制。

第七条规定:公路工程建设项目的主管部门、建设、设计、施工、监理单位负责人,对本单位的质量工作负领导责任;各单位的工程项目负责人,对本单位工程项目现场的质量工作负直接领导责任;各单位的工程技术负责人,对质量工作负工程技术方面责任;具体工作人员为直接责任人。公路工程在设计使用年限内实行质量终身负责制。

第九条规定:公路工程建设项目必须建立"政府监督、社会监理、企业自检"三级质量保证体系,建立年度工程质量检查制度。

第十一条~第十六条规定:建设单位质量管理。①按照国家规定建立健全质量保证体系,落实质量岗位责任制。②严格履行基本建设程序,合理确定标段、工期和造价,选择具有相应资格的勘测设计、施工和监理单位,并应分别签订合同,实行合同管理。③工程施工过程中,应主动接受质监机构对工程质量的监督检查;工程完工后,应由质监机构对工程质量进行鉴定。④依照有关公路工程建设的法律、法规、规章、技术标准、规范和合同文件,组织项目设计、施工和监理;建设单位应加强档案管理,所有建设项目都要按照《中华人民共和国档案法》的有关规定,建立健全项目档案。

第十七条~第二十条规定:设计单位质量管理。①按资质等级及业务范围承担相应的勘测设计(含优化设计)任务,主动接受质监机构的监督检查;②建立健全设计质量保证体系;③设计文件的编制应该符合有关公路工程建设法律、法规、规章、标准、规程和合同的要求;④对工程质量是否满足设计要求提出评价意见。

第二十一条~第二十五条规定:施工单位质量管理。①按资质、资信等级确定的业务范围参加投标,接受质监机构的监督检查;②依据有关公路工程建设的法律、法规、规章、技术标准和规范的规定,按照设计文件、施工合同和施工工艺要求组织施工,并对工程质量负责;③工程发生质量事故,按规定向监理单位、建设单位及有关部门报告,保护现场,进行事故处理。

第二十六条~第二十九条规定:监理单位质量管理。①依照核定的监理业务范围,承担相应公路工程的监理业务;②接受质监机构对其监理工作质量的监督检查;③严格执行有关公路工程建设的法律、法规、规章、技术标准和规范;④严格履行监理合同。

第三十条~第三十三条规定:材料、设备采购单位质量管理。①承担相应的材料和设备质量责任;②按合同规定拥有自主采购的权利;③在材料、设备的采购和使用过程中,应严格计量标准,按照有关施工技术规范进行。

第三十四条~第三十八条规定:工程质量监督机构管理。①凡新建、改建的公路工程项目,均应由质监机构实施质量监督管理;②建立健全质量监督工作机制,增强质量监督的公正性、权威性和有效性;③负责检查、监督建设、设计、施工、监理单位质量保证体系;④负责对施工现场影响工程质量的行为进行监督检查;⑤按公路工程检验评定标准对工程质量等级进行鉴定。未经鉴定或鉴定不合格的工程,不得组织验收和交付使用。

附则第二条规定:公路工程质量事故分质量问题、一般质量事故及重大质量事故三类。

①质量问题:质量较差、造成直接经济损失(包括修复费用)在20万元以下。

②一般质量事故:质量低劣或达不到合格标准,需加固补强,直接经济损失(包括修复费用)在20万元至300万元之间的事故。

③重大质量事故:由于责任过失造成工程倒塌、报废和造成人身伤亡或者重大经济损失的事故。重大质量事故分为三个等级:死亡30人以上或直接经济损失1 000万元以上或特大型桥梁主体结构垮塌为一级重大质量事故;死亡10人以上,29人以下或直接经济损失500万元以上不满1 000万元或大型桥梁主体结构垮塌为二级重大质量事故;死亡1人以上9人以下或直接经济损失300万元以上不满500万元或中小型桥梁主体结构垮塌为三级重大质量事故。

附则第三条规定:重大质量事故由国务院交通主管部门会同省级交通主管部门负责调查处理;一般质量事故由省级交通主管部门负责调查处理;质量问题由建设单位或企业负责调查处理。

11. 公路建设项目后评价工作管理办法(交计发[1996]1130号)

第二条规定:后评价工作的重点是国家重点公路建设项目或符合下列条件之一的公路建设项目:①40km以上的国道主干线项目或100km以上的国道及省道高等级公路项目;②利用外资的公路项目;③特大型独立公路桥隧项目;④上级主管部门指定的项目。

第三条规定:进行项目后评价的必备条件为:①根据预定目标已全部建成并通过竣工验收;②至少经过2至3年的通车运营实践。

第四条规定:后评价管理工作"实行统一领导,分级管理",进行后评价的项目分为地方、部、国家三个管理层次。

地方管理的后评价项目,由各省、自治区、直辖市、计划单列市交通行政主管部门根据本办法第二条及第三条的规定按年度下达计划。编制后评价报告以项目法人或建设单位为主,组织承担本项目可行性研究、设计、施工、监理、运营、管理、审计等有关部门、单位以及地方政府的有关人员参加,共同开展工作。后评价报告应按照《公路建设项目后评价报告编制办法》编制。

交通部根据本办法第二条及第三条的规定,一般选择四分之一的后评价项目进行部管理,按年度下达计划。

国家管理的后评价项目由国家计委确定。

第五条规定:地方管理的项目,其后评价报告由项目法人或建设单位报省、自治区、直辖市、计划单列市交通行政主管部门,由省、自治区、直辖市、计划单列市交通行政主管部门组织审查,并将修改后的报告连同审查意见报交通运输部综合计划司备案。

部管理的项目,其后评价报告一般先由省、自治区、直辖市、计划单列市交通行政主管部门进行初审,初审通过后,再由省、自治区、直辖市、计划单列市交通行政主管部门报部,由部组织有关部门进行正式审查,并写出《建设项目后评价审查报告》,报国家发改委备案。

国家发改委确定的后评价项目,按国家发改委有关规定组织审查。

第八条规定:建设项目的各有关部门和单位要认真对待后评价成果,从中吸取经验教训,并采取相应的对策、措施,进一步完善已建项目,改进在建项目,指导待建项目。

第九条规定:建设项目后评价报告的编制、审核、审查费用由项目法人或建设单位自行解决,可列入项目投资概算,在建设单位管理费中列支。

第七节　造价工程师执业资格制度

一、国外注册造价工程师制度

以英国为例,造价工程师称为预算师。预算师、高级预算师资格由皇家测量师学会授予。工料测量专业本科毕业生可以豁免英国皇家测量师学会组织的专业知识考试而直接取得申请预算师专业工作能力培养和考核的资格。而对于一般具有高中毕业水平的人,或学习其他专业的大学毕业生,或从事预算专业15年以上的人,则要通过自学,参加皇家测量师学会每年组织的专业考试。其中高中毕业生需要经过3次考试;其他专业大学毕业生需经过两次考试,有15年本专业工作实践经验的只需考试一次。经专业知识考试合格者,由皇家测量师学会发给专业知识考试合格证书,即相当于本专业大学同等学历毕业水准,取得申请预算师专业工作能力培养和考核的资格。

英国皇家测量师学会组织的专业知识考试要求考生具有建筑技术、建筑管理与经济、工程量和造价计算、法律等四方面的知识。

对工料测量专业本科毕业生(硕士生、博士生)以及经过专业知识考试合格的人员,还要通过皇家测量师学会组织的专业工作能力的考核,即通过3年以上的工作实践,在学会规定的各项专业能力考核科目范围内,获得某几项较丰富的工作经验,经考核合格后,即由皇家测量师学会发给合格证书并吸收为学会会员(ARICS),取得预算师职称。

在取得预算师(工料估价师)职称以后,就可签署有关估算、概算、预算、结算、决算文件,也可独立开业,承揽有关业务。再从事12年本专业工作,或者在预算公司等单位中承担重要职务(如董事)5年以上者,经学会批准,即可被吸收为资深会员(FRICS),相当于获得高级预算师职称。

在英国,预算师被认为是工程建设经济师,在工程建设全过程中,按照既定工程项目确定投资,在项目实施的各阶段、各项活动中控制造价,使最终造价不超过规定投资。

二、我国造价工程师执业资格制度

1. 我国造价工程师执业资格制度的建立

造价工程师执业资格制度是工程造价管理的一项基本制度。人事部(现更名为人力资源和社会保障部，后同）、建设部（现更名为住房和城乡建设部，后同）人发［1996］77 号文《造价工程师执业资格制度暂行规定》的颁发，是建立这项制度的标志。造价工程师的执业资格，是履行工程造价管理岗位职责与业务的准入资格。制度规定，凡从事工程建设活动的建设、设计、施工、工程造价咨询、工程造价管理等单位和部门，必须在计价、评估、审查（核）、控制及管理等岗位配备有造价工程师执业资格的专业技术人员。造价工程师是指经全国统一考试合格，取得造价工程师执业资格证书，并经注册从事建设工程造价业务活动的专业技术人员。

1996 年人事部和建设部颁发了《造价工程师执业资格认定办法》，1997 年人事部和建设部组织了在全国部分省区造价工程师考试试点，并在总结试点经验的基础上，于 1998 年在全国组织了造价工程师统一考试。

2. 我国造价工程师考核制度

为加强对建设工程造价的管理，提高工程造价专业人员的素质，确保建设工程造价管理工作的质量，人事部、建设部 1996 年颁布的《造价工程师执业资格制度暂行规定》中要求：

（1）申请报考条件。《造价工程师执业资格制度暂行规定》规定，凡中华人民共和国公民，遵纪守法并具备以下条件之一者，均可申请参加造价工程师执业资格考试：

①工程造价专业大专毕业后，从事工程造价业务工作满 5 年；工程或工程经济类大专毕业后，从事工程造价业务工作满 6 年。

②工程造价专业本科毕业后，从事工程造价业务工作满 4 年；工程或工程经济类本科毕业后，从事工程造价业务工作满 5 年。

③获上述专业第二学士学位或研究生毕业和获硕士学位后，从事工程造价业务工作满 3 年。

④获上述专业博士学位后，从事工程造价业务工作满 2 年。

（2）考试内容。按照建设部、人事部的设想，造价工程师应该是既懂工程技术又懂经济、管理和法律并具有实践经验和良好职业道德的复合型人才。因此考试内容主要包括：

①工程造价的相关知识，如投资融资理论、经济法与合同管理、项目管理等知识。

②工程造价的确定与控制，除掌握基本概念外，主要掌握和了解造价确定与控制的理论与方法。

③工程技术与工程计量，这一部分分两个专业考试，即建筑工程与安装工程，主要掌握两专业基本技术知识与计量方法。

④案例分析，考查考生解决实际问题的能力，含计量或审查单位工程量，编制或审查专业工程投资估算、概算、预算、标底、结（决）算，投标报价，编制补充定额等技能。

（3）我国造价工程师执业资格注册制度

造价工程师执业资格实行注册登记制度，以加强对造价工程师的注册管理，规范造价工程师的执业行为，维护国家和社会公共利益。注册登记制度规定：

①从事工程造价业务活动的专业技术人员，只有在取得《造价工程师执业资格证》和《造价工程师注册证》以后，才具有造价工程师执业资格，才能以造价工程师名义从事建设工程造价业务，签署具有法律效力的工程造价文件。

②国务院建设行政主管部门负责全国造价工程师的注册管理工作，并对造价工程师的注册和执业实施指导和监督。省、自治区、直辖市人民政府和国务院有关行政主管部门负责管辖范围内的造价工程师注册管理工作，并对其注册和执业实施指导和监督。

③经全国造价工程师执业资格统一考试合格人员,在取得《造价工程师执业资格证》3个月内到所在地区或部门注册初审机构申请注册。经考试合格人员逾期未申请注册,或申请未获批准,其资格可保留2年,2年期满再申请注册需参加规定的业务培训,并达到继续教育水准。经批准注册的造价工程师,由其单位所在地区或部门注册初审机构核发由国务院建设行政管理部门统一印制的《造价工程师注册证》和造价工程师执业专用章。

三、造价工程师应具备的素质

造价工程师的工作关系到国家和社会公众利益,对其专业素质、身体素质的要求应包括以下几个方面。

1. 专业素质

根据造价工程师的专业特点和能力要求,其专业素质体现在以下几个方面:

(1)造价工程师应是复合型的专业管理人才。作为建设领域工程造价的管理者,造价工程师应是具备工程、经济和管理知识与实践经验的高素质复合型专业人才。

(2)造价工程师应具备技术技能。技术技能是指能使用由经验、教育及训练上的知识、方法、技能及设备,来达到特定任务的能力。造价工程师应掌握:与建筑经济管理相关的金融投资、相关法律、法规和政策;工程造价管理理论及相关计价依据的应用;工业与建筑施工技术知识;信息化管理的知识等。同时,在实际工作中应能运用以上知识与技能,解决诸如:方案的经济比选;编制投资估算、设计概算和施工图预算;编制招投标标底和投标报价;编制补充定额和造价指数;进行合同价结算和竣工决算,并对项目造价变动规律和趋势进行分析和预测能力。

(3)造价工程师应具备人文技能。人文技能是指与人共事的能力和判断力。造价工程师应具有高度的责任心与协作精神,善于与业务有关的各方面人员沟通、协作,共同完成对项目的造价目标控制与管理。

(4)造价工程师应具备观念技能。观念技能是指了解整个组织及自己在组织中地位的能力,使自己不仅能按本身所属的群体目标行事,而且能按整个组织的目标行事。造价工程师应有一定的组织管理能力,同时具有面对各种机遇与挑战积极进取、勇于开拓的精神。

2. 身体素质

造价工程师要有健康的身体和宽广的胸怀,以适应紧张、繁忙和错综复杂的管理和技术工作。

四、注册造价工程师的业务范围

(1)建设项目建议书、可行性研究投资估算的编制和审核,项目经济评价,工程概算、预算、结算,竣工结(决)算的编制和审核;

(2)工程量清单、标底(或者控制价)、投标报价的编制和审核,工程合同价款的签订及变更、调整,工程款支付与工程索赔费用的计算;

(3)建设项目管理过程中设计方案的优化、限额设计等工程造价分析与控制,工程保险理赔的核查;

(4)工程造价经济纠纷的司法鉴定和仲裁的咨询。

第八节　工程造价咨询管理制度

一、工程造价咨询企业资质管理

工程造价咨询企业是指取得《工程造价咨询单位资质证书》，接受业主或施工企业的委托，对建设工程造价的确定与控制提供专业咨询服务的企业。工程造价咨询企业从事工程造价咨询活动，应当遵循独立、客观、公正、诚实信用的原则，不得损害社会公共利益和他人的合法权益。对工程造价咨询企业进行资质管理是规范其执业行为并保障他们合法经营活动的客观需要。

(一)资质等级标准

我国工程造价咨询企业资质等级分为甲、乙两级，并规定了相应资质标准和业务承接范围。甲级、乙级资质标准见表1-3。

(二)资质证书

1.资质证书的领取和补办

准予资质许可的造价咨询企业，资质许可机关应当向申请人颁发工程造价咨询企业资质证书。该资质证书由国务院建设主管部门统一印制，分正本和副本。正本和副本具有同等法律效力。如果工程造价咨询企业遗失了资质证书，应当首先在公众媒体上声明作废后，向资质许可机关申请补办。

工程造价咨询企业甲级、乙级资质标准　　表1-3

甲级资质标准	乙级资质标准
(1)已取得乙级工程造价咨询企业资质证书满3年； (2)企业出资人中，注册造价工程师人数不低于出资人总人数的60%，且其出资额不低于企业注册资本总额的60%； (3)技术负责人已取得造价工程师注册证书，并具有工程或工程经济类高级专业技术职称，且从事工程造价专业工作15年以上； (4)专职从事工程造价专业工作的人员(以下简称专职专业人员)不少于20人，其中，具有工程或者工程经济类中级以上专业技术职称的人员不少于16人，取得甲级造价工程师注册证书的人员不少于10人，其他人员具有从事工程造价专业的工作经历； (5)企业与专职专业人员签订劳动合同，且专职专业人员符合国家规定的执业年龄(出资人除外)； (6)专职专业人员的人事档案关系由国家认可的人事代理机构代为管理； (7)企业注册资本不少于人民币100万元； (8)企业近3年工程造价咨询营业收入累计不低于人民币500万元； (9)具有固定的办公场所，人均办公建筑面积不少于10平方米； (10)技术档案管理制度、质量控制制度、财务管理制度齐全； (11)企业为本单位专职专业人员办理的社会基本养老保险手续齐全； (12)在申请核定资质等级之日前3年内无违规行为	(1)企业出资人中，注册造价工程师人数不低于出资人总人数的60%，且其出资额不低于注册资本总额的60%； (2)技术负责人已取得造价工程师注册证书，并具有工程或工程经济类高级专业技术职称，且从事工程造价专业工作10年以上； (3)专职专业人员不少于12人，其中，具有工程或者工程经济类中级以上专业技术职称的人员不少于8人，取得造价工程师注册证书的人员不少于6人，其他人员具有从事工程造价专业工作的经历； (4)企业与专职专业人员签订劳动合同，且专职专业人员符合国家规定的执业年龄(出资人除外)； (5)专职专业人员的人事档案关系由国家认可的人事代理机构代为管理； (6)企业注册资本不少于人民币50万元； (7)暂定期内工程造价咨询营业收入累计不低于人民币50万元； (8)具有固定的办公场所，人均办公建筑面积不少于10平方米； (9)技术档案管理制度、质量控制制度、财务管理制度齐全； (10)企业为本单位专职专业人员办理的社会基本养老保险手续齐全； (11)在申请核定资质等级之日前3年内无违规行为

2. 资质证书的续期申请

工程造价咨询企业资质有效期为3年。资质有效期届满,应当在资质有效期届满30日前向资质许可机关提出资质延续申请。准于延续的,资质有效期延续3年。

3. 资质证书的变更

(1)工程造价咨询企业的名称、住所、组织形式、法定代表人、技术负责人、注册资本等事项发生变更的,应当自变更确立之日起30日内,到资质许可机关办理资质证书变更手续。

(2)工程造价咨询企业合并的,合并后存续或者新设立的工程造价咨询企业可以承继合并前各方中较高的资质等级,但应当符合相应的资质等级条件。

(3)工程造价咨询企业分立的,只能由分立后的一方承继原工程造价咨询企业资质,但应当符合原工程造价咨询企业资质等级条件。

二、工程造价咨询管理

(一)业务承接

从事工程造价咨询业务活动的企业,应当依法取得工程造价咨询企业资质,并在其资质等级许可的范围内从事工程造价咨询活动。工程造价咨询企业依法从事工程造价咨询活动,不受行政区域限制。甲级工程造价咨询企业可以从事各类建设项目的工程造价咨询业务;乙级工程造价咨询企业可以从事工程造价5 000万元人民币以下的各类建设项目的工程造价咨询业务。

(二)信用制度

工程造价咨询企业应当按照有关规定,向资质许可机关提供真实、准确、完整的工程造价咨询企业信用档案信息。工程造价咨询企业信用档案应当包括:工程造价咨询企业的基本情况、业绩、良好行为、不良行为等内容。违法行为、被投诉举报处理、行政处罚等情况应当作为工程造价咨询企业的不良记录记入其信用档案。任何单位和个人均有权查阅信用档案。

(三)法律责任

1. 资质申请或取得的违规责任

申请人隐瞒有关情况或者提供虚假材料申请工程造价咨询企业资质的,不予受理或者不予资质许可,并给予警告,申请人在1年内不得再次申请工程造价咨询企业资质。

以欺骗、贿赂等不正当手段取得工程造价咨询企业资质的,由县级以上地方人民政府建设主管部门或者有关专业部门给予警告,并处1万元以上、3万元以下的罚款,申请人3年内不得再次申请工程造价咨询企业资质。

2. 经营违规的责任

未取得工程造价咨询企业资质从事工程造价咨询活动或者超越资质等级承接工程造价咨询业务的,出具的工程造价成果文件无效,由县级以上地方人民政府建设主管部门或者有关专业部门给予警告,责令限期改正,并处以1万元以上3万元以下的罚款。

工程造价咨询企业不及时办理资质证书变更手续的,由资质许可机关责令限期办理;逾期不办理的,可处以1万元以下的罚款。

有下列行为之一的,由县级以上地方人民政府建设主管部门或者有关专业部门给予警告,责令限期改正;逾期未改正的,可处以5 000元以上2万元以下的罚款:

(1)新设立的分支机构不备案的;

(2)跨省、自治区、直辖市承接业务不备案的。

3. 其他违规责任

工程造价咨询企业有下列行为之一的，由县级以上地方人民政府建设主管部门或者有关专业部门给予警告，责令限期改正，并处以 1 万元以上 3 万元以下的罚款：

(1)涂改、倒卖、出租、出借资质证书，或者以其他形式非法转让资质证书；

(2)超越资质等级业务范围承接工程造价咨询业务；

(3)同时接受招标人和投标人或两个以上投标人对同一项目的工程造价咨询业务；

(4)以给予回扣、恶意压低收费等方式进行不正当竞争；

(5)转包承接的工程造价咨询业务；

(6)法律、法规禁止的其他行为。

第二章 工程经济

第一节 资金时间价值及其计算

一、资金的时间价值

资金的时间价值是指资金通过一系列的经济活动，其价值会随时间推移而变化，变化的这部分资金就是原有资金的时间价值。在资本市场利率大于零的情况下，资金随着时间的变化，其价值会增加，也就是说，在一定时间内，通过一系列的经济活动，资金具有增值的能力。

衡量资金时间价值的绝对尺度是利息和纯收益。利息和纯收益（盈利或利润）都是资金时间价值的基本形式，是社会劳动在不同部门的再分配。纯收益一般用于表示由生产部门、流通部门产生的资金增值；利息一般用于表示通过金融机构而产生的资金增值，是以信贷为媒介的资金使用权的报酬。对于投资者来说，利息和纯收益都是一种收入，是投资得到的报酬总额，因而，称为衡量资金时间价值的绝对尺度。

衡量资金时间价值的相对尺度是利率和收益率。利率是一定时期内获得的利息与最初的存款或贷款总额的比率；收益率（盈利率或利润率）是在一定时期内获得的盈利或利润与最初的投入资金总额的比率。利率和收益率反映了资金随时间变化而增值速度的快慢，因而是衡量资金时间价值的相对尺度。

应注意的是，利息和纯收益、利率和收益率都是资金时间价值的尺度，在计算资金时间价值时，这些术语具有通用性。

在生产实践和工程建设实践中，考虑资金的时间价值能够更客观地、真实地评价方案的技术经济效果。在工程实践中，主要涉及投资时间不同、投产时间不同、使用寿命不同等的工程项目技术方案的经济效果评价问题及技术方案实现后，经营费用不同、产出效果不同等的技术方案的经济效果评价问题。

既然资金具有时间价值，那么就要用动态或变化的观点去看待资金的使用和占用，努力缩短投资项目的建设周期，积极提高投资项目的经济效益，使社会财富不断增加。

二、现金流量

1. 现金流量

如果把资金时间价值的计算对象作为一个独立的系统，那么，从该系统的角度看，凡是在某一时点上，流出系统的货币称为现金流出，通常用 CO_t 表示，流入系统的货币称为现金流入，通常用 CI_t 表示，同一时点上的现金流入和现金流出的差额称为净现金流量，通常用 NCF 或 $(CI-CO)_t$ 表示。现金流量是对某一特定的系统，在一定时间内各时点现金流入、现金流出按时间序列构成的动态序量，反映该系统在一定时期内的资金运动状况。项目的现金流量是项目计算期内各期现金流量按时间序列构成的动态序量，反映项目在计算期内的资金运动状况。其中，现金流出为项目所支出的各种费用（即流出项目的资金），现金流入为实施项目带来的收入（即流入项目的现金）。同一时期的项目的现金流入减去现金流出的余额称为这个时期的净现金流量，即：

某期净现金流量 = 现金流入 - 现金流出

应该注意的是，现金流量是针对一个特定的系统而言，且因研究的范围不同和立脚点不同会有不同的结果。

现金流量通常用现金流量图和现金流量表来表示。

2. 现金流量图

现金流量图是一种反映系统计算期内现金运动状态的图式。对于项目而言，其现金流量图模拟了项目计算期内现金流量的发生情况。在现金流量图上，要表明现金流量的性质（流入或流出）、发生的时点和金额的大小。

现金流量图的作图规则如下：

(1) 以横轴为时间轴，向右延伸表示时间延续。横轴起点表示时间序列的起点，通常用 0 表示；横轴终点表示时间序列的终点，通常用 n 表示；横轴涉及的时间范围表示考察对象的寿命期。横轴上每一间隔表示一个时间单位（计息周期），通常可取年、半年、季或月等。横轴上某时点表示该期期末，本期期末即是下期期初，如 $n=0$ 表示第一期期初，$n=1$ 表示第一期期末，同时又表示第二期期初。

(2) 凡属收入、收益、借入的资金视为现金流入，凡属支出、损失、贷出的资金视为现金流出。流入或流出应从某个特定的角度考虑。

(3) 某期净现金流量 = 现金流入 - 现金流出

其结果为正，表现为正现金流量，以（+）表示；其结果为负，表现为负现金流量，以（-）表示。

(4) 凡正现金流量以向上箭线表示，画在轴上方现金流量发生的时点；凡负现金流量以向下箭线表示，画在轴下方现金流量发生的时点。

(5) 箭线长短与现金流量大小成比例。

【例 2-1】　张三从银行借款 10 000 元，借款利率为 5%，借款时间为 5 年，每年偿还当年的利息，第 5 年末一次性偿还所欠的本金，请从张三和银行的角度画出其现金流量图。

解： 根据题意，张三每年偿还的利息 = 10 000 × 5% = 500 元，按照题中所确定的还款办法，从张三的角度其现金流量图见图 2-1，从银行的角度其现金流量图见图 2-2。

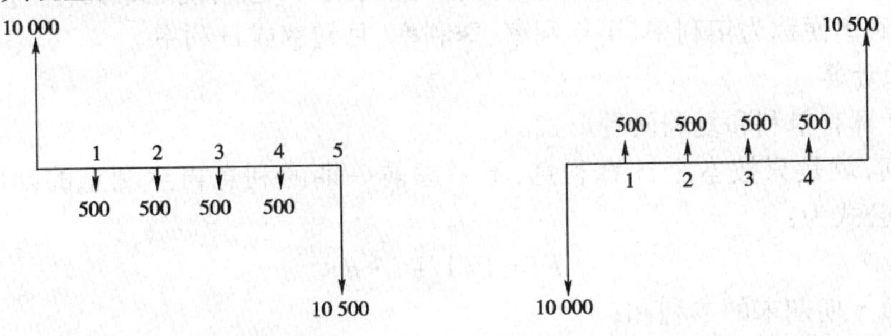

图 2-1　张三的现金流量图　　图 2-2　银行的现金流量图

3. 现金流量表

现金流量表是以表格的形式反映系统计算期内现金运动状况，在实际工作中这种形式使用更为普遍。其格式见表2-1。表中某个时期表示该期期末，同时本期期末也表示是下期期初。

现金流量表 表2-1

项目	合计	计算期								
		0	1	2	3	4	5	6	…	n
生产负荷										
1. 现金流入										
1.1××××										
1.2××××										
⋮										
2. 现金流出										
2.1××××										
2.2××××										
⋮										
3. 净现金流量(1－2)										
⋮										

三、利息与利率

1. 利息与利率

利息是资金时间价值的一种重要表现，是度量资金时间价值的绝对尺度。利息指占用资金所付的代价，或放弃使用资金所得的收益，是占用资金者支付给放弃使用资金者获得的利润的一种利益再分配。具体来讲，利息是债务人支付给债权人超过原借贷金额（常称作本金）的部分，即：

$$利息=应付或应收总额-本金$$

利率也是资金时间价值的一种重要表现，是度量资金时间价值的相对尺度。具体来讲，利率是单位本金在单位时间内（可以为年、半年、季或月等）获得的利息，即

$$利率=\frac{单位时间内所得的利息额}{本金}\times 100\%$$

式中，用于表示计算利息的时间单位称为计息周期，计息周期通常为年、半年、季、月或日等，其相应的利率便称为年利率、半年利率、季利率、月利率或日利率。

2. 利息的计算

利息的计算有单利和复利两种形式。

所谓单利，就是只按本金计算利息，不考虑前一期的利息再生利息的问题，即“利不生利”。其计算公式为：

$$F=P(1+i\cdot n) \tag{2-1}$$

式中：F——第 n 期期末的本利和；

P——本金；

i——计息期单利利率；

n——计息期。

复利计算方法则要考虑前一期利息再生利息的问题，要计入本金重复计息，即“利生利”、“利滚利”。其计算公式为：

$$F = P(1 + i)^n \tag{2-2}$$

式中：符号含义同单利计算公式。

【例 2-2】 假如某企业期初借入资金 500 万元，若借款利率为 10%，5 年后一次性偿还，若按单利计算，偿还情况如表 2-2 所示；若按复利计算，偿还情况如表 2-3 所示。

单利计算表　　表 2-2

年　份	年初欠款	年末应付利息	年末欠款	年末偿还
1	500	500 ×0.1 =50	550	0
2	550	500 ×0.1 =50	600	0
3	600	500 ×0.1 =50	650	0
4	650	500 ×0.1 =50	700	0
5	700	500 ×0.1 =50	750	750

复利计算表　　表 2-3

年　份	年初欠款	年末应付利息	年末欠款	年末偿还
1	500	500 ×0.1 =50	550	0
2	550	550 ×0.1 =55	605	0
3	605	605 ×0.1 =60.5	665.5	0
4	665.5	665.5 ×0.1 =66.55	732.05	0
5	732.05	732.05 ×0.1 =73.205	805.255	805.255

从表 2-2 和表 2-3 可见，同一笔借款，在利率和计息周期均相同的情况下，用复利计算出的利息金额数比用单利计算出的利息金额数大，如果本金越大、利率越高、计息周期数越多，则两者的差值就越大。所以，复利计息方法对资金占用的数量和时间有较好的约束力。目前，在工程经济分析中一般都采用复利法。

复利计算有间断复利和连续复利之分。按期（如按年、半年、季、月或日等）计算复利的方法为间断复利；按瞬时计算复利的方法为连续复利。在实际应用中一般采用间断复利的计算方法。本教材亦只介绍间断复利计算方法。

四、资金时间价值计算

由于资金存在时间价值，在不同时点上发生的现金流量的数值不能直接相加或相减，为了达到对投资项目的现金流量进行计算和分析的目的，可采用一种称为资金等值计算的方法将不同时点上发生的现金流量换算为同一时点上的等价的现金流量，然后再进行计算和分析。所谓“等值”，是指在特定利率条件下，在不同时点上的两笔绝对值不等的资金具有相同的价值。这种考虑时间因素对现金流量进行转换计算的过程即为资金时间价值的等值计算过程。

影响资金等值的因素有三个：①资金数额的多少；②资金发生的时间；③利率的大小。即使资金金额相等，由于发生的时间不同，其价值并不一定相等；反之，不同时间上发生的资金金额不等，其资金价值却可能相等。在工程经济中，等值是一个重要的概念，它为准确确定经济活动的经济性,进行不同方案的比选提供了可能。

(一)资金时间价值计算中的基本符号规定

资金时间价值计算通常采用复利计算的方法,计算中基本符号规定如下:

P ——现值(Present Value),或叫期初金额,表示资金发生在(或折算为)某一特定时间序列起点时的价值,一般情况下,为整个系统的现金流量折算到0点时的价值。

F ——终值(Future Value),或叫未来值,表示资金发生在(或折算为)某一特定时间序列终点时的价值,或整个系统现金流量折算到计算期期末的期终值,即期末本利和的价值。

A ——年金(Annuity),或称为等额值,是指某一特定时间序列期内,各期等额收入或支出的金额,等额序列各值通常位于各期期末。

n——计息期数,指某系统如投资项目从开始到寿命周期终结为止的整个期限内,计算利息的次数,其时间单位可以是年、季、月或日。

i——利率或折现率,其时间单位可以是年、季、月、日等。在具体运用复利计算公式进行计算时,利率周期应与计息周期一致,即如果公式中应使用的是年利率,则计息周期应为年,计息期数应为年数;如果公式中应使用的是月利率,则计息周期应为月,计息期数应为月数。

(二)资金时间价值计算

资金等值计算有多种类型,其中一次支付和等额支付是最基本同时也是最常用的两种类型。下面介绍一次支付类型和等额支付类型的间断型复利计算公式。

1.一次支付类型

一次性支付又称资金整付。图2-3为一次性支付的情况,其中 P 通常位于0点,即第一期期初,F 通常位于 n 点,即第 n 期期末。

(1)一次支付终值公式:已知现值 P,复利利率为 i,计息期数为 n,求终值 $F=?$。

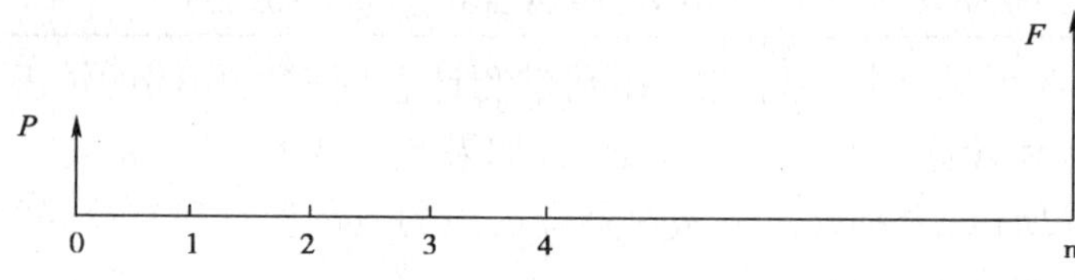

图2-3 一次性支付现金流量图

在表2-4中可以逐期计算各期的终值。

表2-4

年数	年初金额	年末利息额	年末本利和
1	P	Pi	$P+Pi=P(1+i)$
2	$P(1+i)$	$P(1+i)i$	$P(1+i)+P(1+i)i=P(1+i)^2$
3	$P(1+i)^2$	$P(1+i)^2 i$	$P(1+i)^2+P(1+i)^2 I=P(1+i)^3$
…	…	…	…
n	$P(1+i)^{n-1}$	$P(1+i)^{n-1} i$	$P(1+i)^{n-1}+P(1+i)^{n-1} i=P(1+i)^n$

从表(2-4)可以知道:

$$F=P(1+i)^n \tag{2-3}$$

式中:$(1+i)^n$ 称为一次性支付终值系数,记为$(F/P,i,n)$,因此可以表示为:

$$F=P(1+i)^n=P(F/P,i,n)$$

进行复利计算时，可以直接利用公式求解，但通常比较烦琐，所以人们已按不同的利率和周期数将各种系数计算出来，编制成复利系数表，见附录。只要 i 与 n 已知就可以找到所需要的复利系数。然后按公式很容易便可进行相应的计算。

【例 2-3】 某单位在公路改建工程中向银行贷款 10 万元，年利率为 8%，五年后一次结算偿还，问该单位一次性偿还本利和是多少？

解：这是一个已知现值求终值的问题，其现金流量图见图 2-4。

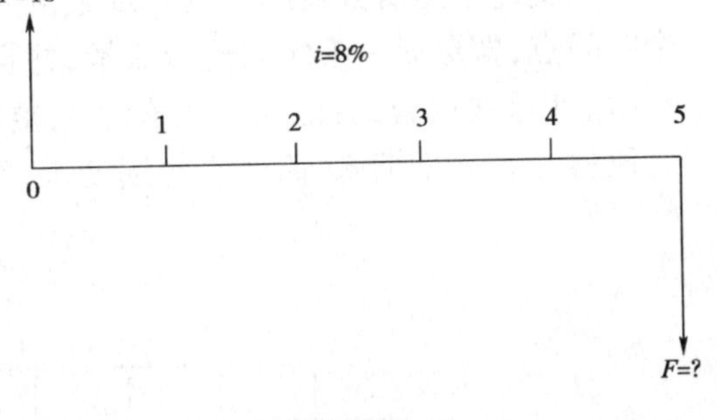

图 2-4　例 2-3 图

利用计算公式可求得：

$$F=P(1+i)^{n}=10\times(1+8\%)^{5}=14.693(\text{万元})$$

或查终值系数表可得：

$$(F/P,8\%,5)=1.469\ 3$$

所以：

$$F=P(F/P,i,n)=10(F/P,8\%,5)=10\times1.4693=14.693(\text{万元})$$

即五年后应偿还银行 14.693 万元。

应注意的是，一次性支付终值系数的符号 $(F/P,i,n)$ 中，斜线下表示已知现金流量 P，斜线上表示所求的现金流量 F，整个符号表示在给定的利率和计息期的情况下一次性支付终值系数 $(1+i)^{n}$，因此斜线上下均应为具体的复利计算的基本符号 P 和 F，不能代入具体的数据。如在式(2-3)中，如果把 $(F/P,8\%,5)$ 写成 $(F/10,8\%,5)$，则会导致人们对系数 $(F/10,8\%,5)$ 的认定不明确，即不知是已知 P 求 F 还是已知其他现金流量(如 A)求 F。

(2)一次支付现值公式：已知终值 F，复利利率为 i，计息期数为 n，求现值 $P=?$。

由式(2-3)的逆式有：

$$P=F\frac{1}{(1+i)^{n}}=F(1+i)^{-n}=F(P/F,i,n) \tag{2-4}$$

式中：$\frac{1}{(1+i)^{n}}$ 称为一次性支付现值系数，记为 $(P/F,i,n)$。

【例 2-4】 某企业五年后需要资金 1 000 万元作为扩大规模的投资，若已知年利率为 8%，问现在应存入银行多少钱？

解：这是一个已知终值求现值的问题，其现金流量图见图 2-5。

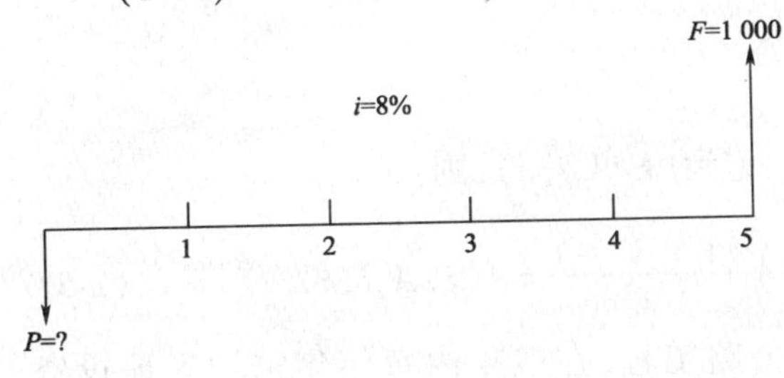

图 2-5　例 2-4 图

根据计算公式可求得：

$$P=F(1+i)^{-n}=1\ 000(1+8\%)^{-5}=680.60(\text{万元})$$

或查现值系数表可得：

$$(P/F,8\%,5)=0.680\ 6$$

所以：

$$P=F(P/F,i,n)=1\ 000(P/F,8\%,5)=1\ 000\times0.680\ 6=680.60(\text{万元})$$

即现在应存入银行 680.60 万元。

2. 等额支付类型

等额支付是指所分析的系统中现金流入与现金流出在多个时间点上发生，而不是集中在一个时间点，即形成一个序列现金流量，并且这个序列现金流量额的大小是相等的。

(1)年金终值公式：已知等额值为 A，复利利率为 i，计息期数为 n，求终值 F。

通常 F 在 n 期期末，而 A 在每期期末，等额支付值中 A 与终值 F 的关系如图 2-6 所示。

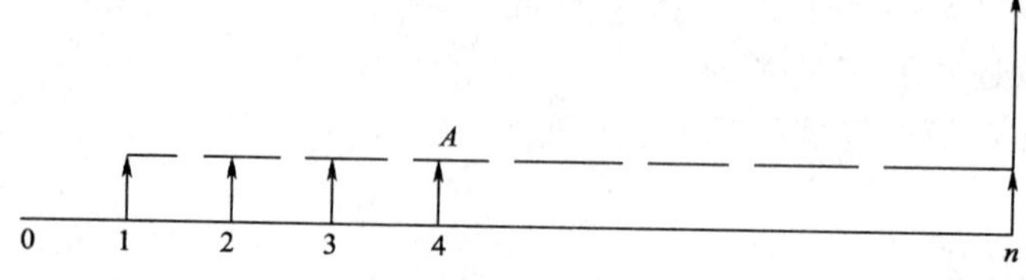

图 2-6　A 与 F 的关系图

若把每一个 A 看成 P，根据式(2-3)，有：

$$F = A(1+i)^{n-1} + A(1+i)^{n-2} + A(1+i)^{n-3} + \cdots A(1+i) + A$$
$$= A[(1+i)^{n-1} + (1+i)^{n-2} + \cdots + (1+i) + 1]$$
$$= A[(1+i)^{n-1} + (1+i)^{n-2} + \cdots + (1+i) + (1+i)^{0}]$$

根据等比数列和的公式，有：

$$F = A\frac{(1+i)^{n-1} - (1+i)^{0} \times (1+i)^{-1}}{1-(1+i)^{-1}}$$

分子分母同乘$(1+i)$，有：

$$F = A\frac{(1+i)^{n-1}(1+i) - (1+i)^{0} \times (1+i)^{-1}(1+i)}{1 \times (1+i) - (1+i)^{-1} \times (1+i)}$$

化简得：

$$F = A\frac{(1+i)^{n} - (1+i)^{0} \times (1+i)^{0}}{1+i-(1+i)^{0}}$$
$$= A\frac{(1+i)^{n} - 1 \times 1}{1+i-1}$$
$$= A\frac{(1+i)^{n} - 1}{i}$$

式中：$\frac{(1+i)^{n}-1}{i}$称为等额支付系列复本利和系数，记为$(F/A,i,n)$，则：

$$F = A\frac{(1+i)^{n}-1}{i} = A(F/A,i,n) \qquad (2\text{-}5)$$

【例 2-5】　某公路工程，在三年内每年年末均等地投资 500 万元，按年利率 10% 计算，问三年后累计的总投资为多少？

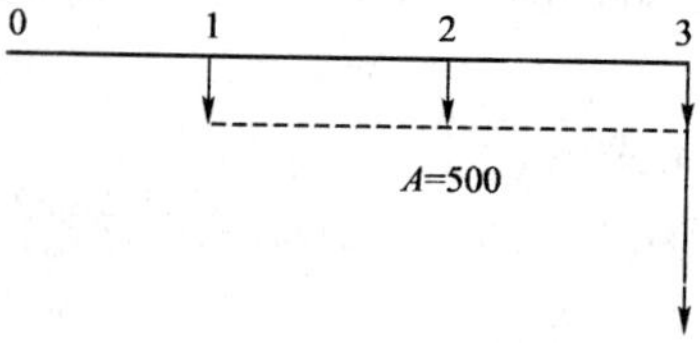

解：这是一个已知年金求终值的问题，其现金流量图见图 2-7。

图 2-7　例 2-5 图

根据计算公式可求得：

$$F = A\frac{(1+i)^{n}-1}{i} = 500 \times \frac{(1+0.1)^{3}-1}{0.1} = 500 \times 3.31 = 1\ 655(\text{万元})$$

或查年金终值系数表可得：

$$(F/A,10\%,3)=3.310$$

所以：

$$F=A(F/A,\ i,n)=500(F/A,10\%,3)=500\times3.310=1\ 655(\text{万元})$$

即三年后累计的总投资为 1 655 万元。

(2)偿债基金公式：已知终值 F，复利利率为 i，计息期数为 n，求等额值 A。

由式(2-5)的逆式得：

$$A=F\frac{i}{(1+i)^n-1}=F(A/F,i,n) \tag{2-6}$$

式中：$\frac{i}{(1+i)^n-1}$称为偿债基金系数，记为$(A/F,i,n)$。

【例 2-6】 某人希望在 10 年后得到一笔 4 000 元的资金，在年利率 5% 的条件下，他每年应等额存入多少钱？

解：这是一个已知终值求年金的问题，其现金流量图见图 2-8。

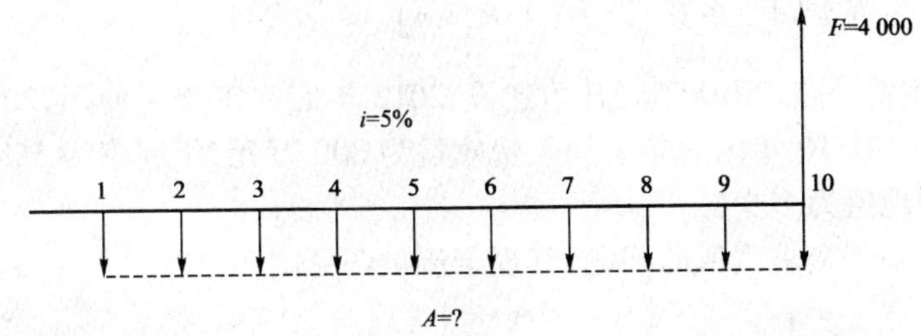

图 2-8　例 2-6 图

根据计算公式可求得：

$$A=F\frac{i}{(1+i)^n-1}=4\ 000\times\frac{0.05}{(1+0.05)^{10}-1}=4\ 000\times0.079\ 5=318(\text{元})$$

即他每年应存入 318 元。

(3)年金现值公式：已知等额值 A，复利利率为 i，计息期数为 n，求现值 P。

通常 P 在 0 期期初，而 A 在每期期末，等额支付值中 A 与现值 P 的关系如图 2-9 所示。

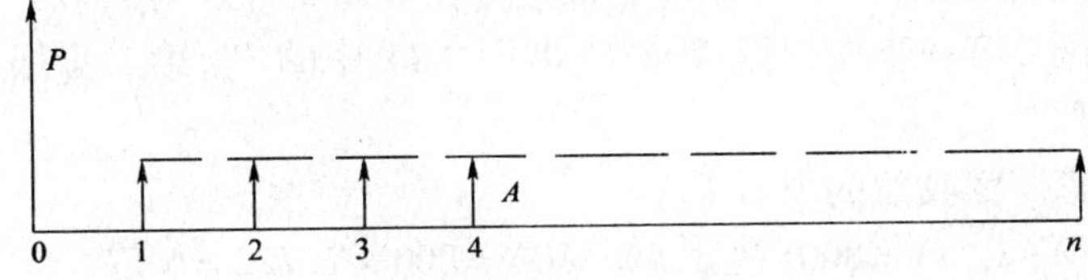

图 2-9　A 与 P 的关系图

根据 P 与 F 关系，由式(2-3)整理可得：

$$P=A\frac{(1+i)^n-1}{i(1+i)^n}=A(P/A,i,n) \tag{2-7}$$

式中：$\frac{(1+i)^n-1}{i(1+i)^n}$称为等额支付系列现值因子，记为$(P/A,i,n)$。

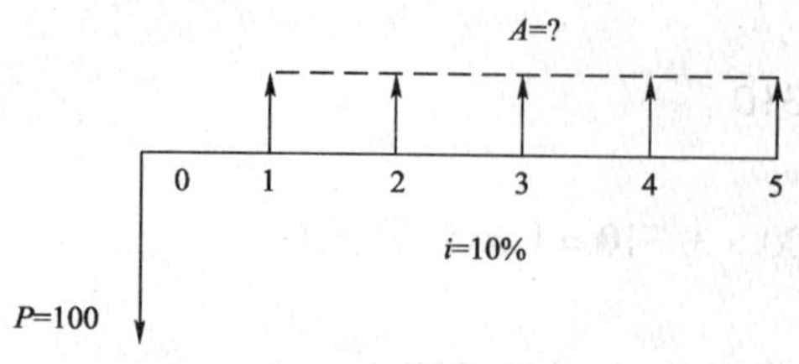

图 2-10 例 2-7 图

【例 2-7】 某公路工程一次投资 100 万元，年利率为 10%，拟分五年在每年年末等额收回，问每年末应收回的金额为多少？

解：这是一个已知现值求年金的问题，其现金流量图见图 2-10。

根据计算公式可求得：

$$A = P\frac{i(1+i)^n}{(1+i)^n - 1} = 100 \times \frac{0.1 \times (1+0.1)^5}{(1+0.1)^5 - 1} = 100 \times 0.2638 = 26.38(\text{万元})$$

即每年年末应收回 26.38 万元，在五年年末才能将 100 万元投资连本带利全部收回。

(4)资金回收公式：已知现值 P，复利利率为 i，计息期数为 n，求等额值 A。

由式(2-7)的逆式得：

$$A = P\frac{i(1+i)^n}{(1+i)^n - 1} = P(A/P,i,n) \tag{2-8}$$

式中：$\frac{i(1+i)^n}{(1+i)^n - 1}$称为资本回收系数，记为$(A/P,i,n)$。

【例 2-8】 某收费公路，2010 年底开始建设，2012 年底完工交付使用，2013 年开始收益，连续使用至 2022 年。这 10 年内的年平均收费效益为 800 万元，年利率为 5%，问将全部收益折算至 2010 年末的现值为多少？

解：这是一个已知年金求现值的问题，其现金流量图见图 2-11。

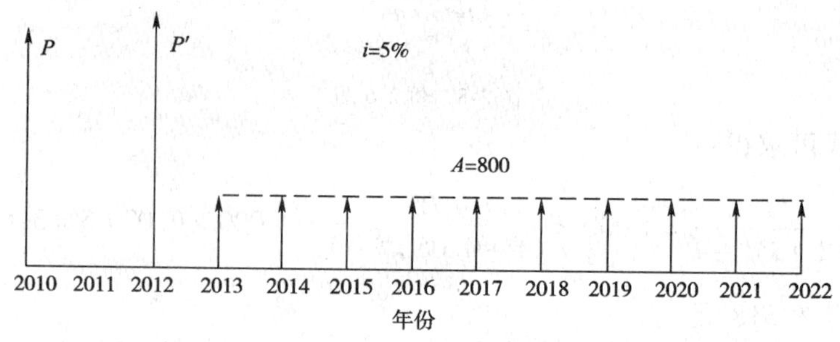

图 2-11 例 2-8 图

根据图 2-11 可知，因已知 A 求 P，其 P 的位置应在等额支付系列中第一个 A 的前一期，因此解决本题可以分两步，第一步先根据 A 求 P，即图 2-11 中的 P'，第二步把 P'看成 F 往前求 2010 年的期初值即可。

(1)根据公式计算等额收益的现值 P'：

$$P' = A(P/A,\ i,\ n) = 800(P/A,5\%,10) = 800 \times 7.722 = 6\,177.6(\text{万元})$$

(2)然后再根据公式将 P'折算至 2010 年底时的现值 P，即：

$$P = P'(P/F,\ i,\ n) = 6\,177.6(P/F,5\%,2) = 6\,177.6 \times 0.907 = 5\,603.08(\text{万元})$$

即折算到 2010 年底的现值为 5 603.08 万元。

3. 复利公式小节

为了便于对复利公式的比较、分析和查阅，将主要公式的类型、已知条件、应求的未知量、计算公式、复利系数及其符号等汇总为表 2-5。

复利公式汇总表　　表 2-5

类别		已知	求	计算公式	复利系数名称与符号
一次支付	终值公式	P	F	$F=P(1+i)^n=P(F/P,i,n)$	一次支付终值系数 $(1+i)^n,(F/P,i,n)$
	现值公式	F	P	$P=F\frac{1}{(1+i)^n}=F(P/F,i,n)$	一次支付现值系数 $\frac{1}{(1+i)^n},(P/F,i,n)$
等额支付	年金终值公式	A	F	$F=A\frac{(1+i)^n-1}{i}$ $=A(F/A,i,n)$	等额支付终值系数 $\frac{(1+i)^n-1}{i},(F/A,i,n)$
	偿债基金公式	F	A	$A=F\frac{i}{(1+i)^n-1}$ $=F(A/F,i,n)$	等额支付偿债基金系数 $\frac{i}{(1+i)^n-1},(A/F,i,n)$
	资金回收公式	P	A	$A=P\frac{i(1+i)^n}{(1+i)^n-1}$ $=P(A/P,i,n)$	等额支付资本回收系数 $\frac{i(1+i)^n}{(1+i)^n-1},(A/P,i,n)$
	年金现值公式	A	P	$P=A\frac{(1+i)^n-1}{i(1+i)^n}$ $=A(P/A,i,n)$	等额支付现值系数 $\frac{(1+i)^n-1}{i(1+i)^n},(P/A,i,n)$

从表 2-5 中可知:一次支付终值系数与一次支付现值系数互为倒数关系;等额支付终值系数与等额支付偿债基金系数互为倒数关系;等额支付现值系数与等额支付资本回收系数互为倒数关系。

复利计算公式是工程经济中最基本的公式，是贯穿一切公式的命脉。为了很好地掌握公式，同时又便于记忆,可根据图 2-12 的思路进行推导和记忆。

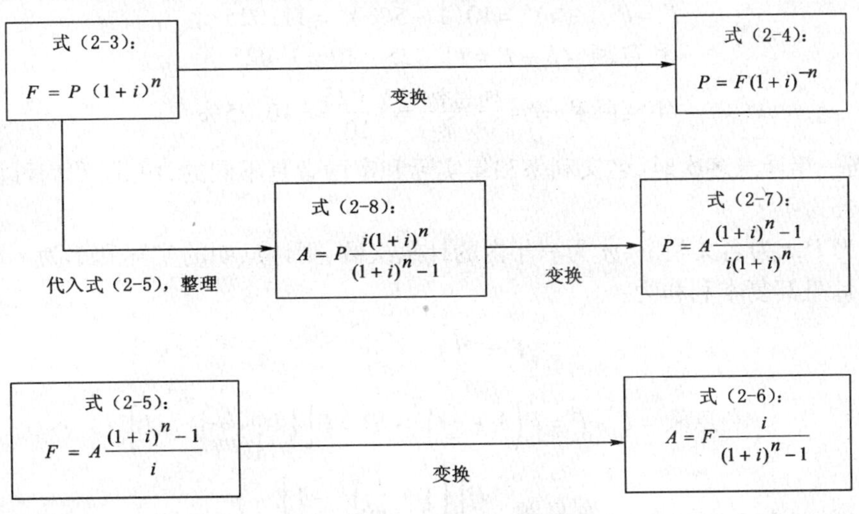

图 2-12　复利计算公式间的关系图示

从图中可以看出，只需掌握式(2-3)和式(2-5)的推导过程，记住式(2-3)和式(2-5)，则能很快推出其余公式。

(三)有效利率、名义利率和实际利率

在资金时间价值的计算公式的应用中，必须选择合适的收益率或折现率，为此要注意区分以下几组概念。

1. 利率周期与计息周期

我们知道，利率是指在一定时期内，利息与原投入资金的比率。这个"一定时期"就是利率周期。如年利率对应的利率周期是年，月利率对应的利率周期是月，如此等等。计算周期是指计算复利的时间期限，一个计息期就是计算一次复利的时间期限。

按照国际惯例，如没有特别说明，利率应是指年利率，因此，利率周期就是年。但是，计息周期不一定是年，如可能是半年、是一个季度或是一个月等。这样，当利率周期与计息周期不一致时，就会产生名义利率和实际利率的问题。

2. 名义利率与实际利率

(1)有效利率(i')。有效利率是指资金在计息周期所发生的时间利率。如每半年计息一次，每半年计息期的利率为5%。这个5%是实际计息用的利率，也是资金在计息期所发生的实际利率，称为有效利率。可见，有效利率都是指计息期的利率。当计息期为1年时，此时的有效利率为年有效利率。

(2)(年)名义利率(r)。是指计息期的有效利率乘以一年中计息的次数。名义利率都是以年为单位。在实际计息中不用这个利率，它只是习惯上的表示形式。通常所说的年利率都是指名义利率。

(3)(年)实际利率(i)。它是以计息周期利率为基数，在利率周期(1年)内的复利有效利率。也就是说，如果1年中计息多次，根据计息期的有效利率，并考虑利息部分的时间价值，此时计算的年利率称为(年)实际利率。一般也是以年为单位。

【例2-9】 现有本金$P=10$元，年利率为10%，但半年计息一次，求年末本利和及年实际利率。

解：根据式(2-3)，年复本利和为：

$$F=P(1+i)^n=10(1+5\%)^2=11.025\text{元}$$

$$\text{利息额}=F-P=11.025-10=1.025\text{元}$$

$$\text{年实际利率}=\frac{\text{利息额}}{\text{本金}}=\frac{1.025}{10}=10.25\%$$

可见，当一年计息多次时，名义利率和年实际利率两者是不同的，由此，我们可得到年实际利率的计算公式：

设本金为P，r为名义利率，m为一年内的计息次数，则计息期的实际利率为r/m。一年内P经过m次计息其复本利和为：

$$F=P\left(1+\frac{r}{m}\right)^m$$

$$\text{利息额}=F-P=P\left(1+\frac{r}{m}\right)^m-P=P\left[\left(1+\frac{r}{m}\right)^m-1\right]$$

$$\text{年实际利率}\ i=\frac{\text{利息额}}{\text{本金}}=\frac{P\left[\left(1+\frac{r}{m}\right)^m-1\right]}{P}=\left(1+\frac{r}{m}\right)^m-1$$

当按年、半年、季、月、日计息时,年实际利率见表 2-6。

表 2-6

计息期	每年计息次数(m)	计息期实际利率即有效利率(r/m)	年实际利率 (i)	名义利率(r)
年	1	10%	10%	10%
半年	2	5%	10.25%	10%
季	4	2.5%	10.38%	10%
月	12	0.833%	10.47%	10%
日	365	0.0274%	10.52%	10%

从表 2-6 可以看出当每年的计息次数越多,年实际利率与名义利率相差越大。因此,在评价方案时,当各方案的名义利率相同,但计息期不同时,就不能简单地用名义利率来进行评价,而应将名义利率换算成年实际利率然后进行评价。

【例 2-10】 某公司拟从银行取得贷款,若从甲银行取得贷款,其年利率为 16%,按年计息;若从乙银行取得贷款,年利率为 15%,按月计息。试问从哪家银行取得贷款较为有利?

解:根据题意可知,从甲银行取得贷款的其年实际利率为 16%;

若从乙银行取得贷款,其名义利率为 15%,则其实际利率为:

$$i_{实} = \left(1 + \frac{i_{名}}{m}\right)^{m} - 1 = \left(1 + \frac{0.15}{12}\right)^{12} - 1 = 16.075\%$$

从计算结果可知,乙银行的实际利率高于甲银行的实际利率,因此向甲银行贷款较有利。

第二节 投资方案经济效果的评价指标和方法

一、经济效果评价指标

经济效果评价是对评价方案计算期内各种有关技术经济因素和方案投入与产出的有关财务、经济资料数据进行调查、分析、预测,对方案的经济效果进行计算、评价,分析比较各方案的优劣,从而确定和推荐最佳方案。

经济效果评价应对投资方案赢利能力、清偿能力、抗风险能力进行分析评价。赢利能力反映投资方案计算期的赢利能力和赢利水平,清偿能力反映投资方案偿还贷款的能力和投资的回收能力,抗风险能力反映投资方案承受各种投资风险的能力。

经济效果评价是通过计算投资方案的一系列经济指标来判断投资方案的优劣。经济指标是投资方案经济效益的定量化及其直观的表现形式,它通常是通过对投资方案所涉及的费用和效益的量化和比较来确定的。反映投资方案经济效益的指标是多种多样的,但每一个指标只是反映评价对象的某一个或几个方面,故仅凭单一指标对评价对象难以做出全面和客观的评价。在对投资方案经济效果进行评价时,可以根据不同的评价目的和深度要求、可以获得资料的多少及评价对象本身所处的条件,选用不同的指标及其组合(即指标体系)进行评价。

评价指标按照其所考虑的因素及使用方法的不同,可进行不同的分类,其中最常用的分类方法之一是按照是否考虑所量化的费用和效益的时间因素,即是否考虑资金的时间价值,将评价指标分为静态评价指标和动态评价指标。投资方案经济评价指标体系见图 2-13。

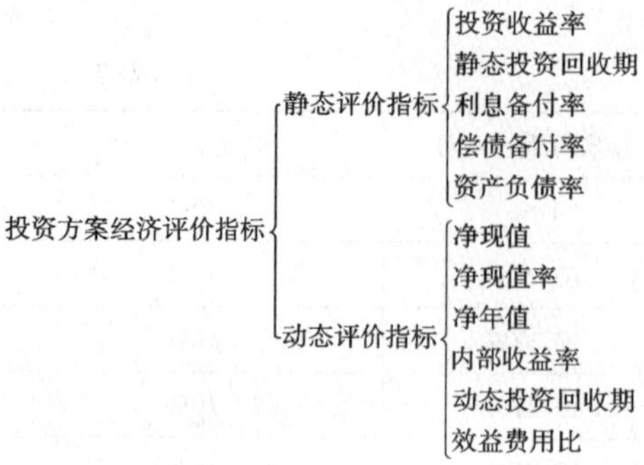

投资方案经济评价指标
- 静态评价指标
  - 投资收益率
  - 静态投资回收期
  - 利息备付率
  - 偿债备付率
  - 资产负债率
- 动态评价指标
  - 净现值
  - 净现值率
  - 净年值
  - 内部收益率
  - 动态投资回收期
  - 效益费用比

图 2-13 投资方案经济评价指标体系

只有正确地理解和适当地应用各个评价指标的含义及其评价准则,才能对投资方案进行有效的经济分析,才能做出正确的投资决策。

(一)静态评价指标

在工程经济分析中,把不考虑资金时间价值的经济效益评价指标称为静态评价指标。此类指标的特点是简单易算。

1. 投资收益率

投资收益率是指在项目建成达到设计生产能力后,其一个正常生产年份的净收益与项目全部投资的比率,是考察项目单位投资的盈利能力的指标。

其表达式为:

$$投资收益率=\frac{年净收益}{项目全部投资}\times 100\% \tag{2-9}$$

当项目在正常生产年份内各年收益情况变化幅度较大时,也可采用下式进行计算:

$$投资收益率=\frac{年平均净收益}{项目全部投资}\times 100\% \tag{2-10}$$

采用投资收益率对项目进行经济评价时,是要将计算出的项目的投资收益率与行业的平均投资收益率进行比较。若高于或等于行业平均投资收益率则项目可以考虑接受,若低于行业平均投资收益率则项目不可行。

投资收益率是一个综合性的指标,在进行项目经济评价时,根据分析目的的不同,投资收益率又具体分为:投资利润率、投资利税率、资本金利润率等。其中最常用的是投资利润率。

投资利润率是指项目在正常生产年份内所获得的年利润总额或年平均利润总额与项目全部投资的比率,其表达式为:

$$投资利润率=\frac{年利润总额(年平均利润总额)}{项目全部投资}\times 100\% \tag{2-11}$$

【例 2-11】 某投资项目投资与收益情况如表 2-7 所示,试计算其投资利润率。

某项目投资收益情况 表 2-7

年序	0	1	2	3	4	5	6
投资(万元)	-100						
利润(万元)		10	12	12	12	12	14

解:根据计算公式则有:

$$投资利润率=\frac{(10+12+12+12+12+14)\div 6}{100}\times 100\%=12\%$$

投资利润率反映了项目在正常生产年份的单位投资所带来的年利润,如上例中的项目,其投资利润率为 12%,则说明该项目在建成投产后,其每百元投资每年所产生的利润为 12 万元。

投资收益率指标的优点与缺点。

优点:计算简便,能直观地衡量项目的经济成果;可适用于各种投资规模。

缺点:没有考虑投资收益的时间因素,忽视了资金具有时间价值的重要性;指标的计算主观随意性太强，在指标的计算中，对于应该如何计算投资资金占用，如何确定利润，都带有一定的不确定性和人为因素，因此，以投资收益率指标作为主要的决策依据不太可靠。

2. 静态投资回收期（P_t）

静态投资回收期是指以项目每年的净收益回收项目全部投资所需要的时间，是考察项目财务上投资回收能力的重要指标。这里所说的全部投资既包括固定资产投资，也包括流动资金投资。

其表达式为：

$$\sum_{t=0}^{P_t}(\mathrm{CI}-\mathrm{CO})_t=0 \tag{2-12}$$

式中：　P_t——静态投资回收期；

CI——现金流入量；

CO——现金流出量；

$(\mathrm{CI}-\mathrm{CO})_t$——第 t 年的净现金流量。

静态投资回收期一般以“年”为单位，投资回收期宜自项目建设开始年算起，若自项目建成投产年算起，应予以特别注明。

在具体计算静态投资回收期时，又分为以下两种情况：

（1）项目建成投产后各年的净收益（即净现金流量）均相同，则静态投资回收期的计算公式为：

$$P_t=\frac{K}{R} \tag{2-13}$$

式中：K——全部总投资；

R——每年的净收益。

【例 2-12】　某投资方案一次性投资 500 万元，估计投产后各年的平均净收益为 80 万元，问该方案的静态投资回收期为多少？

解：根据式（2-13）有：

$$P_t=\frac{K}{R}=\frac{500}{80}=6.25(\text{年})$$

（2）项目建成投产后各年的净收益（即净现金流量）不相同，则静态投资回收期可根据累计净现金流量求得，其计算公式为：

$$P_t=[\text{累计净现金流量开始出现正值的年份}-1]+\frac{\text{上年累计净现金流量绝对值}}{\text{当年净现金流量}} \tag{2-14}$$

【例 2-13】　某投资方案的净现金流量如图 2-14所示，试计算其静态投资回收期。

解：计算该投资方案的累计净现金流量，见表 2-8。

根据式（2-14）计算可得：

$$P_t=5-1+\frac{|-20|}{60}=4.33(\text{年})$$

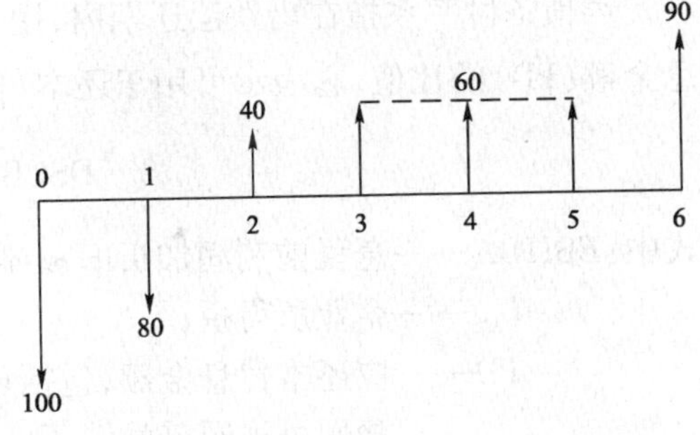

图 2-14　例 2-13 图

采用静态投资回收期对投资方案进行评价时，其基本做法为：

①确定行业的基准投资回收期(P_c)。基准投资回收期是国家根据国民经济各部门、各地区的具体经济条件,按照行业和部门的特点,结合财务会计上的有关制度及规定而颁布,并不定期进行修订的建设项目经济评价参数,是对投资方案进行经济评价的重要标准。

某投资方案累计净现金流量

表 2-8

年序	0	1	2	3	4	5	6
净现金流量	-100	-80	40	60	60	60	90
累计净现金流量	-100	-180	-140	-80	-20	40	130

②计算项目的静态投资回收期(P_t)。

③比较 P_t 与 P_c:

若 $P_t \leqslant P_c$,则项目可以考虑接受;

若 $P_t > P_c$,则项目是不可接受的。

静态投资回收期(P_t)指标的优点与缺点。

优点:经济意义明确、直观,计算简便;在一定程度上反映了投资效果的优劣;可适用于各种投资规模。

缺点:只考虑投资回收之前的效果,不能反映回收投资之后的情况,即无法准确衡量项目投资收益的大小;未考虑资金的时间价值,因此无法正确地辨识项目的优劣。

3. 利息备付率(ICR)

利息备付率(ICR)、偿债备付率(DSCR)和资产负债率(LOAR)等指标是反映投资项目财务主体的偿债能力指标。

利息备付率系指在借款偿还期内的息税前利润(EBIT)与应付利息(PI)的比值,它从付息资金来源的充裕性角度反映项目偿付债务利息的保障程度,应按下式计算:

$$ICR = \frac{EBIT}{PI} \tag{2-15}$$

式中:EBIT——息税前利润;

PI——计入总成本费用的应付利息。

利息备付率应分年计算。利息备付率高,表明利息偿付的保障程度高。

利息备付率应当大于1,并结合债权人的要求确定。

4. 偿债备付率(DSCR)

偿债备付率系指在借款偿还期内,用于计算还本付息的资金($EBITDA - T_{AX}$)与应还本付息金额(PD)的比值,它表示可用于还本付息的资金偿还借款本息的保障程度,应按下式计算:

$$DSCR = \frac{EBITDA - T_{AX}}{PD} \tag{2-16}$$

式中:EBITDA——息税前利润加折旧和摊销;

T_{AX}——企业所得税;

PD——应还本付息金额,包括还本金额和计入总成本费用的全部利息。融资租赁费用可视同借款偿还。运营期内的短期借款本息也应纳入计算。

如果项目在运行期内有维持运营的投资,可用于还本付息的资金应扣除维持运营的投资。

偿债备付率应分年计算,偿债备付率高,表明可用于还本付息的资金保障程度高。偿债备付率应大于1,并结合债权人的要求确定。

5. 资产负债率(LOAR)

资产负债率系指各期末负债总额(TL)同资产总额(TA)的比率,应按下式计算:

$$LOAR = \frac{TL}{TA} \tag{2-17}$$

式中:TL——期末负债总额;

TA——期末资产总额。

适度的资产负债率,表明企业经营安全、稳健,具有较强的筹资能力,也表明企业和债权人的风险较小。对该指标的分析,应结合国家宏观经济状况、行业发展趋势、企业所处竞争环境等具体条件判定。项目财务分析中,在长期债务还清后,可不再计算资产负债率。

(二)动态评价指标

动态评价指标是指在指标的计算时考虑了资金时间价值。与静态评价指标相比,动态评价指标更加注重考察投资方案在其计算期内各年现金流量的具体情况。因而也就能够更加客观地反映投资方案的经济效益,所以它的应用也就比静态评价指标更加广泛。因此在经济评价时一般是以动态评价指标作为主要指标,以静态评价指标作为辅助指标。

1. 净现值(NPV)

(1)净现值的含义及计算公式

净现值指标是动态评价最重要的指标之一。它不仅计算了资金的时间价值,而且考察了项目在整个寿命期内的全部现金流入和现金流出。具体地说,净现值是指把方案在计算期内各年的净现金流量,按照一个给定的标准折现率(通常按基准收益率)折算到某一基准期(通常是建设期初即项目计算期第一年年初)的现值之和。

净现值是考察项目在其计算期内盈利能力的主要动态评价指标。其计算公式:

$$NPV = \sum_{t=0}^{n}(CI_t - CO_t)(1 + i_0)^{-t} \tag{2-18}$$

式中:NPV——净现值;

CI_t——第 t 年的现金流入;

CO_t——第 t 年的现金流出;

n——项目寿命年限;

i_0——基准折现率。

(2)净现值的判别准则

净现值是评价项目赢利能力的绝对指标。用于投资方案的经济评价时其判别准则如下:

当 NPV≥0 时,方案可行,说明方案能满足基准收益率要求的水平。具体来说,当 NPV>0 表明投资方案实施后的投资收益水平不仅能达到基准折现率的水平,而且还会有盈余,即项目的盈利能力超过其投资收益期望水平。当 NPV=0 时,表明投资方案实施后的投资收益水平恰好等于基准折现率,即其盈利能力能达到所期望的最低盈利水平。

当 NPV<0 时,方案不可行,说明方案不能满足基准收益率要求的水平。

【例2-14】 某投资项目的各年现金流量如表2-9所示,基准折现率 i_0 为15%,试用净现值指标判别项目的经济性。

某投资项目的各年现金流量　　表 2-9

年序	0	1	2	3	4 ~ 19	20
投资支出(万元)	40	10				
经营成本(万元)			17	17	17	17
收入(万元)			25	25	30	50
净现金流量(万元)	-40	-10	8	8	13	33

解:将表中各年的净现金流量代入计算公式,得:

$$\begin{aligned}NPV &= (-40)+(-10)(P/F,15\%,1)+8(P/F,15\%,2)+8(P/F,15\%,3)+\\&\quad 13(P/A,15\%,16)(P/F,15\%,3)+33(P/F,15\%,20)\\&=-40-10\times0.869\,6+8\times0.756\,1+8\times0.657\,5+13\times5.954\times0.657\,5+\\&\quad 33\times0.061\,1\\&=15.52(\text{万元})>0\end{aligned}$$

由于 NPV >0,故此项目在经济效果上是可以接受的。

(3)基准折现率

在 NPV 的计算中,涉及一个重要的参数,即基准折现率。

基准折现率代表了项目投资应获得的最低盈利水平,是衡量投资方案是否可行的标准,是一个重要的经济参数,其数值确定的合理与否,对投资方案的评价结果有直接的影响,算得过高或过低都会导致投资决策的失误。因为如果基准折现率定得过高,由于存在资金的时间价值,会导致现值之和变小,从而使一些经济效益不错的方案被拒绝,而如果定得过低,又会使现值之和变大,致使经济效益不好的一些投资方案也可能会被接受,从而造成不应有的损失。

基准折现率的确定一般以行业的平均收益率为基础,同时综合考虑资金成本、投资风险、通货膨胀以及资金限制等影响因素。对于国家投资项目,进行经济评价时使用的基准折现率是由国家组织测定并发布的行业基准收益率,非国家投资项目可参照行业基准收益率,由投资者自行确定。

(4)净现值(NPV)的优点与缺点

优点:考虑了资金的时间价值,并全面考虑了项目在寿命期内的经济状况;经济意义明确直观,能够直接以货币额表示项目的净收益;能直接说明项目投资额与资金成本之间的关系。

缺点:须首先确定一个符合经济现实的基准收益率,而基准收益率的确定往往比较困难;不能直接说明在项目运营期间各年的经营成果;不能真正反映投入资金的利用率。

【例 2-15】　某项目现拟定一个技术方案,需投资 3 200 万元,项目投产后年收益为 600 万元,若使用期为 10 年,利率为 15%,方案是否可行?

解:由净现值的计算公式,该方案的净现值为

$$\begin{aligned}NPV &= -3\,200+600(P/A,0.15,10)\\&=-3\,200+600\times5.018\,8\\&=-188.72(\text{万元})\end{aligned}$$

因为 NPV <0,故方案不可行,应放弃。

【例 2-16】　某建设项目有两个技术方案,其现金流量值如表 2-10 所示,若基准收益率 i_0 =10%,用净现值法对该方案进行比较。

（单位:万元）　表2-10

方案	1年	2年	3~9年
方案1	-1 000	-1 000	900
方案2	-2 000	-2 000	1 400

$$
\begin{aligned}
NPV_1 &= -1\,000\ (P/A,0.10,2)+900(P/A,0.10,7)(P/F,0.10,2)\\
&= -1\,000\times1.735\,5+900\times4.868\,4\times0.826\,4\\
&=1\,885.4(\text{万元})
\end{aligned}
$$

$$
\begin{aligned}
NPV_2 &= -2\,000\ (P/A,0.10,2)+1\,400(P/A,0.10,7)(P/F,0.10,2)\\
&= -2\,000\times1.735\,5+1400\times4.868\,4\times0.826\,4\\
&=2\,161.5(\text{万元})
\end{aligned}
$$

由净现值的比较知：

$$NPV_2>NPV_1>0$$

故方案2为优。

2.净现值指数（NPVI）

在用净现值法进行多方案比较时，由于方案之间投资额与年收益的差异，有时单纯用净现值来评价选择方案会导致人们趋向于选择投资多、盈利多的方案，忽视投资额少而盈利较多的方案（经济效果更好）。因为净现值只表示项目的方案在使用期内的盈利总额，而没有说明投入资金的利用率。为此，可以采用净现值指数作为净现值指标的辅助指标来评价方案。

净现值指数是技术方案的净现值与其投资总额现值之比。其经济含义是单位投资现值所能带来的净现值。

净现值指数的计算公式为：

$$NPVI=\frac{NPV}{K_P}=\frac{\sum_{t=0}^{n}(CI_t-CO_t)(1+i_0)^{-t}}{\sum_{t=0}^{n}K_t(1+i_0)^{-t}} \tag{2-19}$$

式中：K_P——项目总投资现值；其他符号的意义同式（2-18）。

判别准则：

对于单一项目而言，若 NPV≥0，则 NPVI≥0；若 NPV<0，则 NPVI<0。故用净现值指数评价单一项目经济效果时，判别准则与净现值相同。

多方案比选时，如果被选方案的投资额相近则净现值指数最大的，就表明其投资的收益大，该方案即为最佳方案。

值得注意的是，在进行多方案比选时，以净现值指数最大为准则，有利于投资偏小的项目。所以 NPVI 指标仅适用于投资额相近或者资金总额受限制的多方案比选。

【例2-17】 某企业拟购买一台设备，其购置费用为35 000元，使用寿命为4年，第4年末的残值为3 000元，在使用期内，每年的收入为19 000元，经营成本为6 500元，若基准折现率为10%，试计算该设备购置方案的净现值率。

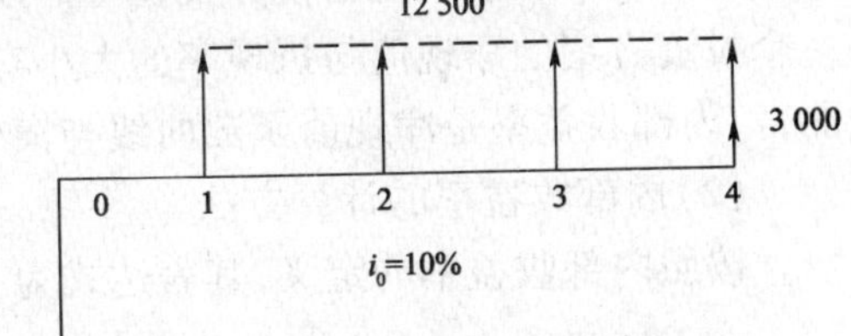

图2-15　设备购置方案现金流量图

解：购买设备这项投资的现金流量情况如图2-15所示。1至4年的等额现金流量为19 000

元减去 6 500 元，即 12 500 元。

根据公式，可计算出其净现值为：

$$\begin{aligned}NPV &= (-35\ 000) + (19\ 000 - 6\ 500)(P/A,10\%,4) + 3000 \times (P/F,10\%,4)\\ &= 6\ 672.75(\text{元})\end{aligned}$$

根据式(2-19)可求出其净现值指数为：

$$NPVR = \frac{NPV}{K_P} = \frac{6\ 672.75}{35\ 000} = 0.190\ 7$$

3. 净年值(NAV)

净年值是指按给定的基准折现率，通过等值换算将方案计算期内各个不同时点的净现金流量分摊到计算期内各年的等额年值。

计算公式为：

$$NAV = [\sum_{t=0}^{n}(CI_t - CO_t)(1+i_0)^{-t}](A/P,i_0,n) = NPV(A/P,i_0,n) \tag{2-20}$$

式中：NAV——净年值；

$(A/P,i_0,n)$——资本回收系数。

其余符号意义同式(2-18)。

判别准则：对单一项目方案而言，若 NAV≥0，则项目在经济效果上可以接受；若 NAV<0，则项目在经济效果上不可接受；

多方案比选时，净年值越大的方案越优(净年值最大准则)。

将净年值的计算公式及判别准则与净现值的作一比较可知，由于系数$(A/P,i_0,n)>0$，故净年值与净现值在项目评价的结论上总是一致的。因此，就项目的评价结论而言，净年值与净现值是等效评价指标。净现值给出的信息是项目在整个寿命期内获取的超出最低期望盈利的超额收益的现值，而净年值给出的信息是寿命期内每年的等额超额收益。因此，对于寿命期不同的多方案评价，净年值更为简便和易于计算。

【例 2-18】 根据上例中的数据用净年值指标分析投资的可行性。

解：根据计算公式可得：

$$\begin{aligned}NAV &= (-35\ 000)(A/P,10\%,4) + 19\ 000 - 6\ 500 + 3\ 000(A/F,10\%,4)\\ &= -35\ 000 \times 0.315\ 5 + 12\ 500 + 3\ 000 \times 0.215\ 5\\ &= 2\ 104(\text{元})\end{aligned}$$

由于 NAV>0，故此项投资是行的。

4. 内部收益率(IRR)

(1)内部收益率的概念

所谓内部收益率是指使方案在寿命期内的净现值为零时的折现率。由净现值函数可知，一个投资方案的净现值与折现率的大小有关，随着折现率的不断增大，净现值不断减小。一般而言，内部收益率是净现值函数曲线与横坐标交点处对应的折现率。

(2)内部收益率的计算方法

按照内部收益率的定义，其表达式为：

$$NPV(IRR) = \sum_{t=0}^{n}(CI_t - CO_t)(1+IRR)^{-t} = 0 \tag{2-21}$$

式中：IRR——内部收益率；

其他符号意义同式(2-18)。

式(2-21)是一个高次方程,不容易直接求解,通常采用内插法求其近似解,其原理如图2-16所示。

从图2-16可以看出,IRR在i_1与i_2之间,用i^*近似代替IRR,当i_2与i_1的距离控制在一定范围内,可以达到要求的精度。具体计算步骤如下:

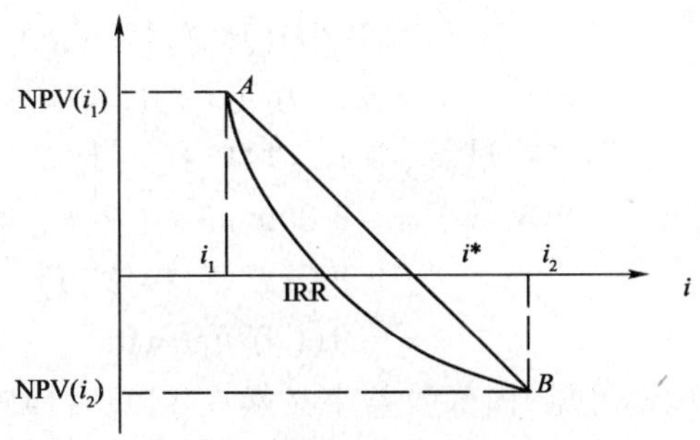

图2-16 用内插法求IRR的示意图

①设初始折现率值为i_1,并计算对应的净现值NPV(i_1)。

②若NPV(i_1)≠0,则根据NPV(i_1)是否大于零,再设i_2。若NPV(i_1)>0,则设$i_2>i_1$。若NPV(i_1)<0,则设$i_2<i_1$。i_2与i_1的差距取决于NPV(i_1)绝对值的大小,较大的绝对值可以取较大的差距;反之,取较小的差距。计算对应的NPV(i_2)。

③重复步骤(2),直到出现NPV(i_1)>0,NPV(i_2)<0,用线性内插法求得IRR近似值,即:

$$IRR \approx i^* = i_1 + \frac{NPV(i_1)}{NPV(i_1) + NPV(i_2)}(i_2 - i_1) \tag{2-22}$$

式中:i^*——近似的内部收益率;

i_1——试算用的较低折现率;

i_2——试算用的较高折现率;

NPV(i_1)——用较低折现率计算的净现值(应为正值);

NPV(i_2)——用较高折现率计算的净现值(应为负值)。

应当指出,用线性内插法计算式(2-22)的误差(i^*-IRR)与估计选用的两个折现率的差额(i_2-i_1)的大小有直接关系。为了控制误差,试算用的两个折现率之差(i_2-i_1)一般以等于2%为宜,最大不应超过5%。

式(2-22)可利用图2-16证明如下:

在图2-16中,当i_2-i_1足够小时,可以将曲线段AB近似看成直线段$\overline{AB}$,$\overline{AB}$与横坐标交点处的折现率i^*即为IRR的近似值。因为三角形Ai^*i_1相似于三角形Bi^*i_2,故有:

$$\frac{NPV(i_1)}{|NPV(i_2)|} = \frac{i^* - i_1}{i_2 - i^*}$$

从上式中解得:

$$i^* = i_1 + \frac{NPV(i_1)}{NPV(i_1) + |NPV(i_2)|}(i_2 - i_1) \tag{2-23}$$

【例2-19】 某项工程方案的现金流量如表2-11所列,设其行业基准收益率为10%。试用内部收益率法分析判断该方案是否可行。

某项工程方案现金流量表(单位:万元) 表2-11

年份(年末)	0	1	2	3	4	5
现金流量	-2 000	300	500	500	500	1 200

解:该方案的净现值表达式为:

$$NPV = -2\,000 + 300(P/F,i,1) + 500(P/A,i,3)(P/F,i,1) + 1\,200(P/F,i,5)$$

第一次试算，取 $i_1 = 12\%$ 代入上式求得：

$$\begin{aligned} NPV(i_1) &= -2\,000 + 300(P/F,12\%,1) + 500(P/A,12\%,3)(P/F,12\%,1) + \\ &\quad 1\,200(P/F,12\%,5) \\ &= 21(万元) > 0 \end{aligned}$$

第二次试算，取 $i_2 = 14\%$ 代入上式求得：

$$\begin{aligned} NPV(i_2) &= -2\,000 + 300(P/F,14\%,1) + 500(P/A,14\%,3)(P/F,14\%,1) + \\ &\quad 1\,200(P/F,14\%,5) \\ &= -91(万元) < 0 \end{aligned}$$

可见，内部收益率必然在12%～14%之间，代入线性内插法计算式(2-23)可求得：

$$IRR = i_1 + \frac{NPV(i_1)}{NPV(i_1) + |NPV(i_2)|} = 12\% + \frac{21}{21+91} \times (14\% - 12\%) = 12.4\%$$

因为 $IRR = 12.4\% > i_0 = 10\%$，所以该方案可行，可以考虑接受。

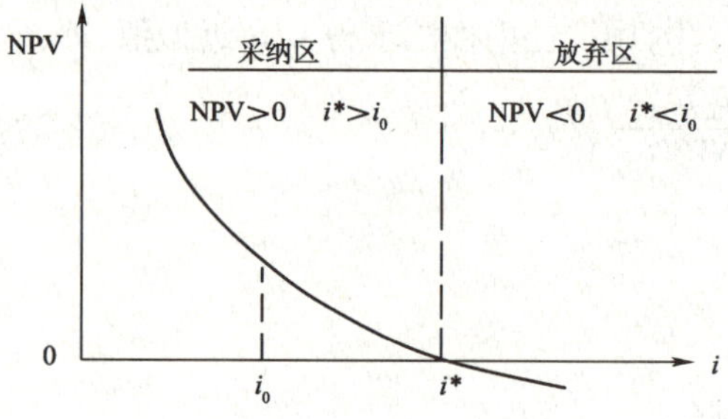

图 2-17 内部收益率标准与净现值标准的一致性

(3)内部收益率的评价选择标准

由图 2-17，有内部收益率 i^*，根据 i^* 与基准收益率的比较，然后可确定单体方案的取舍。

对单方案来说，若基准收益率为 i_0，则 $i^* \geqslant i_0$，方案可行；$i^* < i_0$，则方案不可行。

对于单方案来说，内部收益率与净现值标准是一致的。其内部收益率 i^* 的几何意义及其与净现值标准的一致性如图 2-17 所示。对于单方案来说，用净现值标准和内部收益率标准对方案进行评价的结论是一致的。

在多方案评价中，用净现值标准和内部收益率标准对方案做出评价选择，其结论有时不一致，因为内部收益率是使方案净现值等于零时的折现率，也就是使项目的现金流入的现值等于现金流出的现值的利率。这个利率不是表示初期投资收益的利率，它是根据随时间变化的未回收投资余额得出的利率，这个利率使得项目在使用期满投资刚好完全收回（投资余额为零）。一个项目的技术方案的内部收益率，只表示这个项目方案的现金流在各个时期出现的未回收投资余额应当采用的利率，它与项目的绝对投资规模无关。因此，不能用技术方案的内部收益率来排列两个或多个技术方案的优劣次序。因为对于多个技术方案，若不考虑投资规模，会有排错方案优劣次序的可能。

【例 2-20】 有一投资方案，投资需 130 万元，每年销售收入 100 万元，年经营费 50 万元，年税金 15 万元，使用寿命为 6 年，届时可收回残值 10 万元。若借款利率为 15%，用内部收益率法评价方案，并用净现值法检验看其结论是否一致。

解：计算各年现金流量值并作现金流量图，如图 2-18 所示。

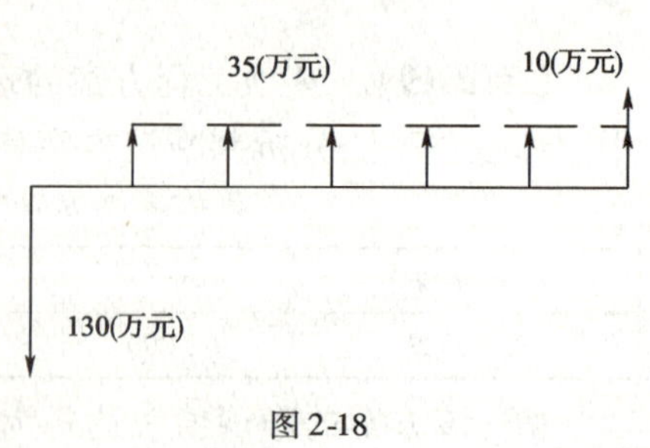

图 2-18

由内部收益率的计算公式有：

$$-130 + 35(P/A,i^*,6) + 10(P/F,i^*,6) = 0$$

由试算确定 i^* 值,令 $i_1^* = 15\%$,有:

$$\begin{aligned} NPV_1 &= -130 + 35(P/A,0.15,6) + 10(P/F,0.15,6) \\ &= -130 + 35 \times 3.7845 + 10 \times 0.4323 \\ &= 6.78 \end{aligned}$$

令 $i_2^* = 17\%$,有:

$$\begin{aligned} NPV_2 &= -130 + 35(P/A,0.17,6) + 10(P/F,0.17,6) \\ &= -130 + 35 \times 3.5892 + 10 \times 0.3898 \\ &= -0.48 \end{aligned}$$

由 NPV_1 与 NPV_2 内插 NPV=0 时 i^* 之值,有 $i^* = 16.9\% > i_0 = 15\%$,故方案可行。

用净现值法,由上可知净现值等于6.78,大于零,故其结论与内部收益率法一致。

【例2-21】 某建设项目有两个技术方案,其现金流量如表2-12所示,若基准收益率 $i_0 = 10\%$,用净现值、内部收益率法比较方案。

(单位:万元) 表2-12

方案	1年	2年	3年~9年
方案Ⅰ	-1 000	-1 000	900
方案Ⅱ	-2 000	-2 000	1 400

解:①用净现值法比较方案

$$\begin{aligned} NPV_1 &= -1\,000\,(P/A,0.10,2) + 900(P/A,0.10,7)(P/F,0.10,2) \\ &= -1\,000 \times 1.7355 + 900 \times 4.8684 \times 0.8264 \\ &= 1\,885.4(\text{万元}) \end{aligned}$$

$$\begin{aligned} NPV_2 &= -2\,000\,(P/A,0.10,2) + 1\,400(P/A,0.10,7)(P/F,0.10,2) \\ &= -2\,000 \times 1.7355 + 1\,400 \times 4.8684 \times 0.8264 \\ &= 2\,161.5(\text{万元}) \end{aligned}$$

由净现值的比较知:$NPV_2 > NPV_1 > 0$

故方案2为优。

②用内部收益率法比较方案

方案Ⅰ的内部收益率为:

$$NPV_1 = -1\,000(P/A,i_1^*,2) + 900(P/A,i_1^*,7)(P/F,i_1^*,2) = 0$$

令 $i_1^{*\prime} = 30\%$,有:

$$\begin{aligned} NPV'_1 &= -1\,000(P/A,0.30,2) + 900(P/A,0.30,7)(P/F,0.30,2) \\ &= -1\,000 \times 1.3609 + 900 \times 2.8021 \times 0.5917 \\ &= 131.3 \end{aligned}$$

令 $i_1^{*\prime\prime} = 35\%$,有:

$$\begin{aligned} NPV''_1 &= -1\,000(P/A,0.35,2) + 900(P/A,0.35,7)(P/F,0.35,2) \\ &= -1\,000 \times 1.2894 + 900 \times 2.5075 \times 0.5487 \\ &= -51.12 \end{aligned}$$

由此可知,i_1^* 在30%~35%之间,内插有:

$$i_1^* = 33.6\% > i_0$$

方案Ⅱ的内部收益率为：

$$NPV_2 = -2\,000(P/A,i_2^*,2)+1\,400(P/A,i_2^*,7)(P/F,i_2^*,2)=0$$

内插有：

$$i_2^* = 24.45\% \quad > i_0$$

内部收益的评价标准有：$i_1^* > i_2^* > i_0$，故方案Ⅰ为优。

用净现值和内部收益率两种方法其结论相反。可见，不能用技术方案的内部收益率来排列两个或多个技术方案的优劣次序。

(4)内部收益率的经济含义

内部收益率反映的是项目全部投资所能获得的实际最大收益率，是项目借入资金利率的临界值。假设一个项目的全部投资均来自借入资金。从理论上讲，若借入资金的利率 i 小于项目的内部收益率 IRR，则项目会有盈利；若 $i>$IRR，则项目就会亏损；若 $i=$IRR，则由项目全部投资所得的净收益刚好用于偿还借入资金的本金和利息。这样一个偿还的过程只与项目的某些内部因素(如借入资金额、各年的净收益以及由于存在资金的时间价值而产生的资金的增值率)有关，反映的是发生在项目内部的资金的盈利情况，而与项目之外的外界因素无关。

因此，内部收益率的经济含义是，在项目的整个寿命期内，如果按利率 $i=$IRR 计算各年的净现金流量时，会始终存在着未能收回的投资，只有到了寿命期末时投资才能被全部收回，此时的净现金流量刚好等于零。换句话说，在寿命期内各个时点，项目始终处于"偿还"未被收回的投资的状态，只有到了寿命期结束的时点，才偿还完全部投资。将项目内部收益率的这种投资"偿还"过程和结果按某一折现率折现为净现值时，则项目的净现值必然等于零。

在例 2-19 中，已经计算出其内部收益率为 12.4%，且是唯一的。下面按此利率计算收回全部投资的过程，如表 2-13 所列。

由表 2-13 可以明显的看到，从第 0 年末直到第 5 年末的整个寿命期内，每年均有尚未收回的投资，只有到了第 5 年末即寿命期结束时，才全部收回了投资。

以 IRR = 12.4% 收回全部投资过程计算表(单位：万元)　　表 2-13

年份＼项目	净现金流量(年末)	年初未收回的投资	年初未收回的投资到年末的金额	年末尚未收回的投资
	①	②	③ = ② × (1 + IRR)	④ = ③ − ①
0	−2 000			
1	300	2 000	2 248	1 948
2	500	1 948	2 189	1 689
3	500	1 689	1 897	1 397
4	500	1 397	1 569	1 069
5	1 200	1 069	1 200	0

为了更清楚、更直观地考察和了解内部收益率的经济含义，将表 2-13 收回全部投资过程的现金流量变化状况表示为如图 2-19 所示。

可见用利率 $i=$IRR = 12.4% 收回全部投资，符合内部收益率的经济含义。所以 12.4% 是该项目的内部收益率。

一般地讲，根据内部收益率方程式(2-21)求得的使项目净现值为零的折现率，只有当它符合内部收益率的经济含义时才是项目的内部收益率，否则将不是项目的内部收益率。

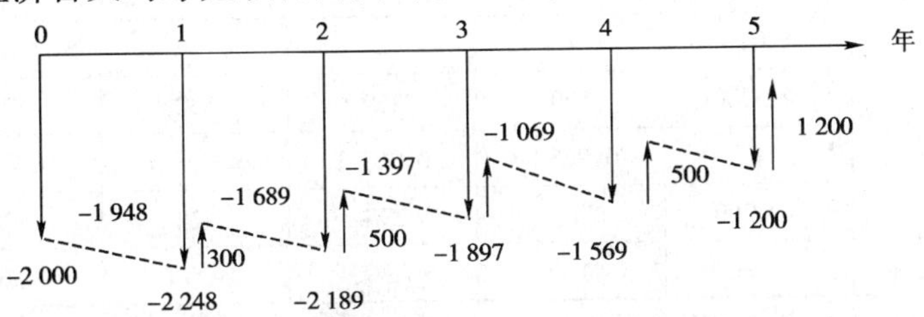

图 2-19 以利率 i = IRR 收回全部投资过程的现金流量图

(5)内部收益率指标的优点与缺点

优点：考虑了资金的时间价值以及项目在寿命期内的经济状况；能衡量项目的真正的投资收益率；不需要事先确定一个基准收益率，而只需要知道基准收益率的大致范围即可。

缺点：需要大量的与投资项目有关的数据，计算比较烦琐；对于具有非常规现金流量的项目来讲，其内部收益率往往不是唯一的，在某些情况下甚至是不存在的。

5. 动态投资回收期

(1)动态投资回收期的概念及计算

动态投资回收期是指在考虑了资金的时间价值的情况下，以项目的净收益回收项目全部投资所需要的时间。动态投资回收期的表达式为：

$$\sum_{t=0}^{P'_t}(CI-CO)_t(1+i_0)^{-t}=0$$

式中：P_t'——动态投资回收期。

采用上式计算 P_t' 一般比较烦琐，因此在实际应用中往往是根据项目的现金流量表，用下列近似公式计算：

$$P'_t=[\text{累计净现金流量现值开始出现正值的年份}-1]+\frac{\text{上年累计净现金流量现值的绝对值}}{\text{当年净现金流量现值}}$$

(2)动态投资回收期的评价标准

若基准投资回收期为 P_c，若 $P_t \leqslant P_c$，则项目可以考虑接受；若 $P_t > P_c$，则项目是不可接受的。

【例 2-22】 有一项投资 1 300 万元，投产后前五年的经营收入分别为 500、1 000、2 000、2 500、2 000 万元，经营成本分别为 400、750、1 400、1 750、1 400 万元，投产后第三年开始交税金，第三、第四、第五年上缴的税金分别为 68、195、136 万元，设利率为 8%，标准投资回收期为 5 年，试用投资回收期法进行评价。

解：用列表的方法计算，见表 2-14。

表 2-14

年份	0	1	2	3	4	5
投资(－)	1 300					
经营收入(＋)		500	1 000	2 000	2 500	2 000
经营成本(－)		400	750	1 400	1 750	1 400
税金(－)				68	195	136

续上表

年份	0	1	2	3	4	5
净现金流量	-1 300	100	250	532	555	464
折现系数	1	0.925 9	0.857 3	0.793 8	0.735 0	0.680 6
净现金流量现值	-1 300	93	214	422	408	316
累计净现金流量现值	-1 300	-1 207	-993	-571	-163	153

$$\text{动态投资回收期} = (\text{累计现金流量现值出现正值的年份} - 1) + \frac{|\text{累计现金流量出现正值的上年累计现值}|}{\text{当年现值}}$$

$$= (5-1) + \frac{|-163|}{316}$$

$$= 4.52(\text{年})$$

因动态投资回收期小于标准投资回收期,故项目可行。

6. 效益费用比

(1)效益费用比的含义及计算

效益费用比也是一种常用的经济分析指标,特别是在对项目进行宏观分析和国民经济评价时,效益费用比是主要指标之一。

效益费用比所反映的经济关系就是投资方案的总收益与其总费用的关系。用 B 表示效益,用 C 表示费用,BCR 表示效益费用比,也就是指一个项目的总效益现值与总费用现值之比;或者是项目的效益年值与费用年值之比。其表达式为:

$$\mathrm{BCR} = \frac{B}{C} = \frac{\sum_{t=0}^{n} \mathrm{CI}(1+i_c)^{-t}}{\sum_{t=0}^{n} \mathrm{CO}(1+i_c)^{-t}} = \frac{\sum_{t=0}^{n} \mathrm{CI}(1+i_c)^{-t}(A/P,\ i_c,\ n)}{\sum_{t=0}^{n} \mathrm{CO}(1+i_c)^{-t}(A/P,\ i_c,\ n)}$$

(2)效益费用比的判别准则

效益费用比的判别准则是:

当 BCR >1 时,方案是经济的。

当 BCR =1 时,方案可考虑接受。

当 BCR <1 时,方案不可行。

【例 2-23】 假定有一条公路,经多年统计每年由于车祸而造成的财产损失平均为 90 万元。现考虑拓宽增加一条车道,估计改建后车祸可减少一半。增加一条车道的投资约 180 万元,使用寿命 30 年,每年保养费为原投资的 3%。假定 $i_0 = 7\%$,试用效益费用比指标对该工程做出评价。

解:该工程的效益是减少车祸,用年值计算 BCR。

$$C = 180(A/P, 7\%, 30) + 180 \times 3\% = 180 \times (0.080\,6 + 0.03) = 19.91(\text{万元})$$

$$B = 90 \times 50\% = 45(\text{万元})$$

$$\mathrm{BCR} = \frac{B}{C} = \frac{45}{19.91} = 2.26 > 1$$

因此,该工程是可行的。

二、投资方案经济效果评价方法

投资方案经济效果评价包括单方案评价和多方案评价。

单方案的评价很简单，根据方案收益与费用情况，直接计算其经济评价指标，就可确定方案的可行性。单方案评价的主要步骤为：

(1)确定项目的现金流量情况，编制项目现金流量表或绘制现金流量图。

(2)根据公式计算项目的经济评价指标，如 NPV、NAV、IRR、P_t 等。

(3)根据计算出的经济评价指标值及相应的判别准则，如 NPV≥0 、NAV≥0 、IRR≥i_c、$P_t \leq P_c$ 等便可确定方案的可行性。

与单方案评价相比，对多方案的评价要复杂得多。多方案的评价所涉及的影响因素多，要考虑的问题也就多，当然评价的方法也就不同。各备选方案之间的关系，是决定所采用的评价方法的重要因素。一般来讲，方案之间存在着以下三种关系。

互斥关系：是指各个方案之间存在着互不相容、互相排斥的关系，进行方案比选时，在多个备选方案中只能选择一个，其余的均必须放弃，不能同时存在。

独立关系：是指各个投资方案的现金流量是独立的，不具相关性，其中任一方案的采用与否与其自身的可行性有关，而与其他方案是否采用无关。

相互关系：是指在各个投资方案之间，其中某一方案的采用与否会对其他方案的现金流量带来一定的影响，进而影响其他方案的采用或放弃。

(一)独立方案的经济效果评价

独立方案的采用与否，只取决于方案自身的经济性，即只需检验它们是否能够通过净现值、净年值或内部收益率指标的评价标准。因此，多个独立方案与单一方案的评价方法是相同的。

用经济效果评价标准(如 NPV≥0，NAV≥0，IRR≥i_0)检验方案自身的经济性，叫绝对经济效果检验。凡通过绝对效果检验的方案，就认为它在经济效果上是可以接受的，否则就应予以拒绝。

对于独立方案而言，经济上是否可行的判别依据是其绝对经济效果指标是否达到一定的检验标准。所以，采用净现值、净年值和内部收益率等评价指标均可。

【例 2-24】 两个独立方案 A、B 的现金流如表 2-15 所示，试对其经济效果进行评价($i_0 = 10\%$)。

独立方案 A、B 的净现金流量(单位：万元)　　表 2-15

方案＼年末	0	1~10
A	-500	100
B	-500	70

解：A、B 方案为独立方案，可首先计算方案自身的绝对效果指标——净现值、净年值或内部收益率，然后根据各指标的判别准则进行绝对效果检验供决定取舍。

(1)用净现值指标评价

$$NPV_A = -500 + 100(P/A, 10\%, 10) = 114.46(万元)$$

$$NPV_B = -500 + 70(P/A,10\%,10) = -69.88(\text{万元})$$

由于 $NPV_A > 0$，$NPV_B < 0$，根据净现值判别准则，A 方案可行，B 方案不可行。

（2）用净年值指标评价

$$NAV_A = -500(A/P,10\%,10) + 100 = 18.65(\text{万元})$$

$$NAV_B = -500(A/P,10\%,10) + 70 = -11.35(\text{万元})$$

由于 $NAV_A > 0$，$NAV_B < 0$，根据净年值判别准则，A 方案可行，B 方案不可行。

（3）用内部收益率指标评价

A 方案：$-500 + 100(P/A,IRR_A,10) = 0$

B 方案：$-500 + 70(P/A,IRR_B,10) = 0$

可求得 $IRR_A = 15\%$，$IRR_B = 6.64\%$，由于 $IRR_A > i_0 = 10\%$，$IRR_B < i_0 = 10\%$，所以 A 方案可行，B 方案不可行。

（二）互斥方案的经济效果评价

所谓互斥方案是指由于技术或经济的原因，接受某一方案就必须放弃其他方案，即在多个方案比选时，只能选其中之一，从决策角度来看，这些方案是相互排斥的。

互斥方案的经济效果评价包含了两部分内容：一是考察各个方案自身的经济效果，即进行绝对经济效果检验；二是要对这些方案进行优劣排序，即相对经济效果检验。两种检验的目的和作用不同，缺一不可。

互斥方案经济效果评价的特点是要进行方案比选。参加比选的方案应具有可比性，主要应注意：考察时间段及计算期的可比性；收益与费用的性质及计算范围的可比性；方案风险水平的可比性和评价所使用假定的合理性。

1. 绝对经济效果分析

对于互斥方案，我们可以利用上节介绍的净现值、净年值等指标，首先分别计算各互斥方案的绝对效果，衡量各自的经济效果，然后根据判别准则进行比较。

下面通过例子来说明绝对效果分析方法。

【例 2-25】 方案 A、B 是互斥方案，其各年的现金流如表 2-16 所示，试评价选择方案（$i_0 = 10\%$）。

解：分别计算 A、B 方案的净现值和净年值指标

$$NPV_A = -400 + 80(P/A,10\%,10) = 91.57(\text{万元})$$

$$NPV_B = -300 + 56(P/A,10\%,10) = 44.10(\text{万元})$$

$$NAV_A = -400(A/P,10\%,10) + 80 = 14.92(\text{万元})$$

$$NAV_B = -300(A/P,10\%,10) + 56 = 7.19(\text{万元})$$

因为 $NPV_A > NPV_B$，$NAV_A > NAV_B$ 且均大于零，所以 A、B 两方案均可行，且 A 方案优于 B 方案。

互斥方案 A、B 现金流量及经济效果评价指标（单位：万元） 表 2-16

方案 \ 年末	0	1～10	NPV	NAV
A	-400	80	91.57	14.92
B	-300	56	44.10	7.19
增量净现金流	-100	24	47.47	

2. 相对经济效果分析

相对效果分析方法通常是用增量效果分析方法。投资额不等的互斥方案比选的实质是判断增量投资(或称差额投资)的经济合理性，即投资大的方案相对于投资小的方案多投入的资金能否带来满意的增量收益。如果增量投资能够带来满意的增量收益，则投资额大的方案优于投资额小的方案，若增量投资不能带来满意的增量收益，则投资额小的方案优于投资额大的方案。增量效果分析方法就是通过计算增量净现金流量评价增量投资经济效果的方法。净现值、净年值、投资回收期、内部收益率等评价指标都可用于增量分析。

(1)增量净现值(ΔNPV)

所谓增量净现值(亦称差额净现值)，是指在给定的基准折现率下，将两方案在寿命期内各年净现金流量的差额折现到某一基准期的现值和。增量净现值指标，只能反映增量现金流的经济性(即相对经济效果)，不能反映各方案自身的经济性(即绝对经济效果)。故增量净现值只能用于方案间的比较(即相对效果检验)，不能仅根据 ΔNPV 的大小判断方案的取舍。

设 A、B 为投资额不等的两互斥方案，A 方案比 B 方案投资大，两方案的增量净现值可由下式求出：

$$\begin{aligned}\Delta NPV_{A-B} &= \sum_{t=0}^{n}[(CI_{tA}-CO_{tA})-(CI_{tB}-CO_{tB})](1+i_0)^{-t}\\ &= \sum_{t=0}^{n}(CI_{tA}-CO_{tA})(1+i_0)^{-t}-\sum_{t=0}^{n}(CI_{tB}-CO_{tB})(1+i_0)^{-t}\\ &= NPV_A-NPV_B\end{aligned} \tag{2-24}$$

式中：ΔNPV_{A-B}——增量净现值；

$(CI_{tA}-CO_{tA})$——方案 A 第 t 年的净现金流；

$(CI_{tB}-CO_{tB})$——方案 B 第 t 年的净现金流；

NPV_A、NPV_B——分别为方案 A 与方案 B 的净现值。

从上式中可见，增量净现值等于两个方案的净现值之差。

用增量分析法进行互斥方案比选时，若 A 方案比 B 方案投资大，当 $\Delta NPV_{A-B}>0$，表明增加投资可以接受，即投资大的方案较投资小的方案优；当 $\Delta NPV_{A-B}<0$，表明增加投资不可接受，即投资小的方案较投资大的方案优。

【例 2-26】　用增量净现值指标对例 2-25 中的 A、B 互斥方案进行评价选择。

解：A、B 互斥方案的增量净现金流如表 2-16 所示。

$\Delta NPV_{A-B}=-100+24(P/A,10\%,10)=47.47$(万元)

或者 $\Delta NPV_{A-B}=NPV_A-NPV_B=91.57-44.10=47.47$(万元)

由于 $\Delta NPV_{A-B}>0$，所示 A 方案优于 B 方案。

显然，用增量分析法计算两方案的增量净现值进行互斥方案比选，与分别计算两方案的净现值，根据净现值最大准则进行互斥方案比选结论是一致的。因此，实际工作中应根据具体情况选择比较方便的比选方法。当有多个互斥方案时，直接用净现值最大准则选择最优方案比两两比较的增量分析更为简便。

(2)增量内部收益率(ΔIRR)

增量内部收益率（亦称差额内部收益率），简单地说是两方案增量净现值等于零时的折现值。增量内部收益率的计算表达式为：

设 A、B 为投资额不等的两互斥方案，A 方案比 B 方案投资大，则：

$$\Delta NPV_{A-B}=\sum_{t=0}^{n}[(CI_{tA}-CO_{tA})-(CI_{tB}-CO_{tB})](1+\Delta IRR_{A-B})^{-t}=0 \tag{2-25}$$

式中：ΔNPV_{A-B}——增量净现值；

$(CI_{tA}-CO_{tA})$——方案 A 第 t 年的净现金流；

$(CI_{tB}-CO_{tB})$——方案 B 第 t 年的净现金流；

ΔIRR_{A-B}——差额内部收益率；

将式(2-25)变换，即：

$$\sum_{t=0}^{n}(CI_{tA}-CO_{tA})(1+\Delta IRR)^{-t}=\sum_{t=0}^{n}(CI_{tB}-CO_{tB})(1+\Delta IRR)^{-t}$$

即：

$$NPV_A(\Delta IRR)=NPV_B(\Delta IRR) \tag{2-26}$$

式中：NPV_A——方案 A 的净现值；

NPV_B——方案 B 的净现值。

因此，增量内部收益率的另一种解释是：使两个方案净现值(或净年值)相等时的折现率。

采用增量内部收益率法比较和评选方案时，相比较的方案必须寿命期相等或具有相同的计算期。由于增量内部收益率法计算式(2-25)或式(2-26)也是高次方程，不易直接求解，故仍采用与求内部收益率相同的方法，即线性内插法求解。

增量内部收益率法的判别准则：

计算求得的增量内部收益率 ΔNPV_{A-B} 与基准收益率 i_0 相比较，当 $\Delta NPV_{A-B}>i_0$ 时，则投资大的 A 方案优；反之，当 $\Delta NPV_{A-B}<i_0$ 时，则投资小的 B 方案优。

【例 2-27】 设有两个互斥方案，其使用寿命相同，有关资料如表 2-17 所列，折现率 $i_0=15\%$。试用增量内部收益率法比较和选择最优可行方案。

方案Ⅰ和Ⅱ的有关资料表(单位：万元)　　表 2-17

项目 方案	投资(K) (0 年末发生)	年收入(CI)	年支出(CO)	净残值(S_V)	使用寿命 (年)
方案 1	5 000	1 600	400	200	10
方案 2	6 000	2 000	600	0	10

解：$\Delta NPV_{2-1}=-1\ 000+200(P/A,i,10)-200(P/F,i,10)$

设 $i_1=12\%$，则：

$$\Delta NPV_{2-1}(i_1)=-1\ 000+200(P/A,12\%,10)-200(P/F,12\%,10)=66(\text{万元})$$

设 $i_2=14\%$，则：

$$\Delta NPV_{2-1}(i_2)=-1\ 000+200(P/A,14\%,10)-200(P/F,14\%,10)=-10(\text{万元})$$

用线性内插法计算求得增量投资内部收益率为：

$$\begin{aligned}\Delta IRR_{2-1}&=i_1+\frac{\Delta NPV(i_1)}{\Delta NPV(i_1)+|\Delta NPV(i_2)|}(i_2-i_1)\\&=12\%+\frac{66}{66+10}(14\%-12\%)\\&=13.7\%\end{aligned}$$

因为 $\Delta IRR=13.7\%<i_0=15\%$。

所以投资小的方案 1 为优，此结果与净现值法评价结果一致。

(3)增量投资回收期

增量投资回收期亦称差额投资回收期。所谓增量投资回收期是指一个方案比另一个方案多追加的投资,用年费用的节约额或超额的年收益去补偿增量投资所需要的时间。

$$\sum_{t=1}^{\Delta T}(\Delta CI-\Delta CO)_t(1+i_0)^{-t}=0 \tag{2-27}$$

式中: ΔCI——差额现金流入量;

ΔCO——差额现金流出量;

$(\Delta CI-\Delta CO)_t$——第 t 年的差额净现金流量;

ΔT——增量投资回收期;

i_0——基准折现率。

动态投资回收期也可以根据项目财务分析的现金流量表计算,其公式为:

$$\Delta T=(\text{累计现金流量现值出现正值的年份}-1)+\frac{|\text{累计现金流量出现正值的上年累计现值}|}{\text{当年现值}}$$

若 $\Delta T<T_b$(标准投资回收期),则投资大的方案较优;反之,投资小的方案较优。因为 $\Delta T<T_b$,说明投资大的方案,其追加的投资通过年费用的节约(或年收益的增加)在标准的年限内可全部收回,其经济效果好,所以投资大的方案较优;反之,亦然。

【例 2-28】 某项目有 2 个技术方案,它们的年销售收入都相同,但投资和年经营成本各不相同,各方案的基本数据如表 2-18,假如行业基准投资回收期 $P_b=5$ 年。试采用追加投资回收期法比较两个方案的优劣。已知 $i_0=10\%$

(单位:万元) 表 2-18

方　案	投　资	年经营成本
1	100	30
2	132	22

解:用列表的方法计算,见表 2-19。

(单位:万元) 表 2-19

年份	0	1	2	3	4	5	6	7	8
正增量投资	-32								
正增量收益		8	8	8	8	8	8	8	8
净现金流量	-32	8	8	8	8	8	8	8	8
折现系数	1.0	0.909	0.826	0.751	0.683	0.621	0.564	0.513	0.467
净现金流量现值	-32.0	7.273	6.612	6.011	5.464	4.967	4.516	4.105	3.732
累计净现金流量现值	-32.0	-24.7	-18.1	-12.1	-6.6	-1.7	2.8	6.9	10.7

$$\Delta T=(\text{累计现金流量现值出现正值的年份}-1)+\frac{|\text{累计现金流量出现正值的上年累计现值}|}{\text{当年现值}}$$

$$=(6-1)+\frac{|-1.7|}{4.516}=5.37\text{ 年}$$

因 $\Delta T=5.37$ 年,大于行业基准投资回收期 $P_b=5$ 年,所以投资小的 1 方案优。

(4)增量效益费用比

①增量效益费用比

$$\Delta B/\Delta C = \frac{\sum_{t=1}^{n}(B_{2t}-B_{1t})(1+i)^{-t}}{\sum_{t=0}^{n}(C_{2t}-C_{1t})(1+i)^{-t}} > 1 \tag{2-28}$$

式中:$\Delta B/\Delta C$——增量效益费用比;

B_{2t}——方案2在t年的效益,$B_{2t}>B_{1t}$;

B_{1t}——方案1在t年的效益;

C_{2t}——方案2在t年的费用;

C_{1t}——方案1在t年的费用,$C_{1t}>C_{2t}$。

②增量投资净效益

增量投资净效益可表示为:

$$\Delta B = \sum_{t=1}^{n}[(B_{2t}-B_{1t})(1+i)^{-t}] - \sum[(C_{2t}-C_{1t})(1+i)^{-t}] > 0 \tag{2-29}$$

式中:ΔB——增量投资净效益;

其余符号意义同前。

【例2-29】 现有6个使用期长达20年的互斥投资方案,如表2-20所示,若利率为6%,应选择哪个方案?

表2-20

方案	A	B	C	D	E	F
初投资(元)	4 000	2 000	6 000	1 000	9 000	10 000
年收益(元)	639	410	761	117	785	795

解:由于各方案的投入和产出均不等,从而用增量效益费用比$\Delta B/\Delta C$分析方法。

(1)绝对经济效果的评价:

各方案的效益现值分别为:

$$B_A = A(P/A,i,n) = 639(P/A,6\%,20) = 7\,329(\text{元})$$
$$B_B = B(P/A,i,n) = 410(P/A,6\%,20) = 4\,703(\text{元})$$
$$B_C = C(P/A,i,n) = 761(P/A,6\%,20) = 8\,729(\text{元})$$
$$B_D = D(P/A,i,n) = 117(P/A,6\%,20) = 1\,342(\text{元})$$
$$B_E = E(P/A,i,n) = 785(P/A,6\%,20) = 9\,004(\text{元})$$
$$B_F = F(P/A,i,n) = 795(P/A,6\%,20) = 9\,119(\text{元})$$

所以各方案的B/C值分别如表2-21所示。

(单位:万元) 表2-21

方案	A	B	C	D	E	F
初投资(费用现值)C	4 000	2 000	6 000	1 000	9 000	10 000
收益现值B	7 329	4 703	8 729	1 342	9 004	9 119
B/C	1.83	2.35	1.45	1.34	1.00	0.91

显然,应淘汰$B/C<1$的F方案。

(2)相对经济效果的评价

根据表 2-21,对剩下的方案按费用现值从小到大排序:D →B →A →C →E。

依次计算两个方案间的增量 ΔB 和 ΔC,并求 $\Delta B/\Delta C$ 值:

由于(B－D)的增量$(\Delta B/\Delta C)_{B-D}=3.36>1$,故 B 方案优于 D 方案;

又因(A－B)增量的$(\Delta B/\Delta C)_{A-B}=1.31>1$,故 A 方案优于 B 方案;

而(C－A)增量的$(\Delta B/\Delta C)_{C-A}=0.70<1$,所以 C 方案追加投资不值得,应舍弃。

再将 E 方案和 A 方案比较,得$(\Delta B/\Delta C)_{E-A}=0.34<1$,E 方案也应该淘汰。

综上,A 方案最优。

(三)相关方案的经济效果评价

相关方案是指各方案的现金流量之间相互影响,如果我们接受(或拒绝)某一方案,就会对其他方案的现金流量产生一定的影响,进而会影响到其他方案的接受(或拒绝)。

对一般相关方案进行比选的方法很多,本书仅介绍常用的组合互斥方案法,其基本步骤为:

(1)确定方案之间的相关性,对其现金流量之间的相互影响做出准确估计。

(2)根据方案之间的关系,把方案组合成互斥的组合方案。

(3)按互斥方案的评价方法对组合方案进行比选。

【例 2-30】 为满足运输要求,有关部门分别提出要在某两地之间修建一条铁路和(或)公路。只上一个项目时的净现金流量如表 2-22 所示。若两个项目都上,由于货运分流的影响,两项目均将减少净收益,其净现金流量如表 2-23 所示。假定 $i_0=10\%$,应如何决策?

只上一个项目时的净现金流量(单位:百万元)　　表 2-22

年份方案	0	1	2	3～32
铁路(A)	－200	－200	－200	100
公路(B)	－100	－100	－100	60

两个项目都上时的净现金流量(单位:百万元)　　表 2-23

方案＼年份	0	1	2	3～32
铁路(A)	－200	－200	－200	80
公路(B)	－100	－100	－100	35
两项目合计(A＋B)	－300	－300	－300	115

解:先将两个相关方案组合成三个互斥方案,再分别计算其净现值,结果如表 2-24 所示。

组合互斥方案及其净现值(单位:百万元)　　表 2-24

方案＼年份	0	1	2	3～32	NPV
铁路(A)	－200	－200	－200	100	76.13
公路(B)	－100	－100	－100	60	－0.89
两项目合计(A＋B)	－300	－300	－300	115	75.24

根据净现值最大的评价标准,在三个互斥方案中,$NPV_A>NPV_{A+B}>0$,$NPV_B<0$ 故方案 A 为最佳方案。

(四)寿命不同的互斥方案的评价

以上分析互斥方案的评价方法,都是在各方案寿命期相同的情况下进行的。这样,评价各方案的经济效果在时间上具有可比性。当各方案的寿命不等时,要采用合理的评价指标或办法,使之在时间上具有可比性。

1. 最小公倍数法(方案重复法)

最小公倍数法是以不同方案使用寿命的最小公倍数作为共同的计算期,并假定每一方案在这一期间内反复实施,以满足不变的需求,据此算出计算期内各方案的评价指标进行评价。

【例 2-31】 假定标准折现率 $i_0=15\%$,试用最小公倍数法选择不同型号的两种设备购置方案。其基本数据如表 2-25 所示。

A、B 两方案的现金流量 表 2-25

设备型号	A 型	B 型
一次投资(元)	11 000	18 000
年经营费(元)	3 500	3 100
残值(元)	1 000	2 000
寿命(年)	6	9

解:因为两种设备的寿命不等,所以按最小公倍数法换算成相同的计算期 18 年,A、B 两个方案的现金流量图如图 2-20 和图 2-21 所示。

根据计算公式得:

$$NPV_A=(-11\,000)+(-11\,000+1\,000)(P/F,15\%,6)+(-11\,000+1\,000)(P/F,15\%,12)+1\,000(P/F,15\%,18)+(-3\,500)(P/A,15\%,18)$$
$$=-38\,559(\text{万元})$$

$$NPV_B=(-18\,000)+(-18\,000+2\,000)(P/F,15\%,9)+2\,000(P/F,15\%,18)+(-3\,100)\times(P/A,15\%,18)=-41\,384(\text{万元})$$

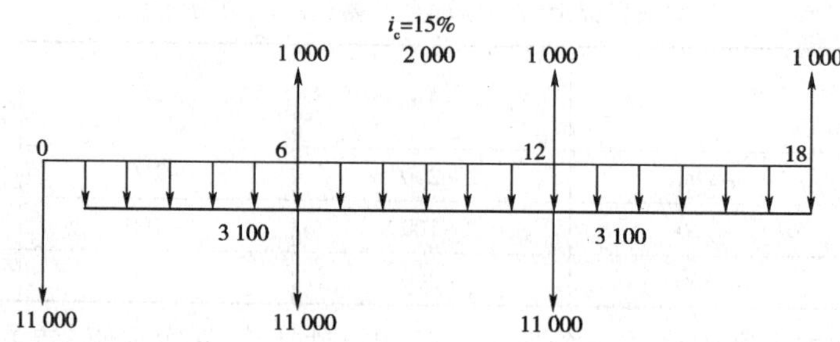

图 2-20 方案 A 的现金流量图

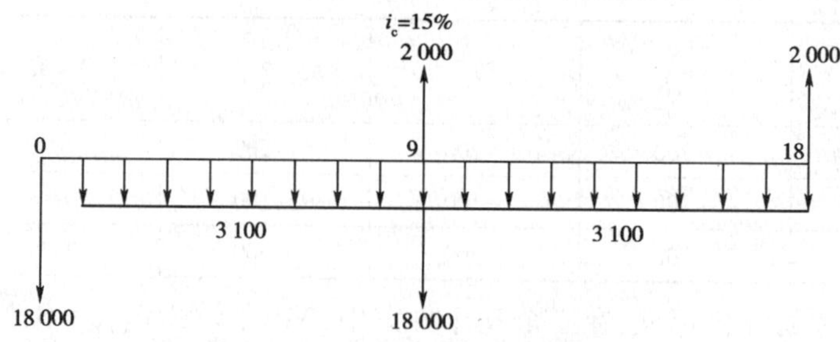

图 2-21 方案 B 的现金流量图

由于 $NPV_A > NPV_B$，所以应选购 A 型设备。

最小公倍数法适合于被比较方案寿命的最小公倍数较小，且各方案在重复过程中现金流量不会发生太大变化的情况，否则就可能得出不正确的结论。因此采用这种方法的关键是对各方案在重复过程中的现金流量做出比较合理的估计和预测，力求评价的正确性。

2. 研究期分析法

上述重复法实质上是以延长投资方案寿命期来达到可比性要求的，一般被认为是合理可行的，但在实际投资项目中，上述重复假设往往不尽合理。这些方案在各自寿命期末不可能重复。对这类寿命不同的互斥方案的评价，需要按实际需要确定一个适宜的分析研究期。显然，以各投资方案中寿命期最短者为分析研究期计算最为简便，而且完全可以避免方案重复假设。

【例 2-32】 有 A、B 两个项目的净现金流量情况如表 2-26 所示，假定基准折现率为 10%，试用研究期法对方案进行比选。

A、B 两方案的现金流量（单位：万元）　　表 2-26

年序 / 方案	1	2	3 ~ 7	8	9	10
A	-550	-350	380	430		
B	-1200	-850	750	750	750	900

解：取 A、B 两个方案中较短的计算期为共同的研究期，即 $n = 8$ 年，分别计算当计算期为 8 年时两个方案的净现值。计算 NPV_B 时，是先计算在其寿命期内的净现值，然后再计算在共同计算期内的净现值。

$$
\begin{aligned}
NPV_A &= (-550)(P/F,10\%,1) + (-350)(P/F,10\%,2) + 380(P/A,10\%,5)(P/F,10\%,2) + \\
&\quad 430 \times (P/F,10\%,8) \\
&= 601.78(\text{万元})
\end{aligned}
$$

$$
\begin{aligned}
NPV_B &= [(-1\,200)(P/F,10\%,1) + (-850)(P/F,10\%,2) + 750(P/A,10\%,7)(P/F,10\%,2) + \\
&\quad 900(P/F,10\%,10)](A/P,10\%,10)(P/A,10\%,8) \\
&= 1\,364.63(\text{万元})
\end{aligned}
$$

由于 $NPV_B > NPV_A$ 且 NPV_A、NPV_B 均大于零，所以方案 B 为最佳方案。

3. 年值法

在对寿命不同的互斥方案进行比选时，年值法是最为简便的方法，当参加比选的方案数目众多时，尤其是这样。年值法通过分别计算各备选方案净现金流量的等额年值（AW）并进行比较，以 AW≥0，且 AW 最大者为最优方案。其中年值（AW）的表达式为：

$$
AW = \left[\sum_{t=0}^{n}(CI_t - CO_t)(1+i_0)^{-t}\right](A/P,i_0,n) = NPV(A/P,i_0,n)
$$

【例 2-33】 某建设项目有 A、B 两个方案，其净现金流量情况见表 2-27，假定 $i_0 = 10\%$，试用年值法对方案进行比选。

A、B 两方案的净现金流量（单位：万元）　　表 2-27

年序 / 方案	1	2 ~ 5	6 ~ 9	10
A	-300	80	80	100
B	-100	50	—	—

解:先计算出 A、B 两个方案的净现值为:

$NPV_A = (-300)(P/F,10\%,1) + 80(P/A,10\%,8)(P/F,10\%,1) + 100(P/F,10\%,10)$
$= 153.82$(万元)

$NPV_B = (-100)(P/F,10\%,1) + 50(P/A,10\%,4)(P/F,10\%,1) = 53.18$(万元)

根据年值的计算公式,可得两个方案的等额年值为:

$$AW_A = NPV_A(A/P,10\%,10) = 25.03\text{(万元)}$$

$$AW_B = NPV_B(A/P,10\%,5) = 14.03\text{(万元)}$$

由于 $AW_A > AW_B$ 且 AW_A、AW_B 均大于零,所以方案 A 为最佳方案。

第三节　不确定性分析方法

前面介绍方案评价时,是以一些确定的数据为基础的,因此可以称为确定性分析。而这些数据是通过预测估计得来的,但在实际工作中,由于各种影响因素的存在,这些估计值与实际值之间往往存在着偏差,以这些数据为依据进行评价就可能会影响方案评价结果的准确性,进而可能导致投资决策的失误。因此为了有效地减少不确定性因素对项目经济效果的影响,提高项目的风险防范能力,进而提高项目投资决策的科学性和可靠性,除对项目进行确定性分析外,还应对项目进行不确定性分析。

不确定性分析包括盈亏平衡分析、敏感性分析和概率分析三种方法,其内容各有不同。一般来讲,盈亏平衡分析只适用于建设项目的财务评价,而敏感性分析和概率分析则可以同时用于建设项目财务评价和国民经济评价。

一、盈亏平衡分析

盈亏平衡分析又称为损益平衡分析或平衡点分析法。它是根据项目正常生产年份的产品产量(或销售量)、可变成本、固定成本、产品价格和销售税金等数据,确定项目的盈亏平衡点 BEP (Break-even point),即盈利为零时的临界值,通过 BEP(盈亏平衡点)分析项目的成本与收益的平衡关系的一种方法。

方案的经济效果受到许多因素的影响,当这些因素发生变化时,可能会导致原来盈利的方案变为亏损方案。盈亏平衡分析的目的就是找出这种由盈利到亏损的临界点,据此判断方案风险的大小及方案对风险的承受能力,为投资决策提供科学依据。同时盈亏临界点将方案的可行区域或多方案的优选区域明显地划分出来,便于我们进行方案的选择。这种方法被广泛地用于技术经济分析和企业的经营管理中。

盈亏平衡分析模型,按成本、销售收入与产量之间是否成线性关系可分为线性盈亏平衡分析和非线性盈亏平衡分析;按是否考虑时间因素,又可分为静态盈亏平衡分析和动态盈亏平衡分析。

(一)盈亏平衡点及其确定

所谓盈亏平衡点(BEP)是项目盈利与亏损的分界点,它标志着项目不亏不盈的生产经营临界水平,反映了在达到一定的生产经营水平时该项目的收益与成本的平衡关系。盈亏平衡点通常用产量表示,也可以用生产能力利用率、销售收入、产品单价等来表示。

盈亏平衡点的确定主要是根据其定义来进行。即在盈亏平衡点处,项目处于不亏不盈的状态，项目的收益与成本相等，可用下式表示：

$$TR = TC \tag{2-30}$$

式中：TR——项目的总收益；

TC——项目的总成本。

由于TR和TC都是产品产量的函数，因此从上式出发即可求出项目在盈亏平衡点处的产量，即盈亏平衡产量。

1. 单方案的平衡点分析

(1)概念

若单方案的收益、成本都取决于一个共同的变量 x（如产量、工时等），并且可以表示为 x 的函数，这时由收益和成本刚好相等而解出的 x 值即为平衡点。根据该平衡点，即可对方案进行选择。

(2)计算公式

设收益 $B=f_1(x)$，成本 $C=f_2(x)$，由 $B=C$ 得：

$$f_1(x)=f_2(x) \tag{2-31}$$

据此解出的 x 即为平衡点。

【例2-34】 拟兴建某桥梁预制厂，如果设计能力为年产30m预应力混凝土T梁4 200片，预计每片梁售价为6 000元，固定成本为630万元，单位产品可变成本为3 000元，用平衡点分析法对方案进行分析；若在正常生产条件下，生产能力可达设计能力的90%，方案是否可行？

解：设 x 为生产的梁的片数，于是：

$$B=6\ 000x$$

$$C=6\ 300\ 000+3\ 000x$$

由 $B=C$ 解出 x，$x_0=2\ 100$ 片。

由于达到生产能力90%时生产的梁的片数为3 780片，因此该方案是可行的。其方案的可行区间如图2-22所示。

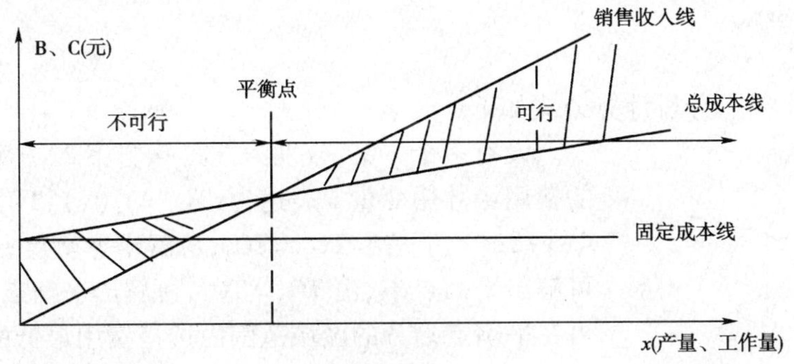

图2-22 单方案平衡点分析

2. 两个方案的平衡点分析

(1)概念

当有两个方案可以互相替代时，若费用函数取决于一个共同的变量 x，使得两个方案的费用相等的点就是平衡点，此平衡点将方案的选择区域作了明显的划分，可据此做出方案选择。

(2)计算公式

若方案 1 的费用为 $TC_1 = f_1(x)$,方案 2 的费用为 $TC_2 = f_2(x)$,当 $TC_1 = TC_2$ 时,有:

$$f_1(x) = f_2(x)$$

由此解出的 x 即为平衡点。

【例 2-35】 某路基土方工程,可以采用人工施工和机械施工两种施工方式。方案 1 为人工施工,1m³ 土方费用为 8 元;方案 2 为机械施工,1m³ 土方费用为 4 元,另需机械使用固定费 20 000 元,问土方为多少时宜用人工挖土?为多少时宜用机械挖土?当土方量为 30 000m³ 时,宜采用何种施工方案?

解:令土方量为 x,有:

方案 1:$TC_1 = f_1(x) = 8x$

方案 2:$TC_2 = f_2(x) = 20\,000 + 4x$

由 $TC_1 = TC_2$,有 $x = 5\,000\text{m}^3$。平衡点如图 2-23。由图可知,当 $0 < x < 5\,000\text{m}^3$ 时宜用人工挖土,$x > 5\,000\text{m}^3$ 时宜用机械挖土。

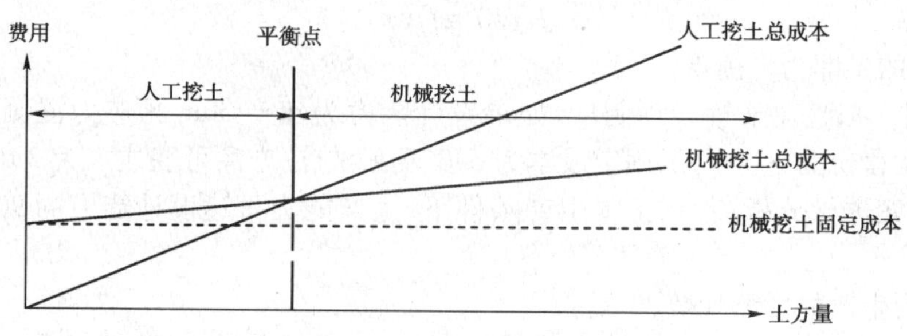

图 2-23　两个方案的平衡点分析

3. 多方案时的平衡点分析

(1)概念

对两个以上的方案,若各方案的费用都可以表达为一个共同的变量 x 的函数,则可以分别由方案两两之间的费用相等求出多个平衡点来,这些平衡点将方案的选择区域明确地划分出来。

(2)计算公式

多方案时的平衡点分析计算公式如下:

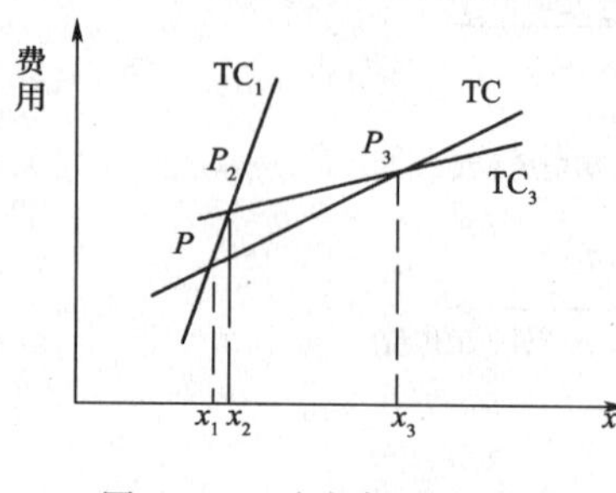

图 2-24　三个方案平衡点分析

设有多个方案,分别为方案 1、方案 2、方案 3…,每个方案的费用函数用变量 x 表达为,$TC_1 = f_1(x)$,$TC_2 = f_2(x)$,$TC_3 = f_3(x)$,…。于是由 $TC_1 = TC_2$,可解出平衡点 x_1;由 $TC_1 = TC_3$,可解出平衡点 x_2;由 $TC_2 = TC_3$,可解出平衡点 x_3;等等。然后可在平衡点划分的区域范围内选择费用最低的方案。图 2-24 所示为三个方案时的平衡点分析图。由图可见,当 $0 < x < x_1$ 时选择方案 1;当 $x_1 < x < x_3$ 时选择方案 2;当 $x > x_3$ 时选择方案 3。

盈亏平衡点反映了项目对市场变化的适应能力和抗风险能力,项目的盈亏平衡点越低,其适应市场变化的能力就越大,抗风险能力也就越强。以盈亏平衡产量为例,如果一个项目的盈亏平衡产量比较低,那么在项目投产后,只要销售少量产品就可以保本。这样,只要市场不发生很大的变化，其实际销售量就很有可能超过这个比较低的盈亏平衡产量，从而使项目产生盈利。因此也可以说，盈亏平衡点的高低反映了项目风险性的大小。

(二)线性盈亏平衡分析

线性盈亏平衡分析一般是基于以下假设条件：产品的产量与销售量是一致的；单位产品的价格保持稳定不变；成本分为可变成本与固定成本，其中可变成本与产量成正比例关系，固定成本与产量无关，保持不变。

线性盈亏平衡分析的方法一般有图解法和解析法两种。

1. 图解法

图解法是线性盈亏平衡分析中常用的一种方法，它是在以横轴表示产量，纵轴表示收益与成本的坐标系中画出收益与成本线，求出其交点，此交点即为盈亏平衡点，然后据此进行盈亏平衡分析的一种方法，其基本步骤为：

(1)画坐标图，以横轴表示产量，纵轴表示收益与成本。

(2)以原点为起始点，按照下面的公式在坐标图上画出收益线。

$$\text{TR}=(\text{单位产品价格}-\text{单位产品销售税金及附加})\times\text{产量}$$

(3)在坐标图上画出固定成本线。由于固定成本不随产量的变化而变动，因此固定成本线是一条与横轴平行的水平线。

(4)以固定成本与纵轴的交点为起始点，按照下面的公式在坐标图上画出成本线。

$$\text{TC}=\text{固定成本}+\text{可变成本}=\text{固定成本}+\text{单位产品可变成本}\times\text{产量}$$

(5)则收益线与成本线的交点即为盈亏平衡点(如图2-25所示)。

从图2-24中可看出，当产量水平低于盈亏平衡产量 Q^* 时，TR线在TC线的下方，项目是亏损的；当产量水平高于盈亏平衡产量 Q^* 时，TR线在TC线的上方，项目是盈利的。盈亏平衡点越低，达到此点的盈亏平衡产量和收益与成本也就越少。因而项目的盈利机会就越大，亏损的风险就越小。

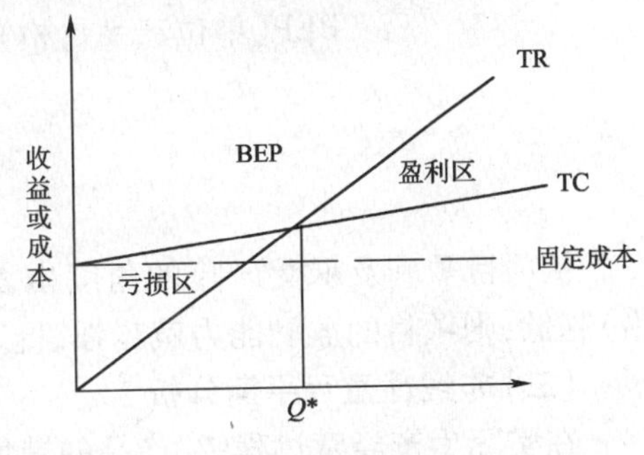

图2-25　盈亏平衡图

2. 解析法

解析法是通过数学解析方法计算出盈亏平衡点的一种方法。根据盈亏平衡点的概念，当项目达到盈亏平衡状态时，其收益与成本正好相等。即：

$$\text{TR}=\text{TC}$$

根据线性盈亏平衡分析的三个假设

$$\text{TR}=(p-t)Q$$

式中：p——单位产品价格；

t——单位产品销售税金及附加；

Q——产品产量(销售量)。

$$\text{TC}=F+VQ$$

式中：F——固定成本；

V——单位产品可变成本。

设盈亏平衡产量为 Q^*，则当 $Q=Q^*$ 时，有 TR = TC，即 $(p-t)Q^*=F+VQ^*$，可解得：

$$Q^* = F/(P - t - V) \tag{2-32}$$

盈亏平衡点(BEP)除经常用产量表示外,还可以用生产能力利用率、单位产品价格等指标来表示,其具体表达式如下:

$$\text{BEP(生产能力利用率)} = Q^*/Q_0 \times 100\% \tag{2-33}$$

式中:Q_0——设计生产能力;

$$\text{BEP(单位产品价格)} = \frac{F}{Q_0} + V + t$$

【例 2-36】 某项目设计生产能力为年产 50 万件产品,根据统计资料分析,估计每件产品的售价为 100 元,单位产品可变成本为 80 元,固定成本为 300 万元,已知该产品销售税金及附加的合并税率为 5%。试用产量、生产能力利用率、单位产品价格分别表示项目的盈亏平衡点。

解:① 求 Q^*,根据题中所给条件,有:

$$Q^* = \frac{F}{P - t - V} = \frac{3\,000\,000}{100 \times (1 - 5\%) - 80} = 200\,000\text{(件)}$$

②求 BEP(生产能力利用率)

$$\text{BEP(生产能力利用率)} = \frac{Q^*}{Q_0} \times 100\% = \frac{200\,000}{500\,000} \times 100\% = 40\%$$

③求 BEP(单位产品价格)

$$\begin{aligned}\text{BEP(单位产品价格)} &= \frac{F + VQ_0}{Q_0} + t \\ &= \frac{3\,000\,000 + 500\,000 \times 80}{500\,000} + 100 \times 5\% \\ &= 91\text{(元)}\end{aligned}$$

从项目盈利及承受风险的角度出发,其 BEP(生产能力利用率)越小,BEP(单位产品价格)越低,则项目的盈利能力就越强,抗风险的能力也就越强。

(三)非线性盈亏平衡分析

在实际生产经营过程中,产品的销售收入与销售量之间,成本费用与产量之间,并不一定呈现出线性的关系。比如当项目的产量在市场中占有较大的份额时,其产量的高低可能会明显影响市场的供求关系,从而使得市场价格发生变化;再比如根据报酬递减规律,变动成本随着生产规模的不同而与产量呈非线性的关系,在生产中还有一些辅助性的生产费用(通常称为半变动成本)随着产量的变化而呈梯形分布。由于这些原因,造成产品的销售收入和总成本与产量之间存在着非线性的关系,在这种情况下进行的盈亏平衡分析称为非线性盈亏平衡分析。

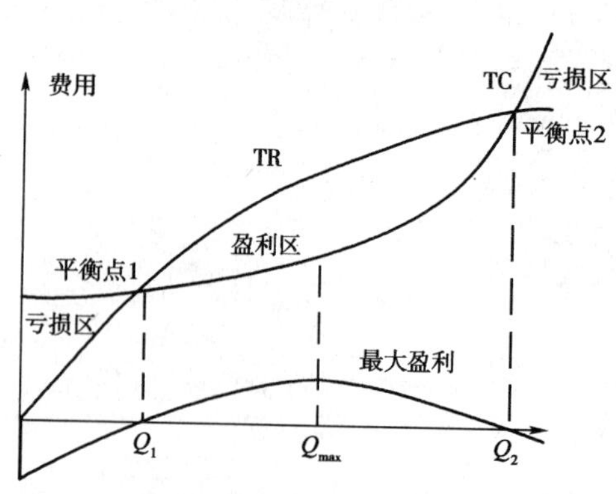

图 2-26　非线形盈亏平衡分析

非线性盈亏分析的基本过程如图 2-26。在图 2-26 中,当产量小于 Q_1 或大于 Q_2 时,项目都处于亏损状态,只有当产量处于 $Q_1 \leqslant Q \leqslant Q_2$ 时,项目才处在盈利区域,因此 Q_1 和 Q_2 是项目的两个盈亏平衡点。其解法如下。

假设产品的产量等于其销售量,均为 Q,则产品的销售收益和总成本与产量的关系可表示如下:

$$\mathrm{TR}(Q)=a_1Q^2+b_1Q+c_1$$

$$\mathrm{TC}(Q)=a_2Q^2+b_2Q+c_2$$

式中:a_1,b_1,c_1,a_2,b_2,c_2 均为系数。

根据盈亏平衡点的定义:

$$\mathrm{TR}(Q)=\mathrm{TC}(Q)$$

代入整理后得到:

$$(a_1-a_2)Q^2+(b_1-b_2)Q+(c_1-c_2)=0$$

解此一元二次方程,得到两个解即分别为 Q_1 和 Q_2,也即求出了项目盈亏平衡点的产量。

另外,根据利润的表达式:

$$利润=收益-成本=\mathrm{TR}-\mathrm{TC}$$

通过求上式对产量的一阶导数并令其等于零,即:

$$\mathrm{d}[\mathrm{TR}-\mathrm{TC}]/\mathrm{d}Q=0$$

还可以求出使得利润为最大的产量水平 $Q_{\max}$,$Q_{\max}$ 又称为最大盈利点。

【例 2-37】 设某预制构件制品厂,单位产品售价随销售量而变化,单位产品可变成本也随着变动。销售单价的变化率为每多销售单位产品单价从 55 元的基础上降低 0.003 5 元,单位变动成本为每多生产单位产品,在 28 元的基础上降低 0.001 元。试进行平衡点分析,确定最大利润时的产量。设固定成本为 $F=66\ 000$ 元。

解:销售收入:

$$I=(55-0.003\ 5Q_x)Q_x$$

可变成本:

$$V=(28-0.001Q_x)Q_x$$

总成本:

$$C=66\ 000+(28-0.001Q_x)Q_x$$

由 $I=C$ 有:

$$(55-0.003\ 5Q_x)Q_x=66\ 000+(28-0.001Q_x)Q_x$$

于是有平衡点:

$$Q_1=3\ 740(件)$$

$$Q_2=7\ 060(件)$$

$$净收益=收益-成本=\mathrm{TR}-\mathrm{TC}=I-C=27Q_x-0.002\ 5Q_x^2-66\ 000$$

由 $\mathrm{d}[\mathrm{TR}-\mathrm{TC}]/\mathrm{d}Q=0$ 得最大利润点:

$$Q_C=5\ 400(件)$$

代入得最大利润为:

$$P_{\max}=6\ 900(元)$$

二、敏感性分析

敏感性分析是经济决策中最常用的一种不确定性分析方法,它是通过分析、预测项目主要影响因素发生变化时对项目经济评价指标(如 NPV、IRR 等)的影响,从中找出敏感因素,并确定其影响程度。

(一)敏感性分析的一般步骤

1.确定具体的要进行敏感性分析的经济评价指标

所谓敏感性分析指标,是指敏感性分析的具体对象。理论上,经济效果评价中的一系列指标都可以作为敏感性分析的指标。但实际上,不可能也不需要对每一经济效果指标都作敏感性分析,应根据经济效果评价的深度和具体要求,选择一种或两种评价指标作为敏感性分析的指标。但无论选用何种指标,都应与确定性分析中的经济效果指标相一致。

2.选择对评价指标有影响的不确定因素,并设定这些因素的变动范围

不确定因素的选择一般是从两个方面考虑:第一方面是预计这些因素在可能的变化范围内,对投资效果影响较大;第二方面是这些因素发生变化的可能性较大。

3.计算各个不确定因素对经济评价指标的影响程度

通常可以计算以下指标来判别不确定因素对经济评价指标的影响程度:

(1)敏感度系数(S_{AF})

敏感度系数系指项目评价指标变化率与不确定性因素变化率之比,可按下式计算:

$$S_{AF}=\frac{\Delta A/A}{\Delta F/F} \tag{2-34}$$

式中:$\Delta F/F$——不确定性因素 F 的变化率;

$\Delta A/A$——不确定性因素 F 发生 ΔF 变化时,评价指标 A 的相应变化率。

(2)临界点(转换值)

临界点系指不确定性因素的变化使项目由可行变为不可行的临界数值,一般采用不确定性因素相对基本方案的变化率或其对应的具体数值表示。临界点可通过敏感性分析图得到近似值,也可采用试算法求解。

4.绘制敏感性分析图,并对方案进行综合分析,采取控制弥补措施

通常将敏感性分析结果汇总编制成敏感性分析表。根据分析表,以某个评价指标为纵坐标,以不确定因素的变化率为横坐标作敏感分析图,来确定敏感因素,这就使决策者可结合不确定因素变化的可能性和预测这些因素变化对项目带来的风险,采取相应的控制和弥补措施。

(二)因素替换法

因素替换法(又称逐项替换法),它是将方案中的变动因素每次替换其中的一个,以求得该因素的敏感性的一种方法。计算时,只变动某个因素而令其他因素固定不变,观查其变动的因素对方案经济效果的影响程度,从而确定其是否为敏感因素;然后逐次替换其他因素,计算出其他各影响因素的敏感性,直到得出方案全部影响因素的敏感性为止。

【例2-38】 某投资方案设计年生产能力为10万台,计划总投资为1 200万元,期初一次性投入,预计产品价格为35元/台,年经营成本为140万元,方案寿命期为10年,到期时预计残值收入为80万元,基准折现率为10%,试就投资额、单位产品价格、经营成本等影响因素对该投资方案做敏感性分析。

解:(1)确定性分析

根据净现值的计算公式,可计算出项目在初始条件下的净现值。即:

$NPV_0=(-1\,200)+(35\times10-140)(P/A,10\%,10)+80(P/F,10\%,10)=121.21$(万元)

由于 $NPV_0>0$,该项目是可行的。

(2)不确定性分析

选择净现值为敏感性分析的对象,取投资额、产品价格、经营成本三个因素为不确定因素,然后令其逐一在初始值的基础上按±10%、±20%的变化幅度变动,并分别计算相对应的净现值的变化情况。计算结果反映了这几个因素的敏感性,如表2-28和图2-27所示。

单因素敏感性分析表(单位:万元)

表2-28

项目 \ 变化幅度	-20%	-10%	0	+10%	+20%	平均+1%	平均-1%
投资额	361.21	241.21	121.21	1.21	-118.79	-9.90%	9.90%
产品价格	-308.91	-93.85	121.21	336.28	551.34	17.75%	-17.75%
经营成本	293.26	207.24	121.21	35.19	-50.83	-7.10%	7.10%

由表2-28和图2-27可以看出,在各个变量因素变化率相同的情况下:

①产品价格的变动对净现值的影响程度最大,当其他因素均不变化时,产品价格每下降1%,净现值下降17.75%,并且还可以看出,当产品价格下降幅度超过5.64%时,净现值将由正变负,即项目由可行变为不可行;

②其次,对净现值影响大的因素是投资额,当其他因素均不变化时,投资额每增加1%,净现值下降9.90%,当投资额增加幅度超过10.10%时,净现值将由正变负,项目变为不可行;

③对净现值影响最小的因素是经营成本,在其他因素均不变化时,经营成本每上升1%,净现值下降7.10%,当经营成本上升幅度超过14.09%时,净现值将由正变负,项目变为不可行。

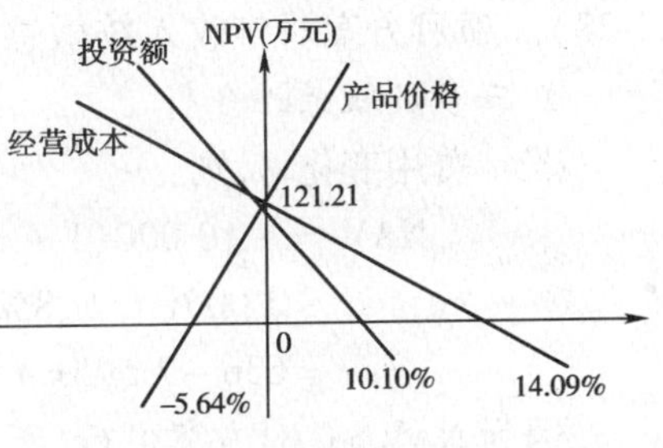

图2-27 敏感性分析图

由此可见,按净现值对各个因素的敏感程度来排序,依次为:产品价格、投资额、经营成本,最敏感的因素是产品价格。因此,从方案决策的角度来讲,应该对产品价格进行进一步的、更准确的测算,因为从项目风险角度来讲,如果未来产品价格发生变化的可能性较大,则意味着该投资项目的风险性亦较大。

(三)敏感性分析的参数法

1. 单参数敏感性分析

单参数敏感性分析假定其他参数不变,一次只改变一个参数的敏感性分析法。

【例2-39】 某公司为研究一项投资项目方案,提出如表2-29所示的参数估计值(基本方案)。试分析当寿命(n)、贴现率(i)和年费用(c)中某一个变化时对净现值(NPV)的影响大小?

表2-29

影响因素	期初投资	寿命	残值	年收入	年费用	贴现率
估计值	10 000元	5年	2 000元	5 000元	2 200元	8%

解:若以净年值NAV为分析指标:

$$\text{NPV} = -10\,000 + 5\,000(A/P,i,n) + 5\,000 - 2\,200 + 2\,000(A/F,\ i,n)$$

每次只改变其中一个参数。以初投资为不确定性因素并设x为初投资的变化率。

则:

$$\begin{aligned}\text{NAV} &= -10\,000(1+x)(A/P,8\%,5) + 5\,000 - 2\,200 + 2\,000(A/F,8\%,5)\\ &= -2\,505(1+x) + 3\,141\\ &= -2\,505x + 636\end{aligned}$$

因为 NAV >0 时方案可行

所以 $x < 0.254$

故初投资变化率小于 25.4% 时,方案才可行,见图 2-28。

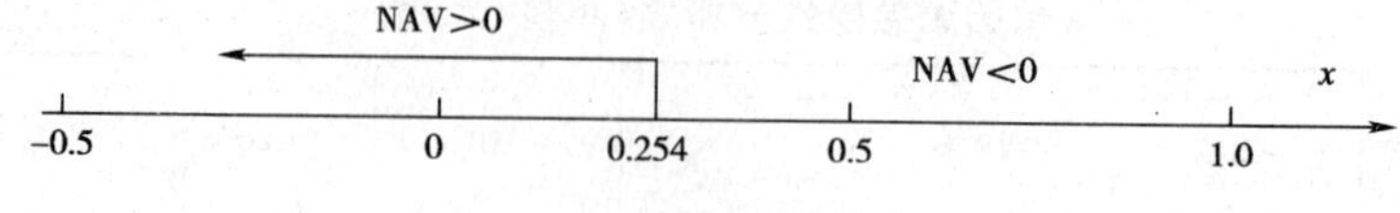

图 2-28　单参数敏感性分析图

2. 双参数敏感性分析

同时改变两个不确定性因素时即为双参数敏感性分析。继上述期初投资变化 x 外,年收入变化率 y,则有:

$$NAV = -10\ 000(1+x)(A/P,8\%,5)+5\ 000(1+y)-2\ 200+2\ 000(A/F,8\%,5)$$
$$=636-2505x+5\ 000y$$

因为 NAV >0 时方案可行

所以 $x < 0.254$, $y > -0.127$

NAV =0 为投资方案盈亏平衡线,它将 $X-Y$ 平面分成两个区域:盈利区和亏损区(见图 2-28)。项目方案对年收入较敏感。

3. 三参数敏感性分析

若年费用变化 Z,则:

$$NAV = -10\ 000(1+x)(A/P,8\%,5)+5\ 000(1+y)-2\ 200(1+Z)+2\ 000(A/F,8\%,5)$$
$$=636-2\ 505x+5\ 000y-2\ 200Z$$

因为 NAV >0 时方案可行,所以上式为一空间平面方程,从而有 $x=25.4\%$, $y=-12.7\%$, $z=30\%$。此空间平面将三维空间分为两部分,包括原点的空间内 NAV >0(见图 2-30)

相比之下,投资方案对年收入最敏感,其次是初投资,再次为年费用。

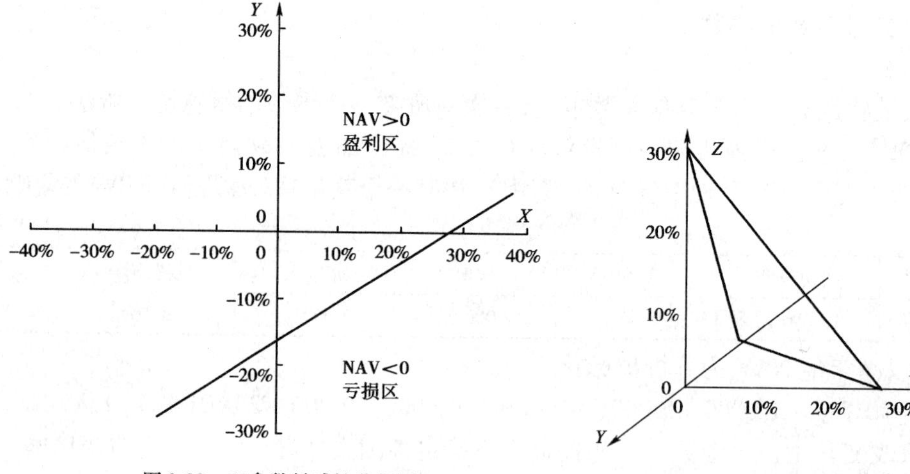

图 2-29　双参数敏感性分析图

图 2-30　三参数敏感性分析图

三、概率分析

概率分析也称为风险分析,是利用概率来研究和预测不确定因素对项目经济评价指标的影响的一种定量分析方法。概率分析的目的在于确定影响方案投资效果的关键因素及其可能的变动范围,并确定关键因素在此变动范围内的概率,然后进行概率期望值的计算,得出定量分析的结果。

概率分析的方法很多,这些方法大多是以项目经济评价指标(主要是 NPV)的期望值的计算过程和计算结果为基础的。

(一)净现值的期望值

期望值是用来描述随机变量的一个主要参数。期望值是反映随机变量取值的平均值,但这个平均值绝不是一般意义上的算术平均值,而是以随机变量各种取值的概率为权重的加权平均值。一般来讲,期望值的计算公式为:

$$E(X) = \sum_{i=1}^{n} x_i \times p_i$$

式中:$E(X)$——随机变量 x 的期望值;

x_i——随机变量 x 的各种取值;

p_i——X 取值 x_i 时所对应的概率值。

根据期望值的计算公式,可以很容易地推导出项目净现值的期望值的计算公式为:

$$E(\mathrm{NPV}) = \sum_{i=1}^{n} \mathrm{NPV}_i \times P_i$$

式中:$E(\mathrm{NPV})$——NPV 的期望值;

NPV_i——各种现金流量情况下的净现值;

P_i——对应于各种现金流量情况的概率值。

【例 2-40】 已知某投资方案各种因素可能出现的数值及其对应的概率如表 2-30 所示。假设投资发生在期初,年净现金流量均发生在各年的年末,基准折现率为 10%。试求其净现值的期望值。

某投资方案变量因素值及其概率 表 2-30

投资额(万元)		年净收益(万元)		寿命期(年)	
数值	概率	数值	概率	数值	概率
120	0.30	20	0.25	10	1.00
150	0.50	28	0.40		
175	0.20	33	0.35		

解:根据各因素的取值范围,共有 9 种不同的组合状态,根据净现值的计算公式,可求出各种状态的净现值及其对应的概率如表 2-31 所示。

方案所有组合状态的概率及净现值 表 2-31

投资额(万元)	120			150			175		
年净收益(万元)	20	28	33	20	28	33	20	28	33
组合概率	0.075	0.12	0.105	0.125	0.2	0.175	0.05	0.08	0.07
净现值(万元)	2.89	52.05	82.77	-27.11	22.05	52.77	-52.11	-2.95	27.77

根据净现值的期望值的计算公式,可求出:

$$E(NPV)=2.89\times0.075+52.05\times0.12+82.77\times0.105-27.11\times0.125+22.05\times0.2+52.77\times0.175-52.11\times0.05-2.95\times0.08+27.77\times0.07=24.51(万元)$$

投资方案净现值的期望值为24.51万元。

净现值的期望值在概率分析中是一个非常重要的指标,在对项目进行概率分析时,一般都要计算项目净现值的期望值及净现值大于或等于零时的累计概率,累计概率越大,表明项目承担的风险越小。

(二)决策树法

决策树法是直观运用概率分析的一种图解方法。它主要是用于对各个投资方案的状态、概率和收益进行比选,为决策者选择最优方案提供依据。决策树法特别适用于多阶段决策分析。决策树一般由决策点、机会点、方案枝、概率枝等组成,其绘制方法如下:

首先确定决策点,决策点一般用"□"表示;然后从决策点引出若干条直线,代表各个备选方案。这些直线称为方案枝;方案枝后面连接一个"○",称为机会点;从机会点画出的各条直线称为概率枝,代表将来不同的状态,概率枝后面的数值代表不同方案在不同状态下可获得的收益值。为了便于计算,对决策树中的"□"(决策点)和"○"(机会点)均进行编号。编号的顺序是从左到右,从上到下。

画出决策树后,就可以很容易地计算出各个方案的期望值并进行比选。

【例2-41】 某项目有两个备选投资方案A和B,两个方案的寿命期均为10年,生产的产品也完全相同,但投资额和年净收益不同。A方案的投资额为500万元,其年净收益在产品销路好时为150万元,销路差时为-50万元;B方案的投资额为300万元,其年净收益在产品销路好时为100万元,销路差时为10万元。根据市场预测,在项目寿命期内,产品销路好的可能性为70%,销路差的可能性为30%。假设基准折现率为10%。试根据以上资料对方案进行比选。

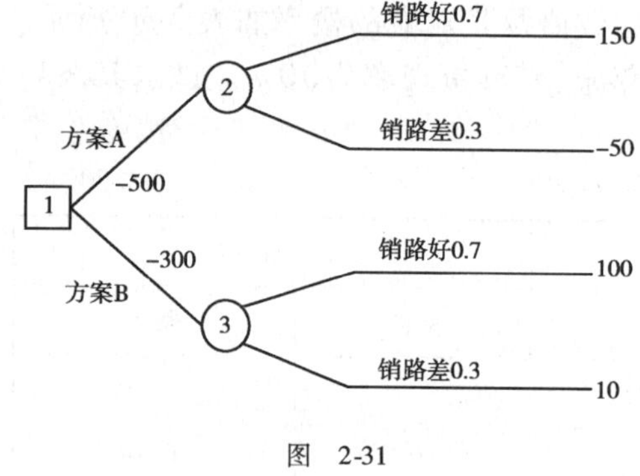

图 2-31

解:(1)画出决策树

本例中有一个决策点,两个备选方案,每个方案又面临两种状态,因此可画出其决策树如图2-31所示。

(2)计算各个机会点的期望值

机会点② $=150(P/A,10\%,10)\times0.7+(-50)(P/A,10\%,10)\times0.3=533$(万元)

机会点③ $=100(P/A,10\%,10)\times0.7+10(P/A,10\%,10)\times0.3=448.56$(万元)

(3)计算各个备选方案净现值的期望值

$$方案A的净现值期望值=533-500=33(万元)$$

$$方案B的净现值期望值=448.56-300=148.56(万元)$$

因此应优先选择B方案。

决策树法也可用于一般的概率分析,即用于判断项目的可行性及所承担风险的大小。

第四节 价值工程

一、价值工程的基本概念

价值工程(Value Engineering)简称 VE,是从合理利用资源开始发展起来的一门软科学技术。第二次世界大战期间,美国军火工业有了很大的发展,但又出现了资源的紧张和短缺,这在客观上提出了合理利用资源和节约资源的问题。价值工程是在 1947 年由美国通用电器公司工程师拉里·迈尔斯首先提出并研究的。拉里·迈尔斯在寻找急需而又无法获得的石棉板时,找到了它的替代物并降低了成本,从中发现了商品的功能与成本之间的关系,他认为:用户需要的不是产品本身,而是它的功能,并且是按照功能的必要程度来付款的。拉里·迈尔斯从功能与购买功能所花费的费用之间的关系,提出了“价值”的概念,通过研究产品的功能和实现这种功能所投入的资源之间的关系,提出了价值工程。

战后的实践证明:价值工程是一种新兴的工程经济方法,它用“价值”的概念,把技术和经济统一起来,谋求用最低的成本,得到必要的功能。在满足使用者需要的同时,可以使企业和社会都获得最佳的经济效果,使有限的资源得到充分合理的利用。

(一)功能

功能,就是一种产品所起的作用和所担负的职能,是产品满足人们某种需要的能力和程度,它是以一定的物理或化学状态表现出来的产品所具有的性质。它是根据用户的特定要求,由设计者通过产品的结构设计来实现的。用户购买产品,实际上是购买产品的功能。例如顾客想买一台电冰箱,他所需要的不是电冰箱本身,而是需要“冷藏食品”这种功能,冷藏食品就是冰箱的作用和功能。

(二)价值

1. 价值的概念

价值工程中所述的价值,是指对象(产品或作业)具有的必要功能与取得该功能的总成本的比值,它是对研究对象的功能和成本进行的一种综合评价。其表达式为:

$$价值(\text{value}) = \frac{功能(\text{function})}{成本(\text{cost})}$$

简写为

$$V = \frac{F}{C} \tag{2-35}$$

上式表明,在总成本不变的情况下,产品或作业的价值与功能成正比,即功能越大,价值就越大;反之,功能越小,价值也越小。在功能不变的情况下,产品或作业的价值与总成本成反比,即成本越低,价值就越大;成本越高,价值就越小。

2. 提高价值的基本途径

根据 $V = F/C$ 可知,要提高价值,必须在功能与成本两个方面下工夫。但是,采取什么途径来提高产品的价值,不仅是一个技术和经济问题,而且更重要的是一个经营思想和策略问题。提高价值的基本途径有如下五种。

(1)通过改进设计,保证功能不变,而使实现功能的成本有所下降,即:

$$\frac{F\rightarrow}{C\downarrow}=V\uparrow$$

(2)通过改进设计,保持成本不变,使功能有所提高,即:

$$\frac{F\uparrow}{C\rightarrow}=V\uparrow$$

(3)通过改进设计,虽然成本有所上升,但换来功能大幅度的提高,即:

$$\frac{F\uparrow\uparrow}{C\uparrow}=V\uparrow$$

(4)对于某些消费品,在不严重影响使用要求的情况下,适当降低产品功能的某些非主要方面的指标,以换取成本较大幅度的降低,即:

$$\frac{F\downarrow}{C\downarrow\downarrow}=V\uparrow$$

(5)通过改进设计,即提高功能,又降低成本从而使价值大幅度提高,即:

$$\frac{F\uparrow}{C\downarrow}=V\uparrow$$

(三)产品寿命周期成本

产品寿命周期成本是指产品在寿命期内所花费的全部费用,即从开发设计、制造、使用到报废全过程所付出的费用总和。这些费用大致分为两部分,即生产成本和使用成本。生产成本是企业生产产品必须付出的费用,包括科研、设计、试制、制造及销售过程中的费用;使用成本,是用户为了使用产品必须付出的费用,包括产品使用过程中的能源消耗、维修费及“三废”处理等费用,还包括报废以后的清理费用。产品寿命周期成本如表 2-32 所示。

产品寿命周期成本 表 2-32

产 品 寿 命 周 期			
开发设计	制造	销售	使用
生产成本 C_1			使用成本 C_2
寿命周期成本 C			

一般来说,在技术经济条件不变的情况下,随着产品功能水平的提高,生产成本 C_1 和使用成本 C_2 有不同的变化。即生产成本一般随着功能水平(技术性能)的提高有所增长,而使用成本则往往朝相反的方向变化。寿命周期成本 C 与功能 F 的关系如图 2-32 所示。

这里存在一个最低成本 C_{min},它所对应的功能 F_0 称为最适宜功能。

(四)价值工程

1. 价值工程的概念

价值工程是着重功能分析,力求以最低的寿命周期成本,可靠地实现对象的必要功能的有组织的创造性活动。价值工程的定义包括以下三个内容:

(1)价值工程以提高产品的价值为目标,从满足消费者的需要出发,以最低寿命周期成本来保证实现产品必要的功能。

(2)价值工程以功能分析为核心。它不是单纯地通过减少原材料费、人工费、管理费等一般性措施降低产品的成本,而是通过对各种功能的系统分析,找出其中存在的问题,剔除不必要的功能,用更好的办法保证主要功能的实现,从而达到降低成本和提高价值的目的。

(3) VE 的组织特性是依靠集体智慧进行有组织的创造性活动。VE 活动涉及企业生产经营的各个部门、各个环节，需要依靠由各方面人员组织起来的智慧和力量，依据各方面的专家和有经验的人员，运用多种学科的知识和经验，进行有组织的共同努力才能获得成功。

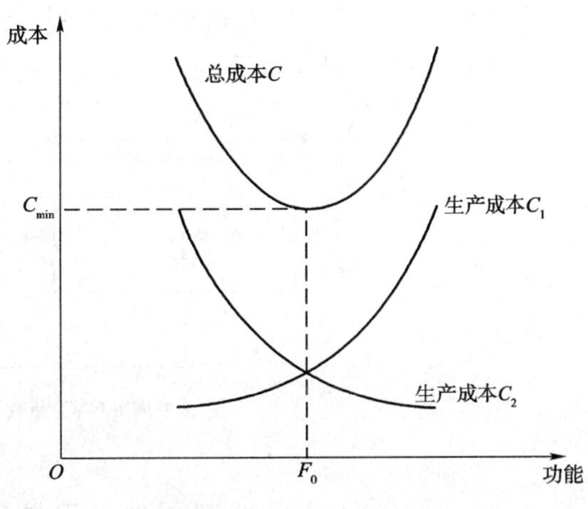

图 2-32 成本、功能关系示意图

2. 价值工程的应用

价值工程的应用范围比较广泛，可分为两方面。一方面是用于改进具体的物品，例如改进某种产品、零部件、材料等，包括设计工作。另一方面是用于改进工作方法，例如改进一个工程、作业、工序、管理方法、工作程序，即属于软科学一类的东西。

二、价值工程的工作程序

VE 的工作程序，按一般的决策过程划分为四个阶段 12 个具体步骤。见表 2-33。

VE 的阶段、步骤与提问 表 2-33

<table>
<tr><th colspan="2">阶 段</th><th>具 体 步 骤</th><th>VE 提 问</th></tr>
<tr><td rowspan="6">发现和分析问题的阶段</td><td rowspan="3">准备阶段</td><td>选择对象</td><td rowspan="3">围绕 VE 对象需要做哪些准备工作？</td></tr>
<tr><td>组成价值工程工作小组</td></tr>
<tr><td>制定工作计划</td></tr>
<tr><td rowspan="3">分析阶段</td><td>收集整理信息资料</td><td rowspan="3">VE 对象的功能是什么？
VE 对象的成本是多少？
VE 对象的价值是多少？</td></tr>
<tr><td>功能系统分析</td></tr>
<tr><td>功能评价</td></tr>
<tr><td rowspan="6">解决问题的阶段</td><td rowspan="3">创新阶段</td><td>方案创造</td><td rowspan="3">有无其他方法实现同样的功能？
新方案的成本是多少？
新方案能满足功能要求吗？</td></tr>
<tr><td>方案评价</td></tr>
<tr><td>提案编写</td></tr>
<tr><td rowspan="3">实施阶段</td><td>审批</td><td rowspan="2">怎样保证新方案的实施？</td></tr>
<tr><td>实施与检查</td></tr>
<tr><td>成果鉴定</td><td>VE 活动的效果有多大？</td></tr>
</table>

从选择对象到成果鉴定，是一次价值工程活动。由于实践和认识是一个不断深化的过程，因而可以反复开展价值工程活动，直到取得比较满意的成果，价值工程的动态过程见图 2-33。

三、价值工程对象的选择

正确选择价值工程的对象，是价值工程能否取得成效的第一步。一般 VE 对象的确定大致可从下列几个方面考虑。

(1) 从成本方面考虑，主要有两种情况：一是指某种产品占本项目或本企业成本大的，另一种是指与同类产品相比成本较大的产品。

(2)从制造方面考虑,可以选择产量大而收益低、产量大而工艺复杂、产量大而消耗高,产量大而废品率高,产量大而成品率低,产量大而耗费工时多的产品可选为VE对象。

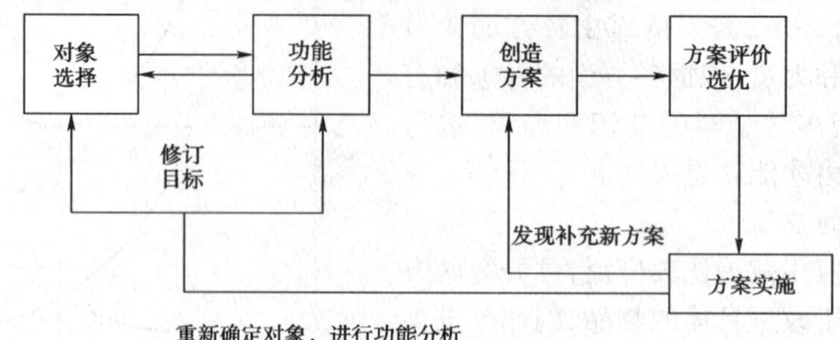

图2-33 价值工程的动态过程

(3)从销售方面考虑,可以选择用户意见大的产品,亏损产品,竞争力差、利润少的产品等。

(4)从设计方面考虑,可以选择结构复杂、工艺复杂的产品;重量大、体积大、原材料比较昂贵的产品;性能差、技术落后的产品等。

(5)从成功的可能性考虑,可选择投入人力、物力、财力不多,预计可在较短时期内取得一定经济效果的产品;情报资料较齐全或易于获得,目标较明确,预计发展前景较好的产品;具有该方面的技术人才和管理人才,预计成功可能性较大的产品。

(6)从产品发展方面考虑,可以选择有发展前途的产品;正在研制即将投入市场的产品;处于成熟期末的产品;同企业的发展方针、产品方向关系密切,适应社会需要且有待改进的产品;社会需要量大,竞争激烈的产品。

初次进行VE时,选择对象应本着先易后难、先小后大的原则,从比较熟悉、改进潜力较大的方面着手,取得经验后,再逐步扩大应用范围。

四、情报资料的收集

情报是行动和决策的依据,收集情报是价值工程活动的重要环节。一般地说,情报资料掌握得越多,对象分析得越透彻,改进的可能性越大,价值提高的可能性就越大。

VE对象不同,需要收集的情报也有所不同。原则上讲应将产品研制、生产、流通、交换、消费全过程中的有关情报都收集起来,并对其进行整理和分析。需要收集的情报很难一一列举,但收集情报时要注意目的性、可靠性、适时性。VE的情报内容大致有如下几个方面:

(1)使用方面的情报;

(2)销售方面的情报;

(3)科学技术方面的情报;

(4)供应和生产方面的情报;

(5)成本方面的情报;

(6)政府和社会部门的有关法规和条例等方面的情报;

(7)市场竞争情报;

(8)企业内部情报;

(9)外协单位、外协件等外协情报;

(10)环境保护情报;

(11)政府和社会有关部门的法规、条例等方面情报。

收集情报要求准确可靠,并且要求经过整理、归纳、鉴别、加工后才能应用。

五、功能分析

功能分析是价值工程的核心,是价值工程的重要手段,通过功能分析可以对 VE 对象应具备的功能加以确定,并加深理解和搞清各类功能之间的关系,适当调整功能比重,使产品的功能结构更加合理。

(一)功能分类

任何产品都具备相应的功能,假如产品不具备功能则产品将失去存在的价值。不同的产品有不同的功能,产品的功能可以按以下标志分类:

1. 按功能的重要程度分类

可以分为基本功能和辅助功能。基本功能是要达到这种产品的目的所不可缺少的功能,即正是为了实现这个基本功能,才设计和制造这种产品。辅助功能属于次要功能,是相对基本功能而言的,如自行车的基本功能是代替步行,而自行车的书包架只起一个辅助作用,是辅助功能。

2. 按功能的性质分类

可以分为使用功能和外观功能。使用功能是每个产品都具有的使用目的,最容易为用户了解,并通过产品的基本功能和辅助功能表现出来,如空调器的制冷、制热功能。外观功能指产品具有的外观特征,又称为美学功能。

3. 按目的和手段分类

可以分为上位功能和下位功能。上位功能是目的性功能,下位功能是实现上位功能的手段性功能。这种上位与下位、目的和手段是相对的。

(二)功能定义

功能定义是指用简明准确的语言来描述产品或作业的功能或作用。定义的过程,就是对功能认识不断深化的过程,其目的是为了限定功能概念的内容,明确功能概念所包含的本质,与其他功能相区别,以便实现功能评价,为以后提出改进方案提供依据。

功能定义的要求是:用一个动词、一个名词,以动宾关系把功能用简洁而准确的语言表达出来。例如电冰箱可以定义为冷藏食品,手表可以定义为显示时间。

功能定义应简明扼要、准确全面并适当抽象,这样才有利于启发思维,开阔设计思路。比如给吸尘器下定义,“吸掉灰尘”就不如“弄掉灰尘”好。

(三)功能整理

一个产品的全部功能明确定义后,还要加以分析和整理,分清哪些是基本功能、哪些是必要的辅助功能、哪些是不必要的可以取消的功能、还应补充哪些功能,把握功能改进领域,同时要明确各个功能之间的相互关系。

功能整理,就是按照一定的逻辑关系,把产品各构成要素的功能相互连结起来,组成一个体系,编制出功能系统图。

根据“目的——手段”,把产品零部件之间的关系系统化,并把上位功能放在左边,下位功能放在右边,按各项功能的相互关系依次排列,并用线段连接起来,就构成了功能系统图,如图

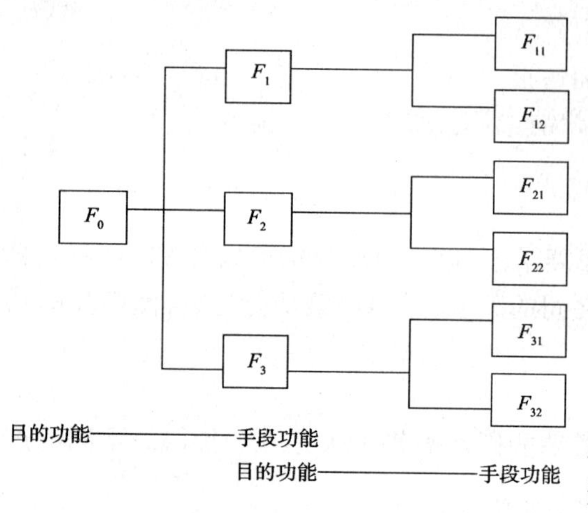

图 2-34　功能系统示意图

2-34 所示。

图中 F_0 是产品的基本功能，即最上位功能。F_1,F_2,F_3 是实现功能 F_0 的手段，是 F_0 的下位功能，但它们又是 $F_{11},F_{12},F_{21},F_{22},F_{31},F_{32}$ 的上位功能，通过这样的关系可以把产品的设计意图用功能系统图表示出来。

六、功能评价

功能评价就是采取一定的方法，对功能分析所确定的功能或功能区域进行定量分析，用一个数值来表示功能的大小或重要程度，其目的是探讨功能的价值，根据功能与成本的对比关系，确定功能价值，找出低价值的功能或功能区域，明确改进功能的具体范围，根据目标成本，确定价值工程的重点项目和经济指标。功能评价的方法主要有功能评价系数法和功能成本法。

下面介绍功能评价系数法，其步骤如下：

1. 求功能评价系数

功能评价系数的大小说明零部件功能的重要程度。把组成产品的零部件排列成表，对每个零部件的功能重要程度和其他所有零部件进行一对一的比较并打分，然后把各零部件得分累计起来，除以全部零件得分之和，求得各零部件的功能评价系数。即：

$$功能评价系数 = \frac{某一零部件的功能分数}{全部零部件的功能分数} \tag{2-36}$$

根据评分人员的经验，对每个零部件的重要程度进行评分，可采用“01”评分法和“04”评分法。

01 评分法的具体步骤如下：

把组成产品的零部件排列成表，对每个零部件的功能重要程度和其他所有零部件进行一对一的比较，相对重要的得 1 分，相对不要的得 0 分，然后把各零部件得分累计起来，除以全部零件得分之和，求得各零部件的功能评价系数。举例如表 2-34 所示。

功能评价系数表计算　　表 2-34

零部件	A B C D E	得分	功能评价系数
A	× 1 0 1 1	4	0.27
B	0 × 0 1 1	3	0.20
C	1 1 × 1 1	5	0.33
D	0 0 0 × 1	2	0.13
E	0 0 0 0 ×	1	0.07
合计		15	1.00

从表 2-34 可以看出，C 类零部件功能评价系数最高，即最重要，E 类零部件最不重要。

也可采用“04”评分法。具体评分标准如下：

①非常重要的功能得 4 分，另一个相比功能很不重要时得 0 分；

②比较重要的功能得 3 分，另一个相比的功能不太重要时得 1 分；

③两个功能同等重要时，则各得 2 分；

④不大重要的功能得 1 分，另一个相比的功能比较重要时得 3 分；

⑤功能很不重要时得 0 分，另一个相比的功能非常重要时得 4 分。

例如，某产品有 6 个零件，相互间进行功能重要性对比，某一评价人员的评分结果如表 2-35所示。

功能重要性对比表 表 2-35

零件名称	A	B	C	D	E	F	得分	功能评价系数
A	×	4	4	3	3	2	16	0.27
B	0	×	3	2	4	3	12	0.20
C	0	1	×	1	2	3	7	0.12
D	1	2	3	×	3	3	12	0.20
E	1	O	2	1	×	2	6	0.10
F	2	1	1	1	2	×	7	0.12
总分							60	1.00

2. 求成本系数

查找出每个零部件的现实成本（即近期的实际成本），除以全部零部件现实成本之和，得到每个零部件的成本系数。计算公式如下：

$$成本系数=\frac{某一零部件的现实成本}{全部零部件的现实成本} \tag{2-37}$$

设表 2-34 中各零部件的现实成本分别为 100 元、60 元、140 元、25 元和 60 元，则求得它们的成本系数如表 2-36 所示。

价值系数计算表 表 2-36

零部件	功能得分	功能系数	现实成本	成本系数	价值系数
A	4	0.27	100	0.26	1.038
B	3	0.20	60	0.16	1.25
C	5	0.33	140	0.36	0.917
D	2	0.13	25	0.06	2.17
E	1	0.07	60	0.16	0.44
合计	15	1.00	385	1.00	—

3. 求价值系数

零部件功能评价系数同其成本系数之比，称为该零部件的价值系数，即：

$$价值系数=\frac{功能评价系数}{成本系数} \tag{2-38}$$

按式（2-38）求得它们的价值系数如表 2-36 所示。

4. 根据价值系数进行分析

价值系数出现以下三种情况：

第一种，价值系数等于或接近于 1 时，说明零部件功能系数与其成本系数相同或接近，即零部件在功能上所占的比重同其在成本上所占比重是基本匹配的，如上例 A 和 C 零部件，可不作为重点分析对象。

第二种，价值系数小于 1 时，说明零部件在功能上不太重要，而其成本所占比重大，应该降低其成本，如表 2-35 中的 E，这些零部件是重点研究分析的对象。

第三种，价值系数大于 1 时，说明零部件的功能重要，而分配的成本较低，应该检查分析是否有过剩功能，如表 2-35 中的 D，这些零部件是分析的次要对象。

七、方案的创新和实施

经过前面的分析和评价，明确了目标，但这些目标能否圆满地实现，还要看在制订方案阶段能否创造出理想而具体可行的方案，这是一个发挥智慧和才能的阶段，是价值工程活动中的关键环节。

（一）方案的创造

方案创造阶段是价值工程活动进入解决问题的阶段。方案创造是针对价值工程的具体对象，依据已建立的功能系统图和确定的目标成本，通过创造性的思维活动，提出各种不同的实现功能的方案，以供优选之用。方案创造要有创新精神，要集思广益，应优先考虑上位功能和价值低的功能区域，使提出的方案在技术上先进、经济上合理、管理上可行。

（二）方案的评价和选择

方案评价的目的，是从许多设想的方案中根据要求选出最优方案，方案评价可分为概略评价和详细评价。概略评价是对方案进行初步筛选，选出技术上可行，经济上合理，价值较高又可能实现的少数可行方案，作为进一步选择的最优方案的基础。详细评价是对经过改进和试验研究的若干方案，正式提交审查。两种评价都应包括技术评价、经济评价和社会评价三个方面的内容，如图 2-35 所示。

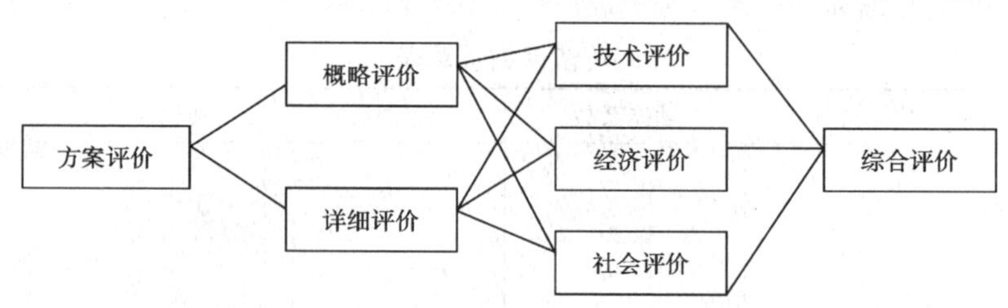

图 2-35　方案评价示意图

1. 技术评价

技术评价是以功能的各种性能是否满足用户的要求以及满足的程度为依据，评价方案在技术上的可能性，满足程度越高，方案的价值越大，这就是技术评价的目的。

2. 经济评价

经济评价主要是围绕方案的经济效益所进行的评价，评价的主要内容是产品的寿命周期费用。但从企业角度来说，主要是产品的制造费用，因为这部分费用是可以控制的。对于产品的经营费用，在评价时应尽可能给予考虑。

3. 社会评价

社会评价就是以顺应国家、社会和人类的生存发展，符合公共道德准则为依据，来评价方案的可行性。社会评价的主要内容有：与国家规划和利益的一致性，与公共道德法律的一致性，对安全卫生、环境保护、生态平衡的影响等。

4. 综合评价

综合评价就是全面考虑方案在技术、经济和社会各方面的可行性，对方案做整体评价。

方案的评价和选择可采用优缺点列举法、直接打分法、加权打分法、技术经济综合系数法等方法。

（三）价值工程活动成果评价

经过方案评价选出的最优方案，作为正式改进方案，在经有关部门审批同意后，并可实施。在方案实施过程中，应该对方案的实施情况进行检查，发现问题及时解决。方案实施完成后，要进行总结评价和验收。

1. 经济效果评价

对价值工程活动的经济评价，可以根据需要，计算方案实施对能源、原材料消耗，劳动生产率、利润等指标的效果。一般应重点计算以下几项：

（1）节约率

$$节约率=\frac{原成本-改进后的成本}{原成本} \tag{2-39}$$

（2）年净节约额

$$年节约总额=VE后单件成本降低额\times年预计销售量 \tag{2-40}$$

$$年净节约额=年节约总额-VE方案实施附加费用 \tag{2-41}$$

（3）节约倍数

$$节约倍数=\frac{年净节约额}{VE活动经费} \tag{2-42}$$

（4）价值工程活动单位时间节约数

$$价值工程单位时间节约数=\frac{全年净节约额}{价值工程活动延续时间经费} \tag{2-43}$$

其中VE活动经费为实施VE方案所需工时（人数×时数）乘VE成员平均小时工资。

除上述各项外，还可以根据需要列出各种项目，进行分析前后的比较，如零件的减少量、减少率，某个功能的成本降低率，按单位能量、功率、重量、容量等计算的经济效益等。

2. 技术成果评价

可以按照规定的技术指标进行评价，如产品质量指标、寿命指标、安全指标等达到的程度。这种评价尽量采用定量评价。

3. 社会效益评价

社会效益评价包括填补国内外科学技术或品种发展的空白；满足国家经济或国防建设的需要；节约贵重稀缺物资；节约能源消耗；降低用户购买成本或其他费用；防止或减少污染公害；增加就业效果和外汇效果等方面的效益。

4. VE工作总结

待全部工作结束之后，要进行总结。总结的内容是预订目标是否如期实现，与国内外同类产品相比还存在什么差距等；同时要对VE活动的计划安排、工作方法、人员组织等方面的优缺点、经验和教训进行总结，以便今后改进。

第五节　工程寿命周期成本分析的内容和方法

一、工程寿命周期成本及其构成

(一)工程寿命周期成本的含义

工程寿命周期是指工程产品从研究开发、设计、建造、使用直到报废所经历的全部时间。在工程寿命周期成本(Life Cycle cost,LCC)中,不仅包括经济意义上的成本,还包括环境成本和社会成本。

1.工程寿命周期经济成本

工程寿命周期经济成本是指工程项目从项目构思到项目建成投入使用直至工程寿命终结全过程所发生的一切可直接体现为资金耗费的投入总和,包括建设成本和使用成本。建设成本是指建筑产品从筹建到竣工验收为止所投入的全部成本费用。使用成本则是指建筑产品在使用过程中发生的各种费用等,包括各种能耗成本、维护成本和管理成本等。从其性质上讲,这种投入可以是资金的直接投入,也包括资源性投入,如人力资源、自然资源等;从其投入时间上讲,可以是一次性投入,如建设成本;也可以是分批、连续投入,如使用成本。

2.工程寿命周期环境成本

根据国际标准化组织环境管理体系(ISO 14000)精神,工程寿命周期环境成本是指工程产品系列在其全寿命周期内对于环境的潜在和显在的不利影响。工程建设对于环境的影响可能是正面的,也可能是负面的,前者体现为某种形式的收益,后者则体现为某种形式的成本。在分析及计算环境成本时,应对环境影响进行分析甄别,剔除不属于成本的系列。在计量环境成本时,由于这种成本并不直接体现为某种货币化数值,必须借助于其他技术手段将环境影响货币化。这是计量环境成本的一个难点。

3.工程寿命周期社会成本

工程寿命周期社会成本是指工程产品在从项目构思、产品建成投入使用直至报废不堪再用全过程中对社会的不利影响。与环境成本一样,工程建设及工程产品对于社会的影响可以是正面的,也可以是负面的。因此,也必须进行甄别,剔除不属于成本的系列。比如,建设某个工程项目可以增加社会就业率,有助于社会安定,这种影响就不应计算为成本。另一方面,如果一个工程项目的建设会增加社会的运行成本,如由于工程建设引起大规模的移民,可能增加社会的不安定因素,这种影响就应计算为社会成本。

在工程寿命周期成本中,环境成本和社会成本都是隐性成本,它们不直接表现为量化成本,而必须借助于其他方法转化为可直接计量的成本,这就使得它们比经济成本更难以计量。但在工程建设及运行的全过程中,这类成本始终是发生的。目前,在我国工程建设实践中,往往只偏重于经济成本的管理,而对于环境成本和社会成本则考虑得较少。这也是我国的成本管理与西方发达国家差距较大的一个地方。在主观上,我们对项目自身的财务效果考虑得多,对环境、社会等的项目外部效果尚不够重视,项目国民经济评价虽然也作外部效果评价,但往往是流于形式;在客观上,由于环境和社会成本难以计量,对其在实践中的地位也有影响。考虑到各种因素,本书仍主要考虑项目寿命周期的经济成本。

(二)工程寿命周期成本的构成

工程寿命周期成本是工程设计、开发、建造、使用、维修和报废等过程中发生的费用,也即该项工程在其确定的寿命周期内或在预定的有效期内所需支付的研究开发费、制造安装费、运行维修费、报废回收费等费用的总和。图2-36为工程项目寿命周期成本构成。

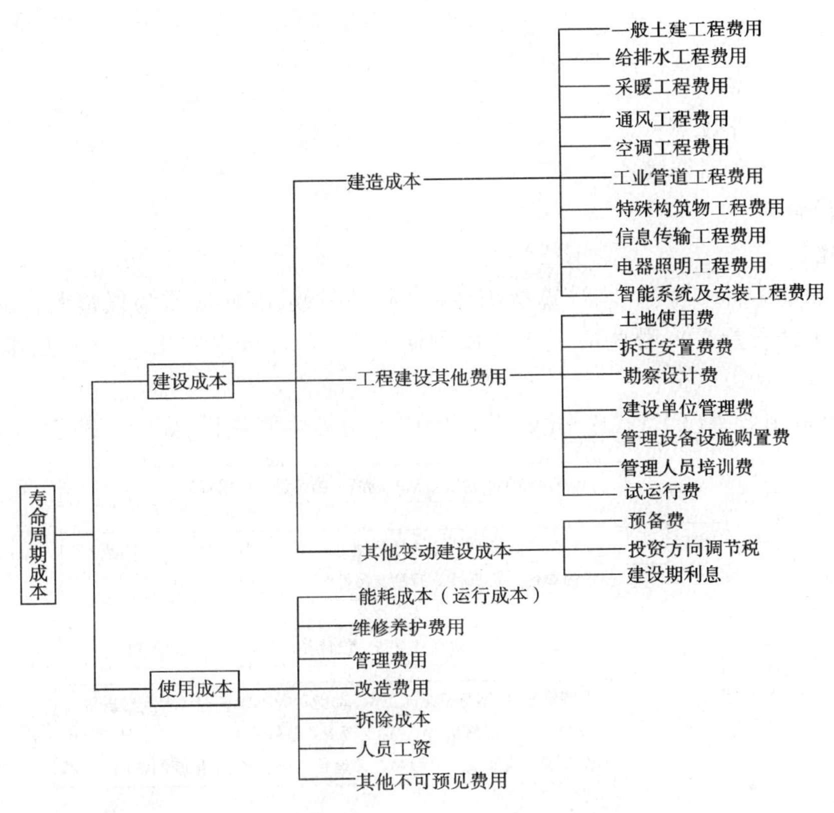

图2-36 寿命周期成本构成体系

二、工程寿命周期成本分析

工程寿命周期成本分析又称为寿命周期成本评价,它是指为了从各可行性方案中筛选出最佳方案以有效的利用稀缺资源,而对项目方案进行系统分析的过程和活动,换言之,寿命周期成本评价是为了使用户所用系统具有经济寿命周期成本,在系统的开发阶段将寿命周期成本作为设计参数,而对系统进行彻底的分析比较后做出决策的方法。

(一)工程寿命周期成本分析方法

在通常情况下,从追求寿命周期成本最低的立场出发,首先是确定寿命周期成本的各要素,将各要素的成本降低到普通水平;其次是将设置费和维持费两者进行权衡,以便确定研究的侧重点,从而使总费用更为经济;第三,再从寿命周期成本和系统效率的关系这个角度进行研究。此外,由于寿命周期成本是在长时期内发生的,对费用发生的时间顺序必须加以掌握。材料费和劳务费用的价格一般都会发生波动,在估算时要对此加以考虑。同时,在寿命周期成本分析中必须考虑资金的时间价值。

常用的寿命周期成本评价方法有费用效率(CE)法,固定效率法和固定费用法、权衡分析法等。

1. 费用效率(CE)法

费用效率(CE)是指工程系统效率(SE)与工程寿命周期成本(LCC)的比值。其计算公式如下:

$$CE=\frac{SE}{LCC}=\frac{SE}{IC+SC} \tag{2-44}$$

式中:CE——费用效率;

SE——工程系统效率;

LCC——工程寿命周期成本;

IC——设置费;

SC——维持费。

投资的目的是多种多样的,当计算费用效率 CE 的时候,哪些应作为投资所得的“成果”记入系统效益 SE(分子要素),哪些应记入寿命周期成本 LCC(分母要素),有时是难以区分的,因此可用以下方式加以区分。

首先,列出费用效率(CE)式中分子、分母所包含的各主要项目,如图 2-37 所示。

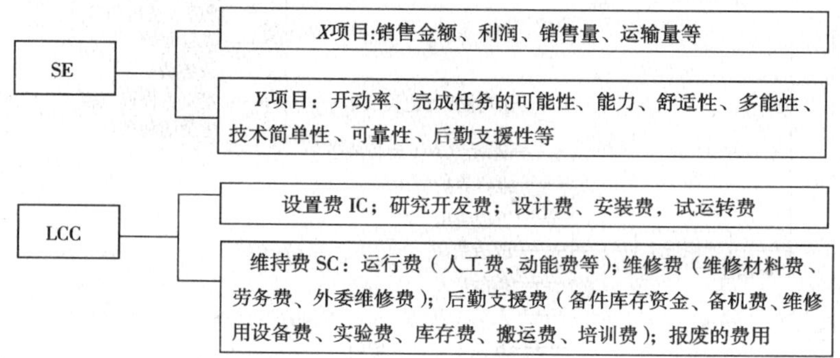

图 2-37 SE 与 LCC 的主要构成

其次,列出投资的目的:增产,维持生产能力,提高质量,稳定质量,降低成本(材料费、劳务费)等,见表 2-37。

投资目的和成果的计算方法 表 2-37

	投 资 目 的	在 CE 式中的所属项目(SE,LC)
A	·增产 ·保持生产能力	·增产所得的增收额列入 X 项 ·防止生产能力下降的部分相当于 Y 项
B	·提高质量 ·稳定质量	·提高质量所得的增收额列入 X 项 提高质量的增收额 = 平均售价提高部分 × 销售量 ·防止质量下降而投入的部分列入 Y 项
C	·降低成本 ·材料费 ·劳务费	·由于节约材料所得的增收额列入 X 项(注意:产品的材料费,节约额不包括在 LCC 的 SC 中,应计入分子 SE 中) ·由于减少劳动量而节省的劳务费应计入分母的 SC 费用科目中,SE 不变

费用效率(CE)公式的分子需根据对象和目的的不同,用不同的量化值来表示。究竟采用何种量化值,有时较难确定。相比之下,分母是系统寿命周期内的总费用,故比较明确。可以

把费用效率(CE)公式看成是单位费用的输出值。因此,CE值愈大愈好。如果CE公式的分子为一定值,则可认为寿命周期成本少者为好。

(1)系统效率

系统效率是投入寿命周期成本后所取得的效果或者说明任务完成到什么程度的指标。如以寿命周期成本为输入,则系统效率为输出。通常,系统的输出为经济效益、价值、效率(效果)等。

由于系统的目的不同,输出系统效率的具体表现方式也有所不同。它可以用完成任务的数量、年平均产量、利用率、可靠性、维修性、后勤支援效率等来表示,也可以用销售额、附加价值、利润、产值等来表示。用来表示系统效率的量化值有很多。如果系统效率(SE)可以由销售额、附加值、利润、销售量中的一项来表示,则在计算上非常方便。当不能用一个综合要素来表示时,就必须取用几个单项要素。

但是,为了求出费用效率,在任何情况下都必须进行定量计算。当系统的寿命很长时,它在寿命周期内的全部输出都要列为计算对象。

(2)寿命周期成本

寿命周期成本为设置费和维持费的合计额,也就是系统在寿命周期内的总费用。对于寿命周期成本的估算,必须尽可能地在系统开发的初期进行。由于在初期阶段还没有做出完整而详尽的设计,所以,在此时进行费用估算并不是一件容易的事情。如果设计进行到了相当的程度,估算费用会比较容易些。但是,即使是达到可以看清楚具体内容的程度,也需要花费相当多的人力和时间进行费用估算。

估算寿命周期成本时,可先粗分为设置费和维持费。至于如何进一步分别对设置费和维持费进行估算,则要根据估算时所处的阶段,以及设计内容的明确程度来决定。

对设置费而言,当掌握了工程的内容之后,则要根据过去的资料按物价上涨率加以修正,折算成现在的价格后方可使用。过去的实际业务资料,专业公司的投标资料和估算书等,都是非常有用的估算资料。

对于维持费的估算,如果存有过去的资料,能够说明在什么条件下支出了什么费用,花费的金额有多少等,则在估算时就方便得多。

费用估算的方法有很多,常用的有:

①费用模型估算法

费用模型是指汇总各项实际资料后用某种统计方法分析求得的数学模型,它是针对所需计算的费用(因变量),运用对其起作用的要因(自变量)经简化归纳而成的数学表达式。

②参数估算法

这种方法在研制设计阶段运用。该方法将系统分解为各个子系统和组成部分,运用过去的资料制定出物理的、性能的、费用的适当参数逐个分别进行估算,将结果累计起来便可求出总估算额。所用的参数有时间、重量、性能、费用等。

③类比估算法

这种方法在开发研究的初期阶段运用。通常在不能采用费用模型法和参数估算法时才采用,但实际上它是应用得最广泛的方法。这种方法是参照过去已有的相似系统或其"部分",作类比后算出估算值。为了更好地进行这种类比,需要有相当的经验和专门知识,而且由于在时间上有过去和将来的差别,还必须考虑通货膨胀和当地的具体情况。

④费用项目分别估算法

进行系统总费用的估算,无论运用哪一种现成的方法,都要充分研究使用的条件,必要时应进行适当的修正。

2. 固定效率法和固定费用法

所谓固定费用法,是将费用值固定下来,然后选出能得到最佳效率的方案。反之,固定效率法是将效率值固定下来,然后选取能达到这个效率而费用最低的方案。

各种方案都可用这两种评价法进行比较。例如,住宅的预算只有一个规定的数额。要根据这个数额的预算选出效果最佳的方案,就可采取固定费用法。又如,要建设一个供水系统,可以在完成供水任务的前提下选取费用最低的方案,这就是固定效率法。根据系统情况的不同,有的只需采用固定费用法或固定效率法即可,有的则需同时运用两种方法。

3. 权衡分析法

权衡分析是对性质完全相反的两个要素作适当的处理,其目的是为了提高总体的经济性。寿命周期成本评价法的重要特点是进行有效的权衡分析。通过有效的权衡分析,可使系统的任务能较好地完成,既保证了系统的性能,又可使有限的资源(人、财、物)得到有效的利用。

在寿命周期成本评价法中,权衡分析的对象包括以下五种情况:①设置费与维持费的权衡分析;②设置费中各项费用的权衡分析;③维持费中各项费用之间的权衡分析;④系统效率和寿命周期成本的权衡分析;⑤从开发到系统设置完成这段时间与设置费的权衡分析。

(二)工程寿命周期成本分析法的局限性

尽管寿命周期成本分析方法得到越来越广泛的应用,但仍存在着局限性。

1. 假定项目方案有确定的寿命周期

寿命周期成本分析考察的时间对象是工程的整个寿命周期,但是在实践中,计算期限的确定往往是很难的。因此,对于项目寿命周期的确定,只有通过假设方法来预测,其合理性和准确性将直接关系到寿命周期成本的准确性。而由于各种原因,工程寿命周期往往可能发生变化。例如,技术的进步或者人们对于工程产品的功能要求发生变化,都可能影响工程寿命周期,这种变化在进行寿命周期成本分析时是无法预见的,这样就可能对其分析效果产生影响。

2. 由于在项目寿命周期早期进行评价,可能会影响评价结果的准确性

工程寿命周期成本分析是工程项目投资决策的一项重要工作,其作用在于辅助决策,因此必须在项目早期进行,否则就失去其意义。这一特点也对其分析评价结果的准确性有所影响。原因在于,工程项目的建设周期和运行周期都较长,影响成本的因素众多,而在项目早期,不可能预见一切变化,从而使寿命成本分析方法的应用具有一定的局限性。

3. 进行工程寿命周期成本分析的高成本使得其未必适用于所有的项目

工程寿命周期成本分析是一项系统工程,涉及因素众多,专业性、技术性强,需要经济、技术、管理、环境、工程造价等方面的专家或者行家来完成这项工作。寿命周期成本分析必须负担较高的成本,这一点也限制了其应用范围,并不是所有的工程建设项目都适宜或者必须进行寿命周期成本分析。

4. 高敏感性使其分析结果的可靠性、有效性受到影响

工程寿命周期成本分析中涉及的参数、指标相当多,而这些指标、参数对于相关因素的敏感性很强;对于政策、法律、金融等宏观环境的变化也相当敏感。一旦其中的某个因素发生变化,寿命周期成本分析的结果就可能不适用或者失去其作为决策依据的作用。

第三章　工 程 财 务

第一节　项目资金筹措与融资

一、项目资本金制度

《国务院关于固定资产投资项目试行资本金制度的通知》(国发[1996]35号)规定,各种经营性固定资产投资项目必须实行资本金制度。所谓投资项目资本金,是指在投资项目总投资中,由投资者认缴的出资额,对投资项目来说属于非债务性资金,项目法人不承担这部分资金的任何利息和债务。投资者可按其出资的比例依法享有所有者权益,也可以转让其出资,但不得以任何方式抽回。

(一)项目资本金制度的实施范围

各种经营性固定资产投资项目,包括国有单位的基本建设、技术改造、房地产项目和集体投资项目,都必须首先落实资本金才能进行建设。主要用财政预算内资金投资建设的公益性项目不实行资本金制度。

实行资本金制度的投资项目,在可行性研究报告中要就资本金筹措情况作出详细说明,包括出资方、出资方式、资本金来源及数额、资本金认缴进度等有关内容。上报可行性研究报告时需附有各出资方承诺出资的文件,以实物、工业产权、非专利技术、土地使用权作价出资的,还需附有资产评估证明等有关材料。

计算资本金基数的总投资,是指投资项目的固定资产投资与铺底流动资金之和。投资项目资金占总投资的比例,根据不同行业和项目的经济效益等因素确定,现行规定如下:

(1)钢铁项目,最低资本金比例为40%。

(2)煤炭、水泥、电解铝、铜冶炼、房地产开发(不含经济适用房)项目,最低资本金比例为35%。

(3)交通运输、邮电、化肥项目,最低资本金比例为25%。

(4)电力、机电、建材、化工、石油加工、有色、轻工、纺织、商贸及其他行业的项目,最低资本金比例为20%。

(5)保障性住房和普通商品住房项目的最低资本金比例为20%,其他房地产开发项目的最低资本金比例为30%。

(6)其他项目的最低资本金比例为20%。

投资项目资本金的具体比例,由项目审批(或核准)单位根据投资项目的经济效益、社会效益、环境效益以及银行贷款意愿和评估意见等情况,在审批可行性研究报告时(或核准项目申请报告时)核定。经国务院批准,对个别情况特殊的国家重点建设项目,可以适当降低资本金比例。

（二）项目资本金来源

项目资本金可以用货币出资，也可以用实物、工业产权、非专利技术、土地使用权、资源开采权作价出资，但除国家对采用高新技术成果有特别规定的外，其比例不得超过投资项目资本金总额的20%。

投资者以货币方式缴的资本金，其资金来源有：

(1)各级人民政府的财政预算内资金、国家批准的各种专项建设基金、经营性基本建设基金回收的本息、土地批租收入、国有企业产权转让收入、地方人民政府按国家有关规定收取的各种规费及其他预算外资金；

(2)国家授权的投资机构及企业法人的所有者权益、企业折旧资金以及投资者按照国家规定从资金市场上筹措的资金；

(3)社会个人合法所有的资金；

(4)国家规定的其他可以用作投资项目资本金的资金。

对某些投资回报率稳定、收益可靠的基础设施、基础产业投资项目，以及经济效益好的竞争性投资项目，经国务院批准，可以试行通过可转换债券或组建股份制公司发行股票方式筹措资本金。

为扶持不发达地区的经济发展，国家主要通过在投资项目资本金中适当增加国家投资比重，在信贷资金中适当增加政策性贷款比重以及适当延长政策性贷款的还款期等措施增强其投融资能力。

二、项目资本金的筹措渠道与方式

筹集项目资金时，应满足下列基本要求：①合理确定资金需要量，力求提高筹资效果；②认真选择资金来源，力求降低资金成本；③适时取得资金，保证资金投放需要；④适当维持自有资金比例，正确安排举债经营。

从总体上看，项目的资金来源可分为投入资金和借入资金，前者形成项目的资本金，后者形成项目的负债。

（一）项目资本金

根据出资方的不同，项目资本金分为国家出资、法人出资、个人出资和外商出资。建设项目可通过政府投资、股东直接投资、发行股票、利用外资直接投资等多种方式来筹集资本金。

1. 政府投资

政府投资资金，包括：各级政府的财政预算内资金、国家批准的各种专项建设基金、统借国外贷款、土地批租收入、地方政府按规定收取的各种费用及其他预算外资金等。政府投资主要用于关系国家安全和市场不能有效配置资源的经济和社会领域。国家根据资金来源、项目性质和调控需要，分别采取直接投资、资本金注入、投资补助、转贷和贷款贴息等方式，并按项目安排政府投资。

2. 股东直接投资

股东直接投资，包括：政府授权投资机构入股资金、国内外企业入股资金、社会团体和个人入股资金以及基金投资公司入股的资金，分别构成国家资本金、法人资本金、个人资本金和外商资本金。

对于既有法人融资项目，股东直接投资表现为扩充既有企业的资本金，包括原有股东增资扩股和吸收新股东投资。对于新设法人融资项目,股东直接投资表现为项目投资者为项目提供资本金。

国家放宽社会资本的投资领域,允许社会资本进入法律、法规未禁入的基础设施、公用事业及其他行业和领域。在吸收股东直接投资时应注意,有些项目不允许国外资本控股,有些项目要求国有资本控股。《外商投资产业指导目录》中明确规定,核电站、铁路干线路网、城市地铁及轻轨等项目,必须由中方控投。

3.发行股票

股票是股份公司发放给股东作为已投资入股的证书和索取股息的凭证,是可作为买卖对象或质押品的有价证券。发行股票融资可以采取公募与私募两种形式。

1)股票的种类

按股东承担风险和享有权益的大小,股票可分为优先股和普通股。

(1)优先股:在公司利润分配方面较普通股有优先权的股份。优先段的股东按一定的比例领取固定股息;企业清算时,能优先得到剩下的可分配给股东的财产。

(2)普通股:在公司利润分配方面享有普通权利的股份。普通股股东除能分得股息外,还可在公司盈利较多时再分享红利。因此,普通股获利水平与公司盈亏息息相关。股票持有人不仅可据此分配股息和获得股票涨价时的利益,且有选举该公司董事、监事的机会,有参与公司管理的权利。股东大会的选举权根据普通股持有额计票。

2)发行股票筹资的优点

(1)以股票筹资是一种有弹性的融资方式。与利息不同,由于股息或红利不需要按期支付,当公司经营不佳或现金短缺时,董事会有权决定不发股息或红利,因而公司融资风险低。

(2)股票无到期日。其投资属永久性投资,公司不需为偿还资金而担心。

(3)发行股票筹集资金可降低公司负债比率,提高公司财务信用,增加公司今后的融资能力。

3)发行股票筹资的缺点

(1)资金成本高。购买股票承担的风险比购买债券高,投资者只有在股票的投资报酬高于债券的利息收入时,才愿意投资于股票。此外,债券利息可在税前扣除,而股息和红利须在税后利润中支付,这样就使股票筹资的资金成本大大高于债券筹资的资金成本。

(2)增发普通股需给新股东投票权和控制权,从而降低原有股东的控制权。

(3)上市公司公开发行股票,必须公开披露信息,接受投资者和社会公众的监督。

4.吸收国外资本直接投资

1)投资方式

吸收国外资本直接投资的方式主要包括与外商合资经营、合作经营、合作开发及外商独资经营等形式,国外资本直接投资方式的特点是:不发生债权债务关系,但要让出一部分管理权,并且要支付一部分利润。

(1)合资经营(股权式经营)。合资经营是外国公司、企业或个人经我国政府批准,同我国的公司在我国境内举办合营企业。合资经营企业由合营各方出资认股组成,各方出资额由双方协商确定,但外方出资不得低于一定比例。合资企业各方的出资方式可以是现金、实物,也可以是工业产权和专有技术,但不能超出其出资额的一定比例,合营各方按照其出资比例对企业实施控制权、分享收益和承担风险。

(2)合作经营(契约式经营)。这种经营方式是一种无股权的契约式经济组织,一般情况下是由中方提供土地、厂房、劳动力,由国外合作方提供资金、技术或设备而共同兴办的企业。合作经营企业的合作双方权利、责任、义务由双方协商并用协议或合同加以规定。

(3)合作开发。主要指对海上石油和其他资源的合作勘探开发,合作方式与合作经营类似。合作勘探开发,双方应按合同规定分享产品或利润。

(4)外资独营。外资独营是由外国投资者独自投资和经营的企业形式。按我国规定,外国投资者可以在经济特区、开发区及其他经我国政府批准的地区开办独资企业,企业的产、供、销由外国投资者自行规定。外资独营企业的一切活动应遵守我国的法律、法规和我国政府的有关规定,并照章纳税。纳税后的利润,可通过中国银行按外汇管理条例汇往国外。

2)注册资本要求

按照现行规定,对于吸收外商直接投资的项目,其注册资本(资本金)的要求如下:

(1)投资总额的300万美元及以下的,其注册资本不得低于投资总额的70%;

(2)投资总额在300万美元以上至1 000万美元(含1 000万美元)的,其注册资本不得低于投资总额的50%,其中投资总额在420万美元以下的,注册资本不得低于210万美元;

(3)投资总额在1 000万美元以上至3 000万美元(含3 000万美元)的,其注册资本不得低于投资总额的40%,其中投资总额在1 250万美元以下的,注册资本不得低于500万美元;

(4)投资总额在3 000万美元以上的,其注册资本不得低于投资总额的三分之一,其中投资总额在3 600万美元以下的,注册资本不得低于1 200万美元。

(二)负债筹资

项目负债筹资一般包括银行贷款、发行债券、设备租赁和借入国外资金等方式。

1. 银行贷款

银行贷款是银行利用信贷资金所发放的投资性贷款。银行贷款因其性质不同可分为政策性银行贷款和商业银行贷款。商业银行贷款是我国建设项目获得短期、中长期贷款的重要渠道,国内商业银行贷款手续简单,成本较低,适用于有偿债能力的建设项目;政策性银行贷款一般期限较长,利率较低,是为配合国家产业政策等的实施,对有关的政策性项目提供的贷款。我国政策性银行有国家开发银行、中国进出口银行和中国农业发展银行。

2. 发行债券

债券是借款单位为筹集资金而发行的一种信用凭证,它证明持券人有权按期取得固定利息并到期收回本金。我国发行的债券又分为国家债券、地方政府债券、企业债券和金融债券等,其中作为项目资金筹资渠道的主要是企业债券。

目前,我国企业债券的发行需纳入国家信贷计划;申请发行企业债券必须经过严格的审核,只有实力强,资信好的企业才有可能被批准发行企业债券,还必须有实力很强的第三方提供担保。

(1)债券筹资的优点

①支出固定。不论企业将来盈利如何,它只需付给持券人固定的债券利息。

②企业控制权不变。债券持有者无权参与企业管理,因此,公司原有投资者控制权不因发行债券而受到影响。

③少纳所得税。合理的债券利息可计入成本,实际上等于政府为企业负担了部分债券利息。

④可以提高自有资金利润率。如果企业投资报酬率大于利息率，由于财务杠杆的作用，发行债券可提高股东投资报酬率。

(2)债券筹资的缺点

①固定利息支出会使企业承受一定的风险。特别是在企业盈利波动较大时，按期偿还本息较为困难。

②发行债券会提高企业负债比率，增加企业风险，降低企业的财务信誉。

③债券合约的条款，常常对企业的经营管理有较多的限制，如限制企业在偿还期内再向别人借款、未按时支付到期债券利息不得发行新债券、限制分发股息等，因此，企业发行债券在一定程度上约束了企业从外部筹资的扩展能力。

一般来说，当企业预测未来市场销售情况良好、盈利稳定、预计未来物价上涨较快，企业负债比率不高时，可以考虑以发行债券的方式进行筹资。

3. 设备租赁

设备租赁是指出租人和承租人之间订立契约，由出租人应承租人的要求购买其所需的设备，在一定时期内供其使用，并按期收取租金。租赁期间设备的产权属出租人，承租人只有使用权，且不得中途解约。期满后，承租人可以从以下的处理方法中选择：将所租设备退还出租人、延长租期、作价购进所租设备、要求出租人更新设备，另订租约。

设备租赁的方式可分为：融资租赁、经营租赁和服务出租等方式。

(1)融资租赁。融资租赁是设备租赁的重要形式，它将贷款、贸易与出租三者有机地结合在一起。其出租过程为：先由承租人选定制造厂家，并就设备的型号、技术、价格、交货期等与制造厂家商定；再与租赁公司就租金、租期、租金支付方式等达成协议，签订租赁合同；然后由租赁公司通过向银行借款等方式筹措资金，按照承租人与制造厂家商定的条件将设备买下；最后根据合同出租给承租人。融资租赁是一种融资与融物相结合的筹资方式，有利于及时引进设备，加速技术改造。但融资租赁的成本相对较高。

(2)经营出租。出租人将自己经营的出租设备进行反复出租，直至设备报废或淘汰为止的租赁业务。

(3)服务出租。主要用于车辆的租赁，即租赁公司向用户出租车辆时，还提供保养、维修、检车、事故处理等业务。

4. 借用国外资金

借用国外资金大致可分为以下几种途径：

1)外国政府贷款

这种贷款的特点是利率较低(年利率一般为2%～4%)，期限较长(一般为20～30年，最长可达50年)，但数额有限。因此，这种贷款比较适合用于建设周期长、金额较大的工程建设项目，如发电站、港口、铁路及能源开发等项目。目前，我国可利用的外国政府贷款主要有：日本国际协力银行贷款、日本能源贷款、美国国际开发署贷款、加拿大国际开发署贷款，以及德国、法国等政府的贷款。外国政府贷款一般以混合贷款方式提供，即在贷款总额中，政府贷款一般占1/3，其余2/3为出口信贷。此外，贷款一般都限定用途，如用于支付从贷款国进口设备，或用于某类项目建设。

2)国际金融组织贷款

目前与我国关系最为密切的国际金融组织是国际货币基金组织、世界银行和亚洲开发银行。

(1)国际货币基金组织贷款。只限于成员国财政和金融当局,不与任何企业发生业务,贷款用途限于弥补国际收支逆差或用于经常项目的国际支付,期限为1~5年。

(2)世界银行贷款。世界银行贷款具有以下特点:

①贷款期限较长。一般为20年左右,最长可达30年,宽限期为5年。

②贷款利率实行浮动利率,随金融市场利率的变化定期调整,但一般低于市场利率。对已订立贷款契约而未使用的部分,要按年征收0.75%的承诺费。

③世界银行通常对其资助的项目只提供货物和服务所需要的外汇部分,约占项目总额的30%~40%,个别项目可达50%。但在某些特殊情况下,世界银行也提供建设项目所需要的部分国内费用。

④贷款程序严密,审批时间较长。借款国从提出项目到最终同世界银行签订贷款协议获得资金,一般要一年半到两年时间。

(3)亚洲开发银行贷款。亚洲开发银行贷款分为硬贷款、软贷款和赠款。硬贷款是由亚洲开发银行普通资金提供的贷款,贷款的期限为10~30年,含2~7年的宽限期,贷款的利率为浮动利率,每年调整一次。软贷款又称优惠利率贷款,是由亚洲开发银行开发基金提供的贷款,贷款的期限为40年,含10年的宽限期,不收利息,仅收1%的手续费,此种贷款只提供还款能力有限的发展中国家。赠款资金由技术援助特别基金提供。

3)国外商业银行贷款

这种贷款包括国外开发银行、投资银行、长期信用银行以及开发金融公司对我国提供的贷款。建设项目投资贷款主要是向国外银行筹措中长期资金,一般通过中国银行、国际信托投资公司办理。这种贷款的特点是可以较快筹集大额资金,借得资金可由借款人自由支配,但利息和费用负担较重。

4)在国外金融市场上发行债券

债券的偿付期限较长,一般在七年以上;发行金额一次在1亿美元以上,筹得的款项可以自由运用。但债券发行手续比较烦琐,且发行费用较高,同时还要求发行人有较高的信誉,精通国际金融业务。由此可见,这种筹资方式适用于资金运用要求自由,投资回报率较高的项目。

5)吸收外国银行、企业和个人存款

吸收国外的存款主要是通过我国的金融机构,特别是设在经济特区、开发区和海外的金融机构,广泛吸收包括私人客户外汇存款、同业银行存款、企业外汇存款在内的各类外汇存款。这类存款的特点是分散、流动性大,但成本低、风险小。若安排得当,不失为利用外资的一种好方式。

6)利用出口信贷

出口信贷是西方国家政府为了鼓励资本和商品输出而设置的专门信贷。这种贷款的特点是利息率较低,期限一般为10~15年,借方所借款项只能用于购买出口信贷国的设备。出口信贷可根据贷款对象的不同分为买方信贷与卖方信贷。买方信贷是指发放出口信贷的银行将贷款直接贷给国外进口者(即买方);卖方信贷是指发放出口信贷的银行将资金贷给本国的出口者(即卖方),以便卖方将产品赊卖给国外进口者(即买方),而不致发生资金周转困难。利用出口信贷方式获得贷款的使用条件是购买贷款国的设备。出口信贷利率通常要低于国际上商业银行的贷款利率,但需要支付一定的附加费用(管理费、承诺费、信贷保险费等)。

第二节　项目资金成本与融资方式

一、资金成本的概念

(一)资金成本及其组成

资金成本是指企业为筹集和使用资金而付出的代价。广义地讲,企业筹集和使用任何资金,不论是短期的还是长期的,都要付出代价。狭义的资金成本仅指筹集和使用长期资金(包括自有资金和借入长期资金)的成本。由于长期资金也被称为资本,所以,长期资金的成本也可称为资本成本。在这里所说的资金成本主要是指资本成本。资金成本一般包括资金筹集成本和资金使用成本两部分。

(1)资金筹集成本。资金筹集成本是指在资金筹措过程中支付的各项费用,如发行股票或债券支付的印刷费、发行手续费、律师费、资信评估费、公证费、担保费、广告费等。资金筹集成本一般属于一次性费用,筹资次数越多,资金筹集成本也就越大。

(2)资金使用成本。资金使用成本又称资金的占用费,是指占用资金而支付的费用,它主要包括支付给股东的各种股息和红利、向债权人支付的贷款利息以及支付给其他债权人的各种利息费用等。资金使用成本一般与所筹集资金的多少以及使用时间的长短有关,具有经常性、定期性的特征,是资金成本的主要内容。

资金筹集成本与资金使用成本是有区别的,前者是在筹措资金时一次性支付的,在使用资金过程中不再发生,因此可作为筹资金额一项扣除,而后者是在资金使用过程中多次、定期发生的。

(二)资金成本的性质

资金成本是在商品经济社会中由于资金所有权与资金使用权相分离而产生的。

(1)资金成本是资金使用者向资金所有者和中介机构支付的占用费和筹资费,作为资金的所有者,它决不会将资金无偿让渡给资金使用者去使用;而作为资金的使用者,也不能无偿地占用他人的资金。因此,企业筹集资金以后,暂时地取得了这些资金的使用价值,就要为资金所有者暂时地丧失其使用价值而付出代价,即承担资金成本。

(2)资金成本与资金的时间价值既有联系,又有区别。资金的时间价值反映了资金随着其运动时间的不断延续而不断增值,是一种时间函数,而资金成本除了可以看作是时间函数外,还表现为资金占用额的函数。

(3)资金成本具有一般产品成本的基本属性。资金成本是企业的耗费,企业要为占用资金而付出代价、支付费用,而且这些代价或费用最终也要作为收益的扣除额来得到补偿。但是资金成本中只有一部分具有产品成本的性质,即这一部分耗费计入产品成本,而另一部分作为利润的分配,不能列入产品成本。

(三)资金成本的作用

资金成本是企业财务管理的一个重要概念,国际上将其列为一项"财务标准"。企业都希望以最小的资金成本获取所需的资金数额,分析资金成本有助于企业选择筹资方案,确定筹资结构以及最大限度地提高筹资的效益。资金成本主要有以下几点作用。

(1)资金成本是选择资金来源、筹资方式的重要依据企业筹集资金的方式多种多样,如发行股票、债券、银行贷款等。不同的筹资方式,其个别的资金成本也不尽相同。资金成本的高低可以作为比较各种筹资方式优缺点的一项依据,从而挑选最小的资金成本作为选择筹资方式的重要依据。但是,不能把资金成本作为选择筹资的唯一依据。

(2)资金成本是企业进行资金结构决策的基本依据

企业的资金结构一般是由借入资金与自有资金组合而成,这种组合有多种方案,如何寻求两者之间的最佳组合,一般可通过计算综合资金成本作为企业决策的依据。因此,综合资金成本的高低是评价各个筹资组合方案,作为资金结构决策的基本依据。

(3)资金成本是比较追加筹资方案的重要依据

企业为了扩大生产经营规模,增加所需资金,往往以边际资金成本作为依据。

(4)资金成本是评价各种投资项目是否可行的一个重要尺度

在评价投资方案是否可行的标准上,一般是以项目本身的投资收益率与其资金成本进行比较,如果投资项目的预期投资收益率高于其资金成本,则是可行的;反之,如果预期投资收益率低于其资金成本,则是不可行的。

(5)资金成本也是衡量企业整个经营业绩的一项重要标准

资金成本是企业从事生产经营活动必须挣得的最低收益率。企业无论以什么方式取得的资金,都要实现这一最低收益率,才能补偿企业因筹资而支付的所有费用。如果将企业的实际资金成本与相应的利润率进行比较,可以评价企业的经营业绩。若利润率高于资金成本,可以认为经营良好;反之,企业经营欠佳,应该加强和改善生产经营管理,进一步提高经济效益。

二、资金成本的计算

1. 资金成本计算的一般形式

资金成本可用绝对数表示,也可用相对数表示。为便于分析比较,资金成本一般用相对数表示,称之为资金成本率。其一般计算公式为:

$$K=\frac{D}{P-F}$$

或

$$K=\frac{D}{P(1-f)} \tag{3-1}$$

式中:K——资金成本率(一般通称为资金成本);

D——使用费;

P——筹集资金总额;

F——筹资费;

f——筹资费费率(即筹资费占筹集资金总额的比率)。

资金成本是选择资金来源、拟定筹资方案的主要依据,也是评价投资项目可行性的主要经济指标。

2. 各种资金来源的资金成本

1)权益融资成本

(1)优先股成本

公司发行优先股股票筹资,需支付的筹资费有注册费、代销费等,其股息也要定期支付,但它是公司用税后利润来支付的,不会减少公司应上缴的印得税。优先股资金成本率可按下式计算:

$$K_P = \frac{D_0 \cdot i}{P_0(1-f)} = \frac{i}{1-f}$$

或

$$K_P = \frac{D_0 \cdot i}{P_0(1-f)} = \frac{i}{1-f} \quad (3\text{-}2)$$

式中:K_P——优先股成本率;

D_0——优先股每年股息;

P_0——优先股票面值;

i——股息率。

【例 3-1】　某公司发行优先股股票,票面额按正常市价计算为 200 万元,筹资费费率为 4%,股息年利率为 14%,则其资金成本率为:

$$K_P = \frac{200 \times 14\%}{200 \times (1-4\%)} = \frac{14\%}{1-4\%} = 14.58\%$$

(2)普通股成本。确定普通股资金成本的方法有股利增长模型法和资本资产定价模型法。

①股利增长模型法。普通股的股利往往不是固定的,通常有逐年上升的趋势。如果假定每年股利增长率为 g,第一年的股利为 D_1,则第二年为 $D_1(1+g)$,第三年为 $D_1(1+g)^2$,…,第 n 年为 $D_1(1+g)^{n-1}$。因此,计算普通股成本率的公式为:

$$K_C = \frac{D_P}{P_0(1-f)} + g = \frac{i}{1-f} + g \quad (3\text{-}3)$$

式中:K_C——普通股成本率;

D_P——每年固定股利总额;

P_0——普通股票总面值或市场发行总额;

i——固定股利率。

【例 3-2】　某公司发行普通股正常市价为 56 元,估计年增长率为 12%,第一年预计发放股利 2 元,筹资费用率为股票市价的 10%,则新发行普通股的成本为:

$$K_C = \frac{2}{56 \times (1-10\%)} + 12\% = 15.97\%$$

②税前债务成本加风险溢价法。这种方法是以债务资金成本为基数计算普通股成本的方法,由于股东承担的风险超过债权人所承担的风险,因此,会在债务资金成本的基础上要求更多的预期回报。在这种前提下,普通股资金成本的计算公式为:

$$K_S = K_b + RP_c \quad (3\text{-}4)$$

式中:K_b——所得税的债务资金成本;

RP_c——投资者比债务人承担更大风险所要求的风险溢价。

③资本资产定价模型法。这是一种根据投资者对股票的期望收益来确定资金成本的方法。在这种前提下,普通股成本的计算公式为:

$$K_S = R_f + \beta(R_m - R_f) \tag{3-5}$$

式中：R_f——社会无风险投资收益率；

β——股票的投资风险系数；

R_m——市场投资组合预期收益率。

【例3-3】 某期间市场无风险报酬率为10%，平均风险股票必要报酬率为14%，某公司普通股β值为1.2。留存收益的成本为：

$$K_S = 10\% + 1.2(14\% - 10\%) = 14.8\%$$

(3)保留盈余成本。保留盈余又称为留存收益，其所有权属于股东，是企业资金的一种重要来源。企业保留盈余，等于股东对企业进行追加投资。股东对这部分投资与以前缴给企业的股本一样，也要求有一定的报酬，所以，保留盈余也有资金成本。它的资金成本是股东失去向外投资的机会成本，股与普通股成本的计算基本相同，只是不考虑筹资费用。其计算公式为：

$$K_R = \frac{D_c}{P_c} + g = i + g \tag{3-6}$$

式中：K_R——保留盈余成本率。

2)负债融资成本

(1)债券成本。企业发行债券后，所支付的债券利息列入企业的费用开支，因而使企业少缴一部分所得税，两者抵消后，实际上企业支付的债券利息仅为：债券利息×(1－所得税税率)。因此，债券成本率可以按下式计算：

$$K_B = \frac{I_t(1 - T)}{B(1 - f)}$$

或

$$K_B = i_b \cdot \frac{1 - T}{1 - f} \tag{3-7}$$

式中：K_B——债券成本率；

B——债券筹资额；

I_t——债券年利息；

i_b——债券年利息利率；

T——公司所得税税率。

【例3-4】 某公司发行总面额为500万元的10年期债券，票面利率为12%，发行费用率为5%，公司所得税税率为25%。该债券的成本为：

$$K_B = \frac{500 \times 12\% \times (1 - 25\%)}{500 \times (1 - 5\%)} = 9.47\%$$

若债券溢价或折价发行，为更精确地计算资金成本，应以实际发行价格作为债券筹资额。

【例3-5】 假定上述公司发行面额为500万元的10年期债券，票面利率为12%，发行费用率为5%，发行价格为600万元，公司所得税率为25%。则该债券成本为：

$$K_B = \frac{500 \times 12\% \times (1 - 25\%)}{600 \times (1 - 5\%)} = 7.89\%$$

(2)银行借款成本。向银行借款，企业所支付的利息和费用一般可作企业的费用开支，相应减少部分利润，会使企业少缴一部分所得税，因而使企业的实际支出相应减少。

对每年年末支付利息、贷款期末一次全部还本的借款,其借款成本率为:

$$K_g = \frac{I_t(1-T)}{G-F} = i_g\frac{1-T}{1-f} \tag{3-8}$$

式中:K_g——借款成本率;

G——贷款总额;

I_t——贷款年利息;

i_g——贷款年利率;

F——贷款费用;

其余符号含义同前。

(3)租赁成本。企业租入某项资产,获得其使用权,要定期支付租金,并且租金列入企业成本,可以减少应付所得税。因此,其租金成本率为:

$$K_L = \frac{E}{P_L}(1-T) \tag{3-9}$$

式中:K_L——租赁成本率;

P_L——租赁资产价值;

E——年租金额;

其余符号含义同前。

(4)考虑时间价值的负债融资成本计算。上述负债融资成本计算公式假设各期所支付的利息是相同的,并且没有考虑不同时期所支付利息的时间价值,同时也没有考虑还本付息的方式。如综合考虑这些因素,负债融资成本的表达式为:

$$P_0(1-f) = \sum_{i=1}^{n}\frac{P_t + I_t(1-T)}{(1-K_d)^t} \tag{3-10}$$

式中:P_0——债券发行额或长期借款金额,即债务现值;

f——债务资金筹资费用率;

I_t——约定的第 t 期末支付的债务利息;

P_t——约定的第 t 期末偿还的债务本金;

K_d——所得税后债务资金成本;

n——债务期限,通常以年表示。

式(3-10)中,等号左边是债务人的实际现金流入;等号右边为债务引起的未来现金流出的现值总额。使用该公式时,应根据项目具体情况确定债务年限内各年的利息是否应乘以$(1-T)$,如:在项目的建设期内不应乘以$(1-T)$,在项目运营期内的所得税免征年份也不应乘以$(1-T)$。

3)加权平均资金成本

企业不可能只使用某种单一的筹资方式,往往需要通过多种方式筹集所需资金。为进行筹资决策,就要计算确定企业长期资金的总成本——加权平均资金成本。加权平均资金成本一般是以各种资本占全部资本的比重为权重,对各类资金成本进行加权平均确定的。其计算公式如下:

$$K_W = \sum_{i=1}^{n} w_i K_i \tag{3-11}$$

【例 3-6】 某公司账面反映的长期资金共 500 万元,其中长期借款 100 万元,应付长期债券 50 万元,普通股 250 万元,保留盈余 100 万元,其资金成本分别为 6.7%,9.17%,11.26%,

11%。该企业的加权平均资金成本为：

$$6.7\% \times \frac{100}{500} + 9.17\% \times \frac{50}{500} + 11.26\% \frac{250}{500} + 11\% \times \frac{100}{500} = 10.09\%$$

上述计算中的个别资金成本的比重，是按账面价值确定的，其资料容易取得。但当资本的账面价值与市场价值差别较大时，如股票、债券的市场价格发生较大变动，计算结果会与实际有较大的差距，从而贻误筹资决策。为了克服这一缺陷，个别资金成本的比重确定还可以按市场价值或目标价值确定。

三、资本结构与风险

资本结构是指企业各种资本的价值构成及其比例。广义的资本结构是指企业全部资本价值的构成及其比例关系。狭义的资本结构是指企业各种长期资本价值的构成及其比例关系，尤其是指长期的股权资本与债权资本的构成及其比例关系。

最佳的筹资方案是指既使企业达到最佳资本结构、筹资成本最低，又使企业所面临的筹资风险最小的筹资方案。因此，在进行筹资决策时，应同时考虑到资金成本与筹资风险对项目的影响。

1. 资本结构与风险

(1)融资的每股收益分析

资本结构是否合理，通常需要分析每股收益的变化来衡量，能提高每股收益的资本结构是合理的；反之则不够合理。每股收益的高低不仅受资本结构的影响，还受到销售水平的影响。可运用融资的每股收益分析方法分析三者的关系。

每股收益分析是利用每股收益的无差别点进行的。所谓每股收益的无差别点，是指每股收益不受融资方式影响的销售水平。根据每股收益无差别点，可以分析判断不同销售水平下适用的资本结构。每股收益 EPS 的计算式如下：

$$\text{EPS} = \frac{(S - \text{VC} - F - I)(1 - T)}{N} = \frac{(\text{EBIT} - I)(1 - T)}{N} \tag{3-12}$$

式中：S——销售额；

VC——变动成本；

F——固定成本；

I——债务利息；

N——流通在外的普通股股数；

EBIT——息税前盈余。

在每股收益无差别点上，无论是采用负债融资，还是采用权益融资，每股收益都是相等的。若以 EPS_1 表示负债融资，以 EPS_2 表示权益融资，有：

$$\text{EPS}_1 = \text{EPS}_2$$

$$\frac{(S_1 - \text{VC}_1 - F_1 - I_1)(1 - T)}{N_1} = \frac{(S_2 - \text{VC}_2 - F_2 - I_2)(1 - T)}{N_2} \tag{3-13}$$

在每股收益无差别点上，$S_1 = S_2$，则：

$$\frac{(S - \text{VC}_1 - F_1 - I_1)(1 - T)}{N_1} = \frac{(S - \text{VC}_2 - F_2 - I_2)(1 - T)}{N_2} \tag{3-14}$$

能使得上述公式成立的销售额 S 即为每股收益无差别点销售额。

【例 3-7】 某公司原有资本 700 万无，其中债务资本 200 万元（每年负担利息 24 万元），普通股资本 500 万元（发行普通股 10 万股，每股面值 50 元）。由于扩大业务，需追加筹资 3000 万元，其筹资方式有两种：

方式一：是全部发行普通股：增发 6 万股，每股面值 50 元。

方式二：是全部筹借长期债务：债务利率仍为 12%，利息 36 万元 。

公司的变动成本率为 60%，固定成本为 180 万元，所得税率为 25%。

将上述资料中的有关数据代入条件公式：

$$\frac{(S-0.6S-180-24)\times(1-25\%)}{10+6}=\frac{(S-0.6S-180-24-36)(1-25\%)}{10}$$

$$S=750(\text{万元})$$

此时的每股收益额为：

$$\frac{(750-0.6\times750-180-24)\times(1-25\%)}{10+6}=4.5(\text{元})$$

上述每股收益无差别分析，如图 3-1 所示。

从图 3-1 中可以看出，当销售额高于 750 万元（每股收益无差别点的销售额）时，运用负债筹资可获得较高的每股收益；当销售额低于 750 万元时，运用权益筹资可获得较高的每股收益。

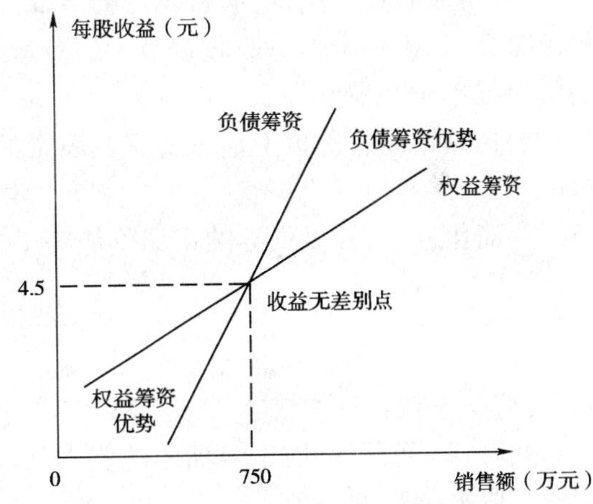

图 3-1　每股收益与销售额变动图

(2)负债比率分析

假如企业有负债，须按期还本付息，但由于企业资金利润率不确定，导致其资金利润率可能高于或低于借款利息率，从而造成企业自有资金利润率的升高或降低，使企业自有资金的风险增加。这种因借款而增加的风险，即资金筹集决策而产生的风险，称为筹资风险。

借入资金后，企业的自有资金利润率可按下式计算：

$$i=[i_j+i_j-i_0\cdot r](1-T) \tag{3-15}$$

式中：i——自有资金利润率（税后利润与自有资金之比）；

i_j——息前税前资金利润率（支付利息和缴纳所得税以前的利润与资金总额之比）；

i_0——借入资金利息率；

r——负债比例（借入资金与自有资金之比）。

从上式可以看出，如果企业的息前税前资金利润率越高，借入资金利息率越低，负债比率越大，则企业自有资金利润率就越高。

利用借入资金提高自有资金利润率，是一种有效的财务手段。人们通常把借入资金的影响称为财务杠杆，其含义为自有资金收益率随息前税前盈余变动而变动的程度。用下式表示：

$$\text{DFL}=\frac{\Delta\text{RCL}/\text{RCL}}{\Delta\text{EBIT}/\text{EBIT}}$$

或

$$\text{DFL}=\frac{\text{EBIT}}{\text{EBIT}-I} \tag{3-16}$$

式中：DFL——财务杠杆系数；

RCL——自有资金收益率；

EBIT——息前税前盈余；

I——借入资金的利息。

上述公式说明，在息前税前盈余相同的情况下，负债比率越高，财务杠杆系数越大，筹资风险越大；若企业整体资金利润率大于利息率，企业的自有资金收益率也就越大。

在进行筹资决策时，企业可通过合理安排资本结构，适度负债，使财务杠杆利益抵消风险增大带来的不利影响。

(3)最佳资本结构。以上用每股收益的高低作为衡量标准对筹资方式进行的选择，其缺陷在于没有考虑风险因素。从根本上讲，财务管理的目标在于追求公司价值的最大化或股价最大化。然而只有在风险不变的情况下，每股收益的增长才会直接导致股价的上升，实际上经常是随着每股收益的增长，风险也加大。如果每股收益的增长不足以补偿风险增加所需的报酬，尽管每股收益的增加，股价仍然会下降。所以，公司的最佳资本结构应当是可使公司的总价值最高，而不一定是每股收益最大的资本结构。同时，公司总价值最大的资本结构下，公司的资金成本也是最低的。

公司的市场总价值 V 应该等于其股票的总价值 S 加上债券的价值 B，即：

$$V = S + B \tag{3-17}$$

为简化起见，假设债券的市场价值等于它的面值。股票的市场价值则可用下式计算：

$$S = \frac{(\text{EBIT} - I)(1 - T)}{K_S} \tag{3-18}$$

式中：K_S——权益资本成本。

此时，K_S 可采用式(3-5)所示的资本资产定价模型计算。公司的资金成本，则应用加权平均资金成本(K_w)来计算：

$$K_w = K_B\left(\frac{B}{V}\right)(1 - T) + K_S\left(\frac{S}{V}\right) \tag{3-19}$$

式中：K_B——税前的债务资本成本。

【例3-8】 某公司年息税前盈余为500万元，资金全部由普通股成本组成，股票账面价值2 000万元，公司所提税率25%。该公司认为目前的资本结构不合理，准备有用发行债券购回部分股票的办法予以调整。经咨询调查，目前的债务利率和权益资本的成本情况见表3-1。

不同债务水平对公司债务资本成本和权益资本成本的影响 表3-1

债务的市场价值 B（百万元）	税前债务资本成本 K_B	股票 β 值	无风险报酬率 R_F	平均风险股票必要报酬 R_M	权益资本成本 K_S
0	—	1.20	10%	14%	14.8%
2	10%	1.25	10%	14%	15.0%
4	10%	1.30	10%	14%	15.2%
6	12%	1.40	10%	14%	15.6%
8	14%	1.55	10%	14%	16.2%
10	16%	2.10	10%	14%	18.4%

根据表 3-1 的资料，运用式(3-17)～式(3-19)即可计算出承担不同金额的债务时公司的价值和资金成本(表 3-2)。

公司市场价值和资本成本

表 3-2

债券的市场价值 B（百万元）	股票的市场价值 S（百万元）	公司的市场价值（百万元）	税前债务资本成本 K_B	权益资本 K_S	加权平均资本成本 K_w
0	25.34	25.34	–	14.8%	14.80%
2	24.00	26.00	10%	15%	14.42%
4	22.70	26.70	10%	15.2%	14.05%
6	20.58	26.58	12%	15.6%	14.11%
8	17.96	25.96	14%	16.2%	14.44%
10	13.86	23.86	16%	18.4%	15.72%

从表 3-2 中可以看出，在没有债务的情况下，公司的总价值就是其原有股票的市场价值。当公司用债务资本部分地替换权益资本时，一开始公司总价值上升，加权平均资金成本下降；当债务达到 400 万元时，公司总价值最高，加权平均资金成本最低；债务超过 400 万元后，公司总价值下降，加权平均资金成本上升。因此，债务为 400 万元时的资本结构是该公司的最佳资本结构。

2. 经营风险和财务风险

(1)经营风险。经营风险指企业因经营原因而导致利润变动的风险。影响企业经营风险的因素很多，主要有：产品需求、产品售价、产品成本、调整价格的能力、固定成本的比重。在上述影响素中，固定成本比重的影响非常重要。在企业全部成本中，固定成本所占比重较大时，单位产品分摊的固定本额就多。若产品量发生变动，单位产品分摊的固定成本会随之变动，最后导致利润更大幅度地变动，经营风险就大；反之，经营风险就小。

(2)财务风险。财务风险是指全部资本中债务资本率变化带来的风险。当债务资本比率较高时，投资者将负担较多的债务成本，并经受较多的负债作用所引起的收益变动的冲击，从而加大财务风险；反之，当债务资本比率较低时，财务风险就小。

四、项目融资

(一)项目融资的特点和程序

1. 项目融资及其特点

融资指为项目投资而实行的资金筹措行为。从广义上理解，所有的筹资行为都是融资，包括前已述及的各种方式。但从狭义上理解，项目融资是指以项目的资产、收益作抵押来融资。

与传统的贷款方式相比，项目融资具有以下特点：

(1)项目导向。资金来源主要依赖于项目的现金流量而不是依赖于项目的投资者或发起人的资信。贷款银行在项目融资中的注意力主要放在项目贷款期间能够产生多少现金流量用于还款，贷款的数量、融资成本的高低以及融资结构的设计都是与项目的预期现金流量和资产价值直接联系在一起的。

(2)有限追索。追索是指在借款人未按期偿还债务时，贷款人要求借款人用除抵押财产之外的其他资产偿还债务的权利。在某种意义上说，贷款人对项目借款人的追索形式和程度是区分狭义项目融资与广义资金筹措的重要标志。作为有限追索的项目融资，贷款人可以在贷款的某个特定阶段对项目借款人实行追索，或者在一个规定的范围内对项目借款人除该项目借款人实行追索。除此之外，无论项目出现任何问题，贷款人均不能追索到项目借款人除该项目资产、现金流量以及所承担的义务之外的任何形式的资产。

(3)风险共担。为实现项目融资的有限追索，对于与项目有关的各种风险要素，需要以某种形式在项目投资者(借款人)、与项目开发有直接或间接利益关系的其他参与者和贷款人之间进行分担。项目主办人通过融资，将原来应由自己承担的还债义务，部分地转移到该项目身上，也就是将原来由借款人承担的风险部分地转移贷款人，由借贷双方共担项目风险。

(4)非公司负债型融资。亦称资产负债表之外的融资，是指项目的债务不表现在项目投资者(即实际贷款人)的公司资产负债表中的融资形式。根据项目融资风险分担的原则，贷款人对于项目的债务追索权主要被限制在项目公司的资产和现金流量上，借款人所承担的是有限责任，因而有条件使融资被这排为一种不需要进入借款人资产负债表的贷款形式。

(5)信用结构多样化。在项目融资中，用于支持贷款的信用结构、融资结构、资金结构和信用保证结构。

①项目的投资结构。即项目的资产所有权结构，是指项目的投资者对项目资产权益的法律援助形式和项目投资者之间的法律合作关系。采用不同的项目投资结构，投资者对其资产的拥有形式，对项目产品、项目现金流量的控制程度，以及投资者在项目中的所承担的债务责任和所涉及的税务结构都会有很大的差异。

②项目的融资结构。项目的资金结构设计用于确定项目融资的核心部分。一旦项目的投资者在确定投资结构问题上达成一致意见之后，接下来的重要工作就是要设计和选择合适的融资结构以实现投资者在融资方面的目标要求。这是设计项目的融资者所聘融资顾问(通常由投资银行担任)的重点工作之一。

③项目的资金结构。项目的资金结构设计用于决定在项目中股本资金、准股本资金和债务资金的形式、相互之间比例关系以及相应的来源。资金结构是由投资结构和融资结构决定的，但反过来又会影响整体项目融资结构的设计。针对同一个项目，选择不同的融资结构和资金结构，最终所收到的结果可能会有相当大的差别，项目融资重点解决的是项目的债务资金问题，然而，在整个结构中也需要适当形式的股本资金和准股本资金作为结构的信用支持。

④项目的信用保证结构。对于银行和其他债权人而言，项目融资的安全性来自两个方面。一方面来自项目本身的经济强度；另一方面来自项目之外的各种直接或间接的担保。这些担保可以是由项目的投资者提供的，也可以是由与项目有直接或间接利益关系的其他方面提供的。这些担保可以是直接的财务保证，如完工担保、成本超支担保、不可预见费用担保；也可以是间接的或非间接财务性的担保，如长期购买项目产品协议、技术服务协议、以某种定价公式为基础的长期供货协议等。所有这一切担保形式的组合，就构成了项目的信用保证结构。

(6)融资成本较高。项目融资涉及面广、结构复杂，需要做好大量有关风险分担、税收结构、资产抵押等一系列技术性的工作，所需要文件比传统的资金筹措往往要多出好几倍，需要几十个甚至上百个法律文件才能解决问题。因此，与传统的资金筹措方式相比，项目融资存在的一个主要问题，是融资成本相对较高，组织融资所需要的时间较长。

项目融资的这一特点限制了其使用范围。在实际运作中，除了需要分析项目融资的优势之外，也必须考虑到项目融资的规模经济效益问题。

2. 项目融资阶段与程序

从项目的投资决策至选择项目融资方式，最后到完成项目融资为止，项目融资大致可分为五个阶段，即投资决策分析、融资决策分析 、融资结构分析、融资谈判和项目融资的执行，如图3-2 所示。

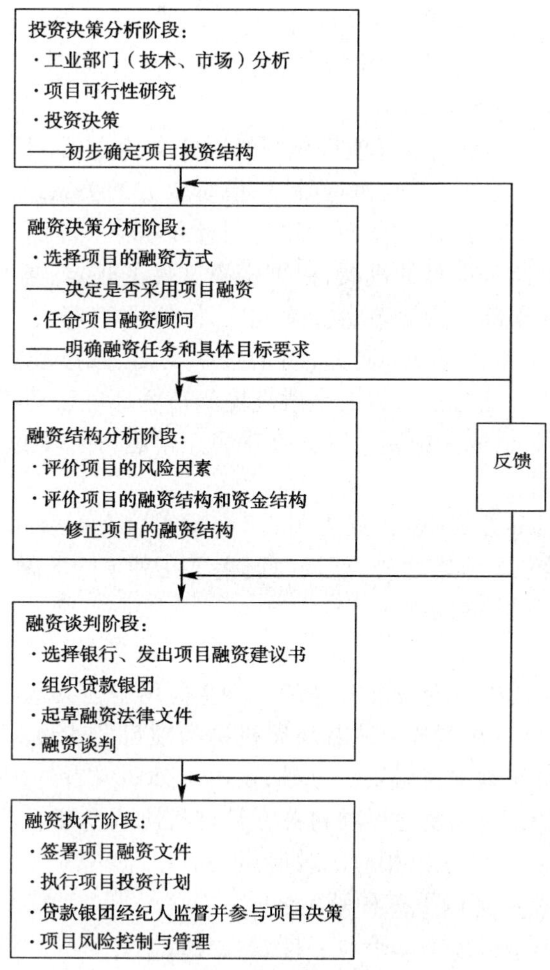

图 3-2　项目融资的阶段

(1)投资决策分析。严格地讲，投资决策分析也可以不属于项目融资范畴。任何一个投资项目都需要经过周密的投资决策分析。投资者在决定项目投资结构时需要考虑的因素很多，其中主要包括：项目的产权形式、产品分配方式、决策程序、债务责任、现金流量控制、税务结构和会计处理等方面的内容。投资结构的选择将影响到项目融资的结构和资金来源的选择，反过来，项目融资结构的设计在多数情况下也将会对投资结构的安排作出调整。

(2)融资决策分析。在这一阶段，项目投资者将决定采用何种融资方式为项目发筹集资金。是否采用项目融资，取决于投资者对债务责任分担上的要求、贷款资金数量上的要求、时间上的要求、融资费用上的要求，以及诸如债务会计处理等方面的综合评价。如果决定选择采用项目融资作为筹资手段，投资者就需要选择和任命融资顾问，并研究和设计项目的融资结构，以及分析和比较融资方案。

(3)融资结构分析。设计项目融资结构的一个重要步骤是完成对项目风险的分析和评估。项目融资顾问和项目投资者需要一起全面地分析和判断项目有关的风险因素,确定项目的债务承受能力和风险,设计出切实可行的融资方案。

(4)融资谈判。在初步确定项目融资方案之后,融资顾问将有选择地向商业银行或其他一些金融机构发出参加项目融资的建议书,组织贷款银团,着手起草项目融资的有关协议。此时,融资顾问、法律顾问和税务顾问的作用是十分重要的。强有力的融资顾问和法律顾问可以帮助加强项目投资者的谈判地位,保护投资者的利益,并在谈判陷入僵局时,及时、灵活地找出适当变通办法,妥善解决有关难题。

(5)项目融资的执行。在正式签署项目融资的法律文件之后,项目融资进入其执行阶段。在传统的融资方式中,一旦进入贷款的执行阶段,借贷双方的关系就变得相对简单明了,借款人只要求按照贷款协议的规定提款的偿还贷款的利息和本金。然而,在项目融资中,贷款银团通过其经理将会经常性地监督项目的进展,根据融资文件的规定,参与部分项目的决策程序,控制项目的贷款资金投入和部分现金流量。除此之外,银团经理人也会参与一部分项目生产经营决策,在项目的重点决策问题上(例如,新增资本支出、减产和资产处理)有一定的发言权。由于项目融资的债务偿还与该项目的金融环境和市场环境密切相关,因此,帮助项目投资者加强对项目风险的管理,也成为银团经理人在项目正常运行阶段的一项重要工作。

(二)项目融资的方式

项目融资可以采用很多方式,如产品支付、远期购买以及融资租赁等。经过近几年的发展,除了 BOT 方式逐渐成熟与丰富之外,还同时诞生了几种不同的融资方式,并且伴随着不同的融资方式有不同的融资结构和融资过程

1. BOT 方式

BOT 是 20 世纪 80 年代中后期发展起来的一种主要用于公共基础设施建设的项目融资方式。其基本思路是,由项目所在国政府或其所属机构为项目的建设和经营提供一种特许权协议(Concession Agreement)作为项目融资的基础,由本国公司或者外国公司作为项目的投资者和经营者安排融资,承担风险,开发建设项目并在特许权协议期间经营项目获取商业利润。特许期满后,根据协议将该项目转让给相应的政府机构。

通常所说的 BOT 主要包括以下三种基本形式:

(1)标准 BOT(Build-Operate-Transfer)。即建设—经营—移交。投资财团愿意自己融资,建设某项基础设施,并在项目所在国政府授予的特许期内经营该公共设施,以经营收入抵偿建设投资,并获得一定收益,经营期满后将此设施转让给项目所在国政府。

(2)BOOT(Build-Own-Operate-Transfer)。即建设—拥有—经营—移交。BOOT 与 BOT 的区别在于:BOOT 在特许期内既拥有经营权,又拥有所有权。此外,BOOT 的特许期要比 BOT 的长一些。

(3)BOO(Build-Own-Operate)。即建设—拥有—经营。该方式特许项目公司根据政府的特许权建设并拥有某项基础设施,但最终不将该基础设施移交给项目所在国政府。

除上述 3 种基本形式外,BOT 还有 10 多种演变形式,如 BT 等。所谓 BT,是指政府在项目建成后从民营机构中购回项目(可一次支付也可分期支付)。与政府借贷不同,政府用于购买项目的资金往往是事后支付(可通过财政拨款,但更多的是通过运营项目收费来支付);民营机构用于项目建设的资金大多来自银行的有限追索权贷款。事实上,如果建设资金不是来自银行的有限追索权贷款的话,BT 方式实际上成为“垫资承包”或“延期付款”,这样就超出了项

目融资范畴。

近年来,经常与 BOT 相提并论的项目融资模式是 PPP(Public-Private-Partnership)。所谓:PPP(公私合作),是指政府与民营机构(或任何国营、民营、外商法人机构)签订长期合作协议,授权民营机构代替政府建设、运营或管理基础设施(如道路、桥梁、电厂、水厂等)或其他公共服务设施(如医院、学校、警岗等),并向公众提供公共服务。由此可见,PPP 与 BOT 在本质上区别不大,都是通过项目的期望收益进行融资,对民营机构的补偿都是通过授权民营机构在规定的特许期内向项目的使用者收取费用,由此回收项目的投资、经营和维护等成本,并获得合理的回报(即建成项目投入使用所产生的现金流量成为支付经营成本、偿还贷款和提供投资回报等的唯一来源),特许期满后项目将移交回政府(也有不移交的,如 BOO)。

当然,PPP 与 BOT 在细节上也有一些差异。例如在 PPP 项目中,民营机构做不了的或不愿做的,需要由政府来做;其余全由民营机构来做,政府只起监管作用。而在 BOT 项目中,绝大多数工作由民营机构来做,政府则提供支持和担保。但无论 PPP 或 BOT 方式,都要合理分担项目风险,从而提高项目的投资、建设、运营和管理效率,这是 PPP 或 BOT 的最重要目标。此外,PPP 的含义更为广泛,反映更为广义的公私合作关系,除了基础设施和自然资源开发,还可包括公共服务设施和国营机构的私有化等,因此,近年来国际上越来越多采用 PPP 这个词,有取代 BOT 的趋势。

2. ABS 方式

ABS(Asset-Backed Securitization)是以资产支持的证券化。具体讲,它是以目标项目所拥有的资产为基础,以该项目资产的未来收益为保证,通过在国际资本市场上发行债券筹集资金的一种项目融资方式。ABS 方式的目的在于,通过其特有的提高信用等级方式,使原本信用等级较低的项目照样可以进入高等级证券市场,利用该市场信用等级高、债券安全性和流动性高、债券利率低的特点大幅度降低发行债券筹集资金的成本。

(1)ABS 融资方式的运作过程。ABS 融资方式的具体运作过程主要包括以下几个方面:

①组建 SPC。即组建一个特别用途的公司 SPC(Special Purpose Corporation)。该机构可以是一个信托投资公司、信用担保公司、投资保险公司或其他独立法人,该机构应能够获得国际权威资信评估机构较高级别的信用等级(AAA 或 AA 级),由于 SPC 是进行 ABS 融资的载体成功组建 SPC 是 ABS 能够成功运作的基本条件和关键因素。

②SPC 与项目结合。即 SPC 寻找可以进行资产证券化融资的对象。一般来说,投资项目依附的资产只要在未来一定时期内能带现金收入,就可以进行 ABS 融资。它们可以是房地产的未来租金收入,飞机、汽车等未来运营的收入,项目产品出口贸易收入,航空、港口及铁路的未来运费收入,收费公路及其他公用设施收费收入,税收及其他财政收入等。拥有这种未来现金流量所有权的企业(项目公司)成为原始权益人。这些未来现金流量所代表的资产,是 ABS 融资的物质基础。在进行 ABS 融资时一般应选择未来现金流量稳定、可靠、风险较小的项目资产。一般情况下,这些代表未来现金收入的资产,本身具有很高的投资价值,但由于各种投资条件的限制,它们自己无法获得权威资信评估机构授予的较高级别的资信等级,因此,无法通过证券化的途径在资本市场筹集建设资金。而 SPC 与这些项目的结合,就是以合同、协议等方式将原始权益人所拥有的项目资产在未来现金收入的权利转让给 SPC,转让的目的在于将原始权益人本身的风险割断,这样 SPC 进行 ABS 方式融资时,其融资风险仅与项目资产未来现金收入有关,而与建设项目的原始权益人本身的风险无关。在实际操作中,为了确保这种

风险完全隔断,SPC 一般要求原始权益人或有关机构提供充分的担保。

③进行信用增级。为此,就要调整项目资产现有的财务结构,使项目融资债券达到投资级水平,达到 SPC 关于承包 ABS 债券的条件要求。SPC 通过提供专业化的信用担保进行信用升级。信用增级的渠道有:利用信用证、开设现金担保账户、直接进行金融担保。之后,委托资信评估机构,对即将发行的经过担保的 ABS 债券在还本付息能力、项目资产的财务结构、担保条件等方面进行信用评级,确定 ABS 债券的资信等级。

④SPC 发行债券。SPC 直接在资本市场上发行债券募集资金,或者经过 SPC 通过信用担保,由其他机构组织债券发行,并将通过发行债券筹集的资金用于项目建设。由于 SPC 一般均获得国际权威性评估机构的 AAA 级或 AA 级信用等级,按照信用评级理论和惯例,由它发行的债券或通过它提供信用担保的债券,也自动具有相应的信用等级。这样 SPC 就可以借助这一优势在国际高等级投资证券市场,以较低的资金成本发行债券,募集项目建设所需资金。

⑤SPC 的偿债。由于项目原始收益人已将项目资产的未来现金收入权利让渡给 SPC,因此,SPC 就能利用项目资产的现金流入量,清偿它在国际高等级投资证券市场上所发行债券的本息。

(2)BOT 与 ABS 的区别。BOT 和 ABS 融资方式都适用于基础设施建设,但两者在运作中的特点及对经济的影响等方面存在着很大的差异,其主要区别有:

①运作繁简程度与融资成本的差异。BOT 方式的操作复杂,难度大。采用 BOT 方式必须经过确定项目、项目准备、招标、谈判、文件合同签署、建设、运营、维护、移交等阶段,涉及政府特许以及外汇担保等诸多环节,牵扯的范围广,不易实施,其融资成本也因中间环节多而增高。ABS 融资方式的运作则相对简单,它只涉及原始权益人、特别用途公司 SPC、投资者、证券承销商等几个主体,无需政府的特许及外汇担保,是一种主要通过民间的非政府的途径运作的融资方式。它既实现了操作的简单化,又降低了融资成本。

②项目所有权、运营权的差异。BOT 项目的所有权、运营权在特许期内属于项目公司,特许期届满,所有权将移交给政府。因此,通过外资 BOT 进行基础设施项目融资可以带来国外先进的技术和管理,但会使外商掌握项目控制权。ABS 方式中,在债券的发行期内,项目资产的所有权属于 SBC,而项目的运营决策权属于原始权益人,原始权益人有义务把项目的现金收入支付给 SPC,待债券到期,用资产产生的收入还本付息后,资产所有权又复归原始权益人。因此,利用 ABS 进行基础设施国际项目融资,可以使东道国保持对项目运营的控制,但却不能得到国外先进的技术和管理经验。

③投资风险的差异。BOT 项目投资人一般都为企业或金融机构,其投资是不能随便放弃和转让的,每一个投资者承担的风险相对较大。而 ABS 项目的投资者是国际资本市场上的债券购买者,数量众多,这就极大地分散了投资风险,同时,这种债券可在二级市场流通,并经过信用增级降低了投资风险,这对投资者有很强的吸引力。

④适用范围的差异。BOT 方式是非政府资本介入基础设施领域,其实质是 BOT 项目的特许其内的民营化,因此,某些关系国计民生的要害部门是不能采用 BOT 方式的。ABS 则不然,在债券的发行期间,项目的资产所有权虽然归 SPC 所有,但项目的经营决策权依然归原始收益人所有。因此,运用 ABS 方式不必担心重要项目被外商控制。比如,不能采用 BOT 方式的重要铁路干线、大规模发电厂等重大基础设施项目,都可以考虑采用 ABS 方式。相比而言,在基础设施领域,ABS 方式使用范围要比 BOT 方式广泛。

3. TOT 方式

TOT(Transfer-Operate-Transfer),即移交—经营—移交,是项目融资的一种新兴方式。它是指通过出售现有投产项目在一定期限内的现金流量,从而获得资金来建设新项目的一种融资方式。具体说来,是东道国把已经投产运行的项目在一定期限内移交给(T)外资经营(O),以项目在该期限内的现金流量为标的,一次性的从外商那里融得一笔资金,用于建设新的项目;外资经营期满后,再把原来项目移(T)交回东道国。

(1)TOT 的运作程序

TOT 的运作程序相对比较简单,一般包括以下步骤:

①东道国项目发起人设立 SPC,发起人把完工项目的所有权和新建项目的所有权均转让给 SPC,以确保有专门机构对两个项目的管理、移交、建造负有全责,并对出现的问题加以协调。SPC 通常是政府设立或政府参与设立的具有特许权的机构。

②SPC 与外商洽谈以达成移交投产运行项目在未来一定期限内全部或部分经营权的协议,并取得资金。

③东道国利用获得资金来建设新项目。

④新项目投入运行。

⑤移交经营项目期满后,收回移交的项目。

(2)TOT 方式的特点

TOT 方式具有适应目前我国基础设施建设现状的特点:

①有利于引进先进的管理方式。在 TOT 项目融资方式中,由于经营期较长,外商受到利益驱动,常常会将先进的技术、管理引入到投产项目中,并进行必要的维修,从而有助于投产项目的高效运行,使基础设施的经营逐步走向市场化、国际化。

②项目引资成功的可能性增加。在 TOT 融资方式下,由于具有大量风险的建设阶段和试生产阶段已经完成,明显地降低了项目的风险,外商面临的风险大幅度减少,基于较低的风险,其预期收益率会合理下调,要价将会降低,另一方面,由于涉及环节较少,评估、谈判等方面的从属费用也势必有较大幅的下降。而东道国面临风险虽比 BOT 方式有所增加,但却与自筹资金和向外贷款方式中的风险完全相当。在这种背景下,引资成功的可能性将会大大增加。

③使建设项目的建设和营运时间提前。采用 TOT 融资方式,由于不涉及所有权问题,加之风险小,政府无需对外商作过多承诺,通过引资而在东道国引起的政治争论的可能性降低,减小了引资的阻力。而且 TOT 融资方式仅涉及风险较小的生产运行阶段,用于评估、谈判的时间较 BOT 来说大大缩短,从而使拟建项目能及早建设,及早投入运营,加快了东道国基础设施建设的步伐。

④融资对象更为广泛。采用 BOT 方式,融资对象多为外国大银行、大建筑公司或能源公司等,而采用 TOT 融资方式,其他金融机构、基金组织和私人资本等都有机会参与投资。这样扩大了投资者的范围,也加剧了投资者之间竞标的竞争,而是其中当然的受益者。

⑤具有很强的可操作性。TOT 融资方式将开放基础设施建设市场与开放基础设施经营市场、基础设施装备市场分割开来,使得问题尽量简单化。并且只涉及基础设施项目经营权的转让,不存在产权、股权的让渡,可以避免不必要的争执和纠纷,也不存在外商对国内基础设施的永久控制问题,不会威胁国家的安全。

(3)TOT 方式与 BOT 方式的比较。与 BOT 方式相比,TOT 不以需要融资的项目的经济强度为保证,不依赖这个项目,而是依赖所获特许经营权的项目的一定时期的未来收益。而对于政府,相当于为旧项目垫支了资金进行建设,而在项目可以有收益的时候获得返回。然后,取得资金垫支下一个项目。TOT要求不用个别的眼光,而是着眼于一定范围内的所有项目,分析现金流入流出的时间,要筹资的项目和可以出售未来项目的资金安排在项目间是交叉的。融资成功与否取决于已经建设好的项目,与需要筹资项目分割开来,融资人对现项目无发言权,无直接关系,政府具有完全的控制权。

4. PFI方式

PFI(Private Finance Initiative)即"私人主动融资",是指由私营企业进行项目的建设与运营,从政府或接受服务方收取费用以回收成本。在这种方式下,政府以不同于传统的由政府负责提供公共项目产出方式,而采取促进私人部门有机会参与基础设施和公共物品的生产和提供公共服务的一种全新公共项目产出方式。该方式是政府和私人部门合作,由私营部门承担部分政府公共物品的生产或提供公共服务,政府购买私营部门提供的产品或服务,或给予私营部门以收费特许权,或政府与私营部门以合伙方式共同营运等方式,来实现政府公共物品产出中的资源配置最优化、效率和产出最大化。

(1)PFI的典型模式。

PFI模式最早出现的英国,在英国的实践中,通常有三种典型的类型:

①在经济上自立的项目。以这种方式实施的PFI项目,私人部门提供服务时,政府不向其提供财政的支持,但是在政府的政策支持下,私人部门是通过项目的服务向最终使用者,来回收成本和实现利润。在其中,公共部门不承担项目建设的费用和项目运营的费用,但是私人部门可以在政府的特许下,通过适当地调整对使用者的收费来补偿成本的增加。在这种模式下,公共部门对项目的作用是有限的,也许仅仅是承担项目最初的计划或按照法定程序帮助项目公司开展前期工作和按照法律进行管理 。

②向公共部门出售服务的项目。这种项目的不同点在于,私人部门提供项目服务所产生的成本,完全的或主要的是通过私人部门服务提供者向公共部门收费来补偿的。这样的项目主要包括私人融资兴建的监狱、医院和交通路线等。

③合资经营。这种形式的项目中,公共部门和私人部门共同出资、分担成本和共享收益。但是,为了使项目成为一个真正的PFI项目,项目的控制权必须是由私人部门来掌握,公共部门只是一个合伙人的角色。

(2)PFI的特点

PFI是一种旨在促进私人部门参与基础设施项目建设和政府其他公共服务提供的,促进政府由传统的公共物品生产者,转变为公共物品的购买者的一种新的公共物品产出方式。在政策的设计上,与私有化不同,公共部门要么作为服务的主要购买者,要么充当实施的基本的法定授权控制者,这是政府部门必须坚持的基本原则;同时,与买断经营也有所不同,买断经营方式中的私人部门受政府的制约较小,是比较完全的市场行为,私人部门既是资本财产的所有者又是服务的提供者。PFI方式的核心旨在增加包括私人部门参与的公共服务或者是公共服务的产出大众化。

PFI在本质上是一个设计、建设、融资和运营模式,政府与私营部门是一种合作关系,由私营部门承担部分政府公共物品的生产或提供公共服务,政府购买私营部门提供的产品或服务,或给予私营部门以收费特许权,或政府与私营部门以合伙方式共同营运等方式,来实现政府公共物品产出中的资源配置最优化、效率和产出最大化。

PFI 模式的主要优点表现在:

①PFI 有非常广泛的适用范围,不仅包括基础设施项目,在学校、医院、监狱等公共项目上也有广泛的应用。

②推广 PFI 方式 ,能够广泛吸引经济领域的私营部门或非官方投资者,参与公共物品的产出,这不仅大大地缓解了政府公共项目建设的资金压力,同时提高了政府公共物品的产出,这不仅大大地缓解了政府公共项目的建设的资金压力,同时提高了政府公共物品的产出水平。

③吸引私人部门的知识、技术和管理方法,提高公共项目的效率和降低产出成本,使社会资源配置更加合理化,同时也使政府摆脱了长期困扰的政府项目低效率的压力,使政府有更多的精力和财力用于社会发展更加急需的项目建设。

④PFI 方式最大的优势在于,它是政府公共项目投融资和建设管理方式的重要的制度创新。在英国几年的实践中,被认为是政府获得高质量、高效率的公共设施的重要工具。

第三节　工程项目成本管理

一、工程项目成本及管理体系

1.工程项目成本与承包企业成本

1)工程项目成本

工程项目成本即指围绕工程项目建设全过程而发生的资源消耗的货币体现。其所涵盖的内容与整个工程项目投资基本一致,但二者的侧重点有所不同,投资通常强调资金付出的目标,即以提高投资经济效益为目的;成本则强调付出本身,以节约投资为目标。

工程项目是由不同的参与方共同建设完成,参建各方所站的角度不同、参与工程建设的阶段和内容不同,工程项目的成本范围也有所不同,项目的成本范围主要取决于参建方参与工程建设的阶段和内容。

业主作为工程项目建设的组织者,其面对的是工程项目建设(包括决策、设计、招标、施工、竣工验收等)全过程,其所理解的工程项目成本是最为完整的。它包括征地拆迁、前期工作费用、建设管理费用、支付给施工单位的费用(主要是建安工程费用)、设备购置、建设期贷款利息等费用,其含义与整个工程项目投资基本一致。

对于总承包企业而言,其承包工程的范围可以包括工程项目的勘察、设计、材料设备的采购以及工程项目的施工、试运行和交工验收的若干阶段或全过程,这样,总承包企业所理解的工程项目成本会包括其实施承包范围内工程所支付的全部成本。对于其他参建方,如设计单位、咨询单位、施工单位和材料设备供应单位,如果只是参与工程项目建设的某个阶段或某些工作,则其所理解的工程项目成本仅包括其实施设计、咨询、施工和材料设备供应等工作所需支付的成本。

施工项目成本是施工单位为完成工程项目建筑安装工程任务而耗费的各种生产费用总和,是施工中各种物化劳动和活劳动的货币表现。它是建筑工程造价中的主要部分。即工程造价构成中的直接费和间接费两部分。

2)施工项目成本分类

施工项目成本包括预算成本、计划成本和实际成本。

预算成本是根据全国或地区制订的预算定额并按编制方法计算的工程成本。

计划成本是在预算成本的控制下，根据施工单位的生产技术、施工条件和生产经营管理水平，根据有关资料预测计划期内成本，对于预算成本中可能节约和可能漏算的情况，都要明确地计算清楚确定成本降低措施后的计划成本额。

实际成本是施工项目在报告期内实际发生的各项生产费用的总和，是项目部成本管理的实际成果。实际成本同计划成本对比，可以反映项目部的成本控制水平。

3）承包企业成本

（1）承包企业项目成本

承包企业项目成本是指工程承包企业以工程项目为成本核算对象，在实施其承包范围内工程的过程中消耗资源的货币体现。即在狭义上是指承包企业对承包工程项目付出的成本。

（2）承包企业成本

承包企业成本是指工程承包企业以整个企业为成本核算对象，为保证企业正常经营所付出的成本。承包企业项目成本是承包企业经济核算体系的基础，是承包企业成本中不可缺少的有机组成部分，两者具有密不可分的联系。但是，不能据此简单地将承包企业成本理解为承包企业项目成本的数据叠加，或者认为承包企业项目成本是企业成本的直接分解。

对于承包企业而言，工程项目成本不同于企业成本。前者是指企业发生的按项目核算的成本，其成本核算对象是具体的工程项目；项目成本管理的目的是保证工程项目在预定的成本范围内完成企业交付的任务；其成本管理的责任由项目经理部全面负责。后者是指企业正常生产运营必须投入的成本，其成本核算的对象为整个承包企业，不仅包括其下属的各个项目经理部，还包括为工程承包服务的附属企业及企业各职能部门；企业成本管理的任务是将整个企业的成本、费用控制在预定计划之内，成本管理强调部门成本责任，涉及各个职能部门和机构。

2. 工程项目成本管理体系

项目成本管理一般是指承包企业为使项目成本控制在计划目标之内所进行预测、计划、控制、核算、分析和考核等管理工作。承包企业应成立健全项目成本管理责任体系，明确管理业务分工和责任关系，将项目成本管理的目标分解与渗透到各项工作中去。承包企业的项目成本管理体系应该包括两个不同层次的管理职能。

（1）企业管理层的成本管理

企业管理层应是项目成本管理的决策与计划中心，确定项目投标报价和合同价格；确定项目成本目标和成本计划，通过项目管理目标责任书确定项目管理层的成本目标。

（2）项目管理层的成本管理

项目管理层应是项目生产成本的控制中心，负责执行企业对项目提出的成本管理目标，在企业授权范围内实施可控责任成本的控制。

二、工程项目成本管理流程

工程项目成本管理是一个有机联系与相互制约的系统过程，承包企业应按照其形成的特点和规律，建立文件化的工程项目成本管理流程，规范和指导工程项目成本管理的实施。工程项目成本管理流程分为两类：

一是总体工作流程。承包企业应从项目投标报价开始至项目竣工结算为止，确定项目成本管理工作的展开等程序及各阶段的衔接关系。

二是单项业务流程。承包企业应明确总体工作流程中各项具体业务活动的过程、步骤和工作标准。

工程项目成本管理流程如图3-3所示。在工程项目成本管理流程中,每个环节都是相互联系和相互作用的。成本预测是成本计划的编制基础,成本计划是开展成本控制和核算的基础;成本控制能对成本计划的实施进行监督,保证成本计划的实现,而成本核算又是成本计划是否实现的最后检查,它所提供的成本信息又是成本预测、成本计划、成本控制和成本考核等的依据;成本分析为成本考核提供依据,也为未来的成本预测与编制成本计划指明方向;成本考核是实现成本目标责任制的保证和手段。

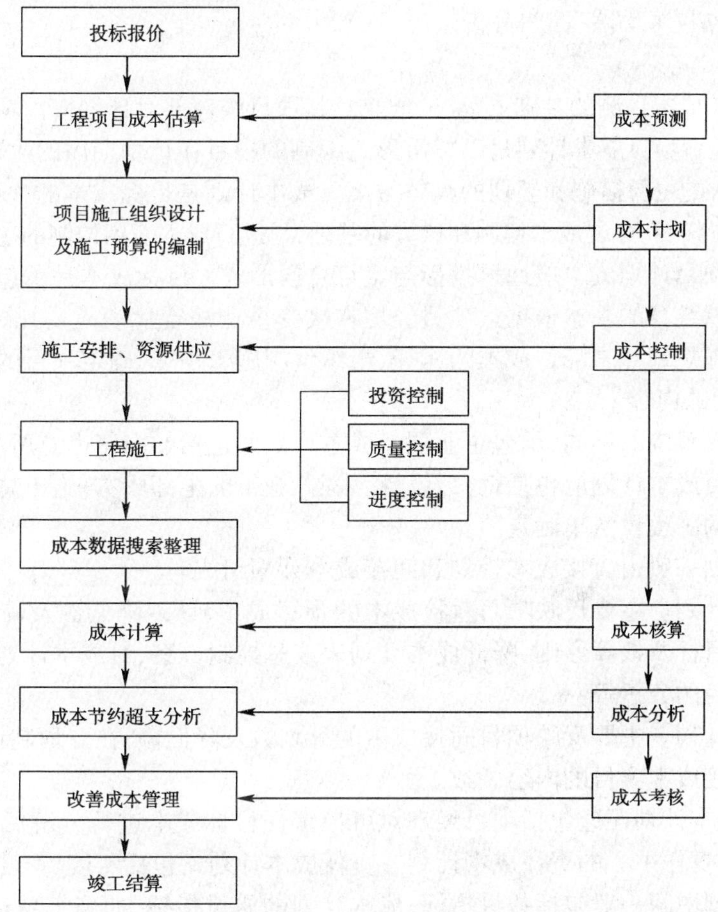

图3-3 工程项目成本管理流程图

三、工程项目成本管理方法

1. 成本预测

项目成本预测是指承包企业及其项目经理部有关人员凭借历史数据和工程经验,运用一定方法对工程项目未来的成本水平及其可能的发展趋势作出科学估计。项目成本预测是项目成本计划的依据。预测时,通常是对项目计划工期内影响成本的因素进行分析,比照近期已完工程项目或将完工程项目的成本(单位成本),预测这些因素对工程成本的影响程度,估算出工程的单位成本或总成本。

成本预测的方法可分为定性预测和定量预测两大类。

(1)定性预测。定性预测是指成本管理人员根据专业知识和实践经验,通过调查研究,利用已有资料,对成本费用的发展趋势及可能达到的水平进行的分析和推断。由于定性预测主要依靠管理人员的素质和判断能力,因而这种方法必须建立在对项目成本费用的历史资料、现状及影响因素深刻了解的基础上。这种方法简便易行,在资料不多、难以进行定量预测时最为适用。最常用的定性预测方法是调查研究判断法,具体方式有座谈会法和函询调查法。

(2)定量预测。定量预测是利用历史成本费用统计资料以及成本费用与影响因素的数量关系,通过建立数学模型来推测、计算未来成本费用的可能结果。在成本费用预测中,常用的定量预测方法有加权平均法、回归分析法等。

2. 成本计划

成本计划是在成本预测的基础上,承包企业及其项目经理部对计划期内项目的成本水平所做的筹划。承包企业项目成本计划是以货币形式编制的项目在计划期内的生产费用、成本水平及为降低成本采取的主要措施和规划的具体方案。成本计划是目标成本的一种表达形式,是建立项目成本管理责任制、开展成本控制和核算的基础,是进行成本费用控制的主要依据。

承包企业的项目计划成本应通过投标与签订合同形成。目标成本是承包企业实施项目成本控制和工程价款结算的基本依据。项目经理在接受企业法定代表人委托之后,应通过主持编制项目管理实施规划寻求降低成本的途径,组织编制施工预算,确定项目的计划目标成本。

(1)成本计划的内容

根据承包工程范围的不同,承包企业项目成本计划所包括的内容也有所不同。例如:工程全过程总承包项目成本计划应包括勘察、设计、采购、施工的全部成本;施工总承包项目计划成本应按招标文件的工程量清单确定。

项目成本计划一般由直接成本计划和间接成本计划组成。

①直接成本计划。主要反映项目直接成本的预算成本、计划降低额及计划降低率。主要包括项目的成本目标及核算原则、降低成本计划表或总控制方案、对成本计划估算过程的说明及对降低成本途径的分析等。

②间接成本计划。主要反映项目间接成本的计划数及降低额,在计划制订中,成本项目应与会计核算中间接成本项目的内容一致。

此外,项目成本计划还应包括项目经理对可控责任目标成本进行分解后形成的各个实施性计划成本,即各责任中心的责任成本计划。责任成本计划又包括年度、季度和月度责任成本计划。在成本计划中间一般包括数量指标;成本计划的质量指标,如施工项目总成本降低率;成本计划的效益指标,如工程项目成本降低额。

(2)成本计划编制的要求

①合同规定的项目质量和工期要求;

②组织对项目成本管理目标的要求;

③以经济合理的项目实施方案为基础的要求;

④有关定额及市场价格的要求。

(3)施工成本计划的编制依据

①合同报价书;

②施工预算；

③施工组织设计或施工方案；

④工、材、机市场价格；

⑤公司颁布的材料指导价格、公司内部机械台班价格、劳动力内部挂牌价格；

⑥周转设备内部租赁价格、摊销损耗；

⑦已签订的工程合同、分包合同；

⑧结构件外加工计划和合同；

⑨有关财务成本核算制度和财务历史资料；

⑩其他相关资料。

(4)成本计划的编制方法

①目标利润法。是根据项目的合同价格扣除目标利润后得到目标成本的方法。在采用正确的投标策略和方法以最理想的合同价中标后，项目经理部从标价中减去预期利润、税金、应上缴的管理费等，之后的余额即为项目实施中所能支出的最大限额。

②技术进步法。是以项目计划采取的技术组织措施和节约措施所能取得的经济效果为项目成本降低额，为项目目标成本的方法。即：

项目目标成本 = 项目成本估算值 - 技术节约措施计划节约额(或降低成本额)　(3-20)

③按实计算法。是以项目的实际资源消耗测算为基础，根据所需资源的实际价格，详细计算各项活动或各项成本组成的目标成本。

$$人工费 = \sum 各类人员计划用工量 \times 实际工资标准 \tag{3-21}$$

$$材料费 = \sum 各类材料的计划用量 \times 实际材料基价 \tag{3-22}$$

$$施工机械使用费 = \sum 各类机械的计划台班量 \times 实际台班单价 \tag{3-23}$$

在此基础上，由项目经理部生产和财务管理人员结合施工技术和管理方案等测算措施费、项目经理部的管理费等，最后构成项目的目标成本。

④定率估算法(历史资料法)。当项目非常庞大和复杂而需要分为几个部分时采用的方法。首先将项目分为若干子项目，参照同类项目的历史数据，采用算术平均法计算子项目目标成本降低率和降低额，然后再汇总整个项目的目标成本降低率、降低额。在确定子项目成本降低率时，可采用加权平均法或三点估算法。

编制内容的组织上可以按成本组成编制施工成本计划，或按子项目组成编制施工成本计划或按工程进度编制施工成本计划。

(5)成本计划表(表3-3)

项目成本计划表　　表3-3

项　目	预算成本	计划成本	计划成本降低额	计划成本降低率
1. 直接费用 人工费 材料费 机械费 其他工程费用				
2. 间接费 企业管理费 规费				
合计				

3.成本控制

成本控制是指在项目实施过程中,对工程成本形成进行预防、监督,及时纠正发生的偏差,使工程的成本支出限制在成本计划的范围内,以达到预期的成本目标。成本控制应贯穿于项目建设的各个阶段,是项目成本管理的核心内容,也是项目成本管理中不确定因素最多、最复杂、最基础的管理内容。成本控制应该遵循效益原则、全面性原则、责权利相结合的原则和目标管理的原则。

(1)项目成本控制的内容和过程。项目成本控制的主要内容包括:项目决策成本控制、投标费用控制、设计成本控制和施工成本控制等内容。

①项目成本的计划预控,是指应运用计划管理的手段事先做好各项建设活动的成本安排,使项目预期成本目标的实现建立在有充分技术和管理措施保障的基础上,为项目的技术与资源的合理配置和消耗控制提供依据。控制的重点是优化项目实施方案(包括工程总承包项目的设计方案)、合理配置资源和控制生产要素的采购价格。

②项目成本运行过程控制,是指控制实际成本的发生,包括实际采购费用发生过程的控制、劳动力和生产资料使用过程的消耗控制、质量成本及管理费用的支出控制。承包企业应充分发挥项目成本责任体系的约束和激励机制,提高项目成本运行过程的控制能力。

③项目成本的纠偏控制,是指在项目成本运行过程中,对各项成本进行动态跟踪核算,发现实际成本与目标成本产生偏差时,分析原因,采取有效措施予以纠偏。

(2)项目成本控制的方法

①项目成本分析表法,是指利用项目中的各种表格进行成本分析和控制的方法。应用成本分析表法可以清晰地进行成本比较研究。常见的成本分析表有月成本分析表、成本日报或周报表、月成本计算及最终预测报告表。

②工期—成本同步分析法。成本控制与进度控制之间有着必然的同步关系。因为成本是伴随着工程进展而发生的。如果成本与进度不对应,说明项目进展中出现虚盈或虚亏的不正常现象。

施工成本的实际开支与计划不相符,往往是由两个因素引起的:一是在某道工序上的成本开支超出计划;二是某道工序的施工进度与计划不符。因此,想要找出成本变化的真正原因,实施良好、有效的成本控制措施,必须与进度计划的适时更新相结合。

③挣值分析法。挣值分析法是对工程项目成本/进度进行综合控制的一种分析方法。通过比较已完工程预算成本 BCWP(Budget Cost of the Work Performed)与已完工程实际成本 ACWP(Actual Cost of the Work Performed)之间的差值:成本偏差 = 已完工作预算成本 BCWP - 已完工作实际费用 ACWP,可以分析由于实际价格的变化而引起的累计成本偏差;通过比较已完工程预算成本(BCWP)与拟完工程预算成本 BCWS(Budget Cost of the Work Scheduled)之间的差值:进度偏差 = 已完工作预算成本 BCWP - 计划工作预算成本 BCWS,可以分析由于进度偏差而引起的累计成本偏差。并通过计算后续未完工程的计划成本余额,预测其尚需的成本数额,从而为后续工程施工的成本、进度控制及寻求降低成本挖潜途径指明方向。

④价值工程方法。价值工程方法是对项目进行事前成本控制的重要方法,在项目的设计阶段,研究工程设计的技术合理性,探索有无改进的可能性,在提高功能的条件下,降低成本。在项目的施工阶段,也可以通过价值工程活动,进行施工方案的技术经济分析,确定最佳施工方案,降低施工成本。

4. 成本核算

成本核算是承包企业利用会计核算体系，对项目建设工程中所发生的各项费用进行归集，统计其实际发生额，并计算项目总成本和单位工程成本的管理工作。项目成本核算是承包企业成本管理最基础的工作，它所提供的各种信息，是成本预测、成本计划、成本控制和成本考核等的依据。成本核算包括两个基本环节：一是按照规定的成本开支范围对项目成本进行归集和分配，计算出项目成本的实际发生额；二是根据成本核算对象，采用适当的方法，计算出该项目的总成本和单位成本。

(1)项目成本核算的对象和范围

承包企业的项目经理部应建立和健全以单位工程为对象的项目成本核算账务体系，严格区分企业经营成本和项目生产成本，在项目实施阶段部队企业经营成本进行分摊，以正确反映项目可控成本的收、支、结、转状况和项目成本管理的业绩。

承包企业的项目成本核算应以项目经理责任成本目标为基本核算范围；以项目经理授权范围相对应的可控责任成本为核算对象，进行全过程分月跟踪核算。根据工程当月形象进度，对已完实际成本按照分部分项工程进行归集，并与相应范围的计划成本进行比较，分析各分部分项工程成本偏差的原因，并在后续工程中采取有效控制措施并进一步寻找降低成本的途径。企业的项目经理部应在每月成本核算的基础上编制当月成本报告，作为项目施工月报的组成内容，提交企业主管领导、生产管理和财务部门审核备案。

(2)项目成本核算方法

①表格核算法。表格核算法是建立在内部各项成本核算基础上，由各要素部门和核算单位定期采集信息，按有关规定填制一系列的表格，完成数据比较、考核和简单的核算，形成项目施工成本核算体系，作为支撑项目施工成本核算的平台。表格核算法需要依靠众多部门和单位支持，专业性要求不高。其优点是比较简洁明了，直观易懂，易于操作，适时性较好。缺点是覆盖范围较窄，核算债权债务比较困难；且较难实现科学严密的审核制度，有可能造成数据失实，精度较差。

②会计核算法。会计核算法是指建立在会计核算基础上，利用会计核算所独有的借贷记账法和收支全面核算的综合特点，按项目施工成本内容和收支范围，组织项目施工成本的核算。不仅核算项目施工直接成本，而且还要核算项目在施工生产过程中出现的债权债务、项目为施工生产而自购的工具、器具摊销、向业主的报量和收款、分包工程和分包付款等。

由于表格核算法具有便于操作和格式自由等特点，可以根据企业管理方式和要求设置各种表格。因而对项目内各岗位成本的责任核算比较实用。承包企业除对整个企业的生产经营进行会计核算外，还应在项目上设成本会计，进行项目成本核算，减少数据的传递，提高数据的及时性，便于与表格核算的数据接口，这将成为项目施工成本核算的发展趋势。

总的说来，用表格核算法进行项目施工各岗位成本的责任核算和控制，用会计核算法进行项目施工成本核算，两者互补，相得益彰，确保项目施工成本核算工作的开展。

(3)项目成本费用的归集与分配

根据《施工企业会计核算办法》(财务[2003]27号)的规定，工程项目成本包括直接成本和间接成本。按照《企业会计准则》的规定，会计核算应当以实际发生的经济业务为依据，如实反映财务状况和经营成果；会计核算应当符合国家宏观经济管理的要求。满足有关各方了解企业财务状况和经营成果的需要，满足企业加强内部经营管理的需要，各施工企业在成本核算时，在符合《企业会计制度》和《企业会计准则》的前提下，根据企业经营管理的需要划分成本、费用的类型。例如，在工程项目的成本核算中，可根据《建筑安装工程费用项目组成》(建标[2003]206 号文件)规定，将直接费的组成内容，即人工费、材料费、施工机械使用费和措施费计入直接成本；将间接费组成内容中的管理费支出计入间接成本。在进行成本核算时，能够直接计入有关成本核算对象的，直接计入；不能直接计入的，采用一定的分配方法分配计入各成本核算对象成本，然后计算出各施工项目的实际成本。

①人工费。人工费计入成本的方法，一般应根据企业实行的具体工资制度而定。在实行计件工资制度时，所支付的工资一般能分清受益对象，应根据"工程任务单"和"工资计算汇总表"将归集的工资直接计入成本核算对象的人工费成本项目中。实行计时工资制度时，在只存在一个成本核算对象或者所发生的工资能分清是服务于哪个成本核算对象时，方可将之直接计入，否则，就需要将所发生的工资在各个成本核算对象之间进行分配，再分别计入。一般采用实用工时比例或定额工时比例进行分配。计算公式为：

$$\text{工资分配率}=\frac{\text{建筑安装工人工资总额}}{\text{各项目实用工时(或定额工时)总和}} \tag{3-24}$$

$$\text{某工程应分配的人工费}=\text{该项工程实用工时}\times\text{工资分配率} \tag{3-25}$$

【例 3-9】 某项目经理部有 A、B、C 三个单位工程，它们各为独立的成本核算对象。其中 A 工程和 B 工程实行计时工资，本月共分配工资 600 000 元，耗用工日 10 000 个，其中，A 工程耗用 6 000 工日，B 工程耗用 4 000 工日。C 工程按计件工资，本月共发计件工资 180 000 元。

根据上述资料，工作分配率为 60 元/工日，编制施工人员工资分配表(表 3-4)。

某项目施工人工资分配表

表 3-4

成本核算对象	计件工资	计时工资			应分配工资合计(元)
		实际用工数	日平均工资	应分配的人工费	
A 工程		6 000	60	360 000	360 000
B 工程		4 000	60	240 000	240 000
C 工程	180 000				180 000
合计(元)	180 000				780 000

工作分配率高低反映了工时效率，工作分配率越高，表示日工资单价应该高于预算定额的日平均工资。人工费核算分析的重点是工日差(即实际耗用工日数与预算定额工日数的差异)和日工资单价差(即实际日平均工资与预算定额的日平均工资之差)。

②材料费。材料费的核算是根据"限额领料单"、"退料单"、"报损报耗单"、"大堆材料耗用计算单"等，从财务核算出发，进行核算的会计处理。将材料采购、储备、购置固定资产过程中所发生的全部可控成本，包括采购材料人员的工资、货物的买价、运费、装卸费、材料的定额与非定额损耗、采购差旅费等。凡领料时能点清数量、分清成本核算对象的，应在有关领料凭证(如限额领料单)上注明成本核算对象名称，据以计入成本核算对象。领料时虽能点清数量，但需集中配料或统一下料的，则由材料管理人员或领用部门，结合材料消耗定额将材料费分配计入各成本核算对象。领料时不能点清数量和分清成本核算对象的，由材料管理人员或施工现场保管员保管，月末实地盘点结存数量，结合月初结存数量和本月购进数量，倒推出本月实际消耗量，再结合材料耗用定额，编制"大堆材料耗用计算表"，据以计入各成本核算对象的成本。工程竣工后的剩余材料，应填写"退料单"据以办理材料退库手续，同时冲减相关成

本核算对象的材料费。施工中的残次材料和包装物，应尽量回收再用，冲减工程成本的材料费。

③施工机械使用费。按自有机械和租赁机械分别加以核算。从外单位或企业内部独立核算的机械站租入施工机械支付的租赁费，以租赁费形式反映其消耗情况，按"谁租用谁负担"的原则核算其项目成本，直接计入成本核算对象的机械使用费。如租入的机械是为两个或两个以上的工程服务，应以租入机械所服务的各个工程受益对象提供的作业台班数量为基数进行分配，计算公式如下：

$$平均台班租赁费 = \frac{支付的租赁费总额}{租入机械作业总台班数} \tag{3-26}$$

自有机械费用应按各个成本核算对象实际使用的机械台班数，则核算对象应分配的机械使用费 = 某机械台班单价 × 该核算对象实际使用的台班数，计算所分摊的机械使用费，分别计入不同的成本核算对象成本中。

在施工机械使用费中，占比重最大的往往是施工机械折旧费。按现行财务制度规定，承包企业计提折旧一般采用平均年限法和工作量法。技术进步较快或使用寿命受工作环境影响较大的施工机械和运输设备，经国家财政主管部门批准，可采用双倍余额递减法或年数总和法计提折旧。

④措施费。凡能分清受益对象的，应直接计入受益成本核算对象中。如与若干个成本核算对象有关的，可先归集到措施费总账中，月末再按适当的方法分配计入有关成本核算对象的措施费中。

⑤间接成本。项目发生的间接成本必须是自己可控制的，即有办法知道将发生什么耗费，有办法控制并调节它的耗费。凡能分清受益对象的间接成本，应直接介入受益成本核算对象中去。否则先在项目"间接成本"总账中进行归集，月末再按一定的分配标准计入受益成本核算对象。分配的方法：土建工程是以实际成本中直接成本为分配依据，安装工程则以人工费为分配依据。计算公式如下：

$$土建(安装)工程间接成本分配率 = \frac{土建(安装)分配的间接成本总额}{全部土建工程直接成本(安装工程人工费)总额} \tag{3-27}$$

$$某土建(安装)分配的间接成本 = 该土建工程直接成本(安装工程人工费) \times 土建(安装工程间接成本分配率) \tag{3-28}$$

(4)分包工程成本核算

项目部将个别单位工程分包给外单位施工的，其核算要求包括以下几点。

①包清工工程：纳入外包人工费内核算。

②以包工包料的形式分包给外单位施工的工程：可根据承包合同取费情况和发包合同支付情况，即上下合同差，测定目标盈利率。月度结算时，以已完工程价款作收入，应付分包单位工程款作支出，适当负担施工间接费预算降低额。为稳妥起见，拟控制在目标盈利率的50%以内，也可在月结成本时作收支持平。竣工结算时，再按实调整实际成本，真实反映利润。

③部位分项分包工程：纳入结构件费内核算。

④机械作业分包工程:是指利用分包单位专业化施工优势,将安装、大型土方等工作分包给专业单位施工的形式。对机械作业分包户统计的范围是,只统计分包费用,不包括物耗价值。例如,安装只计安装费而不包括构件费。

⑤各类分包形式对分包单位领用、租用、借用本企业物资、工具、设备、人工等费用,必须根据项目经管人员开具的、且经分包单位指定专人签字认可的专用结算单据结算入账,抵作已付分包工程款。分包付款、供料控制,主要应依据合同及用料计划实施制约,单据应及时流转结算,账上支付额不得突破合同。

5. 成本分析

成本分析是揭示项目成本变化情况及其变化原因的过程。成本分析为成本考核提供依据,也为未来成本预测与成本计划编制指明方向。

成本分析的基本方法包括:比较法、因素分析法、差额计算法、比率法等。

(1)比较法。又称指标对比分析法,是通过技术经济指标的对比,检查目标的完成情况,分析产生差异的原因,进而挖掘内部潜力的方法。其特点是通俗易懂、简单易行、便于掌握,因而得到广泛应用。比较法的应用,通常有下列形式:

①将本期实际指标与目标指标对比。以此检查目标完成情况,分析影响目标完成的积极因素和消极因素,以便及时采取措施,保证成本目标的实现。

②本期实际指标与上期实际指标对比。通过这种对比,可以看出各项技术经济指标的变动情况,反映项目管理水平的提高程度。

③本期实际指标与本行业平均水平、先进水平对比。通过这种对比,可以反映本项目的技术管理和经济管理水平与行业的平均和先进水平的差距,进而采取措施赶超先进水平。

在采用比较法时,可采取绝对数对比、增减差额对比或相对数对比等多种形式。

(2)因素分析法。因素分析法又称连环置换法。这种方法可用来分析各项因素对成本的影响程度。在进行分析时,首先要假定众多因素中的一个因素发生变化,其他因素则不变,在前一个因素变动的基础上分析第二个因素的变动,然后逐个替换,分别比较其计算结果,以确定各个因素的变化对成本的影响程度。并据此对企业的成本计划执行情况进行评价,并提出进一步的改进措施。因素分析法的计算步骤如下:

①以各个因素的计划数为基础,计算出一个总数。

②逐项以各个因素的实际数替换计划数。

③每次替换后,实际数就被保留下来,直到所有计划数都替换成实际数为止。

④每次替换后,都应求出新的计算结果。

⑤最后将每次替换所得结果,与其相邻的前一个计算结果比较,其差额即为替换的那个因素对总差异的影响程度。

【例 3-10】 某施工企业承包一工程,计划干砌片石工程量 1 200m^3,按预算定额要求:每 10m^3 耗用片石 12.5m^3,每立方米片石计划价格为 40 元;而实际干砌片石工程量却达1 500m^3,每立方米实耗片石 12m^3,每立方米片石实际购入价为 50 元。试用连环代替法进行成本分析。

解:干砌片石工程的片石成本计算公式为:

$$片石成本 = 片石工程量 \times 每立方米片石消耗量 \times 片石价格$$

采用连环代替法就上述两个因素分别对片石成本的影响进行分析。计算过程和结果如表 3-5 所示。

干砌片石成本分析表

表 3-5

计算顺序	干砌片石工程量（m^3）	每 m^3 片石消耗量（m^3）	片石价格（元）	片石成本（元）	差异数（元）	差异原则
(1)	(2)	(3)	(4)	(5) = (2) × (3) × (4)	(6)	(7)
计划数	1 200	1.25	40	60 000		
第一次代替	1 500	1.25	40	75 000	15 000	由于工程量增加
第二次代替	1 500	1.2	40	72 000	-3 000	由于片石节约
第三次代替	1 500	1.2	50	90 000	18 000	由于价格提高
合计					30 000	

从以上分析结果表明，实际片石成本比计划超了 30 000 元，主要原因是由于工程量增加和片石价格提高引起的；在不考虑价格上涨时，由于节约片石消耗，使片石成本节约了 3 000 元，这是好的现象，应该总结经验，继续发扬。

(3)差额计算法。差额计算法是因素分析法的一种简化形式，它利用各个因素的目标值与实际值的差额来计算其对成本的影响程度。

【例 3-11】 以【例 3-10】的成本分析资料为基础，利用差额计算法分析各因素对成本的影响程度。

工程量的增加对成本的影响额 = (1 500 - 1 200) × 1.25 × 40 = 15 000(元)

材料消耗量变动对成本的影响额 = 1 500 × (1.2 - 1.25) × 40 = -3 000(元)

材料单价变动对成本的影响额 = 1 500 × 1.2 × (50 - 40) = 18 000(元)

各个因素变动对材料费用的影响额 = 15 000 - 3 000 + 18 000 = 30 000(元)

两种方法的计算结果相同，但采用差额计算法显然要比第一种方法简化。

6. 成本考核

成本考核是在工程项目建设的过程中或项目完成后，定期对项目形成过程中的各级单位成本管理的成绩或失误进行总结与评价。通过成本考核，给予责任者相应的奖励或惩罚。承包企业应建立和健全项目成本考核制度，作为项目成本管理责任体系的组成部分。考核制度应对考核的目的、时间、范围、对象、方式、依据、指标、组织领导以及结论与奖惩原则作出明确规定。

1)项目成本考核的内容

承包企业项目成本的考核，包括企业对项目成本的考核和企业对项目经理部可控责任成本的考核。企业对项目成本的考核包括对项目设计成本和施工成本目标(降低额)完成情况的考核和成本管理工作业绩的考核。企业对项目经理部可控责任成本考核包括：

①项目成本目标和阶段成本目标完成情况；

②建立以项目经理为核心的成本管理责任制的落实情况；

③成本计划的编制和落实情况；

④对各部门、各施工队和班组责任成本的检查和考核情况；

⑤在成本管理中贯彻责任权力相结合原则的执行情况。

除此之外，为层层落实项目成本管理工作，项目经理对所属各部门、各施工队和班组也要进行成本考核,主要考核其责任成本的完成情况。

2)项目成本考核指标

(1)企业的项目成本考核指标。

①项目设计成本降低额和降低率:

$$项目设计成本降低额 = 项目设计合同成本 - 项目设计预算成本 \tag{3-29}$$

$$项目设计成本降低率 = \frac{项目设计成本降低额}{项目设计合同成本} \times 100\% \tag{3-30}$$

②项目施工成本降低额和降低率:

$$项目施工成本降低额 = 项目施工合同成本 - 项目实际施工成本 \tag{3-31}$$

$$项目施工成本降低率 = \frac{项目施工成本降低额}{项目施工合同成本} \times 100\% \tag{3-32}$$

(2)项目经理部可控责任成本考核指标。

①项目经理责任目标总成本降低额和降低率:

$$项目总成本降低额 = 项目经理责任目标总成本 - 项目竣工结算总成本 \tag{3-33}$$

$$目标总成本降低率 = \frac{目标总成本降低额}{项目经理责任目标总成本} \times 100\% \tag{3-34}$$

②施工责任目标成本实际降低额和降低率:

$$施工责任目标成本实际降低额 = 施工责任目标总成本 - 工程竣工结算总成本 \tag{3-35}$$

$$施工责任目标成本实际降低率 = \frac{施工责任目标成本实际降低额}{施工责任目标总成本} \times 100\% \tag{3-36}$$

③施工计划成本实际降低额和降低率:

$$施工计划成本实际降低额 = 施工计划总成本 - 工程竣工结算总成本 \tag{3-37}$$

$$施工计划成本实际降低率 = \frac{施工计划成本实际降低额}{施工计划总成本} \times 100\% \tag{3-38}$$

承包企业应充分利用项目成本核算资料和报表,由企业财务审计部门对项目经理部的成本和效益进行全面审核,在此基础上做好项目成本效益的考核与评估,并按照项目经理部的绩效,落实成本管理责任制的激励措施。

四、项目成本报表

项目成本报表是反映承包企业所承揽的工程项目成本及其降低情况,为企业管理部门提供成本信息的内部会计报表。项目成本报表主要包括工程成本表等,按期编制成本报表是成本分析和成本考核的依据,同时也能为不同类型工程、产品积累经济技术资料。

工程成本表用以反映在月度、季度或年度内已经向发包单位办理工程价款结算的工程成本的构成及其节约或超支情况,一般可按成本项目反映本期和本年累计已经办理工程价款结算的已完工程的目标成本、实际成本、成本降低额和降低率。

为了便于表格编制,对本期和本年已完工程各成本项目的实际成本,可在表3-6所示的工作底稿中先行计算。

工程成本表工作底稿(单位:元) 表3-6

项 目	人工费	材料费	机械使用费	其他工程费用	直接费	间接费	工程成本合计
本期工程成本合计 加:期初未完工程成本合计 减:期末未完工程成本合计							
本期已完工程实际成本							
本年工程实际成本累计 加:年初未完工程成本合计 减:年末未完工程成本合计 本年以完工程实际成本							

工程成本表的格式见表3-7。

工程成本表(单位:元) 表3-7

××年度

编制单位:

成本项目	本期数				本年累计数			
	目标成本	实际成本	降低额	降低率(%)	目标成本	实际成本	降低额	降低率(%)
人工费 材料费 机械使用费 其他工程费 间接费								
工程成本合计								

在表3-7中,“目标成本”栏反映本期和本年累计已完工程的目标成本,根据已完工程结算表中目标成本按成本项目分析的项目成本加总填列。如有单独计算计入工程成本的工程费用,也要按成本项目分析计入。

“实际成本”栏反映本期和本年累计已完工程的实际成本,根据承包单位设置的工程施工成本明细分类账中各成本项目的本期和本年工程实际成本合计,加期初(即上期末)、年初(即上年末)未完工程盘点单中各成本项目的未完工程成本,减期末、年末未完工程盘点单中个成本项目的未完施工成本填列。

工程成本表中“降低额”栏内数字,根据“目标成本”栏内数字减“实际成本”栏内数字填列。出现成本超支时,应以“-”号表示。

“降低率”栏按本项目的降低额和目标成本计算填列:

$$降低率=\frac{降低额}{目标成本}\times 100\% \tag{3-39}$$

第四节　资 产 评 估

一、资产评估概述

1. 资产评估的概念

资产评估是指通过对资产某一时点价值的估算，从而确定其价值的经济活动。资产评估可以分为对资产占有单位进行的整体评估和对其某一类（某一项）资产进行的单项评估。单项资产评估又可分为机器设备评估、土地使用权评估、建筑物及在建工程评估、无形资产评估、长期投资及递延资产的评估、流动资产评估等类别。

按照国务院发布的《国有资产评估管理办法》的规定，国有资产占有单位有下列情形之一者，应当进行资产评估：①资产拍卖、转让；②企业兼并、出售、联营、股份经营；③与外国公司、企业和其他经济组织或个人开办中外合资经营企业或中外合作经营企业；④企业清算；⑤依照国家有关规定需要进行资产评估的其他情形。

此办法还规定，资产占有单位有下列情形之一，当事人认为需要的，可以进行资产评估：①资产抵押及其他担保；②企业租赁；③需要进行资产评估的其他情形。

以上应当进行资产评估的各项特定的资产业务，都是涉及产权变动的资产业务；以上可以进行资产评估的各项特定的资产业务，都是不涉及产权变动的资产业务。各项特定的资产业务，对资产评估的结果有不同的用途要求。满足特定资产业务对资产评估结果的不同用途要求是资产评估的特定目的。

2. 资产评估的程序

国有资产评估按照下列程序进行：

①申请立项。依照规定进行资产评估的资产占有单位，经其主管部门审查同意后，应当向同级国有资产管理行政主管部门提交资产评估立项申请书，并附财产目录和有关会计报表等资料。国有资产管理行政主管部门应当自收到资产评估立项申请书之日起10日内进行审核，并作出是否准予资产评估立项的决定，通知申请单位及其主管部门。申请单位收到准予资产评估立项通知书后，可以委托有资格的资产评估机构评估资产。

②资产清查。受资产占有单位委托的资产评估机构应当在对委托单位的资产、债权、债务进行全面清查的基础上，核实资产账面与实际是否相符，经营成果是否真实，据以作出鉴定。

③评定估算。资产评估机构应当根据有关规定，对委托单位被评估资产的价值进行评定和估算，并向委托单位提出资产评估结果报告书。

④验证确认。委托单位收到资产评估机构的资产评估结果报告书后，应当报其主管部门审查；主管部门审查同意后，报同级国有资产管理行政主管部门确认资产评估结果。国有资产管理行政主管部门应当自收到资产占有单位报送的资产评估结果报告书之日起45日内组织审核、验证、协商、确认资产评估结果，并下达确认通知书。资产占有单位对确认通知书有异议的，可自收到通知书之日起15日内向上一级国有资产管理行政主管部门申请复核。上一级国有资产管理行政主管部门应当自收到复核申请书之日起30日内作出裁定，并下达裁定通知书。

二、机器设备评估

1. 机器设备评估的特点

(1)机器设备评估是以技术检测为基础的。机器设备评估人员,必须具有对该种机器设备的技术知识,必须能对该种机器设备进行技术检测,在此基础上确认被评估机器设备的成新率。

(2)机器设备评估主要以单台、单件为评估对象。评估人员应该逐台(件)进行技术检测和评估。在评估中要特别注意企业获取机器设备的渠道,按进口设备和国产设备、标准设备和非标准设备、外购设备和自制设备的不同情况,采用不同的方法确定机器设备的重置成本,或选择不同的参照物的市场交易价格,作为评估的依据。

2. 机器设备评估的方法

机器设备评估主要采用成本法,也可采用市场法。

(1)成本法,也称重置成本法。是指在评估资产时按被评估资产的现时重置成本扣除其各项损耗价值来确定被评估资产价值的方法。

采用成本法的计算方法,可用公式表示为:

$$\text{资产评估价值}=\text{重置成本}-\text{实体性贬值}-\text{功能性贬值}-\text{经济性贬值} \tag{3-40}$$

采用成本法评估机器设备,有以下主要步骤:

①测算重置成本。重置成本可分为复原重置成本和更新重置成本。复原重置成本是指用与原资产相同的材料、建造标准、设计结构和技术条件等以现行价格再购建全新资产所需的成本。更新重置成本是指利用新型材料、新技术标准,以现时价格购建相同功能的全新资产所需的成本。重置成本应选择资产的更新重置成本,在无更新重置成本时,也可采用复原重置成本。

②估测实体性贬值。实体性贬值是指由于使用磨损和自然损耗而形成的资产贬值。其计算公式为:

$$\text{实体性贬值}=\text{重置成本}\times(1-\text{成新率}) \tag{3-41}$$

$$\text{实体性贬值}=\frac{\text{重置成本}-\text{预计净残值}}{\text{预计总使用年限}}\times\text{实际已使用年限} \tag{3-42}$$

③估测功能性贬值。功能性贬值是指由于新技术的发展导致资产功能陈旧而带来的原资产贬值。其计算公式为:

$$\text{功能性贬值}=(\text{重置成本}-\text{实体性贬值})\times\text{功能性损耗系数} \tag{3-43}$$

④估测经济性贬值。经济性贬值是指因设备外部因素引起的设备价值贬值。如设备所生产的产品滞销、原材料价格上涨、竞争加剧等,其最终表现为设备的利用率下降、收益额减少。其计算公式为:

$$\text{经济性贬值}=(\text{重置成本}-\text{实体性贬值}-\text{功能性贬值})\times\text{经济性贬值率} \tag{3-44}$$

⑤确定重估价值。按照成本法的计算公式,根据以上步骤测算的数据确定机器设备的重估价值。

【例 3-12】 某施工企业有一辆自卸汽车于 10 年前购入,由于承包原因需对其价值进行评估。该车目前的主要状况为:①发动机的增压器已失灵,其余部分仍可正常使用,新增压器现价为 330 元,新发动机现价为 8 400 元;②底盘的制动系统已淘汰,其余部分性能良好,制动系统原价占底盘原价的30%，新底盘的现价为18 800元；③新车身的现价为8 800元；④电器现价为3 700元；⑤预计全部行驶里程为54万km，已行驶了42万km，预计残值为3 900元，功能性损耗系数为0.1。试用成本法计算该车的评估价值。

解：发动机的重置成本 = 8 400 - 330 = 8 070(元)

底盘的重置成本 = 18 800 × (1 - 30%) = 13 160(元)

汽车的重置成本 = 8 070 + 13 160 + 8 800 + 3 700 = 33 730(元)

汽车的实体性贬值 = (33 730 - 3 900) ÷ 54 × 42 = 23 201(元)

汽车的评估价值 = (重置成本 - 实体性贬值) × (1 - 功能性损耗系数)

= (33 730 - 23 201) × (1 - 0.1) = 9 476(元)

(2)市场法，又称现行市价法或市场价格比较法。是指通过比较被资产评估与最近售出类似资产的异同，并将类似资产的市场价格进行调整，从而确定被评估资产价值的一种资产评估方法。市场法应用简单，但要求有充分发育活跃的资产市场并能方便地获取比较所需的各种资料。

采用市场法评估机器设备，有以下主要步骤：

①考察鉴定被评估机器设备。通过对被评估机器设备的考察鉴定，获取有关数据资料，并为搜集市场数据资料、选取参照物提供依据。

②选取参照物。按照可比性原则，从市场上已成交的交易案例中选取相同的或类似的机器设备作为参照物。以参照物的交易价格作基础进行评估。

③对被评估设备与参照物之间的差异进行比较、量化和调整。可以从机器设备的销售时间、结构性能、新旧程度、销售数量及付款方式等因素的差异进行比较、量化。

④汇总各因素差异量化值，确定评估值。

三、土地使用权评估

1. 土地使用权评估的特点

土地使用权是一种无形资产，土地使用权评估属于无形资产评估。土地使用权评估通常与建筑物评估紧密结合在一起，统称房地产评估。土地使用权评估有以下一些特点：

(1)评估土地使用权的出让价格应以马克思关于土地价格的理论为指导。土地价格不是“土地价值”的货币表现，土地使用权价格的性质是地租的资本化。

(2)土地价格应以土地的效用作最有效发挥为前提。土地的收益与土地的用途紧密相连。评估土地使用权，应当以土地的最有效使用为前提。当然，土地的最有效使用，受到各种条件的限制，在评估时要充分考虑各种限制条件的影响。

(3)土地价格受供求法则的影响。土地面积的有限性和非再生性，使供求法则对土地价格有特别明显的影响。当地的经济发展越快，对土地的需求越大，土地的转让价格也就越高。土地使用权评估，必须考虑地块所处的地区及其经济发展水平。

2. 土地使用权评估的方法

土地使用权评估一般可采用如下方法：

(1)市场比较法。把被估土地与市场上已出让的相同或类似的土地作比较，调整其差异，确定被估土地的评估价值。

【例3-13】 土地丙的面积为1 000m^2，待出让。同时搜集到与土地丙具有可比性的土地甲、乙的土地使用权出让的资料(表3-8),求土地丙的价格。

土地使用权出让资料 表3-8

项目	单位	甲	乙	丙
销售条件		市场	市场	市场
交易时间		2年前	1年前	
销售单价	元/m^2	90	115	

解:已知去年比前年地价上涨了10%,今年比去年又上涨了12%,按照市场法评估思路,先比较这三块土地,分别求出其综合评价系数,如表3-9所示。

甲、乙、丙三块土地综合评价系表 表3-9

比较指标	指标权重(%)	理想分	甲	乙	丙
土地临路情况	125	10	8	7	7
土地使用情况	125	10	8	8	9
公共设施情况	125	10	8	8	8
社区服务状况	125	10	8	7	8
文化娱乐状况	125	10	7	6	8
周围环境	125	10	8	8	8
地区性不动产销售情况	125	10	9	8	10
其他	125	10	8	8	8
合计		100	80	75	82.5

若以甲为依据,丙的每平方米出让价格为:

$$90\times(1+10\%)\times(1+12\%)\times82.5\div80=114.35(\text{元})$$

若以乙为依据,丙的每平方米出让价格为:

$$115\times(1+12\%)\times82.5\div75=141.68(\text{元})$$

若无其他特别因素的影响,丙的每平方米售价取上述两者的中值,则丙土地使用权的出让价格为:

$$(114.35+141.68)\div2\times1\,000=128\,015(\text{元})$$

(2)收益法也称收益还原法,收益资本化法。是指通过估算被评估资产未来预期收益并折算成现值,借以确定被评估资产价值的一种资产评估方法。使用收益法评估土地使用权,是用土地的年纯收益额和适用资本化率推算土地价格。用公式表示为:

$$\text{地产评估值}=\frac{\text{土地年总收益额}-\text{土地年总费用}}{\text{适用资本化率}} \tag{3-45}$$

(3)成本法也称重置成本法。是以取得和开发土地所耗费的各项费用之和为基础,再加上一定的利息、利润、税金和土地所有权收益等来确定土地价格的估价方法。其评估公式为:

$$\text{地产评估值}=\text{地产重置成本}-\text{各种贬值} \tag{3-46}$$

地产重置成本 = 土地取得费用 + 土地开发费用 + 税费 + 利息 + 利润 + 土地所有权收益

(4)假设开发法。是将评估对象预期开发后的价值,扣除预期的正常开发成本、销售税费、管理费用、利息以及开发利润,由此推算评估对象价值的一种估价方法。其评估公式为:

$$\text{地产评估值}=\text{卖楼价}-\text{建筑费}-\text{专业费用}-\text{投资利息}-\text{投资利润}-\text{税费} \tag{3-47}$$

其中,卖楼价是指对待评估地块按最佳利用方式进行开发设计,并预计完成开发后的建成物的价值。

(5)路线价评估法。通过制订标准地块的路线价为基准来评定相邻各地块价格的方法。具体说,就是选取临接某一街道的一地段,以其临街深度为标准深度,求在该深度上数块有代表性的地块的平均单价,作为该临街地的路线价。根据路线价和深度指数(因临街深度的增加而产生的价格递减比率)推算出临接同一街道的其他所有地块的价格。可用公式表示为:

$$地价=路线价\times深度指数\times地块面积 \tag{3-48}$$

【例3-14】 某路线价区段,标准深度为16.18m,路线价为1 200元/m^2,待评地块为一临街矩形地块,临街宽度为20m,临街深度为17m。根据深度指数表的数据(表3-10),计算这块土地的价格。

深度指数表

表3-10

临街深度(m)	小于4	4~8	8~12	12~16	16~18
深度指数(%)	130	125	120	110	100

解:将这块土地按其临街深度,划分为5块,分别计算各自的面积,再按上述公式计算土地价格。

$$\begin{aligned}地价&=1\,200\times(1.3\times20\times4+1.25\times20\times4+1.2\times20\times4+1.1\times20\times4+1\times20\times1)\\&=1\,200\times(104+100+96+88+20)\\&=489\,600(元)\end{aligned}$$

第五节 与工程造价有关的税收及保险的内容

一、与工程有关的税收规定

按照纳税对象的不同性质,税收可以划分为流转税类、资源税类、所得税类、特定目的税类、财产行为税类、农业税类和关税。在项目投资与建设过程中缴纳的主要税收包括营业税、所得税、城市维护建设税和教育费附加(可视作税收)。另外,针对其占有的财产和行为,还涉及房产税、土地使用税、土地增值税和契税等的征收。

(一)营业税

1.纳税人

营业税的纳税人是指在中华人民共和国境内提供应税劳务、转让无形资产或者销售不动产的单位和个人。作为营业税纳税义务人的单位是指发生应税行为、并向对方收取货币、货物和其他经济利益的单位,无论其是否独立核算,均为营业税的纳税义务人。作为营业税纳税义务人的个人,是指个体工商户及其他经营行为的个人。

2.纳税对象

纳税对象包括在我国境内提供应税劳务、转让无形资产或销售不动产三个方面。

(1)提供应税劳务。主要包括交通运输业、建筑业、金融保险业、邮电通信业、文化体育业、娱乐业和服务业七项。

(2)转让无形资产。是指转让无形资产的所有权或使用权。具体包括转让土地使用权、商标权、专利权、非专利技术、著作权和商誉等。

(3)销售不动产。是指有偿转让不动产所有权。具体包括销售建筑物或构筑物、销售其他土地附着物；单位将不动产无偿赠与他人，视同销售不动产；以不动产投资入股，在转让该项股权时，也视同销售不动产。

3. 计税依据和税率

(1)计税依据。我国营业税计税依据为计税营业额。营业税属于价内税，所谓价内税是指商品价值或价格内包含应纳的此项税金，因而作为计税依据的营业额为纳税人提供应税劳务、转让无形资产或者销售不动产时向对方收取的全部价款和价外费用(包括基金、集资款、手续费、代收代垫款项及其他各种性质的价外费用)，价外费用均应依法并入营业额计算应纳税额。建筑业和销售不动产营业税计税依据的具体规定如下：

①总包企业将工程分包时，以全部承包额减去付给分包单位价款后的余额为营业额。

②从事建筑、修缮、装饰工程作业的，无论是"包工包料"还是"包工不包料"，营业额均包括工程所用原材料及其他物资和动力的价格；从事安装工程作业的，凡安装的设备价值作为安装工程产值的，营业额包括设备价款营业额。

③自建自用的房屋不纳营业税；自建房屋对外销售(不包括个人自建自用住房销售)的，其自建行为应按建筑业缴纳营业税，再按销售不动产缴纳营业税。

④单位和个人销售或转让其购置的不动产或受让的土地使用权，以全部收入减去不动产或土地使用权的购置或受让原价后的余额为营业额。单位和个人销售或转让抵债所得的不动产、土地使用权的，以全部收入减去抵债时该项不动产或土地使用权作价后的余额为营业额。

(2)税率。营业税实行差别比例税率，对同一行业实行同一税率，对不同行业实行不同税率。营业税税目税率见表3-11。

营业税税目税率表　　　　表3-11

税　目	税　率	税　目	税　率
交通运输业	3%	娱乐业	5%～20%
建筑业	3%	服务业	5%
金融保险业	5%	转让无形资产	5%
邮电通信业	3%	销售不动产	5%
文化体育业	3%		

4. 应纳税额计算

营业税应纳税额一般根据计税营业额和适用税率计算，基本计算公式为：

$$应纳税额 = 计税营业额 \times 适用税率 \tag{3-49}$$

纳税人兼有不同税目的，应当分别核算不同税目的营业额，未分别核算营业额的，从高适用税率。纳税人兼营应税劳务与货物或非应税劳务的，应分别核算应税劳务的营业额与货物或非应税劳务的销售额，不分别核算或不能准确核算的，其应税劳务与货物或非应税劳务一并征收增值税，不征收营业税。基本建设单位和从事建筑安装业务的企业附设的工厂、车间生产的水泥预制构件、其他构件或建筑材料，用于本单位或本企业的建筑工程的，应在移送使用时征收增值税。但对其在建筑现场制造的预制构件，凡直接用于本单位或本企业建筑工程的，征收营业税，不征收增值税。

5. 纳税地点

(1)纳税人提供应税劳务应当向其机构所在地或者居住地的主管税务机关申报纳税。但是，纳税人提供的建筑业劳务以及国务院财政、税务主管部门规定的其他应税劳务，应当向应税劳务发生地的主管税务机关申报纳税。

(2)纳税人转让无形资产应当向其机构所在地或者居住地的主管税务机关申报纳税。但是,纳税人转让、出租土地使用权,应当向土地所在地的主管税务机关申报纳税。

(3)纳税人销售、出租不动产应当向不动产所在地的主管税务机关申报纳税。

(二)所得税

所得税又称所得课税、收益税,是指国家对法人、自然人和其他经济组织在一定时期内的各种所得征收的一类税收。所得税主要包括企业所得税和个人所得税。

1. 纳税人和纳税对象

企业所得税的纳税人是指企业或其他取得收入的组织(以下统称企业)。可分为居民企业和非居民企业。

(1)居民企业是指依法在中国境内成立,或者依照外国(地区)法律成立但实际管理机构在中国境内的企业。居民企业应当就其来源于中国境内、境外的所得缴纳企业所得税。

(2)非居民企业是指依照外国(地区)法律成立且实际管理机构不在中国境内,但在中国境内设立机构、场所的,或者在中国境内未设立机构、场所,但有来源于中国境内所得的企业。

①非居民企业在中国境内设立机构、场所的,应当就其所设机构、场所取得的来源于中国境内的所得,以及发生在中国境外但与其所设机构、场所有实际联系的所得,缴纳企业所得税。

②非居民企业在中国境内未设立机构、场所的,或虽设立机构、场所但取得的所得与其所设机构、场所没有实际联系的,应当就其来源于中国境内的所得缴纳企业所得税。

2. 计税依据和税率

(1)计税依据。企业所得税的计税依据为应纳税所得额。即:企业每一纳税年度的收入总额,减除不征税收入、免税收入、各项扣除以及允许弥补的以前年度亏损后的余额。计算公式为:

$$\text{应纳税所得额} = \text{收入总额} - \text{不征税收入} - \text{免税收入} - \text{各项扣除} - \text{弥补以前年度亏损} \tag{3-50}$$

①收入总额。是指企业以货币形式和非货币形式从各种来源取得的收入,包括:销售货物收入;提供劳务收入;转让财产收入;股息、红利等权益性投资收益;利息收入;租金收入;特许权使用费收入;接受捐赠收入;其他收入。

②不征税收入。收入总额中的下列收入为不征税收入:财政拨款;依法收取并纳入财政管理的行政事业性收费、政府性基金;国务院规定的其他不征税收入。

③免税收入。企业的下列收入为免税收入:国债利息收入;符合条件的居民企业之间的股息、红利等权益性投资收益;在中国境内设立机构、场所的非居民企业从居民企业取得与该机构、场所有实际联系的股息、红利等权益性投资收益;符合条件的非营利组织的收入。

④各项扣除。企业实际发生的与取得收入有关的、合理的支出,包括成本、费用、税金、损失和其他支出,准予在计算应纳税所得额时扣除。同时,企业发生的公益性捐赠支出。在年度利润总额12%以内的部分,准予在计算应纳税所得额时扣除。

⑤弥补以前年度亏损。根据利润的分配顺序,企业发生的年度亏损,在连续5年内可以用税前利润进行弥补。

⑥在计算应纳税所得额时,不得扣除的支出:向投资者支付的股息、红利等权益性投资收益款项;企业所得税税款;税收滞纳金;罚金、罚款和被没收财物的损失;允许扣除范围以外的捐赠支出;赞助支出;未经核定的准备金支出;与取得收入无关的其他支出。

(2)税率。企业所得税实行25%的比例税率。对于非居民企业取得的应税所得额,适用税率为20%。

符合条件的小型微利企业,减除20%的税率征收企业所得税。国家需要重点扶持的高新技术企业,减除15%的税率征收企业所得税。此外,企业的下列所得可以免征、减征企业所得税:从事农、林、牧、渔业项目的所得;从事国家重点扶持的公共基础设施项目投资经营的所得;从事符合条件的环境保护、节能节水项目的所得;符合条件的技术转让所得。

3. 应纳税额计算

企业的应纳税所得额乘以适用税率,减除有关税收优惠的规定减免和抵免的税额后的余额,为应纳税额:

$$应纳税额=应纳税所得额\times所得税税率-减免和抵免的税额 \tag{3-51}$$

企业取得的下列所得已在境外缴纳的所得税税额,可以从其当期应纳税额中抵免,抵免限额为该项所得依照规定计算的应纳税额;超过抵免限额的部分,可以在以后5个年度内,用每年度抵免限额抵免当年应抵税额后的余额进行抵补:

(1)居民企业来源于中国境外的应税所得;

(2)非居民企业在中国境内设立机构、场所,取得发生在中国境外且与该机构、场所有实际联系的应税所得。

居民企业从其直接或者间接控制的外国企业分得的来源于中国境外的股息、红利等权益性投资收益,外国企业在境外实际缴纳的所得税税额中属于该项所得负担的部分,可以作为该居民企业的可抵免境外所得税税额,在规定的抵免限额内抵免。

(三)城市维护建设税与教育费附加

1. 城市维护建设税

城市维护建设税的纳税人,是有义务缴纳增值税、消费税和营业税的单位和个人。外商投资企业和外国企业不缴纳城市维护建设税。城市维护建设税以实际缴纳的增值税、消费税和营业税之和为计税依据,与增值税、消费税和营业税同时缴纳。城市维护建设税根据纳税人所在地的不同,分别规定不同的比例税率。纳税人所在地在市区的,税率为7%;纳税人所在地在县城或镇的,税率为5%;纳税人所在地不在市区、县城或镇的,税率为1%。施工企业、房地产开发企业应该以实际缴纳的营业税税额为计税依据,同时缴纳城市维护建设税。

2. 教育费附加

教育费附加的纳税人,是有义务缴纳增值税、消费税和营业税的单位和个人。教育费附加以实际缴纳的增值税、营业税、消费税的税额为计征依据,与增值税、消费税和营业税同时缴纳。教育费附加税率为3%。

(四)城镇土地使用税

1. 纳税人

城镇土地使用税的纳税义务人,是指在城市、县城、建制镇、工矿区范围内使用土地的单位和个人。单位包括国有企业、集体企业、私营企业、股份制企业、外商投资企业、外国企业以及其他企业和事业单位、社会团体、国家机关、军队以及其他单位;个人包括个体工商户以及其他个人。

2. 纳税对象

城镇土地使用税的纳税对象包括在城市、县城、建制镇和工矿区内的国有和集体所有土地,但不包括农村土地。

3. 计税依据和税率

城镇土地使用税以纳税人实际占用的土地面积为计税依据。

纳税人实际占用的土地面积按下列办法确定：

(1)凡由省、自治区、直辖市人民政府确定的单位组织测定土地面积的，以测定的面积为准。

(2)尚未组织测量，但纳税人持有政府部门核发的土地使用证书的，以证书确认的土地面积为准。

(3)尚未核发出土地使用证书的，应由纳税人申报土地面积，据以纳税，待核发土地使用证后再作调整。

城镇土地使用税采用定额税率。

4. 应纳税额

城镇土地使用税应纳税额可通过纳税人实际占用的土地面积乘以该土地所在地段的适用税额求得。计算公式为：

$$全年应纳税额 = 实际占用应税土地面积(m^2) \times 适用税额 \tag{3-52}$$

二、与工程财务有关的保险规定

公路工程施工中涉及的保险种类很多，主要有工程一切险、第三方责任险、人身意外险、施工装备险。

1. 工程一切险

(1)投保范围

承包人应以业主和承包人双方的名义为本合同工程投保工程一切险和第三方责任险，保费在投标报价中单独列出，由业主负担。

所谓工程一切险，是一种综合性保险，是为永久工程、临时工程和设备及已运至施工工地用于永久工程的材料和设备所投的保险。该项投保从工程开始到竣工移交整个期间的已完工程、在建工程、到达现场的材料、临时工程、现场的其他财产等任何损失进行保险，也可对在缺陷责任期内由于施工原因造成的已完工程损失保险。但是，“一切险”并未全面概括所有的风险损失，这是有许多条件限制的，特别是对导致损失的原因有很多限制，这要在投保时同保险公司具体商定。

如果承包人不愿投保“一切险”，也可以就承包人的材料、机具装备、临时工程、已完工程等分别进行保险，但应征得业主的同意。有时承包人将临时工程、劳务或某一部分永久性工程分包给其他分包人，那么分包人就投保其分担责任的那一部分保险，而承包人则按扣除该分包价格的余额进行保险。

(2)保险费率的确定

保险费率同项目的性质(例如一般民用建筑、公路桥梁、工业建筑、化工装置、危险物品仓库等)和项目所在地的地理条件、自然条件以及工期的长短、免赔额的高低等因素有关，承包人可以就本项目的具体情况与保险公司协商一个合理的费率。如中国人民保险公司将工程一切险分为建筑工程一切险和安装工程一切险。其保险费，国外承包工程列入有关项目的投资概算之中，国内自筹资金项目若自愿投保，保险费可列入有关项目的投资概算之中，保险费率一般为：建筑工程一切险为保险总金额的1.8‰~5‰，工艺复杂、地质条件较差的项目工程一切险可能达到6‰～7‰，安装工程一切险的保险费率为总额的2‰～5‰。工程一切险的保险额是按合同总价，即工程完成时的价值计算。实际上，工程价值从零开始，到竣工时才达到保险金额总值，保险费率按保险额记取某一千分数，并不考虑工程价值在施工初期和期末的价值变化，而赔偿金额只考虑实际损失数字。承包人可以要求保险公司在确定保险金费率时，充分考虑这一特点和因素。

(3)保险期限的确定

保险的期限要根据合同条件要求(包括全部施工期)确定，如果业主要求缺陷责任期内由于施工缺陷造成的损害也属于保险范围，则需在投保申请书中写明。确定保险期限时，实际保险期限应该比合同工期略长一些，这是考虑到可能工期拖长。

2. 第三方责任险

(1)投保范围

因为工程是在业主的工程土地范围内进行，如果任何事故造成工地和附近地段第三者人身伤亡和财产损失时，第三者可能要求业主赔偿或提出诉讼，业主为免除自己的责任而要求承包人投保这种责任险。在发生这种涉及第三方损失的责任时，保险公司将对承包人由此遭到的赔款和发生诉讼等费用进行赔偿。但是，属于承包人或业主在工地的财产损失，或其本公司和其他承包人在现场从事与工作有关的职工的伤亡不属于第三方责任险的赔偿范围，而属于工程一切险和人身意外险的范围。领有公共交通和运输用执照的车辆事故造成的第三方的损失，也不属于这项第三方责任险赔偿范围，他们属于汽车保险范围。

(2)保险费率确定

在 FIDIC 合同条件第 23 条明确规定了第三方责任险保险金额的最低限额，限此保险金额至少应为投标书附件中所规定的数额。承包人可以按 FIDIC 合同条件的规定，与“工程一切险”合并在一起向保险公司投保。第三方责任险的赔偿限额由双方商定，费率大约为2.5‰～5.5‰。

3. 人身意外险

人身意外险是承包人对其施工人员(包括所雇职员和工人)进行人身意外事故保险，保费由承包人自己负责。凡是 FIDIC 合同条件第 24 条鉴定的事故都属于此保险范围。对于每一职员造成的意外事故保险金额，要按工程所在国的劳工法和社会安全法来确定，不能低于这些法律规定的最低限额。有些国家对于承包人雇用的外籍职员和工人，允许在外国的保险公司投保，但对工程所在国籍雇员和工人，规定必须在当地保险公司投保。这一点应当在签订合同时予以明确。

中国人民保险公司办有团体人身意外伤害保险，一般以一年为期，也可投保短期险。保险额最低为1 000元，最高为10 000元，具体数额可由投保人选定。一般保险费为每人每年保险金额2%～7%不等，视工种和工作环境而定。我国在国外承包工程时，有两种办保险的方法：

①中方派出人员由中国人民保险公司承保，工人每人保险金额为人民币2万元，保险费率为1%；技术人员的保险金额较高，总工程师可达10万元。

②在工程所在雇用当地人员，可按当地法律规定或习惯办理人身意外保险。

在进行人身意外保险时还可以同时附加事故致伤的医疗保险，这主要是指抢救和治疗工伤，平常的疾病不属于这一附加医疗保险的赔偿范围。

4. 施工装备险

施工装备险是承包人为进入施工现场的施工装备所投保险，保险范围、保险金额及保险期限由承包人根据需要与保险公司协商确定。

第六节　建设项目财务分析

建设项目财务分析是在国家现行的财税制度和价格体系的前提下，从项目的角度出发，计算项目范围内的财务效益和费用，分析项目的盈利能力和清偿能力，评价项目在财务上的可行性。

一、工程项目收益估算

工程项目收益是项目建设及运营过程中所取得的财务效益与支出的财务费用之间比较的结果。财务效益与费用分析是财务分析的重要基础，其估算的准确性与可靠程度对项目财务分析影响巨大。财务效益和费用估算应遵循“有无对比”的原则，正确识别和估算“有项目”和“无项目”状态的财务效益和费用。财务效益与费用估算应反映行业特点，符合依据明确、价格合理、方法适宜和表格清晰的要求。

（一）财务效益估算

项目的财务效益是指项目实施后所获得的营业收入。对于适用增值税的经营性项目，除营业收入外，其可得到的增值税返还也应作为补贴收入计入财务收益；对于非经营性项目，财务效益应包括可能获得的各种补贴收入。

1. 营业收入的估算

（1）营业收入估算的基础数据，包括产品或服务的数量和价格，都与市场的预测密切相关。

（2）工业项目评价中营业收入的估算基于一项重要假定，即当期的产出（扣除自用量后）等于当期全部销售，也就是当期商品产量等于当期销售量。主副产品（或不同等级产品）的销售收入应全部计入营业收入，其中某些行业的产品成品率按行业习惯或规定；其他行业提供的不同类型服务收入也应同时计入营业收入。

（3）分年运营量可根据经验确定负荷后计算或通过制订销售（运营）计划确定。

①按照市场预测的结果和项目具体情况，根据经验直接判定分年的负荷率。

②根据市场预测的结果，结合项目性质、产出特性和市场的开发程度制订分年运营计划，进而确定各年产出数量。相对而言，这种做法更具合理性，国际上多采用这种做法。

③运营计划或分年负荷的确定不应是固定的模式，应强调具体项目具体分析。一般开始投产时负荷较低，以后各年逐步提高，提高的幅度取决于上述因素的分析结果。有些项目的产出寿命期较短，更新快，达到一定负荷后，在适当的年份开始减少产量，甚至适时终止生产。

2. 补贴收入的估算

某些项目还应按有关规定估算企业可能得到的补贴收入（仅包括与收益相关的政府补助，与资产相关的政府补助不在此处核算，与资产相关的政府补助是指企业取得的、用于构建或以其他方式形成长期资产的政府补助），包括先征后返的增值税、按销量或工作量等依据国家规定的补助定额计算并按期给予的定额补贴，以及属于财政扶持而给予的其他形式的补贴等。以上几类补贴收入，应根据财政、税务部门的规定，分别计入或不计入应税收入。

（二）财务费用估算

项目所支出的财务费用主要包括投资、成本费用和税金等。

1.投资

在项目财务费用的估算中，投资主要包括建设投资、建设期贷款利息和流动资金三部分。

（1）建设投资。建设投资是项目费用的重要组成部分，是项目财务分析的基础数据，可根据项目前期研究的不同阶段、对投资估算精度的要求及相关规定选用估算方法，从而在给定的建设规模、产品方案和工程技术方案的基础上，估算项目建设所需要的费用。建设投资的构成可按概算分类法或按形成资产法分类。

①按概算法分类。建设投资由工程费用、工程建设其他费用和预备费三部分构成。其中工程费用又由建筑工程费、设备购置费（含工器具及生产家具购置费）和安装工程费构成；工程建设其他费用内容较多，且随行业和项目的不同而有所区别。预备费包括基本预备费和涨价预备费。

②按形成资产法分类。建设投资由形成固定资产的费用，形成无形资产的费用、形成其他资产的费用和预备费四部分组成。

固定资产费用是指项目投产时直接形成固定资产的建设投资，包括工程费用和工程建设其他费用中按规定将形成固定资产的费用，后者被称为固定资产其他费用，主要包括建设单位管理费、可行性研究费、研究试验费、勘察设计费、环境影响评价费、场地准备及临时设施费、引进技术和进口设备其他费、工程保险费、联合试运转费、特殊设备安全监督检测费和市政公用设施建设及绿化费等。

无形资产费用是指将直接形成无形资产的建设投资，主要是专利权、非专利技术、商标权、土地使用权和商誉等。

其他资产费用是指建设投资中除形成固定资产和无形资产以外的部分，如生产准备及开办费等。

（2）建设期贷款利息。建设期贷款利息是指筹措债务资金时在建设期内发生并按规定允许在投产后计入固定资产原值的利息，即资本化利息。

（3）流动资金。流动资金是指运营期内长期占用并周转使用的营运资金，不包括运营中需要的临时性营运资金。

2.成本费用

成本费用是指项目生产运营支出的各种费用。成本估算应与营业收入的计算口径一致，各项费用应划分清楚，防止重复计算或者低估费用支出。按财务评价的特定要求，分为总成本费用和经营成本。

1）总成本费用估算

总成本费用是指在运营期内为生产产品或提供劳务所发生的全部费用。总成本费用估算的行业性很强，估算应注意反映行业特点，或从行业规定。以下所述的总成本费用估算法与注意事项适用于工业项目，在折旧、摊销、利息和某些费用计算方面也基本适用于其他行业。

（1）生产要素估算法

$$总成本费用 = 外购原材料、燃料和动力费 + 工资及福利费 + 折旧费 + 摊销费 + 修理费 + 财务费用(利息支出) + 其他费用 \tag{3-53}$$

式中：

①外购原材料和燃料动力费估算，该价格应按入库价格计，即到厂价格并考虑途库损耗。采用的价格时点和价格体系应与营业收入的估算一致。

②人工工资及福利费通常包括职工工资、奖金、津贴和补贴，职工福利费。医疗保险费、养老保险费、失业保险费、工伤保险费、生育保险费等社会保险费和住房公积金中由企业缴付的部分，应按规定计入其他管理费用。

③固定资产原值及折旧费的估算，固定资产原值按照建设项目总投资中形成固定资产的费用计算。

④固定资产修理费的估算。修理费是指为保持固定资产的正常运转和使用，充分发挥使用效能，对其进行必要修理所发生的费用，按照修理范围的大小和修理时间间隔的长短可以分为大修理和中小修理。

修理费允许直接在成本中列支，如果当期发生的修理费用数额较大，可实行预提或摊销的办法。

⑤无形资产和其他资产原值及摊销费用估算。

按照有关规定，无形资产从开始之日起，在有效使用期限内平均摊入成本。无形资产的摊销一般采用平均年限法，不计残值。

其他资产的摊销可以采用平均年限法，不计残值，摊销年限应注意符合税法要求。

⑥其他费用估算。其他费用包括其他制造费用、其他管理费用和其他营业费用这三项费用，系指由制造费用、管理费用和营业费用中分别扣除工资及福利费、折旧费、摊销费、修理费以后的其余部分。产品出口退税和减免税项目按规定不能抵扣的进项税额也包括在内。

a. 其他制造费用。制造费用包括生产单位管理人员工资和福利费，折旧费、修理费（生产单位和管理用房屋、建筑物、设备）、办公费、水电费、机物料消耗、劳动保护费，季节性和修理期间的停工损失等。但不包括企业行政管理部门为组织和管理生产经营活动而发生的管理费用。

为了简化计算，常将制造费用归类为管理人员工资及福利费、折旧费、修理费和其他制造费用几部分。

其他制造费用是指，由制造费用中扣除生产单位管理人员工资及福利费、折旧费、修理费后其余的部分。项目评价中常见的估算方法有：按固定资产原值（扣除所含的建设期利息）的百分数估算；按人员定额估算。具体估算方法可依从行业规定。

b. 其他管理费用。管理费用是指企业为管理和组织生产经营活动所发生的各项费用，包括公司经费、工会经费、职工教育经费，劳动保险费、待业保险费、董事会费、咨询费、聘请中介机构费，诉讼费、业务招待费、排污费、房产税、车船使用税、土地使用税、印花税、矿产资源补偿费、技术转让费、研究与开发费、无形资产与其他资产摊销、职工教育经费、计提的坏账准备和存货跌价准备等。

为简化计算，项目评价中可将管理费用归类为管理人员工资及福利费、折旧费、无形资产和其他资产摊销费、修理费、其他管理费用几个部分。

其他管理费用是指由管理费用中扣除工资及福利费、折旧费、摊销费、修理费后的其余部分。

项目评价中常见的估算方法是按人员定额或取工资及福利费总额的百分数计算。

c. 其他营业费用。营业费用是指企业在销售商品过程中发生的各项费用以及专设销售机构的各项经费，包括应由企业负担的运输费、装卸费、包装费、保险费、广告费、展览费以及专设销售机构人员工资及福利费、类似工资性质的费用、业务费等经营费用。

为了简化计算，项目评价中将营业费用归为销售人员工资及福利费、折旧费、修理费和其他营养费用几部分。其他营业费用是指由营业费用中扣除工资及福利费、折旧费、修理费后的其余部分。

项目评价中常见的估算方法是按营业收入的百分数估算。

d. 不能抵扣的进项税额。对于产品出口项目和产品国内销售的增值税减免税项目，应将不能抵扣的进项税额计入总成本费用的其他费用或单独列项。

⑦利息支出。按照会计法规，企业为筹集所需资金而发生的费用称为借款费用，又称财务费用，包括利息支出（减利息收入）、汇兑损失（减汇总收益）以及相关的手续费等。在大多数项目的财务分析中，通常只考虑利息支出。利息支出的估算包括长期借款利息，流动资金借款利息和短期借款利息三部分。

（2）生产（服务）成本加期间费用估算法

$$总成本费用 = 生产成本 + 期间费用 \tag{3-54}$$

$$生产成本 = 直接材料费 + 直接燃料和动力费 + 直接工资 + 其他直接支出 + 制造费用 \tag{3-55}$$

$$期间费用 = 管理费用 + 营业费用 + 财务费用 \tag{3-56}$$

当会计制度与税收制度的相关规定有矛盾时，应按从税收原则处理。

（3）固定成本和可变成本

根据成本费用与产量的关系可以将总成本费用分解为可变成本、固定成本和半可变（半固定）成本。长期借款利息应视为固定成本，流动资金借款和短期借款利息可能部分与产品产量有关，其利息可视为半可变半固定成本，为简化计算，一般也将其作为固定成本。

2）经营成本估算

经营成本是指财务分析的现金流量分析中所使用的特定概念，作为项目现金流量表运营期现金流出的主体部分，应得到充分的重视。经营成本是指总成本费用扣除固定资产折旧费、摊销费和财务费用后的成本费用。其计算公式为：

$$经营成本 = 总成本费用 - 折旧费 - 摊销费 - 财务费用 \tag{3-57}$$

或：

$$经营成本 = 外购原材料、燃料和动力费 + 工资及福利费 + 修理费 + 其他费用 \tag{3-58}$$

3. 税金

项目财务分析中所涉及的税金主要包括关税、增值税、营业税、消费税、所得税、资源税、城市维护建设税和教育费附加等，有些行业还包括土地增值税。税种和税率的选择，应根据相关税法和项目的具体情况确定。如有减免税优惠，应说明依据及减免方式并按相关规定估算。

在进行项目收益计算时，营业税、消费税、土地增值税、资源税和城市维护建设税、教育费附加均可包含在营业税金及附加中。

（三）利润的形成及分配

1. 利润的计算

利润是工程项目收益的主要表现形式之一，是在财务收益和费用估算的基础上，反映一定

时期内所取得的财务成果。其基本计算公式为:

利润总额 = 营业收入 - 总成本费用 - 营业税金及附加 (3-59)

2. 利润的分配

企业实现的利润总额,按照国家规定做相应的调整后,依法缴纳所得税。企业缴纳所得税后形成的净利润,除国家另有规定外,按照下列顺序分配:

(1)弥补企业以前年度亏损。企业发生的年度亏损,在连续5年内未能用税前利润弥补的,应用税后利润弥补。

(2)提取法定公积金。法定公积金按照税后利润扣除弥补亏损后余额的10%提取,法定公积金达到注册资本的50%时可不再提取。法定公积金可用于弥补亏损或用于转增资本金,转为资本时,所留存的该项公积金不得少于转增前公司注册资本的25%。

(3)提取任意公积金,提取法定公积金后,经股东会或者股东大会决议,还可以从税后利润中提取任意公积金。

(4)向投资者分配利润。企业当期实现的净利润,加上年初未分配利润扣除前三项的余额后,为可供投资者分配的利润。

二、项目盈利能力分析

(一)主要的会计要素

项目的盈利能力分析往往与会计要素有关,根据《企业会计准则》,会计要素包括资产、负债、所有者权益、收入、费用和利润。其中,后三个要素前已述及,此处重点介绍前三个要素。

1. 资产

资产是指过去的交易、事项形成并由企业拥有或控制的资源,该资源预期会给企业带来经济效益。资产按其流动性可以分为流动资产、长期投资、固定资产、无形资产和其他资产。

(1)流动资产。是指可以在1年或者超过1年的一个营业周期内变现或耗用的资产,主要包括:货币资金(现金、银行存款等)、短期投资、应收及预付款项(即结算债权)、待摊费用和存货等。

①货币资金。包括库存现金(简称现金)、银行存款和其他货币资金(包括外埠存款、银行汇票存款、银行本票存款、信用卡存款等)。

②短期投资。是指能够随时变现并且持有时间不准备超过1年(含1年)的投资,一般包括股票、债券、基金等。

③应收及预付款项,或称结算债权。是指企业在日常生产经营过程中发生的各项债权,主要包括:应收款项(包括应收账款、应收票据、应收股利、应收利息、其他应收款)和预付账款等。

④待摊费用。是指企业已经支出,但应当由本期和以后各期分别负担的,分摊期在1年以内(含1年)的各项费用。主要包括:低值易耗品摊销、预付保险费、一次性购买印花税票、一次性支付固定资产中小修理费用、需要在年度内分月摊销的金额等。

⑤存货。施工企业的存货主要包括:原材料、在途存货、委托加工物资、低值易耗品、周转材料、未完施工和已完施工、在产品和产成品等。

(2)长期投资。长期投资是指除短期投资以外的投资,包括持有时间准备超过1年(不含1年)的各种股权性质的投资,不能变现或不准备随时变现的债券、长期债权投资和其他长期投资。

(3)固定资产。固定资产是指为生产商品、提供劳务、出租或经营管理而持有的、使用寿命超过一个会计期间、单位价值在规定的限额以上并能够可靠地计量、且长期使用的保持其原有实物形态的劳动资料。

不属于生产经营主要设备的物品，但单位价值在 2 000 元以上，并且使用年限超过 2 年的，也应当作固定资产。

(4)无形资产。其内容包括专利权、非专利技术、商标权、著作权、土地使用权等。

2. 负债

负债是指过去的交易、事项形成的现实义务，履行该义务预期会导致经济利益流出企业。企业的负债按其流动性(即负债的偿付期限的长短)，分为流动负债和长期负债。

(1)流动负债。是指在 1 年(含 1 年)或者超过 1 年的一个营业周期内偿还的债务，包括短期借款、应付票据、应付账款、预收账款、应付工资、应付福利费、应付股利，应交税金、其他暂收应付款项、预提费用和一年内到期的长期借款等。

(2)长期负债。是指偿还期在 1 年或者超过 1 年的一个营业周期以上的负债，包括长期借款、应付债券、长期应付款等。

长期应付款主要包括应付补偿贸易引进设备款、应付融资租赁款等长期债务。

3. 所有者权益

所有者权益是指所有者在企业资产中享有的经济利益，其金额为资产减去负债后的余额。所有者权益包括投入资本(或者股本)、直接计入所有者权益的利得和损失、盈余公积和未分配利润。

(1)投入资本(股本)。投入资本是指投资者按照企业章程，或合同、协议的约定，实际投入企业的资本。我国实行的是注册资本制，因而，在投资者足额缴纳资本之后，企业的投入资本应该等于企业的注册资本。

(2)直接计入所有者权益的利得和损失。是指由于资本溢价、接受捐赠资产等原因导致的资本积累，其项目包括：

①资本(或股本)溢价。是指企业投资者投入的资金超过其在注册资本中所占份额的部分。

②接受非现金资产捐赠准备。是指企业因接受非现金资产捐赠而增加的资本公积。

③接受现金捐赠。是指企业因接受现金捐赠而增加的资本公积。

④股权投资准备。是指企业对被投资单位的长期股权投资采用权益法核算时，因被投资单位接受捐赠等原因增加的资本公积，企业按其持股比例计算而增加的资本公积。

⑤拨款转入。是指企业收到国家拨入的专门用于技术改造、技术研究等的拨款项目完成后，按规定转入资本公积的部分。

⑥外币资本折算差额。是指企业接受外币投资因所采用的汇率不同而产生的资本折算差额。

⑦其他。是指除上述各项资本公积以外所形成的资本积累，以及从资本积累各准备项目转入的金额。债权人豁免的债务也在本项目中反映。

(3)盈余公积。企业的盈余公积包括：

①法定公积金。是指企业按照规定的比例从净利润中提取的盈余公积。

②任意公积金。是指企业经股东大会或类似机构批准按照规定的比例从净利润中提取的盈余公积。

(4)未分配利润。未分配利润是指企业利润经过分配程序后剩下的结余额。

(二)项目盈利能力分析指标

盈利能力分析的主要指标包括项目投资财务内部收益率和财务净现值、项目资本金财务内部收益率、投资回收期、总投资收益率、项目资本金净利润率等,可根据项目的特点及财务分析的目的、要求等选用。

1. 财务内部收益率(FIRR)

财务内部收益率是指能使项目计算期内净现金流量现值累计等于零时的折现率,即 FIRR 作为折现率使下式成立。

$$\sum_{t=1}^{n}(CI-CO)_t(1+FIRR)^{-t}=0 \tag{3-60}$$

式中: CI——现金流入量;

CO——现金流出量;

$(CI-CO)_t$——第 t 期的净现金流量值;

n——项目计算期

项目财务内部收益率(FIRR)的判别依据,应采用行业发布或者评价人员设定的财务基准收益率(i_c),当 FIRR$\geqslant i_c$ 时,即认为项目的盈利能力满足要求。资本金和投资各方收益率应与出资方最低期望收益率对比,判断投资方收益水平。

2. 财务净现值(FNPV)

财务净现值系指按设定的折现率(一般采用基准收益率 i_c)计算的项目计算期内净现金流量的现值之和,可按下式计算:

$$FNPV=\sum_{t=1}^{n}(CI-CO)_t(1+i_c)^{-t} \tag{3-61}$$

式中:i_c——设定的折现率(同基准收益率)

财务净现值 FNPV$\geqslant$0,表明项目的盈利能力达到或者超过按设定的折现率计算的盈利水平。

3. 项目投资回收期(P_t)

项目投资回收期系指以项目的净收益回收项目投资所需要的时间,一般以年为单位。项目投资回收期宜从项目建设开始年算起,若从项目投产开始年计算,应予以特别注明。项目投资回收期可采用下式计算:

$$\sum_{t=1}^{P_t}(CI-CO)_t=0 \tag{3-62}$$

项目投资回收期可以借助项目投资现金流量表计算。项目投资现金流量表中累计净现金流量由负值变为零的时点,即为项目的投资回收期。投资回收期应按下式计算:

$$P_t=T-1+\frac{\left|\sum_{i=1}^{T-1}(CI-CO)_i\right|}{(CI-CO)_T} \tag{3-63}$$

式中:T——各年累计净现金流量首次为正值或零值的年数。

项目投资回收期可根据项目投资现金流量表计算。项目投资回收期越短,表明项目的盈利能力和抗风险能力越好。投资回收期的判别标准是基准投资回收期,其取值可根据行业水平或者投资者的要求设定。

4. 总投资收益率(ROI)

总投资收益率表示总投资的盈利水平,系指项目达到设计能力后正常年份的年息税前利润

或运营期内年平均息税前利润(EBIT)与项目总投资(TI)的比率。总投资收益率应按下式计算:

$$ROI = \frac{EBIT}{TI} \times 100\% \tag{3-64}$$

式中:EBIT——项目正常年费的年息税前利润或运营期内年平均息税前利润;

TI——项目总投资。

总投资收益率高于同行业的收益率参考值,表明用总投资收益率表示的盈利能力满足要求。

5. 项目资本金净利润率(ROE)

项目资本金净利润率表示项目资本金的盈利水平,系指项目达到设计能力后正常年份的年净利润或运营期内年平均净利润(NP)与项目资本金(EC)的比率。项目资本金净利润应按下式计算:

$$ROE = \frac{NP}{EC} \times 100\% \tag{3-65}$$

式中:NP——项目正常年份的年净利润或运营期内年平均净利润;

EC——项目资本金。

项目资本金净利润率高于同行业的净利润率参考值,表明用项目资本金净利润率表示的盈利能力满足要求。

三、项目清偿能力分析

项目清偿能力分析同样是项目财务分析的主要内容之一。偿债能力分析应通过计算利息备付率(ICR)、偿债备付率(DSCR)和资产负债率(LOAR)等指标,分析判断财务主体偿债能力。

1. 利息备付率(ICR)

利息备付率系指在借款偿还期内的息税前利润(EBIT)与应付利息(PI)的比值,它从付息资金来源的运行角度反映项目偿付债务利息的保障程度,应按下式计算:

$$ICR = \frac{EBIT}{PI} \tag{3-66}$$

式中:EBIT——息税前利润;

PI——计入总成本费用的应付利息。

利息备付率应当大于1,并结合债权人的要求确定。

2. 偿债备付率(DSCR)

偿债备付率系指在借款偿还期内,用于计算还本付息的资金($EBITDA - T_{AX}$)与应还本息金额(PD)的比值,它表示可以用于还本付息的资金偿还借款本息的保证程度,应按下式计算:

$$DSCR = \frac{EBITDA - T_{AX}}{PD} \tag{3-67}$$

式中:EBITDA——息税前利润加折旧和摊销;

T_{AX}——企业所得税;

PD——应还本付息金额,包括还本金额和计入总成本费用的全部利息。融资租赁费用可视同借款偿还。运营期内的短期借款本息也应纳入计算。

如果项目在运营期内有维持运营的投资,可用于还本付息的资金应扣除维持运营的投资。

偿债备付率应分年计算,偿债备付率高,表明可用于还本付息的资金保障程度高。

偿债备付率应当大于1,并结合债权人的要求确定。

3. 资产负债率(LOAR)

资产负债率是各期末负债总额除以资产总额的百分比。资产负债率反映债权人所提供的资本占全部资本的比例。这个指标也被称为举债经营比率,也可以衡量企业在清算时保护债权人利益的程度,其计算公式如下:

$$LOAR = \frac{TL}{TA} \times 100\% \tag{3-68}$$

式中:TL——期末负债总额;

TA——期末资产总额。

(1)一般情况下,资产负债率越小,表明企业长期偿债能力越强。保守的观点认为资产负债率不应高于50%,而国际上通常认为资产负债率为60%时较为适当。

(2)从债权人的角度看,他们最关心的是能否按期收回本金和利息。如果股东(或所有者)提供的资本与企业资本总额相比,只占较小的比例,则企业的风险将主要由债权人负担。因此,债权人希望企业债务比例越低越好,企业偿债有保证,贷款风险较小。

(3)从股东的角度看,在全部资本利润率高于借款利息率时,负债比例越大越好,否则反之。

(4)从经营者的角度看,如果举债超出债权人心理承受程度,企业就难以借到资金。如果企业不举债,或负债比例很小,则说明企业经营保守,对前途信心不足,利用债权人资本进行经营活动的能力很差。从财务管理的角度来看,企业应当审时度势,全面考虑,在利用资产负债率制订借入资本决策时,必须充分估计预期的利润和增加的风险,在两者之间权衡利害得失,作出正确决策。

四、财务报表

财务报表是反应企业财务状况和经营成果的总结性书面文件,包括资产负债表、损益表、现金流量表、有关附表及财务情况说明书。企业应当定期向投资者、债权人、有关的政府部门以及其他报表使用者提供财务报表。

1. 资产负债表

资产负债表是反映企业在某一特定日期财务状况的报表。资产负债表根据"资产 = 负债 + 所有者权益"这一会计公式,将日常核算工作中形成的有关账户的期末余值进行整理后编制,反映企业在某一特定日期的资产、负债、所有者权益的余额及其分布情况,是一种静态报表。资产负债表的项目,应当按资产、负债和所有者权益的类别分项列示。

资产负债表的格式,国际上通常有报告式和账户式两种。报告式的资产负债表将资产、负债和所有者权益项目按上下顺序排列,以"资产 - 负债 = 所有者权益"的关系式来表示企业的财务状况。账户式资产负债表将资产项目排列在表格的左方,将负债和所有者权益项目按上下顺序排列在表格的右方,以"资产 = 负债 + 所有者权益"的关系式来表示企业的财务状况。我国采用账户式资产负债表的格式。根据资产的流动性质,资产一方按照流动资产、长期投资、固定资产、无形资产及递延资产、其他资产的顺序排列。负债按流动负债和长期负债的顺序排列。所有者权益按照实收资本、资本公积金、盈余公积金和未分配利润的顺序排列。资产负债表采用年初和期末数对比的方式排列。

施工企业的账户式资产负债表一般格式如表3-12所示。

资产负债表(单位:元)　　表3-12

编制单位:　　年　月　日

资　产	行次	年初数	期末数	负债及所有者权益	行次	年初数	期末数
流动资产:				流动负债:			
货币资金				短期借款			
短期投资				应付票据			
应收票据				应付账款			
应收账款				预收账款			
减:坏账准备				其他应付款			
预付账款				应付工资			
其他应收款				应付福利费			
待摊费用				未交税金			
存货				未付利润			
其中:在建工程				其他未交款			
其他流动资产				预提费用			
待处理流动资产损失				其他流动负债			
一年内到期的长期债务投资				一年内到期的长期负债			
流动资产合计				流动负债合计			
长期投资:							
长期投资							
固定资产:							
固定资产原值							
减:累计折旧							
固定资产净值				长期负债:			
固定资产清理				长期借款			
待处理固定资产损失				应付债券			
固定资产合计				长期应付款			
专项工程:				其他长期负债			
专项工程				其中:住房周转金			
无形资产及递延资产:				专项应付款			
无形资产				长期负债合计			
递延资产							
无形资产及递延资产合计				递延税项:			
其他资产:				递延税款贷项			
临时设施				负债合计			
减:临时设施摊销							
临时设施净值				所有者权益:			
临时设施清理				实收资本			
其他长期资产				资本公积			
其他长期资产合计				盈余公积			
递延税项:				未分配利润			
递延税借款项				所有者权益合计			
资产总计				负债及所有者权益总计			

补充资料:①已贴现的商业承兑汇票______元。

②已包括在固定资产原价内的融资租入固定资产原价______元。

2. 损益表及其附表

损益表是反映企业在一定期间内经营成果及其分配情况的报表。损益表的项目,应当按利润的构成和利润分配各项目分项列示。利润分配部分各项目也可另行编制利润分配表。按照我国现行规定,企业分别编制损益表和利润分配表。损益表根据"收入 - 费用 = 利润"这一会计等式,将企业根据权责发生制原则确认的某一会计期间的各项收入和费用的发生额进行整理后编制,反映企业在该会计期间内的利润形成过程,是一种动态报表。

(1)损益表

损益表采用上下顺序排列的报告形式,一次反映出工程结算利润、营业利润、利润总额和净利润四个层次。施工企业的损益表如表3-13所示。

损益表(单位:元)　　表3-13

编制单位:　　年　月　日

项　目	行　次	本 月 数	本年累计数
一、工程结算收入			
减:工程结算成本			
工程结算税金及附加			
二、工程结算利润			
加:投资收益			
财务费用			
三、营业利润			
加:投资收益			
营业外收入			
减:营业外支出			
加:以前年度损益调整			
四、利润总额			
减:所得税			
五、净利润			

(2)利润分配表

利润分配表是损益表的附表,是反映企业在一定期间内利润分配去向的报表,也是计算企业在会计期末的未分配利润数总额的报表。施工企业的利润分配表的格式如表3-14所示。

利润分配表(单位:元)　　表3-14

编制单位:　　年度

项　目	行　次	本 年 实际	去 年 实 际
一、净利润			
加:年初未分配利润			
减:归还借款的利润			
二、可供分配的利润			
加:盈余公积补亏			
减:提取盈余公积			
应付利润			
转作奖金的利润			
三、年末未分配利润			

3.现金流量表

现金流量表是反映在一定会计期间现金收入和支出情况的会计报表。编制现金流量表的目的,是为会计报表使用者提供企业一定会计期间内现金和现金等价物流入和流出的信息,以便于报表使用者了解和评价企业获取现金和现金等价物的能力,并据以预测企业未来现金流量。

1)现金流量的分类

现金流量是指企业现金和现金等价物的流入和流出。其中,现金是指企业库存现金及可以随时用于支付的存款,现金等价物是指企业持有的期限短、流动性强、易于转换为已知金额现金、价值变动风险很小的投资。现金流量应分为以下三类:

(1)经营活动产生的现金流量

经营活动是指企业投资活动和筹资活动以外的所有交易和事项。

(2)投资活动产生的现金流量

投资活动是指企业长期资产的购建和不包括在现金等价物范围内的投资及其处置活动。

(3)筹资活动产生的现金流量

筹资活动是指导致企业资本及债务规模和构成发生变化的活动。

2)现金流量表的格式

现金流量表采用报告式的格式,分别以经营活动、投资活动和筹资活动报告企业的现金流量。每一部分活动,均分别列示导致现金流入和现金流出的项目,并计算出该部分活动产生的现金流入小计和现金流出小计。

现金流量表采用直接法报告经营活动的现金流量(即直接列示现金的流入和流出)。编制此表时,应根据企业的日常会计记录,或通过对有关项目进行调整来取得现金流量的信息。

现金流量表还要求填列补充资料。在补充资料中,要求反映不涉及现金收支的投资和筹资活动,并采用间接法报告经营活动的现金流量(即将净利润调节为经营活动的现金流量)。现金流量表的格式如表3-15所示。

现金流量表(单位:元) 表3-15

编制单位: 年度

项 目	行次	金额	补充资料	行次	金额
一、经营活动的现金流量			1.不涉及现金收支的投资和筹资活动		
销售商品、提供劳务收到的资金			以固定资产偿还债务		
收到的租金			以投资偿还债务		
收到的增值税销项税和退回的增值税税款			以固定资产进行投资		
收到的除增值税以外的其他税费退还			以存款偿还债务		
收到的其他与经营活动有关的税金			2.将净利润调节为经营活动的现金流量净利润		
现金流入小计			加:提计的坏账准备或转销的坏账		
购买商品、接受劳务支出的现金			固定资产折旧		
支付给职工以及为职工支付的现金			无形资产摊销		
支付的增值税款			处置固定资产、无形资产和其他长期资产		
支付的所得税款			的损失(减:收益)		

续上表

项　　目	行次	金额	补充资料	行次	金额
支付的除增值税、所得税以外的其他税款			固定资产报废损失		
支付的其他与经营活动有关的现金			财务费用		
现金流出小计			投资损失(减:收益)		
经营活动产生的现金流量净额			递延税款贷项(减:借项)		
二、投资活动产生的现金流量			存货的减少(减:增加)		
收回投资所收到的现金			经营性应付项目的减少(减:减少)		
分得股利或利润所收到的现金			增值税增加净额(减:减少)		
处置固定资产、无形资产和其他长期资产所收到的现金净额			经营活动产生的现金流量净额		
			3. 现金及现金等价物净增加情况		
收到的其他与投资活动有关的现金			现金的期末余额		
现金流入小计			减:现金的期初余额		
购建固定资产、无形资产和其他长期资产所支付的现金			加:现金等价物的期末余额		
			减:现金等价物的期初余额		
权益性投资所支付的现金			现金及现金等价物净增加额		
债权性投资所支付的现金					
支付的其他与投资活动有关的现金					
现金流出小计					
三、筹资活动产生的现金流量					
吸收权益性投资所收到的现金					
发行债券所收到的现金					
借款收到的现金					
收到的与其他筹资活动有关的现金					
现金流入小计					
偿还债务所支付的现金					
发生筹资费用所支付的现金					
分配股利或利润所支付的现金					
偿还利息所支付的现金					
融资租赁所支付的现金					
减少注册资本所支付的现金					
支付的其他与筹资活动有关的现金					
现金流出小计					
筹资活动产生的现金流量净额					
四、汇率变动对现金的影响					
五、现金及现金等价物增加额					

项目投资现金流量表如表3-16所示。

项目投资现金流量表（人民币单位：万元）　　表3-16

序号	项　目	合计	计算期					
			1	2	3	4	…	*n*
1	现金流入							
1.1	营业收入							
1.2	补贴收入							
1.3	回收固定资产余值							
1.4	回收流动资金							
2	现金流出							
2.1	建设投资							
2.2	流动资金							
2.3	经营成本							
2.4	营业税金及附加							
2.5	维持运营投资							
3	所得税前净现金流量(1－2)							
4	累计所得税前净现金流量							
5	调整所得税							
6	所得税后净现金流量(3－5)							
7	累计所得税后净现金流量							

计算指标：

项目投资财务内部收益率（%）（所得税前）

项目投资财务内部收益率（%）（所得税后）

项目投资财务净现值（所得税前）（i_c＝　%）

项目投资财务净现值（所得税后）（i_c＝　%）

项目投资回收期（年）（所得税前）

项目投资回收期（年）（所得税后）

注：①本表适用于新设法人项目与既有法人项目的增量和“有项目”的现金流量分析。

②调整所得税为以息税前利润为基数计算的所得税，区别于“利润与利润分配表”、“项目资本金现金流量表”和“财务计划现金流量表”中的所得税。项目投资现金流量表中的“所得税”应根据息税前利润（EBIT）乘以所得税率计算，称为“调整所得税”。原则上，息税前利润的计算应完全不受融资方案变动的影响，即不受利息多少的影响，包括建设期利息对折旧的影响（因为这就使变化会对利润总额产生影响，进而影响息税前利润）。但如此将会出现两个折旧和两个息税前利润（用于计算融资前所得税息税前利润和利润表中的息税前利润）。为简化起见，当建设期利息占总投资比例不是很大时，也可按利润表中的息税前利润计算调整所得税。

第七节　与工程财务有关的基本知识和相关内容

一、财务概述

工程财务是指在工程项目实施过程中的财务活动，具体表现为与工程建设相关的企业和单位的资金运动，以及通过资金运动所体现的经济关系。工程财务包括建设单位财务、勘察设计单位财务和施工企业财务等。财务管理是指对财务活动所进行的计划、控制、核算、分析和考核等一系列管理活动。工程财务管理指对工程项目实施过程中的财务活动所进行的管理活动。工程财务管理包括建设单位财务管理、勘察设计单位财务管理和施工企业财务管理等。

企业财务与会计，是紧密联系又有区别的概念。企业财务是企业筹集、分配和使用资金的一种日常业务活动，企业会计则是利用价值指标对企业的各种业务活动进行核算和监督的管理活动。企业财务活动遵循企业财务通则规定的原则和规范。企业会计活动遵循企业会计准则规定的原则和要求。

（一）企业财务通则

企业财务通则是设立在中华人民共和国境内的各类企业财务活动必须遵循的原则和规范。企业财务通则自1993年7月1日起施行。

1. 企业财务通则的作用

（1）构成了企业财务制度体系的基本法规。我国企业财务制度的基本体系分为三个层次，即企业财务通则、分行业的企业财务制度和企业内部财务管理规定等。企业财务通则规定了企业从事财务活动、实施财务管理的基本原则和规范，是国家进行财务管理的基本法规。

（2）统一了不同企业的财务活动规范。通则适用于中华人民共和国境内的所有企业，包括各种不同经济类型的企业和不同组织形式的企业。

（3）提供了制定分行业的企业财务制度的依据。在企业财务通则的统帅下，财政部还颁发了分行业的企业财务制度，具体包括工业、运输、邮电、流通、金融、旅游服务、农业、对外经济合作、建筑和电影新闻出版等11个行业的企业财务制度。通则的制度，不仅使不同行业有了共同遵循的财务活动规范，而且为制定不同行业各具特色的财务制度提供了依据。

2. 企业财务通则的基本内容

企业财务通则包括总则、资金筹集、流动资产、固定资产、无形资产、递延资产和其他资产、对外投资、成本和费用、营业收入、利润及其分配、外币业务、企业清算、财务报告与财务评价、附则等十二章，共计四十六条内容。

（二）企业会计准则

根据《中华人民共和国会计法》，财政部制定了企业会计准则，又称会计标准，是企业会计核算工作的基本规范。继1993年的会计标准之后，财政部制定了新的企业会计准则，新企业会计准则于2007年1月1日起实施，适用于设在中华人民共和国境内的所有企业。作为基本准则的企业会计准则，包括总则、一般原则、资产、负债、所有者权益、收入、费用、利润、财务报告和附则等十章，共计六十六条。其主要内容可分为会计核算的基本前提、一般原则、会计要素准则和财务报表基本内容四部分。

二、资产的分类与管理

（一）流动资产管理

流动资产是指可以在一年内或者超过一年的一个营业周期内变现或者耗用的资产，包括现金及各种存款、短期投资、存货、应收及预付款项等。企业流动资产的货币表现称为企业流动资金，即企业用于日常开支、用于购买、储存劳动对象以及占用在生产过程和流通过程中的那部分周转资金。

1. 货币资金

货币资金是指企业以货币形态存在的资金，包括现金、各种存款和其他货币资金。其他货币资金是指除现金、存款以外的其他货币资金。如企业在外埠的存款、企业尚未收到的在途资金、银行汇票存款和银行本票存款等。

2. 短期投资

短期投资是指能够随时变现、持有时间不超过一年的有价证券，以及不超过一年的其他投资。包括企业持有的随时可以变现的各种债券（如公司债券、金融债券）、股票、国库券等。短期投资是企业货币资金的一种转换形式。

3. 应收及预付款项

1）应收及预付款项的构成

应收及预付款项是指企业在生产经营过程中，由于销售或购买产品、提供或接受劳务时应收或者预付其他单位及个人的各种款项。包括应收工程款、应收销售款、其他应收款、应收票据、待摊费用、预付分包工程款、预付分包备料款、预付工程款、预付备料款、预付购货款等。

（1）应收账款。指债权已经成立，应向债务单位或个人收取的各种应收款项的总称，如应收工程款、应收销货款、应收票据、其他应收款等。

应收工程（销货）款是指企业因出售产品、材料或提供劳务，应向购货单位或个人收取的应收账款。其主要特征是这些款项是因企业实现营业收入而产生的有待结算的资金形态。

应收票据是指企业因结算工程价款、对外销售产品、材料而收到的商业汇票，包括银行承兑汇票和商业承兑汇票。应收票据是票据化的应收账款。

其他应收款是指除应收账款、应收票据外的其他各种应收和暂付款项。如企业应收的赔款、罚金、利息、存出保证金（如包装物押金）以及应向职工收取的各种垫付款项等。一般都属于企业基本业务以外的应收款项。

（2）预付款项。主要有预付购货款和预付分包工程款、备料款两项。

预付购货款是指企业在购买材料、设备时按购销双方签订的合同、协议的约定，在没有收到货物前预先付给销货单位的购买货物的定金或部分货款。

预付分包工程款、备料款是指作为总包的施工企业，按照发包工程合同的约定预付给分包单位的工程款和备料款。

（3）待摊费用。指企业已经支付的数额较大的、应在一年以内分期摊入成本费用的各项支出。如支付的保险金、租金、报刊订阅费、固定资产修理费用等。列做待摊费用的支出，摊销期限均应在一年以内。摊销期限超过一年的待摊费用，应作为递延资产。

2）坏账准备金和坏账损失

企业承揽工程、提供劳务、赊销产品，存在着应收款收不回来而造成损失的可能，即坏账损失。现行财务制度规定，允许企业建立坏账准备制度。

（1）坏账准备金的提取办法。按现行规定，企业可以预先按一定标准提取坏账准备金计入管理费用，当坏账实际发生时，再冲销已提取的坏账准备金，从而避免由于坏账损失引起的企业生产经营和财务收支的困难。

企业提取的坏账准备金，应与潜在的坏账损失相一致。根据施工、房地产开发企业的经营特点，制度规定建立坏账准备金的企业，可以于年度终了按照年末应收账款（即应收工程款、应收销货款）余额的1%提取坏账准备金，计入管理费用。即建立坏账准备金的企业，第一年按1%提取,以后每年年末,按以下公式提取:年末应收账款余额×1%－坏账准备金年末余额。这样,企业每年年末都结存着应收账款年末余额1%的坏账准备金,用于下一年的坏账损失。

(2)坏账的确认,应符合下列标准之一:

①因债务人死亡,既无遗产可供来清偿(或其遗产不足清偿),又无义务承担人,确实无法收回的。

②因债务人破产,依照民事诉讼法清偿后,仍然无法收回的。

③债务人逾期未履行偿债义务,超过三年仍然不能收回的。

4. 存货

存货是指企业在生产经营过程中为销售或耗用而储存的各种资产。施工企业的存货可分为以下几类:

(1)材料。包括主要材料、其他材料、周转材料(包括大型钢模)、机械配件、半成品、结构件等。

(2)设备。指企业购入的作为劳动对象、构成建筑产品的各类设备。如企业建造房屋所购入的组成房屋建筑的通风、供水、供电、卫生、电梯等设备。

(3)低值易耗品。指企业购入的作为劳动资料,但单位价值较低、容易损坏、达不到固定资产标准的各类物品,如企业自身使用的工具、器具、家具等。

(4)在建工程。指尚未完成施工过程、正在建造的各类建设工程。如施工企业的未完施工,房地产开发企业的在建场地、在建房屋、在建配套设施、在建代建工程等。

(5)在产品。指尚未完成生产过程正在加工的各类工业产品。

(6)产成品。指企业已完成生产过程并已验收入库的各类完工产品和成品。如施工企业完工的工业产品,房地产开发企业完工的土地、房屋、配套设施、代建工程等产品。

(7)商品。指企业购入的专门用于销售的无需任何加工的各类物品。

(二)固定资产管理

固定资产是指使用期限超过一年的房屋及建筑物、机器设备、运输设备及其他与生产经营有关的设备、工具、器具等。其他与生产经营没有直接关系的主要设备和物品,单位价值在2 000元以上并且使用期限超过两年的,也应作为固定资产。

根据以上规定,确认是否属于固定资产,应注意以下两点:

第一,房屋及建筑物、机器设备、运输设备及其他与生产经营有关的设备、工具、器具等只需具备使用期限一个条件。与生产经营有关的劳动资料,单位价值虽然低于规定标准,应作为固定资产;有些劳动资料,单位价值虽然超过规定标准,但更换频繁,易于损坏的,不应作为固定资产。

第二,不属于生产经营主要设备的物品,应同时具备单位价值和使用期限两个条件。不同时具备以上两个条件的,作为低值易耗品。

1. 固定资产的分类

为了便于对固定资产的管理和核算,必须对固定资产进行正确分类。施工企业固定资产,按其经济用途和使用情况分为以下6类:

(1)生产用固定资产。指施工生产单位和为生产服务的行政管理部门使用的各种固定资产,包括以下7种。

①房屋:指施工生产单位和行政管理部门使用的房屋,如厂房、办公楼、工人休息室等。

②建筑物:指除房屋以外的其他建筑物,如水塔、蓄水池、储油罐等。

③施工机械:指施工用的各种机械,如起重机械、挖掘机械、土方铲运机械、凿岩机械、基础及凿井机械、筑路机械、钢筋混凝土机械等。

④运输设备:指运载货物用的各种运输工具,如铁路运输用的机车、水路运输用的船舶、公路运输用的汽车等。

⑤生产设备:指加工、维修用的各种机器设备。

⑥仪器及试验设备:指对材料、工艺、产品进行研究试验用的各类仪器设备等。

⑦其他生产使用的固定资产:指不属于以上各类的生产用固定资产,如消防用具、办公用具以及行政管理用的汽车、电话交换设备等。

(2)非生产用固定资产。指非生产单位使用的各种固定资产。如职工宿舍、招待所、医院、学校、幼儿园、托儿所、俱乐部、食堂、浴室等单位所使用的房屋、设备等固定资产。

(3)租出固定资产。指出租给外单位使用的多余、闲置的固定资产。

(4)未使用固定资产。指尚未使用的新增固定资产,调入尚待安装的固定资产,进行改建、扩建的固定资产,以及长期停止使用的固定资产。

(5)不需用固定资产。指本企业目前和今后都不需用,准备处理的固定资产。

(6)融资租入固定资产。指企业以融资租赁方式租入的施工机械、运输设备、生产设备等固定资产。

2.固定资产折旧

1)计提折旧的范围

(1)计提折旧的固定资产范围如下:

①房屋及建筑物。不论是否使用,从入账的次月起就应计提折旧;

②在用固定资产。指已投入使用的施工机械、运输设备、生产设备、仪器及试验设备等生产性固定资产以及已投入使用的非生产性固定资产;

③季节性停用和修理停用的固定资产;

④以融资租赁方式租入的固定资产;

⑤以经营租赁方式租出的固定资产。

(2)不计提折旧的固定资产范围如下:

①除房屋及建筑物以外的未使用、不需用的固定资产;

②以经营租赁方式租入的固定资产;

③已提足折旧但继续使用的固定资产;

④破产、关停企业的固定资产;

⑤提前报废的固定资产。不补提折旧,其净损失计入营业外支出。

固定资产折旧,从固定资产投入使用月份的次月起,按月计提。停止使用的固定资产,从停用月份的次月起,停止计提折旧。

2)固定资产折旧方法

施工企业计提折旧一般采用平均年限法和工作量法。技术进步较快或使用寿命受工作环境影响较大的施工机械和运输设备,经财政部批准,可采用双倍余额递减法或年数总和法计提折旧。企业按财务制度的有关规定,有权选择具体折旧方法和折旧年限,在开始实行年度前报主管财政机关备案。折旧年限和折旧方法一经确定,不得随意变更。需要变更的,由企业提出申请,并在变更年度前报主管财政机关批准。

①平均年限法,也称使用年限法。它是按照固定资产的预计使用年限平均分摊固定资产折旧额的方法。这种方法计算的折旧额在各个使用年(月)份都是相等的,折旧的累计额所绘出的图线是直线。因此,这种方法也称直线法。

平均年限法的固定资产折旧率和折旧额的计算公式如下:

$$年折旧率=\frac{1-预计净残值率}{折旧年限}\times 100\% \tag{3-69}$$

$$月折旧率=年折旧率\div 12 \tag{3-70}$$

$$月折旧额=固定资产原值\times 月折旧率 \tag{3-71}$$

净残值率按照固定资产原值的3%~5%确定,净残值率低于3%或高于5%的,由企业自主确定,报主管财政机关备案。

②工作量法。是按照固定资产生产经营过程中所完成的工作量计提其折旧的一种方法,是平均年限法派生出的方法。适用于各种时期使用程度不同的专业大型机械、设备。

采用工作量法的固定资产折旧额的计算公式如下:

按照行驶里程计算折旧的公式:

$$单位里程折旧额=\frac{原值\times(1-预计净残值率)}{规定的总行驶里程} \tag{3-72}$$

$$月折旧额=月实际行驶里程\times 单位里程折旧额 \tag{3-73}$$

按台班计算折旧的公式:

$$每台班折旧额=\frac{原值\times(1-预计净残值率)}{规定的总工作台班} \tag{3-74}$$

$$月折旧额=月实际工作台班\times 每台班折旧额 \tag{3-75}$$

③双倍余额递减法。是按照固定资产账面净值和固定的折旧率计算折旧的方法,是快速折旧法的一种。其年折旧率是平均年限法的2倍,并且在计算年折旧率时不考虑预计净残值率。计算月折旧额时,以固定资产账面净值(即固定资产原值减去已提折旧后的余额)为基数。采用这种方法时,折旧率是固定的,但计算基数逐年递减,因此计提的折旧额也逐年递减。

采用双倍余额递减法的固定资产折旧率和折旧额的计算公式如下:

$$年折旧率=\frac{2}{折旧年限}\times 100\% \tag{3-76}$$

$$月折旧率=年折旧率\div 12 \tag{3-77}$$

$$月折旧额=固定资产账面净值\times 月折旧率 \tag{3-78}$$

实行双倍余额递减法的固定资产,应当在其固定资产折旧年限到期前两年内,将固定资产净值扣除预计净残值后的净额平均摊销。

【例3-15】 某项固定资产原值为10 000元,预计净残值为400元,预计使用年限为5年。采用双倍余额递减法计算各年的折旧额。

解:年折旧率=2÷5=40%

第一年折旧额:10 000×40%=4 000(元)

第二年折旧额:(10 000-4 000)×40%=2400(元)

第三年折旧额:(10 000-4 000-2 400)×40%=1 440(元)

第四年折旧额:(10 000-4 000-2 400-1 440-400)÷2=880(元)

第五年折旧额:(10 000 - 4 000 - 2 400 - 1 440 - 400) ÷ 2 = 880(元)

④年数总和法,也称年数总额法。是以固定资产原值减去预计净残值后的余额为基数,按照逐年递减的折旧率计提折旧的一种方法。是加速折旧法的一种。其折旧率以该项固定资产预计尚可使用的年数(包括当年)作分子,而以逐年可使用年数之和作分母。分母是固定的,而分子逐年递减,所以折旧率也逐年递减。采用这种方法时,计算基数是固定的,但折旧率逐年递减,因此计提的折旧额也逐年递减。

采用年数总和法的固定资产折旧率和折旧额的计算公式如下:

$$年折旧率 = \frac{折旧年限 - 已使用年限}{折旧年限 \times (折旧年限 + 1) \div 2} \times 100\% \tag{3-79}$$

$$月折旧率 = 年折旧率 \div 12 \tag{3-80}$$

$$月折旧额 = (固定资产原值 - 预计净残值) \times 月折旧率 \tag{3-81}$$

【例 3-16】 某项固定资产原值为 10 000 元,预计净残值为 400 元,预计使用年限为 5 年。采用年数总和法计算各年的折旧额。

解:计算折旧的基数 = 10 000 - 400 = 9 600(元)

年数总和 = 5 + 4 + 3 + 2 + 1 = 15(年)

或:5 × (5 + 1) ÷ 2 = 15(年)

第一年折旧额:9 600 × 5 ÷ 15 = 3 200(元)

第二年折旧额:9 600 × 4 ÷ 15 = 2 560(元)

第三年折旧额:9 600 × 3 ÷ 15 = 1 920(元)

第四年折旧额:9 600 × 2 ÷ 15 = 1 280(元)

第五年折旧额:9 600 × 1 ÷ 15 = 640(元)

3. 固定资产修理

固定资产修理费用,计入当期成本、费用。修理费用发生不均衡、数额较大的,可以采取分期摊销或预提的办法,并报主管财政机关备案。

(1)固定资产中小修理,也称“经常修理”。是指为保持固定资产正常工作效能所进行的经常修理,是固定资产计划预防修理制度的内容之一。中小修理的特点是:经常性、间隔时间短、修理范围小、费用支出少。中小修理一般在费用发生时,一次计入成本、费用。

(2)固定资产大修理。指为恢复固定资产原有生产效能和保持正常使用年限而对固定资产所作的全面、彻底修理。一般按技术规程规定,若干年进行一次。其特点是:间隔时间长、修理范围大、所需费用多,具有固定资产局部再生产性质。

对发生的固定资产大修理费用,可采用以下三种方式处理:

①类似固定资产中小修理费。把发生的大修理费用直接计入当期成本或有关费用。

②预提大修理费用。由于大修理具有间隔期长、修理范围大、费用支出多的特点,如按其发生的费用直接计入成本,就会引起成本和利润的波动。为此可通过对机器设备等固定资产在全部使用期间必须进行的若干次大修理费用的预测,求得每年(月)的平均数,预提大修理费用。

③待摊大修理费用。采用待摊的办法,即先据实支出发生的固定资产大修理费作为递延资产入账,然后再分摊到有关成本费用中。

(三)无形资产管理

无形资产是指企业长期使用但没有实物形态的资产,包括专利权、商标权、著作权、土地使用权、非专利技术、商誉等。无形资产通常代表企业所拥有的一种法定权或优先权，是企业所具有的高于一般水平的获利能力。

1. 无形资产的内容

(1)专利权。指对某一发明创造在一定期限内享有的专有权力。专利权受国家法律保护，有利于企业使其产品在市场独占优势而具有竞争力，或使其降低产品的制造成本。

(2)商标权。商标是用来辨认特定的商品或劳务的标记。商标权就是商标注册后，商标所有者依法享有的权益，它受到法律保障。未注册商标不受法律保护。商标在其市场和价格上具有较高的经济价值。如果某商标标明的商品具有良好的品质和性能，得到消费者的好感，就能形成强劲的市场竞争力。

(3)著作权。著作权即版权，是指公民、法人依法对文学、艺术和科学作品的制作和发行享有的专有权。这种专有权受国家法律保护，除法律另有规定外，未经著作人许可或转让，他人不得占有和行使。版权可以自创，可以购进，也可有偿转让。

(4)土地使用权。指企业对国有土地依法拥有的进行建筑、生产或其他活动的权利。在土地使用权续存期间，其他任何人，包括土地所有者，不得任意收回土地和非法干预使用权人的经营活动。使用人在法定范围内对土地实行占有、使用、收益和处分的权利。

(5)非专利技术。即专有技术或技术秘密、技术诀窍，指先进的、未公开的、未申请专利的，可带来经济效益的专门知识和特有经验。如工业专有技术是指生产上已经采用，仅限于少数人知道，不享有专利权的生产、装配、修理、工艺或加工方法的技术知识和特有经验。如商业(贸易)专有技术是指具有保密性质的市场情报、原材料价格情报以及用户、竞争对手的情况等有关知识。又如管理专有技术是指生产组织的经营方式、管理方法、培训职工方法等保密知识。非专利技术并不是专利法的保护对象，专有技术所有人依靠自我保密的方式来维持其独占权，可以用于转让和投资。

(6)商誉。通常是指企业由于所处的地理位置优越；或由于信誉好而获得了客户的信任；或由于组织得当，生产经营效益好；或由于历史悠久，积累了丰富的从事本专业的经验，因此而形成的无形价值。商誉具体表现在企业的获利能力，超过了一般企业的获利能力和一般的获利水平。

2. 无形资产的计价和摊销

(1)无形资产的计价。无形资产按取得时的实际成本计价。

①投资者作为资本金或合作条件投入的，按照评估确认或合同、协议约定金额计价。

②购入的，按照实际支付价款计价。

③自行开发并依法申请取得的，按照开发过程中的实际支出计价。

④接受捐赠的，按照发票账单所列金额或同类无形资产市价计价。

⑤除企业合并外，商誉不得作价入账。

⑥非专利技术和商誉的计价，应当经法定评估机构评估确认。

(2)无形资产的摊销。无形资产从开始受益之日起，在有效使用期限内平均摊入管理费用。有效使用期限按照下列原则确定：

①法律和合同或企业申请书分别规定有法定有效期限和受益年限的，按照两者孰短的原则确定。

②法律没有规定有效期限，合同或企业申请书中规定有受益年限的，按照合同或企业申请

书规定的受益年限确定。

③法律和合同或企业申请书均未规定有效期限或受益年限的，按照不少于 10 年的期限确定。

无形资产的每期摊销额采用直线法平均计算，没有残值，也没有清理费用。其计算公式如下：

$$某项无形资产年摊销额=\frac{该项无形资产的账面价值}{该项无形资产的有效使用年限} \tag{3-82}$$

$$月摊销额=年摊销额\div 12 \tag{3-83}$$

（四）递延资产管理

递延资产是指不能全部计入当年损益，应当在以后年度内分期摊销的各项费用，包括开办费、以经营租赁方式租入的固定资产的改良支出，摊销期在一年以上的固定资产修理支出以及其他待摊费用等。

1. 递延资产的内容

（1）开办费。指企业在筹建期间发生的费用，包括筹建期间人员工资、办公费、培训费、差旅费、印刷费、注册登记费，以及不计入固定资产和无形资产购建成本的汇兑损益和利息等支出。

企业发生的下列费用，不应计入开办费：

①应当由投资者负担的费用支出。

②为取得各项固定资产、无形资产所发生的支出。

③筹建期间应当计入资产价值的汇兑损益、利息支出等。

（2）以经营租赁方式租入的固定资产改良支出。指能增加以经营租赁方式租入的固定资产的效用或延长其使用寿命的改装、翻修、改建等支出。

（3）超过一年的待摊费用。生产经营期间，企业会发生一些待摊费用，一般情况下待摊费用的摊销期不超过一年，这类费用属于流动资产。生产经营期间发生的待摊费用，其摊销期限超过一年的属于递延资产。如企业固定资产的大修理费用，需要在两次大修理间隔期间分摊，属于递延资产。

2. 递延资产的摊销

递延资产的摊销方法与无形资产的摊销相同，采用直线法平均计算每期的摊销额，作为管理费用入账。

（1）开办费自企业开始生产经营月份的次月起，按不短于 5 年的期限分期摊入管理费。

企业发生的汇兑损失（应当计入资产价值的除外），筹建期间发生的，如为净损失，计入开办费，从企业开始生产经营月份的次月起，按照不短于 5 年的期限平均摊销；如为净收益，从企业开始生产经营月份的次月起，按照不短于 5 年的期限平均转销，或者留待弥补企业生产经营期间发生的亏损，或者留待并入企业的清算收益。

（2）以经营租赁方式租入的固定资产改良支出，在租赁有效期限内，分期摊入成本或管理费用。

（3）摊销期在一年以上的固定资产修理费用和其他待摊费用，在费用的受益期内平均摊销。

第四章　工程项目管理

第一节　工程项目管理概述

一、工程项目系统

1. 工程项目及其特点

项目是指在总体上符合如下条件的，具有唯一性任务（计划）：

①具有预定的目标；

②具有时间、财务、人力和其他限制条件；

③具有专门的组织。

工程项目是最为常见的也是最为典型的项目类型，是项目管理的重点。工程项目具有如下特点：

（1）具有特定的对象

任何项目都应有具体的对象，项目对象确定了项目的最基本特性，是项目分类的依据；同时它又确定了项目的工作范围、规模及界限。整个项目的实施和管理都是围绕着这个对象进行的。

（2）有时间限制

人们对工程项目的需求有一定的时间限制，希望尽快地实现工程项目的目标，发挥工程项目的效用，没有时间限制的工程项目是不存在的。项目的时间限制通常由项目开始期、持续时间、结束期等构成。

（3）有资金限制和经济性要求

任何工程项目都不可能没有财力上的限制，必然存在着与任务（目标）相关的（或者说相匹配的）投资、费用或成本预算。

（4）一次性

工程项目具有一次性，每个项目都有明确的开端和结束，以前没有完全相同的项目出现过，现在的项目将来也不会重复。工程项目的一次性决定了工程项目管理的一次性，即对任何工程项目都有一个独立的管理过程，它的计划、控制、组织都是一次性的，没有标准的模式，只能单件设计、单件施工、单件管理。

（5）特殊的组织和法律条件

工程项目组织是一次性的，随项目的确立而产生，随项目结束而消亡；工程项目参加单位之间主要靠合同作为纽带建立组织，同时以经济合同作为分配工作、划分责权利关系的依据；而项目参加单位之间在项目过程中的协调主要通过合同和项目管理规则实现的；项目组织是多变的，不稳定的。

工程项目适用与其建设和运行相关的法律条件，例如：合同法、环境保护法、税法、招标投标法等。

(6)复杂性和系统

现代工程项目日趋规模宏大，技术复杂。工程项目由相互联系和相互影响的若干子项目、子单元组成，且各子项目和子单元之间、工程项目与外部环境之间存在着资源、信息等的交流，工程项目是一个庞大的系统。

2. 工程项目系统描述

工程项目作为一个复杂的系统，可以从各个角度、各个方面进行项目描述，定义项目的形象。项目目标是通过各个系统的综合作用实现的。工程项目通常可以从以下几个方面描述，见图4-1。

(1)工程项目的目标系统

工程项目的目标系统是工程项目所要达到的最终状态的描述系统。项目管理采用目标管理方法，所以工程项目的目标系统是项目过程中的一条主线。目标系统是抽象系统，它由项目任务书、技术规范、合同文件等说明(定义)。

(2)工程项目的技术系统（或称对象系统）

工程项目是要完成一定功能、规模和质量要求的工程，这个工程是项目的行为对象。它是由许多分部、许多功能面组合起来的综合体，它有自身的系统结构形式。技术系统通常是实体系统形式，可以进行实体的分解，得到工程结构。工程项目的对象系统是由项目的设计任务书、技术设计文件(如实物模型、图纸、规范、工程量表)等定义的，并通过项目实施完成。

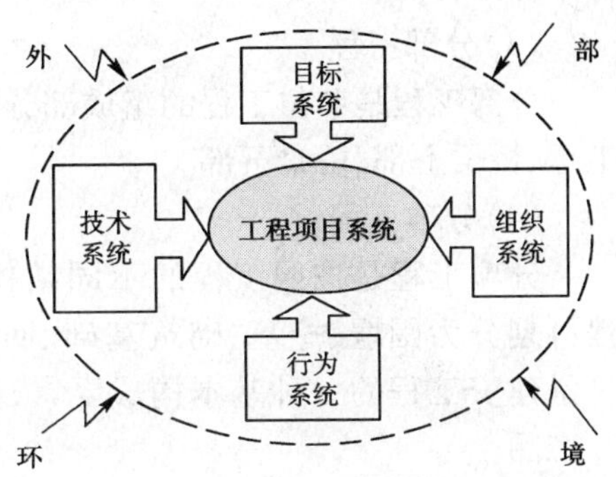

图4-1　工程项目的系统描述

(3)项目的行为系统

工程项目的行为系统是由实现项目目标，完成任务所有必需的工程活动构成的。这些活动之间存在各种各样的逻辑关系，构成一个有序的、动态的工作过程。项目的行为系统也是抽象系统，由项目结构图、网络计划、实施计划、资源计划等表示。

(4)项目组织系统

项目组织是由项目的行为主体构成的系统，常见的有业主、承包人、设计单位、监理单位、分包人、供应人等。它们之间通过行政的或合同的关系连接而形成一个庞大的组织体系，为了实现共同的项目目标承担着各自的项目任务。项目组织是一个目标明确、开放的、动态的、自我形成的组织系统。

上述几个系统之间又存在着错综复杂的内在联系，它们构成一个完整的项目系统，从各个方面决定着项目的形象。

二、工程项目的组成

按系统工作程序，在具体的项目工作如设计、计划和实施之前，必须对这个系统作分析，确定它的构成及其系统单元之间的内在联系。一个工程项目通常可分为一个或多个单项工程，一个单项工程通常可分为一个或多个单位工程，一个单位工程通常可分为一个或多个分部工程，一个分部工程通常可分为一个或多个分项工程。

(1)单项工程

单项工程是工程项目的组成部分，单项工程一般是指有独立设计文件，建成后可以独立发挥生产能力或效益的一组配套齐全的工程项目，如某公路建设中的独立大中桥，某隧道工程等。

(2)单位工程

单位工程是单项工程的组成部分，一般指不能独立发挥生产能力(或效益)，但能单独进行设计、具备独立施工条件、能单独地作为成本计算对象的工程，如某隧道单项工程可分为土建工程、照明工程和通风工程等单位工程；公路建设中的一条公路可分为路线工程、桥梁工程等单位工程。

(3)分部工程

分部工程是单位工程的组成部分，分部工程的划分应按建筑部位确定，如桥梁可分为基础工程、桥梁上部、桥梁下部。

(4)分项工程

分项工程是按照工程的不同结构、不同材料和不同施工方法等因素划分的，如基础工程可划分为围堰、挖基、砌筑基础、回填等分项工程。分项工程独立存在是没有意义的，它只是建安工程的一种基本构成要素，是为了组织施工以及为确定建安工程造价而设定的一种产品。

三、工程项目的分类

为了加强基本建设项目管理，正确反映建设的项目内容及规模，建设项目可按不同的标准分类。

1. 按建设性质分类

建设项目按其建设性质不同，可划分成基本建设项目和更新改造项目两大类。

(1)基本建设项目

基本建设项目是指投资建设用于进行以扩大生产能力或增加工程效益为主要目的的新建、扩建工程及有关工作，具体包括以下内容。

①新建项目。指以技术、经济和社会发展为目的，从无到有的建设项目。

②扩建项目。指企业为扩大生产能力或新增效益而增建的项目，以及事业和行政单位为扩充规模而新增的固定资产投资项目。

③迁建项目。指现有企、事业单位为改变生产布局或出于环境保护等其他特殊要求，搬迁到其他地点的建设项目。

④恢复项目。指原固定资产因自然灾害或人为灾害等原因已全部或部分报废，又投资重新建设的项目。

(2)更新改造项目

更新改造项目是指建设资金用于对企、事业单位原有设施进行技术改造或固定资产更新，以及相应配套的辅助性生产、生活福利等工程和有关工作。

更新改造项目包括挖潜工程、节能工程、安全工程、环境工程。

更新改造措施应掌握专款专用、少搞土建、不搞外延原则进行。

2. 按投资作用分类

基本建设项目按其投资在国民经济各部门中的作用，分为生产性建设项目和非生产性建设项目。

(1)生产性建设项目

生产性建设项目是指直接用于物质生产或直接为物质生产服务的建设项目，主要包括：

①工业建设项目，包括工业、国防和能源建设。

②农业建设项目，包括农、林、牧、渔、水利建设。

③基础设施项目，包括交通、邮电、通信建设，地质普查、勘探建设，建筑业建设等。

④商业建设项目，包括商业、饮食、营销、仓储、综合技术服务事业的建设。

(2)非生产性建设项目

非生产性建设项目指用于满足人民物质和文化、福利需要的建设和非物质生产部门的建设的项目，主要包括：

①办公用房，即各级国家党政机关、社会团体、企业管理机关的办公用房。

②居住建筑，即住宅、公寓、别墅。

③公共建筑，即科学、教育、文化艺术、广播电视、卫生、博览、体育、社会福利事业、公用事业、咨询服务、宗教、金融、保险等建设。

④其他建设，即不属于上述各类的其他非生产性建设。

3. 按项目规模分类

按照国家规定的标准，基本建设项目划分为大型、中型、小型三类；更新改造项目划分为限额以上和限额以下两类。不同等级标准的建设项目，国家规定的审批机关和报建程序也不尽相同。

(1)划分项目等级的原则

①按批准的可行性研究报告(或初步设计)所确定的总设计能力或投资总额的大小，依照国家颁布的《基本建设项目大中小型划分标准》进行分类。

②凡生产单一产品的项目，一般以产品的设计生产能力划分；生产多种产品的项目，一般按其主要产品的设计生产能力划分；产品分类较多，不易分清主次，难以按产品的设计能力划分时，可按投资额划分。

③对国民经济和社会发展具有特殊意义的某些项目，虽然设计能力或全部投资不够大、中型项目标准，经国家批准已列入大、中型计划或国家重点建设工程的项目，也按大、中型项目管理。

④更新改造项目一般只按投资额分为限额以上和限额以下项目，不再按生产能力或其他标准划分。

⑤基本建设项目的大、中、小型和更新改造项目限额的具体划分标准，根据各个时期经济发展水平和实际工作中的需要而有所变化。

(2)基本建设项目规模划分标准

基本建设项目按上级批准的建设总规模或计划总投资，按工业建设项目和非工业建设项目分别划分为大、中、小型。现行国家的有关规定如下：

①按投资额划分的基本建设项目，属于工业生产性项目中的能源、交通、原材料部门的工

程项目，投资额达到5 000万元以上为大中型项目；其他部门和非工业建设项目，投资额达到3 000万元以上为大中型建设项目。

②按生产能力或使用效益划分的建设项目，以国家对各行各业的具体规定作为标准。

③更新改造项目只按投资额标准划分为限额以上（能源、交通、原材料工业项目为≥5 000万元，其他项目为≥3 000万元）和限额以下项目。

（3）不作为大中型的项目

一部分工业、非工业建设项目，在国家统一下达的计划工作中，不作为大中型项目安排。

①分散零星的江河治理、国营农场、植树造林、草原建设等；原有水库加固，并结合加高大坝、扩大溢洪道和增修灌区配套工程的项目，除国家指定者外，不作为大中型项目。

②分段整治，施工期长，年度安排有较大伸缩性的航道整治、疏浚工程。

③科研、文教、卫生、广播、体育、出版、计量、标准、设计等事业的建设（包括工业、交通和其他部门所属的同类事业单位），新建工程按大中型标准划分，改、扩建工程除国家指定者外，一律不作为大中型项目。

④城市的排水管网、污水处理、道路、立交桥梁、防洪、环保等工程；城市的一般民用建筑，包括统建和集资建设的住宅群、办公和生活用房等。

⑤名胜古迹、风景点、旅游区的恢复、修建工程。

⑥施工队伍以及地质勘探单位等独立的后方基地建设（包括工矿企业的农副业基地建设）。

⑦采取各种形式利用外资或国外资金兴建的旅游饭店、旅馆、贸易大楼、展览馆、科教馆等。

四、公路工程项目建设程序

1. 基本建设程序的概念

基本建设程序是指建设工程项目从立项、选址、评估、决策、设计、施工到竣工验收、投入使用整个建设过程中，各项工作必须遵循的先后次序的法则。基本建设程序是工程建设客观规律的反映，是工程项目科学决策和顺利进行的保证。

根据工程项目的发展过程和内在联系，建设程序分为若干阶段，这些阶段有着严格的先后顺序，可以出现交叉，但决不能任意地颠倒。我国工程项目的基本建设程序见图4-2。

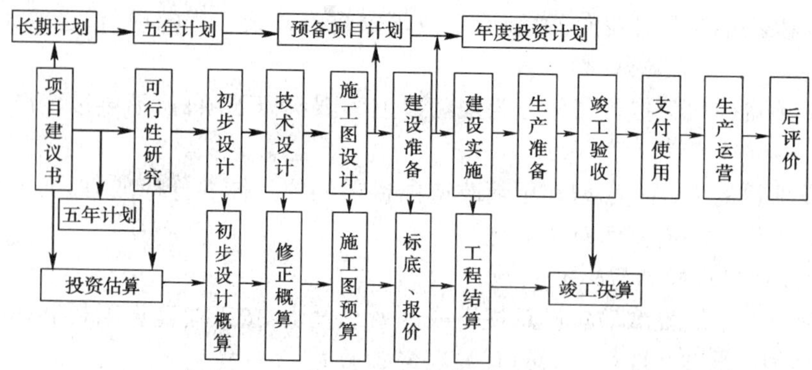

图4-2　建设项目建设程序

2. 公路工程项目基本建设程序

公路基本建设程序是根据国民经济长远规划及布局所确定的公路路网规划，在调查的基础上，编制项目建议书和可行性研究报告；批准后进行初测和初步设计；经批准后，在列入国家年度计划之后进行定测，编制施工图；组织施工；完工后，进行竣工验收；最后交付使用。一般来讲，必须严格遵循这些工作的先后顺序，下一阶段的工作必须是在上一阶段工作完成后才能开始。

公路工程项目基本建设程序具体内容如下。

(1)项目建议书阶段

项目建议书是业主向政府部门提出建设某一具体工程项目的建议文件，是投资决策前对拟建项目的轮廓性设想。项目建议书主要从拟建项目建设的必要性和可行性等方面分析，有关管理部门通过这个项目建议书来判断是否进行下一步工作。项目建议书获得批准后，拟建项目还要进入可行性研究阶段进行进一步论证。

项目建议书的内容根据项目情况不同而有繁有简，但一般包括如下内容：

①项目建设的必要性和依据。

②拟建设规模、建设地点和建设方案的初步设想。

③资源情况、建设条件和协作关系等的初步分析。

④投资估算和资金筹措的设想。

⑤建设进度设想。

⑥经济效果和社会效益的初步估计。

(2)可行性研究报告阶段

项目建议书经过批准后，即可开始对项目进行可行性研究。公路建设项目可行性研究是对项目建设的必要性、技术可行性、经济合理性和实施可能性进行综合性研究论证的工作，是公路建设前期工作的重要组成部分。

可行性研究报告按工作阶段和深度可以分为预可行性研究和工程可行性研究。编制预可行性研究的参照依据是项目所在地区域社会发展规划、交通发展规划和公路网规划。编制可行性研究报告是以经过批准的项目建议书为依据。

公路建设项目可行性研究报告的主要内容如下：

①项目影响区域经济社会、交通运输现状及发展、交通量预测。

②建设的必要性。

③技术标准、建设条件、建设方案及规模。

④投资估算及资金筹措。

⑤经济评价、土地利用评价、工程环境影响分析、节能评价、社会评价。

⑥实施安排、问题及建议等内容。

(3)设计工作阶段

设计是对拟建工程的实施在技术上和经济上所进行的全面而详尽的安排，是基本建设计划的具体化，是组织施工的依据。

按照我国现行规定，公路基本建设项目一般进行两阶段设计，即初步设计和施工图设计；对于技术简单、方案明确的小型项目可以采用一阶段设计，即一阶段施工图设计；对于技术上复杂而又缺乏设计经验的项目或建设项目中的个别路段、特殊大桥、互通式立体交叉、隧道等，必要时可进行三阶段设计，即在施工图设计之前增加技术设计阶段。

①初步设计。初步设计应根据批准的可行性研究报告的要求和初测资料，拟订修建原则，制订设计方案，计算主要工程数量，提出施工方案的意见，提供文字说明及图表资料。经批准的初步设计概算是工程项目投资的最高限额。如果初步设计概算超过可行性研究投资估算的10%以上或其他主要指标需要变更时，应说明原因和计算依据，并重新向原审批单位报批可行性研究报告。

②技术设计。技术设计应根据初步设计和更详细的调查研究资料编制，以进一步解决初步设计中的重大技术问题，得出技术方案，计算工程数量，提出修正的施工方案。在技术设计阶段应编制修正概算。

③施工图设计。施工图设计应根据批限的初步设计(或技术设计)要求，结合现场实际情况和定测资料，进一步对审定的修建原则、设计方案、技术措施加以具体和深化。最终确定工程数量，提出文字说明和适应施工需要的图表资料及施工组织设计。施工图设计阶段应编制施工图预算。

设计工作必须由具有相应资质等级的勘察设计单位来完成。设计文件的要求必须符合交公路发[2007]358号《公路工程基本建设项目设计文件编制办法》的规定。

(4)建设前准备工作阶段

为了保障项目的顺利进行，在建设项目开工前必须做好充分的准备工作，并取得相应的建设许可证。其主要内容包括：

①项目已列入公路建设年度计划。

②施工图设计文件已经完成并经审批同意。

③建设资金已经落实到位，并经交通主管部门审计。

④征地手续已办理，拆迁基本完成。

⑤施工、监理单位已依法确定。

⑥已办理质量监督手续，已落实保证质量和安全的措施。

⑦报批开工报告。

(5)编制年度基本建设投资计划阶段

年度基本建设投资是建设项目当年实际完成工作量的投资额，包括用当年资金完成的工作量和动用库存材料、设备等内部资源完成的工作量。建设项目应根据获批的总预算和总工期，合理分配年度投资。年度计划投资的安排不仅要与当年分配的投资、材料、设备等相适应，还应与长远规划的要求相适应。

(6)建设实施阶段

在具备了开工条件并取得了开工许可后，便可组织施工进入建设项目实施阶段。项目开工时间是指建设项目设计文件中规定的任何一项永久性工程第一次正式破土开槽开始实施的日期。不需要开槽的工程，以建筑物组成的正式打桩作为正式开工。需要进行大量土、石方工程的，以开始进行土、石方工程作为正式开工。平整土地、旧有建筑物的拆除、临时建筑、施工用临时道路和水、电等施工不算正式开工。

施工活动应按设计要求、合同条款、预算投资、施工组织设计等规定来进行，期间对建设项目实施的管理重点是工程进度、质量和成本。

(7)竣工验收阶段

当工程项目按设计文件的规定内容和施工图纸的要求全部建成后,便可组织验收。竣工验收是投资成果转入生产或使用的标志,也是全面考核工程建设成果、检验设计和工程质量的重要环节。竣工验收对促进建设项目及时投产、发挥投资效益和总结建设经验都有着十分重要的作用。

(8)后评价阶段

建设项目后评价是工程项目竣工投产、生产运营一段时间(一般为两年),再对项目的立项决策、设计、施工、竣工投产、生产运营等全过程进行系统评价的一种技术经济活动。后评价阶段也是基本建设程序的最后一个阶段。通过建设项目后评价,能起到评价项目效益、发现问题、总结经验教训、研究改进方案和提高以后的建设项目水平的作用。

五、工程项目管理的类型和任务

(一)工程项目管理的概念

1. 工程项目管理

工程项目管理是通过计划、组织、人事、领导和控制等职能,设计和保持一种良好的环境,使项目参加者在项目组织中高效率地完成既定的项目任务。

2. 工程项目管理的基本目标

工程项目管理的目标是在限定的时间内,在限定的资源(如资金、劳动力、设备材料等)条件下,以尽可能快的进度、尽可能低的费用(成本或投资)圆满完成项目任务。项目管理的目标有三个最主要的方面,即质量/功能目标,进度/工期目标,成本/投资目标,它们共同构成项目管理的目标体系,如图4-3所示。

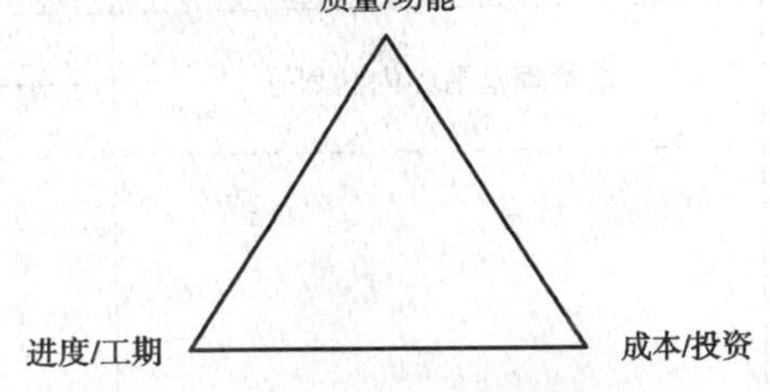

图4-3　项目管理目标体系

项目管理目标系统中,质量、进度、费用要素是互相联系、互相影响的,某一方面的变化必然引起另两个方面的变化,所以项目管理应追求它们三者之间的优化和平衡。项目管理必须保证三者结构关系的均衡性和合理性,任何强调最短工期、最高质量、最低成本都是片面的。

项目管理的三大目标必须分解落实到具体的各个项目单元(子项目、活动)上,这样才能保证总目标的实现,形成一个控制体系,所以项目管理又是目标管理。

3. 工程项目管理系统结构

要取得成功的项目必须有全面的项目管理,这个全面性至少应体现在如下几个方面:

(1)项目本身是一个非常复杂的系统,它由许多子项、分项和工程活动构成,项目管理必须包括对整个项目系统的管理。

(2)完整的项目管理工作过程,包括预测、决策、计划、控制、反馈等工作过程。

(3)项目管理应包括全部的管理任务,有质量/功能管理、进度/工期管理、成本/投资管理、合同管理、工料机等资源管理、组织管理和信息管理等。

忽略任何方面都可能导致项目的失败,所以项目管理系统至少是三维的结构体系,见图4-4。一个完整的项目管理系统应将项目的各职能工作、各参加单位、各项活动、各个阶段融合成一个完整有序的整体。例如图4-4中C点为子项2的成本计划工作。

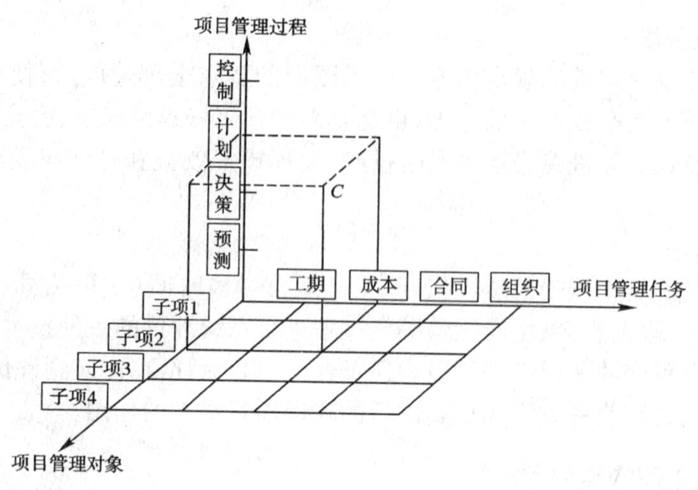

图 4-4 项目管理的系统结构

(二)工程项目管理的类型和任务

按不同的划分标准工程项目管理有不同的类型。常见的工程项目管理类型可见表 4-1。

工程项目管理的类型

表 4-1

<table>
<tr><th>分类方式</th><th colspan="2">项目管理类型</th></tr>
<tr><td rowspan="2">按管理层次划分</td><td colspan="2">宏观项目管理</td></tr>
<tr><td colspan="2">微观项目管理</td></tr>
<tr><td rowspan="2">按管理范围和内涵划分</td><td colspan="2">全过程项目管理</td></tr>
<tr><td colspan="2">分阶段项目管理</td></tr>
<tr><td rowspan="8">按管理主体划分</td><td colspan="2">业主方项目管理</td></tr>
<tr><td rowspan="4">承包方项目管理</td><td>设计方项目管理</td></tr>
<tr><td>施工方项目管理</td></tr>
<tr><td>供应方项目管理</td></tr>
<tr><td>总承包方项目管理</td></tr>
<tr><td rowspan="3">咨询方项目管理</td><td>工程设计监理</td></tr>
<tr><td>工程施工监理</td></tr>
<tr><td>工程咨询服务</td></tr>
</table>

1. *按管理层次划分*

按管理层次划分,项目管理可分为宏观项目管理和微观项目管理。

宏观项目管理指政府作为主体对工程项目活动所进行的管理。宏观项目管理的对象是以某一类或某一地区的项目为对象,而不是特指某一个具体项目。宏观项目管理的目的是追求国家或地区的整体利益而不是某一个具体项目的利益。宏观项目管理的手段是利用行政、法律和经济等手段实施项目管理,包括制定和贯彻相关的法律法规、政策;调控项目资源要素市场;制定与贯彻项目实施程序、规范和标准;监督项目实施过程和结果等。

微观项目管理指项目的主要参与方对项目所进行的管理,微观项目管理的对象是管理主体所承担的项目。微观项目管理的目的是追求项目的整体利益和相关方自身的利益。微观项目管理的手段是项目管理的具体方法、工具和技术。

2.按管理范围和内涵划分

按管理范围和内涵划分,项目管理可分为全过程项目管理和分阶段项目管理。

全过程项目管理也可称为总体项目管理,是指从项目的投资意向、项目建议书、可行性研究、建设准备、设计、施工、竣工验收、项目后评价到项目运营的全过程管理,其实质是全生命周期管理。全过程项目管理的主体是业主,全过程项目管理的目标是项目全生命周期最优。

分阶段项目管理可称为局部项目管理,是指将项目全生命周期的某阶段或若干阶段作为一个项目管理对象进行管理;分阶段项目管理的主体是与项目管理对象所对应的相关方;分阶段项目管理的目标是项目阶段性目标。

3.按管理主体划分

按管理主体划分项目管理可分为业主方项目管理、承包方项目管理、咨询方项目管理。

1)业主方项目管理

业主方项目管理指由项目业主或委托人对工程项目建设全过程所进行的管理,是业主为实现其预期目标,运用所有者的权力组织或委托有关单位对工程项目进行策划和实施计划、组织、协调、控制等过程。业主方项目管理的目标是为业主方的利益服务,同时服务于其他相关方的利益。业主方对工程项目管理的根本目的在于实现项目的投资目标、进度目标、质量目标和安全目标,实现投资者的期望。其中投资目标是指项目的总投资目标。进度目标是指项目交付使用的时间目标。项目的质量目标不仅涉及施工的质量,还包括设计质量、材料质量和影响项目运行的环境质量等。质量目标包括满足相应技术规范和技术标准的规定,以及满足业主方相应的质量要求。

工程项目的全寿命周期包括项目的决策阶段、实施阶段和使用阶段。项目的实施阶段包括设计前的准备阶段、设计阶段、施工阶段,动用前的准备阶段和保修期。业主方的项目管理工作涉及项目实施阶段的全过程,其项目管理任务包括设计前的准备阶段、设计阶段、施工阶段,动用前的准备阶段和保修期的投资管理、进度管理、质量管理、合同管理、信息管理、安全管理和组织协调等任务。

2)承包方项目管理

承包方项目管理是指承包人为完成业主委托的设计、施工或供货任务所进行的计划、组织、协调和控制的过程,其目的是实现承包项目的目标并使相关方满意。承担工程项目设计、施工、供应任务的相关主体都属于承包方,通常称为承包人。因此承包方项目管理包括了设计方项目管理、施工方项目管理、供货方项目管理和总承包方项目管理。

(1)设计方项目管理

设计方作为项目建设的一个参与方,其项目管理主要服务于项目的整体利益和设计方自身的利益。其项目管理的目标包括设计的成本目标、设计的进度目标和设计的质量目标以及项目的投资目标。项目的投资目标能否实现与设计工作密切相关。

设计方的项目管理工作主要在设计阶段进行,但它也涉及设计前的准备阶段、施工阶段,动用前的准备阶段和保修期。

设计方项目管理的任务包括:

①与设计有关的安全工作;

②设计成本控制和与设计工作有关的工程造价控制;

③设计进度控制;

④设计质量控制；

⑤设计合同管理；

⑥设计信息管理；

⑦与设计有关的组织协调。

(2)施工方项目管理

施工方作为项目建设的一个参与方，其项目管理主要服务于项目的整体利益和施工方自身的利益。其项目管理的目标包括施工的成本目标、施工的进度目标和施工的质量目标。

施工方的项目管理工作主要在施工阶段进行，但它也涉及设计前的准备阶段、设计阶段，动用前的准备阶段和保修期。

施工方项目管理的任务包括：

①施工安全管理；

②施工成本控制；

③施工进度控制；

④施工质量控制；

⑤施工合同管理；

⑥施工信息管理；

⑦与施工有关的组织协调。

(3)供货方项目管理

供货方作为项目建设的一个参与方，其项目管理主要服务于项目的整体利益和供货方自身的利益。其项目管理的目标包括供货方的成本目标、供货的进度目标和供货的质量目标。

供货方的项目管理工作主要在施工阶段进行，但它也涉及设计前的准备阶段、设计阶段，动用前的准备阶段和保修期。

供货方项目管理的任务包括：

①供货的安全管理；

②供货方的成本控制；

③供货的进度控制；

④供货的质量控制；

⑤供货合同管理；

⑥供货信息管理；

⑦与供货有关的组织协调。

(4)总承包方项目管理

总承包方作为项目建设的一个参与方，其项目管理主要服务于项目的整体利益和建设项目总承包方自身的利益。其项目管理的目标包括项目的总投资目标和总承包方的成本目标、项目的进度目标和项目的质量目标。

建设项目总承包方的项目管理工作涉及项目实施阶段的全过程，即设计前的准备阶段、设计阶段、施工阶段，动用前的准备阶段和保修期。

建设项目总承包方项目管理的任务包括：

①安全管理；

②投资控制和总承包方的成本控制；

③进度控制；

④质量控制；

⑤合同管理；

⑥信息管理；

⑦与建设项目总承包方有关的组织协调。

3)咨询方项目管理

咨询方项目管理是指咨询单位受委托，对工程项目的某一个阶段或某一项内容进行管理，也可以就项目的若干阶段进行管理或承担全部管理工作。咨询方项目管理的目的是保障委托方实现工程项目的预期目标，同时按合同规定获得合法收入。咨询方项目管理包括工程设计监理、工程施工监理、阶段性咨询服务等。

以上不同类型的工程项目管理都是在特定的条件下，为实现工程项目的总目标，从不同角度、不同利益出发，对项目实施过程进行管理的一个子系统。但不同类型的项目管理，其管理主体、管理目标、管理方式、管理范围、管理内容和管理所涉及的时间范畴都有所不同。

不同类型的工程项目管理既相互联系，又相互制约，构成一个工程项目管理的完整体系。

工程项目的总目标受到不同类型项目管理目标的影响，不同类型的项目管理目标实现了，项目的总体目标就可以实现；否则，项目的总体目标就会受到影响。

六、工程项目管理相关制度

工程建设领域实行建设项目法人责任制、建设工程监理制、工程招投标制和合同管理制，是我国工程建设管理体制深化改革的重大举措。这四项制度有着密切的联系并共同构成了我国工程建设管理的基本制度，并且为我国工程项目管理提供了法律保障。

(一)建设项目法人责任制

建设项目法人责任制的核心是明确由项目法人承担投资风险，项目法人要对工程项目的建设及建成后的生产经营实行一条龙管理和全面负责。

1. 项目法人的设立

新建项目在建设项目建议书经批准后，应由项目的投资方派代表组成项目法人筹备组来具体负责项目法人的筹建工作。在申报项目可行性研究阶段，申报单位必须同时提出项目法人组建方案，当项目可行性研究报告被批准后就要正式成立项目法人。按有关规定确保资本金按时到位，并及时办理公司设立登记。项目公司可以是股份有限公司，也可以是有限责任公司(包括国有独资公司)。

当原有企业需要新设子公司时，须为子公司重新设立法人；而如果是只设分公司时，分公司的法人就是原有企业的法人，但原企业法人须向分公司派遣专职管理人员并进行专项考核。

2. 项目董事会的职权

建设项目董事会的职权如下：

(1)负责筹措建设资金。

(2)审核、上报项目初步设计和概算文件。

(3)审核、上报年度投资计划并落实年度资金。

(4)提出项目开工报告。

(5)研究解决建设过程中出现的重大问题。

(6)负责提出项目竣工验收申请报告。

(7)审定偿还债务计划和生产经营方针,并负责按时偿还债务。

(8)聘任或解聘项目总经理,并根据总经理的提名,聘任或解聘其他高级管理人员。

3.项目总经理的职权

项目总经理的职权如下:

(1)组织编制项目初步设计文件,对项目工艺流程、设备选型、建设标准、总图布置提出意见,提交董事会审查。

(2)组织工程设计、施工监理、施工队伍和设备材料采购的招标工作,编制和确定招标方案、标底和评标标准,评选和确定投、中标单位。

(3)编制并组织实施项目年度投资计划、用款计划、建设进度计划。

(4)编制项目财务预、决算。

(5)编制并组织实施归还贷款和其他债务计划。

(6)组织工程建设实施,负责控制工程投资、工期和质量。

(7)在项目建设过程中,在批准的概算范围内对单项工程的设计进行局部调整(凡引起生产性质、能力、产品品种和标准变化的设计调整以及概算调整,需经董事会决定并报原审批单位批准)。

(8)提请董事会聘任或解聘项目高级管理人员。

(二)建设工程监理制

建设工程监理制是指具有相应资质的工程监理企业受工程项目建设单位的委托,承担其项目管理工作,并代表建设单位对承建单位的建设行为进行监督管理的专业化服务活动。

1.建设工程监理的范围。

下列建设工程必须实行监理:

(1)国家重点建设工程,指根据《国家重点建设项目管理办法》所确定的对国民经济和社会发展有重大影响的骨干项目。

(2)大、中型公用事业工程,指项目总投资额在3 000万元以上的下列工程项目,供水、供电、供气、供热等市政工程项目,科技、教育、文化等项目,体育、旅游、商业等项目,卫生、社会福利等项目,其他公用事业项目。

(3)成片开发建设的住宅小区工程。建筑面积在5万m^2以上的住宅小区必须实行监理。

(4)利用外国政府或国际组织贷款、援助资金的工程,包括使用世界银行、亚洲开发银行等国际组织贷款资金的项目,使用国外政府及其机构贷款资金的项目,使用国际组织或国外政府援助资金的项目。

(5)国家规定必须实行监理的其他工程,指学校、影剧院、体育场馆项目和项目总投资额在3 000万元以上关系社会公共利益、公众安全的下列基础设施项目,煤炭、石油、新能源等项目，铁路、公路、水运等交通运输项目，邮政、通信、信息网络等项目，防洪、排涝、引(供)水、水土保持等水利建设项目，道路、地铁、垃圾处理、公共停车等城市基础设施项目，生态环境保护项目，其他基础设施项目。

2. 建设工程监理中造价控制的工作内容。

造价控制是建设工程监理的主要任务之一。在工程建设的不同阶段，监理有着不同的工作内容。

其中，施工阶段的造价控制包括：

①制订施工阶段资金使用计划，并按规定的程序进行工程计量，严格进行付款控制。

②依据施工合同有关条款、施工图，对工程造价目标进行风险分析，并制订防范性对策。

③严格控制工程变更，力求减少变更费用。

④主动协调有关各方的关系，按合同规定及时进行已完工程的计量验收，合格时签发工程付款凭证，并督促建设单位及时支付工程进度款，避免诱发工程索赔事件。

⑤及时收集、整理有关的施工和监理资料，为处理费用索赔提供证据。

⑥及时统计实际完成工程量，进行实际投资与计划投资的动态比较，并定期向有关各方报告工程投资动态情况。

⑦及时掌握国家调价动态，合理调整合同价款。

⑧审核施工单位提交的工程结算书。

(三)工程招投标制

工程招投标是指建设市场的一种交易方式，是由唯一的卖主设立标底，若干个符合投标资格的买主通过报价自愿参与投标进行竞争，从中选择优胜者与之签订合同的过程。

采用工程招投标制度不仅能起到控制工程投资的作用，还有利于形成市场定价的价格体制，从而使工程造价趋于合理化，并能够保护国家及社会公共利益，提高经济效益，保障项目质量。

1. 实施招标的项目范围规定

《中华人民共和国招标投标法》规定，凡在中华人民共和国境内进行下列工程建设项目，包括项目的勘察、设计、施工、监理以及与工程建设有关的重要设备、材料等的采购，必须进行招标。

(1)大型基础设施、公用事业等关系社会公共利益、公共安全的项目；

(2)全部或者部分使用国有资金投资或国家融资的项目；

(3)使用国际组织或者外国政府贷款、援助资金的项目。

《工程建设项目招标范围和规模标准规定》(原发展计划委员会令第3号)(以下简称《规定》)中，规定了关系社会公共利益、公众安全基础设施项目的范围，关系社会公共利益、公众安全公用事业项目的范围，使用国有资金投资项目的范围，国家融资项目的范围，使用国际组织或者外国政府资金的项目的范围。具体范围见表4-2。

对以上各类工程建设项目，包括项目的勘察、设计、施工、监理以及与工程建设有关的重要设备、材料等的采购，达到下列标准之一的，必须进行招标：

(1)施工单项合同估算价在200万元人民币以上的；

(2)重要设备、材料等货物的采购，单项合同估算价在100万元人民币以上的；

(3)勘察、设计、监理等服务的采购，单项合同估算价在50万元人民币以上的；

(4)单项合同估算价低于第(1)、(2)、(3)项规定的标准,但项目总投资额在3 000万元人民币以上的。

实施招标项目的范围 表4-2

关系社会公共利益、公众安全基础设施项目的范围	①煤炭、石油、天然气、电力、新能源项目; ②铁路、公路、管道,水运、航空以及其他交通运输业等交通运输项目; ③邮政、电信枢纽、通信、信息网络等邮电通信项目; ④防洪、灌溉、排涝、引(供)水、滩涂治理、水土保持、水利枢纽等水利项目; ⑤道路、桥梁、地铁和轻轨交通、污水排放及处理、垃圾处理、地下管道、公共停车场等城市设施项目; ⑥生态环境保护项目; ⑦其他基础设施项目
关系社会公共利益、公众安全公用事业项目的范围	①供水、供电、供气、供热等市政工程项目; ②科技、教育、文化等项目; ③体育、旅游等项目; ④卫生、社会福利等项目; ⑤商品住宅,包括经济适用住房等; ⑥其他公用事业项目
使用国有资金投资项目的范围	①使用各级财政预算资金的项目; ②使用纳入财政管理的各种政府性专项建设基金的项目; ③使用国有企业事业单位自有资金,并且国有资产投资者实际拥有控制权的项目
国家融资项目的范围	①使用国家发行债券所筹资金的项目; ②使用国家对外借款或者担保所筹资金的项目; ③使用国家政策性贷款的项目; ④国家授权投资主体融资的项目; ⑤国家特许的融资项目
使用国际组织或者外国政府资金的项目的范围	①使用世界银行、亚洲开发银行等国际组织贷款资金的项目; ②使用外国政府及其机构贷款资金的项目; ③使用国际组织或者外国政府援助资金的项目

2. 施工招标方式的范围规定

(1)应当采用公开招标的工程范围

国家发改委确定的国家重点建设项目和各省、自治区、直辖市人民政府确定的地方重点建设项目,以及全部使用国有资金投资或者国有资金投资占控股或者主导地位的工程建设项目,应当公开招标。

(2)可以采用邀请招标的工程范围

①项目技术复杂或有特殊要求,只有少量几家潜在投标人可供选择的;

②受自然地域环境限制的;

③涉及国家安全、国家秘密或者抢险救灾,适宜招标但不宜公开招标的;

④拟公开招标的费用与项目的价值相比，不值得的；

⑤法律、法规规定不宜公开招标的。

国家重点建设项目的邀请招标，应当经国家发改委批准；地方重点建设项目的邀请招标，应当经各省、自治区、直辖市人民政府批准。

(3)可以不进行招标的工程范围

①涉及国家安全、国家秘密或者抢险救灾而不适宜招标的；

②属于利用扶贫资金实行以工代赈需要使用农民工的；

③施工主要技术采用特定的专利或者专有技术的；

④施工企业自建自用的工程，且该施工企业资质等级符合工程要求的；

⑤在建工程追加的附属小型工程或者主体加层工程，原中标人仍具备承包能力的；

⑥法律、行政法规规定的其他情形。

第二节　工程项目的计划与控制

一、工程项目计划的种类

工程项目计划是指对实施过程进行各种计划、安排的总称，是对项目实施过程的设计。工程项目计划包括多种计划。为了对工程项目计划有全面、清晰的认识，可根据不同的原则和方法对其进行科学的分类。

1.按照工程项目全生命周期的各阶段进行分类

(1)工程项目前期计划

工程项目前期计划包括目标设计、项目定义、可行性研究等。

工程项目的目标设计和项目定义可以说是一个总体的计划。它包括总的项目规模、生产能力、建设期和运行期的预计，总投资及其相应的资金来源的安排等。尽管它是一个大的轮廓，但它是一个初步计划。

可行性研究中包含着较为详细的、全面的计划。它是研究计划，是项目定义的细化。可行性研究本身是对计划的论证。它包括产品的销售计划、生产计划、项目建设计划、投资计划、筹资方案等。它不仅有总投资的估算，而且有各个子项投资估算；不仅有总工期安排，而且有主要活动和重大事件的时间安排；有费用—时间计划、现金流量计划等。对可行性研究的批准实质上是对一套计划的认可。

(2)工程项目设计阶段计划

在项目批准立项后，设计和计划是平行进行的。国内外的工程项目都有多阶段设计，如初步设计、技术设计、施工图设计。计划随着设计而不断深入、细化、具体化。每一步设计之后就有一个相应的计划，它作为项目设计过程中阶段决策的依据。同时工程项目结构分解不断细化，项目组织形式也逐渐完备，从而形成了一个多层次的控制和保证体系。

(3)工程项目实施阶段计划

在项目实施中一方面由于计划期作的计划较粗，在实施中必须不断地采用滚动的方法详细地安排近期计划。另一方面随着情况不断的变化，每一个阶段(一个月、一周)都必须研究、修改、调整原计划。

2. 按照工程项目目标分类

(1)进度(工期)计划:包括项目结构多层次单元的持续时间的确定,以及各个工程活动开始和结束时间的安排,时差的分析。

(2)成本(投资)计划:包括各层次项目单元的计划成本,项目"时间—计划成本"曲线和项目成本模型,项目现金流量(包括支付计划和收入计划),项目资金筹措(贷款)计划。

(3)质量计划:包括力学与物理性能,寿命期内使用性能的稳定性,适用于安装机械设备的操作与维修,具有规定的生产能力或效率的产品的经济性,保证使用维修过程的安全性,外观及与环境的协调性。

3. 按照资源范围分类

(1)劳动力的使用计划、招聘计划、培训计划。

(2)机械使用计划、采购计划、租赁计划、维修计划。

(3)物资供应计划、采购订货计划、运输计划等。

4. 按照工程项目参与主体分类

(1)业主的计划。

(2)施工方的计划。

(3)供货方的计划。

(4)设计方的计划。

5. 其他计划

如现场平面布置、后勤管理计划(如临时设施、水电供应、道路和通信等)、项目的运营准备计划等。

二、工程项目的计划体系

计划是项目管理系统的一个子系统。工程项目计划在时间上存在连续性:在工程项目的全生命周期的各阶段,有着一系列的计划,这些计划相互联系、相互影响,前期各计划对后期各计划起着指导和控制作用,后期各计划是对前期各计划的细化和补充;工程项目计划在内容上存在综合性:工期、成本、财务、资源、质量计划之间互相影响,互相制约,存在着复杂的关系。

由于各种计划之间存在着有机的联系,它们相互联系、相互区别、相互补充、相互制约,从而形成了与工程项目全生命周期的各阶段工作深度相适应的,涉及项目目标、项目参与主体等项目要素的庞大、复杂的工程项目计划体系。

对工程项目的不同参与主体来讲,其进度计划的内容、时间范围等是不同的,但它们又是相互联系和制约的,因此不同参与主体的进度计划应注意其联系,做好充分的衔接。

(一)建设单位的计划体系

建设单位的计划体系包括工程项目前期工作计划、工程项目建设总进度计划和工程项目年度计划。

1. 工程项目前期工作计划

工程项目前期工作计划是指对可行性研究及初步设计的工作进度安排,通过这个计划,使建设前期的各项工作相互衔接,时间得到控制。前期工作计划由建设单位在预测的基础上进行编制。工程项目前期工作进度计划表如表4-3所示。

工程项目前期工作进度计划表　　表 4-3

项目名称	建设性质	建设规模	可行性研究		项目评估	
			进度要求	负责单位负责人	进度要求	负责单位负责人

2. 工程项目建设总进度计划

工程项目建设总进度计划指初步设计被批准后、编制上报年度计划以前，根据初步设计对工程项目从开始建设（设计、施工）准备至竣工投产（动用）全过程的统一部署，以安排各单项工程和单位工程的建设进度，合理分配年度投资，组织各方面的协作，它由以下几个部分组成。

（1）文字部分。包括工程项目的概况和特点，安排建设总进度的原则和依据，投资资金来源和年度安排情况，技术设计、施工图设计、设备交付和施工力量进场时间的安排，道路、供电、供水等方面的协作配合，进度的衔接，计划中存在的主要问题及采取的措施，需要上级及有关部门解决的重大问题等。

（2）工程项目一览表。该表把初步设计中确定的建设内容，按照单项工程、单位工程归类并编号，明确其建设内容和投资额，以便各部门按统一的口径确定工程项目控制投资和进行管理，工程项目一览表的格式如表 4-4 所示。

工程项目一览表　　表 4-4

单项（或单位）工程名称	工程编号	工程内容	概算金额（元）						备注
			合计	建筑工程费	安装工程费	设备购置费	工器具购置费	工程建设其他费用	

（3）工程项目总进度计划。工程项目总进度计划是根据初步设计中确定的建设工期和工艺流程，具体安排单项工程和单位工程的进度，一般用横道图编制，其格式如表 4-5 所示。

工程项目总进度计划表　　表 4-5

工程编号	单项（或单位）工程名称	工程量		××××年				××××年				…
		单位	数量	一季	二季	三季	四季	一季	二季	三季	四季	…

（4）投资计划年度分配表。该表根据工程项目总进度计划，安排各个年度的投资，以便预测各个年度的投资规模，筹集建设资金或与银行签订借款合同，规定年度用款计划，其格式如表 4-6 所示。

投资计划年度分配表　　表 4-6

工程编号	单项工程名称	投资额	投资分配（元）				
			××××年	××××年	××××年	××××年	××××年
	合计： 其中：建安工程投资 设备投资 工器具投资 其他投资						

(5)工程项目进度平衡表。工程项目进度平衡表用以明确各种设计文件交付日期，主要设备交货日期，施工单位进场日期和竣工日期，水、电、道路接通日期等。借以保证建设中各个环节相互衔接，确保工程项目按期投产，其格式如表4-7所示。

在此基础上，分别编制综合进度控制计划、设计工作进度计划、采购工作进度计划、施工进度计划、验收和投资进度计划等。

工程项目进度平衡表

表4-7

工程编号	单项工程或单位工程名称	开工日期	竣工日期	要求设计进度				要求设备进度			要求施工进度			道路、水、电接通日期				
				交付日期			设计单位	数量	交货日期	供应单位	进场日期	竣工日期	施工单位	道路通行日期	供电		供水	
				技术设计	施工图	设备清单									数量	日期	数量	日期

3. 工程项目年度计划

工程项目年度计划依据工程项目总进度计划由建设单位进行编制。该计划既要有项目总进度要求，又要与当年可能获得的资金、设备、材料、施工力量相适应。根据分批配套投产或交付使用的要求，合理安排年度建设工程项目。工程项目年度计划的内容如下。

(1)文字部分

说明编制年度计划的依据和原则：建设进度，本年计划投资额，本年计划完成工作量，施工图、设备、材料、施工力量等建设条件落实情况，动力资源情况，对外部协作配合项目建设进度的安排或要求，需要上级主管部门协助解决的问题，计划中存在的其他问题，为完成计划采取的各项措施等。

(2)表格部分

①年度计划项目表。

该计划对年度施工的项目确定投资额、年末形象进度、建设条件（图纸、设备、材料、施工力量）的落实情况等进行说明，其格式如表4-8所示。

年度计划项目表

表4-8

工程编号	单项工程名称	开工日期	竣工日期	投资额	投资来源	年初已完			本年计划							建设条件落实情况			
						投资额	其中建安工程投资	其中设备投资	投资			工作量			年末形象进度	施工图	材料	设备	施工力量
									合计	其中建安工程	其中设备投资	新开工	续建	竣工					

②年度竣工投产交付使用计划表。

该计划阐明单项工程的规模、投资额、新增固定资产、新增生产能力等的总规模及本年计划完成数，并阐明竣工日期，其格式如表4-9所示。

年度竣工投产交付使用计划表

表4-9

工程编号	单位工程名称	总规模					年度计划完成			
		建筑面积	投资	新增固定资产	新增生产能力	竣工日期	建筑面积	投资	新增固定资产	新增生产能力

③年度建设资金平衡表,其格式如表4-10所示。

年度建设资金平衡表

表4-10

工程编号	单位工程名称	年度计划投资	动用内部资金	储备资金	年度计划需要资金	资金来源				
						预算拨款	自筹资金	基建贷款	国外贷款	…

④年度设备平衡表,其格式如表4-11所示。

年度设备平衡表

表4-11

工程编号	单位工程名称	设备名称规格	要求到货		利用库存	自制		已到货		采购数量
			数量	时间		数量	完成时间	数量	到货时间	

(二)施工单位的计划体系

承包单位的计划体系包括投标之前编制的项目管理规划大纲和签订合同之后编制的项目管理实施规划。

1.项目管理规划大纲

项目管理规划大纲是指由企业管理层在投标之前编制的,旨在作为投标依据、满足招标文件要求及签订合同要求的文件。项目管理大纲应包括如下内容:

(1)项目概况及实施条件分析;

(2)项目现场管理和施工平面图;

(3)项目投标活动及签订施工合同的策略;

(4)项目管理组织机构及其职责;

(5)项目管理目标;

(6)项目工期目标和施工总进度计划;

(7)项目质量目标和施工方案;

(8)项目成本目标及管理措施;

(9)项目风险预测和安全生产目标及措施;

(10)现场文明施工及环境保护措施。

2.项目管理实施规划

项目管理实施规划是在开工前由施工项目经理主持编制的,旨在指导施工项目实施阶段管理的文件。项目管理实施规划所含内容如下。

(1)工程概况。包括工程特点、建设地理位置和环境特征、施工条件、项目管理特点和总体要求。

(2)施工部署。包括项目质量、进度、成本及安全的各自目标、人力资源的投入计划、分包计划、施工程序及项目管理总体安排。

(3)施工方案。包括施工顺序、施工阶段划分、施工方法和施工机械的选择、安全施工设计和环境保护内容与方法。

(4)施工进度计划。这个进度计划应该包含有建设项目施工总的进度计划和单位工程施工进度计划。

(5)资源供应计划。包括劳动力需求计划,主要材料和周转材料计划,机械设备需求计划,预制品订货和需求计划,大型工具、器具需求计划。

(6)施工准备工作计划。包括施工现场准备和时间安排、技术准备及编制质量计划、人员准备、物资准备。

(7)施工平面图。包括施工平面图说明、施工平面图、施工平面管理规划。

(8)技术组织措施计划。包括保证进度、质量、成本和安全各自的目标措施、保护环境等措施,还包括技术措施、组织措施、经济措施和合同措施。

(9)项目风险管理。包括项目风险识别一览表、风险可能出现的概率及损失度估计、风险评价分析和风险应对防范措施。

(10)信息管理。包括信息中心的建立规划、项目管理软件的选择与使用规划和信息管理实施规划。

(11)技术经济指标分析。包括规划的指标、规划指标水平高低的分析和评价、实施难点的对策。

(三)工程项目成本(投资)计划

1. 工程项目建设各阶段的成本计划

在项目实施进程中,成本计划有许多形式,他们分别在项目建议书、可行性研究、设计、实施、竣工结算中产生,形成一个不断修改、补充、调整、控制和反馈的过程。成本计划工作与项目各阶段的其他管理工作融为一体,它不仅是一项管理工作,而且是专业性很强的技术工作。

(1)项目建议书阶段的投资估算。在项目建议书阶段,业主期望能及早地、准确地给出投资范围,但这时对项目的工程技术要求,项目方案尚不清楚,所以无法精确计算,一般只能按照以往同类工程资料或估算指标大致估算。

(2)可行性研究阶段投资估算。由于这时主要进行工程技术方案确定,调查进一步深入,有了进一步详细的资料,则可以按总工期划分的几个阶段和总工程划分的几个部分分别估算投资,然后汇总。可行性研究经过批准后即作为项目确定的投资计划。

(3)预算成本。每一阶段设计,一般都有一套计划,都有一个预算成本。随着设计精度的深入和计划工作的细化,预算不断细化,计划成本的作用就越大,它对设计和计划的任何变更的反应就越灵敏。

业主在招标阶段的预算成本对于招标工作即为标底,而承包人相应的详细的预算成本即为报价的基础。

(4)合同价。这是业主在分析许多投标书的基础上最终与一家承包人确定的工程价格,最终在双方签订的合同文件中确认,它作为工程结算的依据。对承包人来说,是通过报价竞争获得承包资格而确定的工程价格。

(5)在工程实施中一般有以下几个方面的成本计划:

①已完成或已支付成本。这是在实际工程上的成本消耗,它表示工程实际完成的进度。

②追加成本(费用)。这是由于工程变更、环境变化、合同条件变化所应追加的部分。

③剩余成本计划。即按当时的环境,要完成余下的工程还要投入的成本量。这样可以对工程结束时成本状态、收益状态进行预测和控制。

(6)最终实际成本和结算价格。施工结束后必须按照统一成本分解规则(一般按建筑要素)对工程项目的成本状况进行统计分析,储存资料,作为以后工程成本计划的依据。

2. 成本计划的内容和表达方式

通常一个完整的项目成本计划包括以下几个方面的内容：

(1)各个成本对象的计划成本值。

(2)成本—时间关系曲线，即成本的强度计划曲线。

(3)成本—时间累计曲线，又称为项目的成本模型。

(4)相关的其他计划，例如，工程款收支计划、现金流量计划、融资计划等。

计划的表达形式有如下几种：

①表格形式。例如成本项目—时间表和各成本项目不同值之间的对比表等。

②曲线形式。有两种，即直方图形式（如“成本—时间”图），表达任一时间段中工程成本的完成量；累计曲线（如“累计成本—时间”曲线）。

③其他形式，例如表达各要素份额的圆（柱）形图等。

3. 成本计划的对象

为了便于从各个方面、各个角度对项目成本进行精确的、全面的计划和有效的控制，必须多方位、多角度地划分成本项目，形成一个多维的严密体系。

(1)项目结构图中各层次项目单元。项目结构图中各层次项目单元首先必须作为成本的估算对象，这对后面项目成本模型的建立、成本责任的落实和成本控制有至关重要的作用。所以项目结构分解是成本计划不可缺少的前提条件。

(2)项目成本要素。将项目按成本要素进行分解，则能得到项目的成本（投资或费用）结构。如建筑工程成本要素，即建筑工程成本可分为人工费、材料费、机械费、其他直接费、现场管理费、总部管理费等。

4. 工程项目成本模型

人们在网络分析的基础上，将计划成本分解落实到各个项目单元上，直到网络上的工程活动，将计划成本在相应的工程活动的持续时间上平均分配，这样可以获得工期—计划成本累计曲线，即项目的成本模型。

利用成本模型可以进行不同工期（进度）方案、不同技术方案的对比。同时对实施目标控制十分重要。按实际工程成本和实际工程进度还可以作出项目的实际成本模型，可以进行整个项目“计划—实际”成本以及进度的对比。这对把握整个工程进度，分析成本进度状况，预测成本趋向十分有用。

成本模型绘制方法如下：

(1)在经过网络分析后，按各个活动的最早时间输出横道图（有时也按最迟时间或最早最迟同时对比），并确定相应项目单元的工程成本（委托合同价、预算成本等）。

(2)假设工程成本在相应工程活动的持续时间内平均分配，即在各活动上计划成本—时间关系是直线，则可得各活动的计划成本强度。

(3)按项目总工期将各期（如每周、每月）、各活动的计划成本进行汇集，得各时间段成本强度。

(4)作成本—工期表（图）。这是一个直方图形。

(5)计算各期期末的计划成本累计值，并作曲线。

【例 4-1】 某公路项目的各项工程活动计划成本见表 4-12，计划进度如图 4-5 所示，试绘制该工程项目的计划成本模型。

表 4-12

工程活动	路基工程	涵洞工程	路面工程	桥梁工程	防护工程	排水工程	交叉工程	绿化工程	合计
持续时间(月)	6	5	7	8	5	5	5	2	12
计划总成本(万元)	360	50	840	400	30	20	50	10	1 760

解:(1)将工程成本在相应工程活动的持续时间内平均分配,则可得各活动的计划成本强度,见表 4-13。

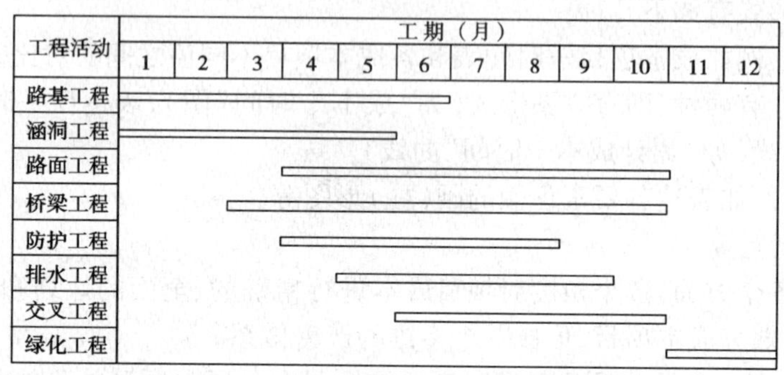

图 4-5

(2)将各周、各活动的计划成本进行汇集,得各时间段成本强度。

(3)作成本—工期图,即图 4-6 中的直方图形。

(4)计算各期期末的计划成本累计值,并作曲线,即为成本模型,见图 4-6。

表 4-13

工程活动	路基工程	涵洞工程	路面工程	桥梁工程	防护工程	排水工程	交叉工程	绿化工程	合计
持续时间(月)	6	5	7	8	5	5	5	2	12
计划总成本(万元)	360	50	840	400	30	20	50	10	1 760
单位时间计划成本(万元)	60	10	120	50	6	4	10	5	

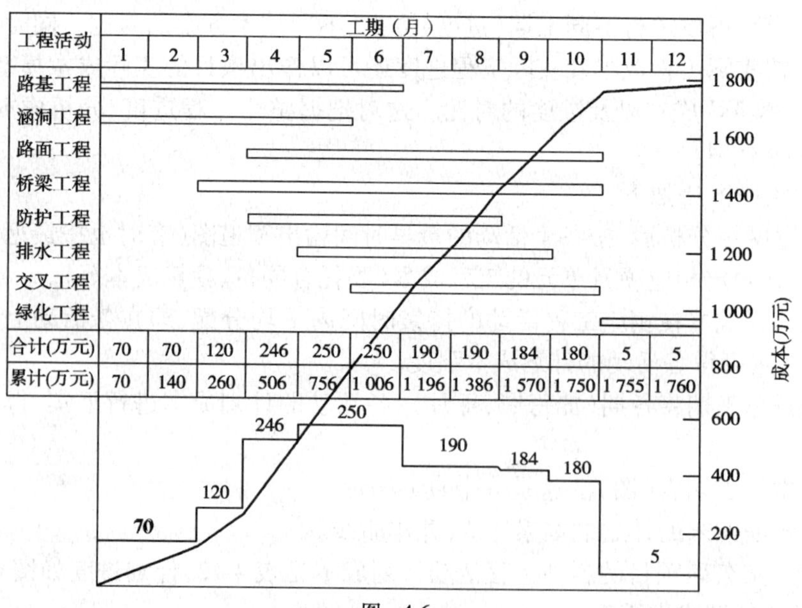

图 4-6

项目成本模型理想化图式见图 4-7，一般它按工程活动的最早时间绘制。它从成本方面反映工程进度。有时为了便于对比和实施控制，将按最早时间和最迟时间的曲线图作于同一张图上得到如图 4-8 所示的模型，人们将它形象地称为香蕉图。

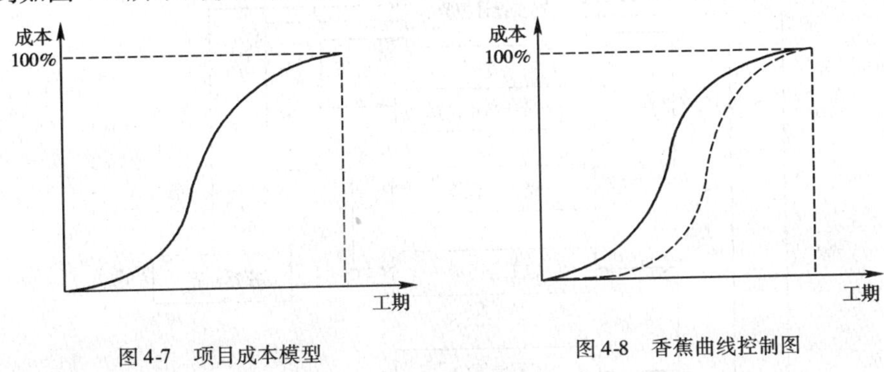

图 4-7　项目成本模型　　图 4-8　香蕉曲线控制图

三、工程项目目标控制

（一）动态控制原理

所谓控制是指行为主体为保证在变化的条件下实现其目标，按照事先拟订的计划和标准，通过采用各种方法，对被控对象实施中发生的各种实际值与计划值进行对比、检查、监督、引导和纠正，以保证计划目标得以实现的管理活动。所以控制首先必须确立合理目标，然后制订计划，继而进行组织和人员配备，并实施有效的领导，一旦计划运行，就必须进行控制，检查计划实施情况，找出偏离计划的误差，确定应采取的纠正措施，并采取纠正行动。

在目标控制的众多方法论中，动态控制原理是最基本的方法论之一。项目目标动态控制遵循控制循环理论，是一个动态循环过程。动态控制原理图如图 4-9 所示。

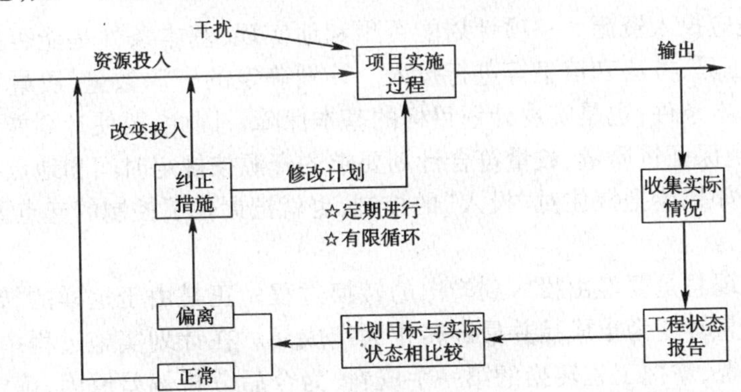

图 4-9　动态控制原理图

动态控制原理可应用于投资控制、进度控制和质量控制中。投资控制工作必须贯穿项目建设全过程，面向整个项目。各阶段的投资控制以及各子项目的投资控制作为项目投资控制子系统，相互连接和嵌套，共同组成项目投资控制系统。图 4-10 表示项目实施各阶段投资目标计划值和实际值比较的主要关系，从中也可以看出各阶段投资控制子系统的相互关系。

从图 4-10 的比较关系可以看出，投资目标的计划值与实际值是相对的，如施工合同价相对于初步设计概算是实际值，而相对于工程结算价是计划值。

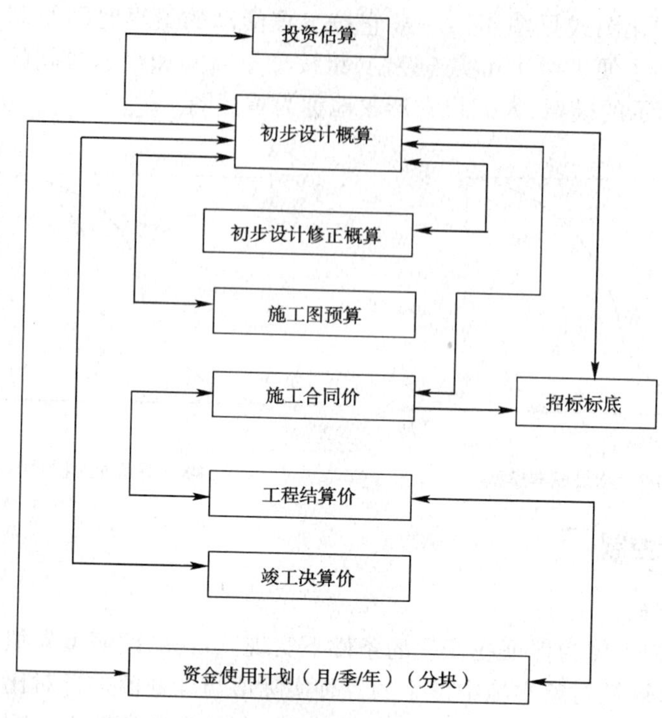

图 4-10　项目各阶段投资目标计划值与实际值的比较

（二）目标控制的程序

在控制过程中，都要经过投入、转换、反馈、对比、纠正等基本环节。如果缺少这些基本环节中的某一个，动态控制过程就不健全，就会降低控制的有效性。

1. 投入

控制过程首先应投入资源。一项计划能否顺利地实现，基本条件是能否按计划所要求的人力、材料、设备、工具、方法和信息等进行投入。计划确定的资源数量、质量和投入的时间是保证计划实施的基本条件，也是实现计划目标的基本保障。因此，要使计划能够正常实施并达到预定目标，就应当保证将质量、数量符合计划要求的资源按规定时间和地点投入到工程建设中。项目管理人员如果能把握住对"投入"的控制，也就把握住了控制的起点要素。

2. 转换

工程项目的实现总是要经由投入到产出的转换过程。正是由于这样的转换，才使投入的人、财、物、方法、信息转变为半成品并最终转化为产成品。在计划实施过程中，应及时跟踪了解工程实际进展情况，掌握工程转换的第一手资料，为今后分析偏差原因、确定纠正措施提供可靠依据。

3. 反馈

反馈是控制的基础工作。对于一项即使认为制订得相当完善的计划，项目管理人员也难以对其运行的结果有百分之百的把握。因为在计划的实施过程中，实际情况总是变化的，每个变化都会对预定目标的实现带来一定的影响。因此，项目管理人员必须在计划与执行之间建立密切的联系，及时捕捉工程进展信息并反馈给控制部门。

4. 对比

对比是将实际目标成果与计划目标相比较，以确定是否有偏离。对比工作的第一步是收集工程实施成果并加以分类、归纳,形成与计划目标相对应的目标值,以便进行比较。对比工作的第二步是对比较结果进行分析,判断实际目标成果是否出现偏离。

5. 纠正

当出现实际目标成果偏离计划目标的情况时,就需要采取措施加以纠正。如果是轻度偏离,通常可采用较简单的措施进行纠偏。如果目标有较大的偏离时,则需要改变局部计划才能使计划目标得以实现。如果已经确定的计划目标不能实现,那就需要重新确定目标,然后根据新目标制订新计划,使工程在新的计划状态下运行。

总之,每一次控制循环结束都有可能使工程呈现出一种新的状态,或者是重新修订计划,或者是重新调整目标,使其在这种新状态下继续发展。

(三)目标控制的类型

控制可分为两大类,即主动控制和被动控制。

1. 主动控制

(1)主动控制的含义

所谓主动控制就是预先分析目标偏离的可能性,并拟订和采取各项预防性措施,以保证计划目标得以实现。

主动控制是一种前馈控制,它可以尽最大可能改变偏差已经成为事实的被动局面,从而使控制更有效。当它根据已掌握的可靠信息分析预测得出系统将要输出偏离计划的目标时,就制订纠正措施并向系统输入,以使系统因此而不发生目标的偏离。

主动控制是一种面向未来的控制,它可以解决传统控制过程中存在的时滞影响,尽最大可能改变偏差已经成为事实的被动局面,从而使控制更为有效。主动控制又是一种事前控制,它在偏差发生之前就采取控制措施。

(2)主动控制的措施

①详细调查并分析研究外部环境条件,以确定那些影响目标实现和计划运行的各种有利和不利因素,并将它们考虑到计划和其他管理职能当中。

②识别风险,努力将各种影响目标实现和计划执行的潜在因素揭示出来,为风险分析和管理提供依据,并在计划实施过程中做好风险管理工作。

③用科学的方法制订计划,做好计划可行性分析,消除那些造成资源不可行、技术不可行、经济不可行、财务不可行的各种错误和缺陷,保障工程的实施能够有足够的时间、空间、人力、物力、财力,并在此基础上力求计划优化。

④高质量地做好组织工作,使组织与目标和计划高度一致,把目标控制的任务与管理职能落实到适当的机构和人员,做到职权与职责明确,使全体成员能够通力协作,为共同实现目标而努力。

⑤制订必要的应急备用方案,以应对可能出现的影响目标或计划实现的情况。一旦发生这些情况,则有应急措施作保障,从而减少偏离量,或避免发生偏离。

⑥计划应有适当的松弛度,即"计划应留有余地"。这样,可以避免那些经常发生、又不可避免的干扰对计划的不断影响,减少"例外"情况发生的数量,使管理人员处于主动地位。

⑦沟通信息流通渠道,加强信息收集、整理和研究工作,为预测工程未来发展状况提供全面、及时、可靠的信息。

2. 被动控制

(1)被动控制的含义

所谓被动控制就是控制者从计划的实际输出中发现偏差,对偏差采取措施及时纠正的控制方式。因此要求管理人员对计划的实施进行跟踪,把它输出的工程信息进行加工、整理,再传递给控制部门,使控制人员从中发现问题,找出偏差,寻求并确定解决问题和纠正偏差的方案,然后再送回给计划实施系统付诸实施,使得计划目标一旦出现偏离就能得以纠正。被动控制实际上是在项目实施过程中,事后检查过程中发现问题及时处理的一种控制,因此仍为一种积极的控制,并且是十分重要的控制方式。

(2)被动控制措施

①应用现代化方法、手段、仪器跟踪、测试、检查项目实施过程的数据,发现异常情况及时提出采取措施。

②建立项目实施过程中人员控制组织,明确控制责任。检查发现问题及时处理。

③建立有效的信息反馈系统,及时将偏离计划目标值进行反馈,以使其及时采取措施。

主动控制和被动控制是实现项目目标所必须采用的控制方法。有效地控制是将主动控制与被动控制紧密地结合起来,并力求加大主动控制在控制过程中的比例,同时进行定期、连续的被动控制。只有如此,方能实现项目目标。

(四)项目目标控制措施

1. 项目目标控制措施

项目目标控制措施包括组织措施、技术措施、经济措施和合同措施等。

(1)组织措施

组织是开展各项工作的保障。要完成控制的各项工作需要事先委任执行人员,授予相应职权,确定职责,制订工作考核标准,并力求使之一体化运行。除此之外,如何充实控制机构,挑选与其工作相称的人员;对工作进行考评,以便评估工作、改进工作、挖掘潜在工作能力、加强相互沟通;在控制过程中激励人们以调动和发挥他们实现目标的积极性、创造性;培训人员等都是在控制中需要考虑采取的措施。采取适当的组织措施,保证目标控制的组织工作明确、完善,才能使目标控制有效发挥作用。

(2)技术措施

实施有效控制,需要对多个可能的主要技术方案作技术可行性分析;对各种技术数据进行审核、比较;确定设计方案评选原则;通过科学试验确定新材料、新工艺、新方法的适用性;对各投标文件中的主要施工技术方案作必要的论证;对施工组织设计进行审查;在整个项目实施阶段寻求节约投资、保障工期和质量的技术措施等。

(3)经济措施

从项目的提出到项目的实现,始终贯穿着资金的筹集和使用工作。无论是对投资实施控制,还是对进度、质量实施控制,都离不开经济措施。在工程项目实施过程中,需要收集、加工、整理工程经济信息和数据;要对各种实现目标的计划进行资源、经济、财务诸方面的可行性分析;要对经常出现的各种设计变更和其他工程变更方案进行技术经济分析,以力求减少对计划目标实现的影响;要对工程经济文件进行审核;要编制资金使用计划;要对付款进行审查等。

(4)合同措施

工程项目建设中设计单位、施工单位、材料设备供应单位和监理单位分别与业主签订的合同,明确其相互间的权利义务关系:设计单位应根据设计合同保障工程项目设计的安全可靠性,提高项目的适用性和经济性,并保证设计工期的要求;施工单位根据施工合同要保证实现规定的施工质量和工期。材料设备供应单位应根据供应合同保证按质、按量、按时供应工程所需的材料和设备。因此,合理拟订合同条款,正确处理合同执行过程中的问题,防止和处理索赔工作等,是重要的目标控制措施。

在对项目实施状况进行诊断时,必须综合分析成本、工期、质量、工作效率状况并作出综合评价。在考虑调整方案时也要综合地采取技术、经济、合同、组织、管理等措施,对工期、成本、质量进行综合调整。

2. 投资控制措施

要实现项目的投资目标,在项目的不同阶段都应采用上述措施。以下将主要从业主方的角度出发,对项目实施各阶段投资控制的主要纠偏措施进行概要分析。

(1)设计准备阶段投资控制措施

设计准备阶段投资控制措施见表4-14。

设计准备阶段投资控制措施　　表4-14

投资控制措施	措施的主要内容
组织措施	①选用合适的项目管理组织结构; ②明确并落实项目管理班子中"投资控制者(部门)"的人员、任务及管理职能分工,检查落实情况; ③检查设计方案竞赛、设计招标的组织准备情况
管理(合同)措施	①分析比较各种承发包可能模式与投资控制的关系,采取合适的承发包模式; ②从投资控制角度考虑项目的合同结构,选择合适的合同结构; ③采用限额设计
经济措施	①对影响投资目标实现的风险进行分析,并采取风险管理措施; ②收集与控制投资有关的数据(包括类似项目的数据、市场信息等); ③编制设计准备阶段详细的费用支出计划,并控制其执行
技术措施	①对可能的主要技术方案进行初步技术经济比较论证; ②对设计任务书中的技术问题和技术数据进行技术经济分析或审核

(2)设计阶段投资控制措施

设计阶段投资控制措施见表4-15。

设计阶段投资控制措施　　表4-15

投资控制措施	措施的主要内容
组织措施	①从投资控制角度落实进行设计跟踪的人员、具体任务及管理职能分工,包括设计挖潜、设计审核; ②概、预算审核; ③付款复核(设计费复核); ④计划值与实际值比较及投资控制报表数据处理; ⑤聘请专家作技术经济比较、设计挖潜
管理(合同)措施	①参与设计合同谈判; ②向设计单位说明在给定的投资范围内进行设计的要求; ③以合同措施鼓励设计单位在广泛调研和科学论证基础上优化设计

续上表

投资控制措施	措施的主要内容
经济措施	①对设计的进展进行投资跟踪(动态控制); ②编制设计阶段详细的费用支出计划,并控制其执行; ③定期提供投资控制报表,以反映投资计划值和投资实际值的比较结果、投资计划值和已发生的资金支出值
技术措施	①进行技术经济比较,通过比较寻求设计挖潜(节约投资)的可能; ②必要时组织专家论证,进行科学试验

(3)工程发包与设备材料采购阶段投资控制措施

工程发包与设备材料采购阶段投资控制措施见表4-16。

工程发包与设备材料采购阶段投资控制措施 表4-16

投资控制措施	措施的主要内容
组织措施	落实从投资控制角度参加招标工作、评标工作、合同谈判工作的人员、具体任务及管理职能分工
管理(合同)措施	①在合同谈判时,把握住合同价计算、合同价调整、付款方式等; ②分析合同条款的内容,着重分析和投资相关的合同条款
经济措施	审核招标文件中与投资有关的内容,包括工程量清单等
技术措施	对各投标文件中的主要施工技术方案作必要的技术经济比较论证

(4)施工阶段投资控制措施

施工阶段投资控制措施见表4-17。

施工阶段投资控制措施 表4-17

投资控制措施	措施的主要内容
组织措施	在项目管理班子中落实从投资控制角度进行施工跟踪的人员、具体任务(包括工程计量、付款复核、设计挖潜、索赔管理、计划值与实际值比较及投资控制报表数据处理、资金使用计划的编制及执行管理等)及管理职能分工
管理(合同)措施	①进行索赔管理; ②视需要,及时进行合同修改和补充工作,着重考虑它对投资控制的影响
经济措施	①进行工程计量(已完成的实物工程量)复核; ②核工程付款账单; ③编制施工阶段详细的费用支出计划,并控制其执行
技术措施	对设计变更进行技术经济比较,续寻求通过设计挖潜节约投资的可能

(五)控制方法

控制方法随控制目标的不同而不同,对建设项目进行控制可以采用现代的管理方法和手段,常用的方法有如下几种。

1. 网络计划法

网络计划技术采用下述程序对进度进行控制:

(1)根据项目具体要求编制网络计划图。

(2)定期或阶段性地对网络图进行检查,主要检查实际进度与计划进度的差异。

(3)对出现差异的工序或工作,分析原因,采取措施,计算出新的工序或工作时间。

(4)调整项目网络图,重新进行时间参数计算,绘制调整后的网络图。

上述步骤循环进行,即可达到控制目的。

2. 香蕉曲线控制图

香蕉曲线图如图 4-11 所示,可以用作投资控制和进度控制,横坐标为时间,纵坐标为工程数量或投资额。

控制程序如下:

(1)根据项目需要画出纵、横坐标。

(2)编制网络图,计算工序(工作)网络时间参数。

(3)画出最早开始时间曲线 A,最迟结束时间 B,形成香蕉图形。

(4)画出实际进度曲线 C。若 C 曲线处在香蕉曲线圆形之内,则投资或进度在控制范围内;若 C 曲线处在香蕉曲线之外,则要分析情况,采取措施进行调整,使其满足要求。

3. S 形曲线控制法

S 形曲线如图 4-12 所示,可以用作投资控制和进度控制,横坐标为时间,纵坐标为工程数量或投资(成本)。

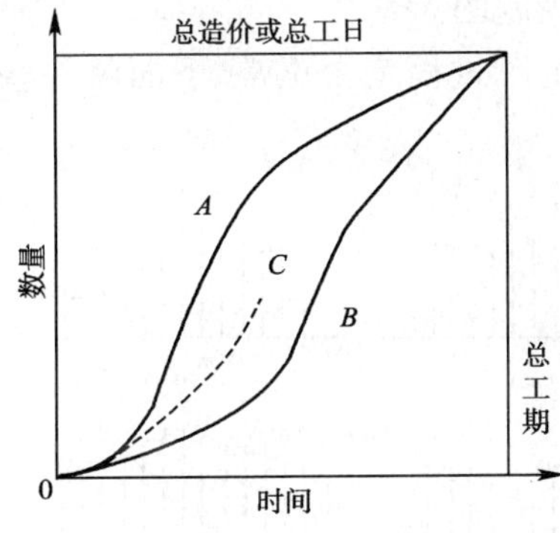

图 4-11　香蕉曲线控制图

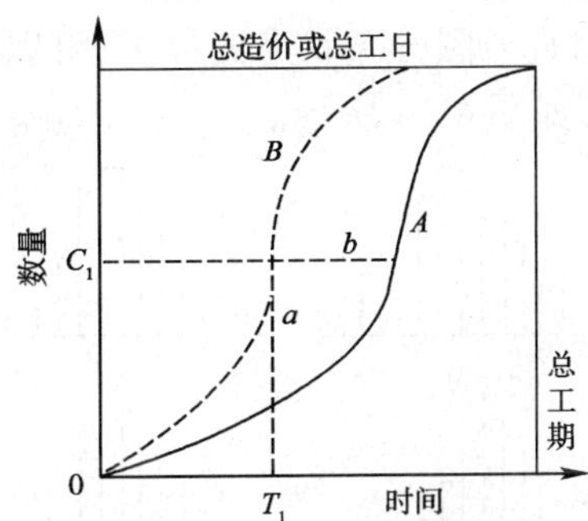

图 4-12　S 形曲线控制法

控制程序如下:

(1)根据项目需要画出纵、横坐标。

(2)根据计划完成的工程数量或投资额画出 S 形曲线 A。

(3)根据实际完成工程数量或投资额画出 S 形曲线 B。

(4)实际曲线值 B 与计划曲线值 A 进行比较,若两曲线接近说明实际值 a 在控制范围内;若出现较大偏差,则要分析原因,采取措施进行调整。

(5)调整后绘制新的 B 曲线,再进行比较。

上述步骤重复进行,使实际值受到有效控制。

4. 项目责任控制图(图 4-13)

该方法是将横道图与网络图相结合建立反映工作责任的新方法,编制步骤如下。

(1)画出纵横坐标图,横坐标为时间,纵坐标为负责一项或多项工作的部门或单位。

(2)项目各工作环节节点、环节长短用完成工作时间表示。

(3)用箭线表示各工作环节先后顺序及逻辑关系。

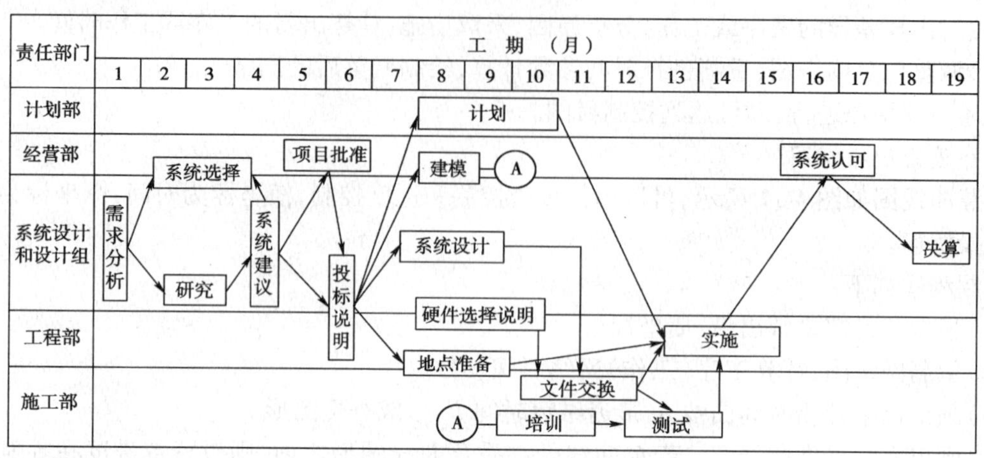

图 4-13 某系统开发项目责任图

5. 直方图控制法

用直方图可以判断工序和生产过程质量是否存在问题，其控制程序如下。

(1)根据频数分布表中的统计数据，画出直方控制图。

(2)通过对直方图分布状态的分析，可以判断生产过程是否正常，下面就一些常见的直方图形加以分析，如图 4-14 所示。

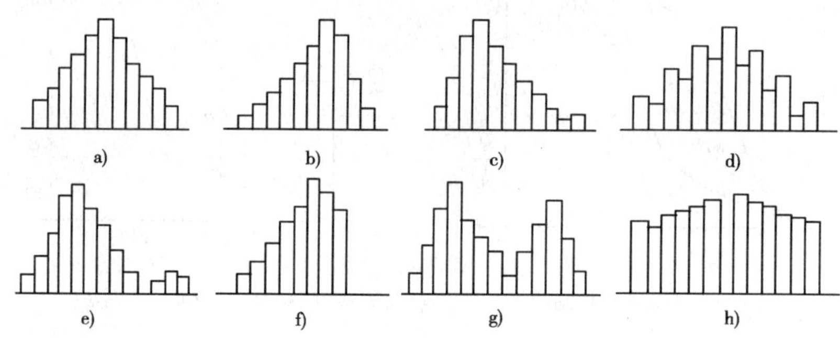

图 4-14 常见的直方图

①对称分布(正态分布)，如图中 4-14a)所示，说明生产过程正常，质量稳定。

②偏态分布，如图 4-14b)、c)所示。一般形位公差分布是偏态分布，此时，应属于正常生产情况。但是，由于技术上、习惯上的原因所出现的偏态分布，则应属于异常生产情况。

③锯齿分布，如图 4-14d)所示。造成这种状态的原因可能是分组的组数不当、组距不是测量单位的整倍数，或测试时使用的方法和读数有问题。

④孤岛分布如图 4-14e)所示。造成这种状态的原因往往是短期内不熟练的工人替班所造成的。

⑤陡壁分布，如图 4-14f)所示。往往是剔除不合格品、等外品或超差返修后造成的。

⑥双峰分布，如图 4-14g)所示。它是两种不同的分布混在一起检查的结果，如把由两台设备或两个班组的数据混在一起就会出现这种情况。

⑦平峰分布，如图 4-14h)所示。生产过程中有缓慢变化的因素起主导作用的结果。

(3)进一步用排列图、因果分析图、相关图、鱼骨刺图等寻找存在质量问题的原因。

(4)分析质量原因,采取措施,保证质量控制在有效范围内。

6. 控制图控制方法

该方法适用于判断生产过程和工序质量是否存在质量问题,以采取措施控制质量。控制程序如下。

(1)根据已知抽样数据,制作质量控制图,画出质量控制图的上限(UCL)、中限(CL)和下限(LCL)。

(2)分析控制图。分析控制图上的点子同时满足下述条件时,认为生产过程处于统计控制状态:

①连续25点中没有一点在限外或连续35点中最多一点在限外或连续100点中最多2点在限外。

②控制界限内的点的排列无下述异常现象:

a. 连续7点或更多点在中线一侧;

b. 连续7点或更多点呈上升或下降趋势;

c. 连续11点中至少有10点在中心线一侧;

d. 连续14点中至少有12点在中心线同一侧;

e. 连续17点中至少有14点在中心线同一侧;

f. 连续20点中至少有16点在中心线同一侧;

g. 连续3点中至少有2点和连续7点中至少有3点落在2倍标准偏差与3倍标准偏差控制界限之内;

h. 点子呈周期性变化。

(3)若控制图出现异常,说明工序或生产过程存在质量问题。

(4)用排列图、因果分析图、相关图等进一步寻找质量原因。

(5)找出质量原因后采取措施,重新再画控制图,使质量控制在有效范围内。

项目控制根据控制目标的不同还可以有很多方法,如PDCA管理循环法、量本利法、价值工程法、目标管理法、偏差估计法、检查对比法、看板管理法、责任承担法、进度报告法、会议审查法、定额管理法等。

第三节　工程项目管理的组织

一、工程项目组织的基本概念

1. 组织的概念

所谓组织,就是为了使系统达到它的特定的目标,使全体参加者经分工与协作以及设置不同层次的权力和责任制度而构成的一种人的组合体。

组织有两种含义。第一种含义是指组织机构,即按一定的领导体制、部门设置、层次划分、职责分工等构成的有机整体,其目的是处理人和人、人和事、人和物的关系;第二种含义是指组织行为,即通过一定权力和影响力,为达到一定目标,对所需资源进行合理配置,目的是处理人和人、人和事、人和物关系的行为。

2. 工程项目组织的定义

按照 ISO1006，项目组织是从事项目具体工作的组织，是为项目的行为主体构成的、为完成特定的项目任务而成立的一次性的临时组织。因此，“工程项目组织”是指为实现项目目标而完成各项工作的相关参与单位按照一定的规则构成的群体，通常包括业主、施工单位、设计单位、监理单位等。

3. 工程项目组织的基本形式

在工程项目中，目标决定工作任务，工作任务决定承担者，由承担者形成组织。在工程项目全过程中，相关的管理工作可分为以下 4 个层次。

(1)战略决策层。该层是项目的投资者(或发起者)，它居于项目组织的最高层，在项目的前期策划和实施过程中开展战略决策和宏观控制工作。它的组成由项目的资本结构决定，但由于它通常不参与项目的具体实施和管理工作，所以一般不出现在项目组织中。

(2)战略管理层。投资者通常委托一个项目主持人或建设的负责人作为业主，以项目所有者的身份进行项目全过程总体的管理工作，包括：工程项目重大的技术和实施方案的选择和批准，批准项目的设计文件、实施计划和它们的重大修改，确定项目组织策略等。

(3)项目管理层。通常由业主委托项目管理公司或咨询公司在项目实施过程中承担计划、协调、监督、控制等一系列具体的项目管理工作，在项目组织中是一个由项目经理领导的项目经理部(或小组)，为业主提供有效的、独立的项目管理服务，主要责任是实现业主的投资目的，保护业主利益，保证项目整体目标的实现。

(4)实施层的项目管理。指工程的设计、施工、供应等单位，为完成各自的项目任务，分别开展相应的项目管理工作，如质量管理、安全管理、成本管理、进度管理、信息管理等。

因此，工程项目组织的基本形式如图 4-15 所示。

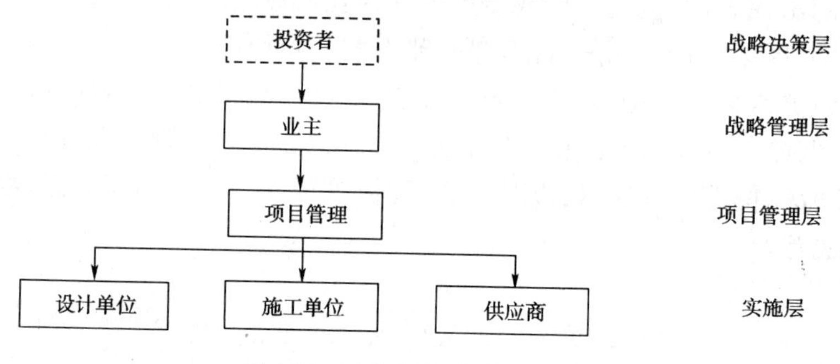

图 4-15　工程项目组织的基本形式

二、工程项目中常见的组织结构形式

(一)直线式项目组织形式

1. 直线式组织结构描述

直线式组织结构中上层组织单元对其直接下属有直接职权，组织中每一下层组织单元只能向其直接上级报告，主管人员在其管辖范围内，有绝对的职权，其组织结构模式见图 4-16。

直线式组织形式适用于独立的项目和单个中小型的工程项目。

2. 直线式项目组织的优点

(1)保证单头领导，每个组织单元仅向一个上级负责，一个上级对下级直接行使管理和监督的权力,一般不能越级下达指令。项目参加者的工作任务、责任、权力明确,指令唯一,这样可以减少扯皮和纠纷,协调方便。

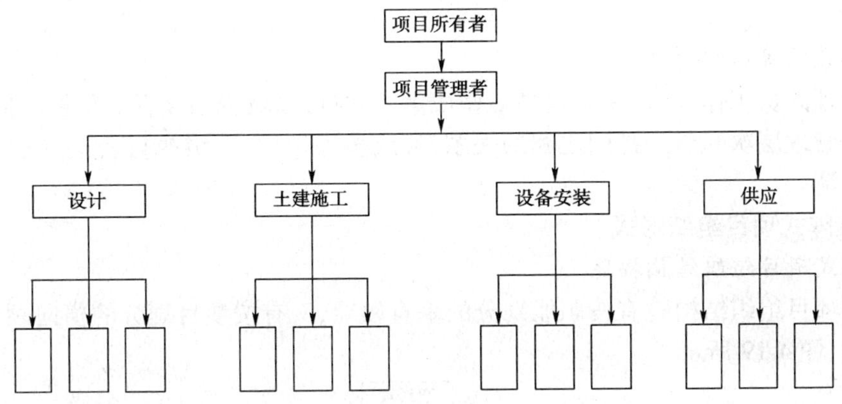

图 4-16 项目线性组织结构模式

(2)项目经理有指令权,能直接控制资源。

(3)信息流通快,决策迅速,项目容易控制。

(4)组织结构形式与项目结构分解图式基本一致。这使得目标分解和责任落实比较容易,不会遗漏项目工作,组织障碍较小,协调费用低。

(5)项目任务分配明确,责权利关系清楚。

3. 直线式项目组织的缺点

(1)当项目(或子项目)比较多、比较大时,每个项目(或子项目)都要对应一个完整的、独立的组织结构,使资源不能达到充分合理使用。

(2)项目经理责任较大,要求其能力强、知识全面、经验丰富。

(3)不能保证项目组织成员之间信息流通速度和质量,权力争执会使项目组织成员间合作困难。例如工程施工单位发现设计问题不直接找设计单位,必须先找项目经理再转达设计单位;设计变更后,先交项目经理,再到达施工单位。

(4)如果工程较大,专业化分工太细,会造成多级分包,进而造成组织层次的增加。

(二)职能式项目组织形式

1. 职能式组织结构描述

职能式项目组织,是在项目经理下设的一些职能机构,分别从职能角度对基层进行业务管理,这些职能机构可以在项目经理授权范围内就其主要管理的业务范围,向下下达命令和指示。此种形式适用于项目地理位置上相对集中的项目。职能式项目组织结构模式如图 4-17 所示。

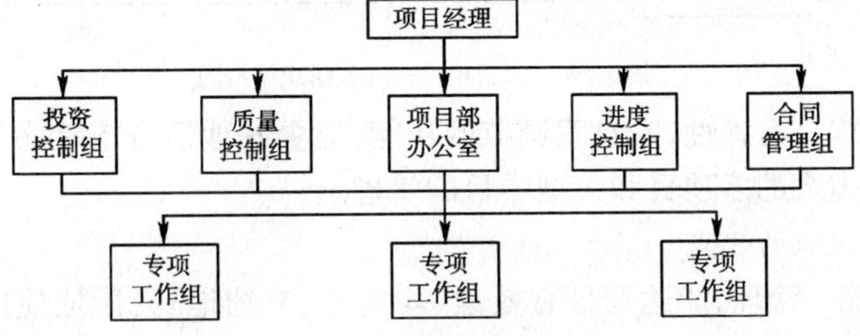

图 4-17 职能式项目组织结构模式

2. 职能式项目组织的优点

职能制项目组织机构的主要优点是强调管理业务的专业化，注意发挥各类专家在项目管理中的作用。

3. 职能式项目组织的缺点

由于管理人员工作单一，易于提高工作质量，同时可以减轻领导者的负担。但是这种机构没有处理好管理层次和管理部门之间的关系，形成多头领导，下级执行者接受多人指令，容易造成职责不清。

（三）矩阵式项目组织形式

1. 矩阵式项目组织结构描述

矩阵式项目组织结构既有按职能划分的垂直领导，又有按项目划分的横向领导，其结构形式如图4-18、图4-19所示。

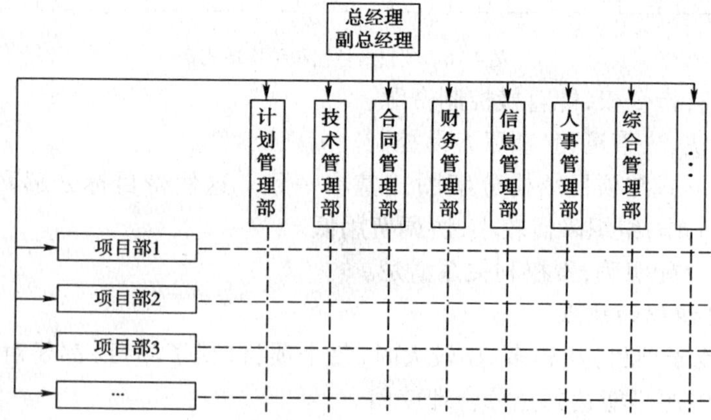

图4-18　施工企业矩阵式组织结构图

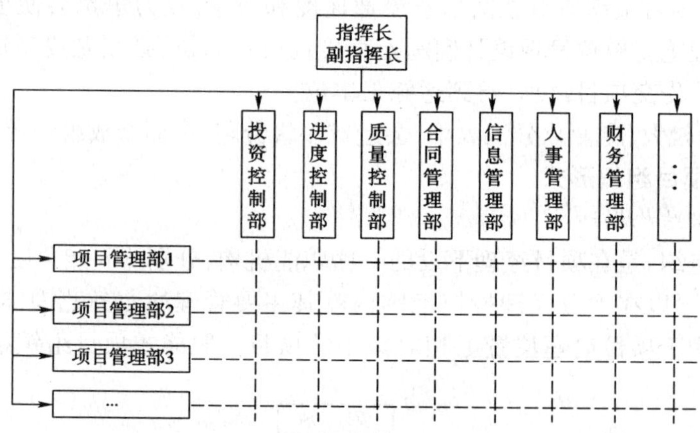

图4-19　大型项目矩阵式组织结构图

矩阵式组织结构富有弹性，有自我调节的功能，能更好地适合于动态管理和优化组合，适合于时间和费用压力大的多项目和大型项目的管理。

2. 矩阵式项目组织的优点

（1）各种资源统一管理，能达到最有效地、均衡地、节约地、灵活地使用资源，特别是能最有效地利用企业的职能部门人员和专门人才。

(2)在矩阵式组织中,项目组成员仍归宿于一个职能部门,则不仅保证组织的稳定性和项目工作的稳定性,而且使得人们有机会在职能部门中通过参加各种项目,获得专业上的发展,有了丰富的经验和阅历。

(3)矩阵组织结构、权力与责任关系趋向于灵活,能在保证项目经理对项目最有力的控制前提下,充分发挥各专业职能部门的作用,保证有较短的协调、信息和指令的途径。决策层、职能部门、项目实施层之间的距离最小,沟通速度快。

(4)在这种组织形式中促进人们互相学习,交流知识和信息,促进良好的沟通。

(5)组织层次少,具有大跨度组织的优点。

3. 矩阵式项目组织的缺点

(1)存在组织上的双重领导,双重职能,双层汇报关系,双重的信息流、工作流和指令界面,极易产生混乱和职能争执,甚至会出现对抗状态,因此需要有熟练的、严密的组织规范和措施。

(2)由于存在双重领导,所以信息处理量大,会议多,报告多。

(3)必须具有足够数量的、经过培训的、强有力的项目领导。

(4)由于许多项目同时进行,导致项目之间竞争专业部门的资源。

(5)由于对资源数量与质量的需要频繁地变化,难以准确估计,可能会造成混乱、低效,因此需要很强的计划性与控制系统。

三、工程项目的承发包模式

项目管理者在进行项目管理组织结构设计时,除应考虑工程项目的具体规模和特点、管理人员的能力和水平、合同结构等因素外,工程任务的委托和发包的模式亦对组织结构有着重要的影响。

在现代工程中,工程承包模式多种多样,各有优缺点。

(一)平行承发包模式

业主将工程项目的设计、施工以及设备和材料采购的任务分别发包给多个设计单位、施工单位和设备材料供应厂商,并分别与各承包人签订合同。各承包人与业主签订合同,对业主负责,各承包人之间的关系是平行的,其合同结构图如图4-20所示。

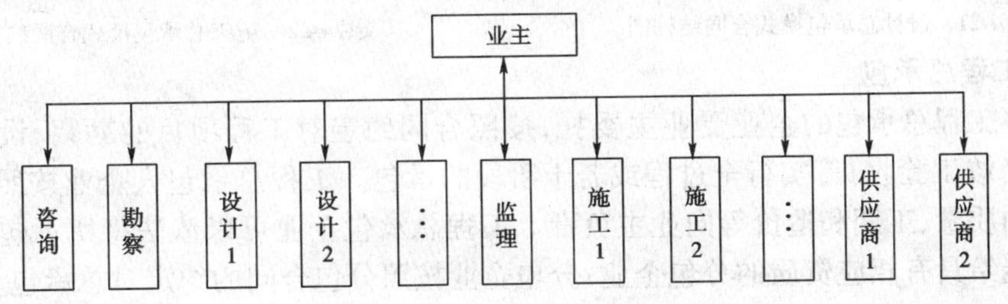

图4-20　平行承包模式合同结构图

平行承包模式的特点:

(1)有利于业主择优选择承包人。由于合同内容比较单一、合同价值小、风险小,对不具备总承包管理能力的中小承包人较为有利,使他们有可能参与竞争。业主可以在更大的范围内进行选择专业化的优秀承包人。

(2)有利于控制工程质量。整个工程经过分解分别发包给各承包人,合同约束与相互制约使每一部分能够较好地实现质量要求。

(3)组织管理和协调工作量大。由于合同数量多,使项目系统内结合部位数量增加,要求业主及其委托的监理单位具有较强的组织协调能力。

(4)工程造价控制难度大。一是由于总合同价不易短期确定,从而影响工程造价控制的实施;二是由于工程招标任务量大,需控制多项合同价格,从而增加了工程造价控制的难度。

这种形式要求业主必须具备较强的项目管理能力,当然业主也可以委托项目管理公司进行工程管理。

(二)设计总承包模式

业主通过招标的方式选择一家设计单位承担工程项目中的所有设计任务,该设计总承包单位可以自身承担全部设计任务,也可将一部分设计任务分包出去。设计总承包人可以是一家独立的设计企业,也可以是设计联合体或设计合作体,如图4-21所示。

设计总承包有利于设计的优化和设计项目总体目标的实现,简化了业主的设计协调工作。

(三)施工总承包模式

业主通过招标方式选择一家施工单位承担工程项目的施工任务,该施工总承包单位可以独立承担所有的施工任务,也可以将部分施工任务分包出去。施工总承包人可以是一家独立的施工企业,也可以是施工联合体或施工合作体,如图4-22所示。

施工总承包模式有利于施工项目的系统管理和项目总体目标的最优实现,简化业主的施工协调工作。

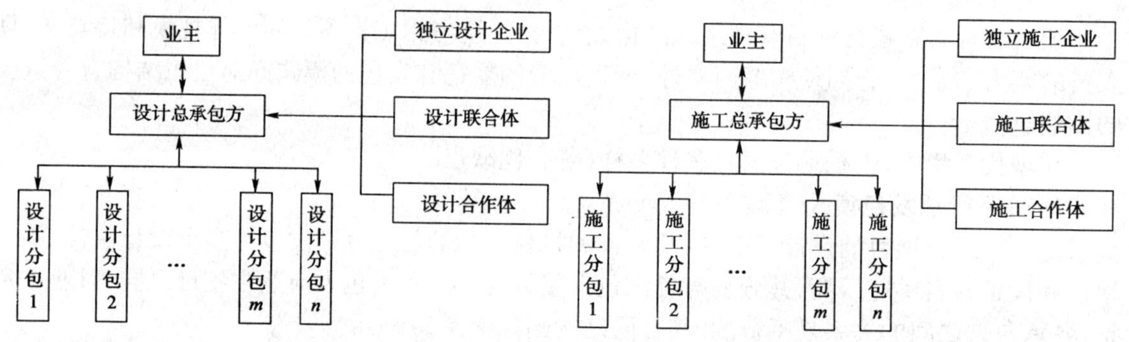

图4-21 设计总承包模式合同结构图

图4-22 施工总承包模式合同结构图

(四)工程总承包

指从事工程总承包的企业受业主委托,按照合同约定对工程项目的勘察、设计、采购、施工、试运行(竣工验收)等实行全过程或若干阶段的承包。工程总承包人企业按照合同约定对工程项目的质量、工期和造价等向业主负责。工程总承包企业可以依法将所承包工程中的部分工作发包给具有相应资质的分包企业;分包企业按照分包合同的约定对总承包企业负责,所有的设计、施工分包工作都由总承包对业主负责。

工程总承包有多种模式,如表4-18所示。

1.设计—采购—施工总承包模式(Engineering-Procurement-Construction),简称为EPC

指工程总承包企业按照合同约定,承担工程项目的设计、采购、施工和试运行服务等工作,并对承包工程的质量、安全、工期和造价全面负责。这种模式承包人也可以将工程范围内的部分工程或工作分包出去。其合同结构图见图4-23。

工程总承包模式　　表 4-18

项目程序 / 总承包模式	项目决策	初步设计	技术设计	施工图设计	材料设备采购	施工安装	试运行
设计—采购—施工							
交钥匙							
设计—施工							
设计—采购							
采购—施工							

EPC 模式具有如下特点：

(1)业主的组织协调工作量少，但合同管理难度大。由于业主只与总承包人签订合同，合同数量少，使得业主的组织管理和协调工作量小。但由于合同条款不易准确确定，容易造成较多的合同纠纷，因而合同管理的难度一般较大。

(2)有利于控制工程造价。由于总包合同价格可以较早确定，业主可以承担较少风险。

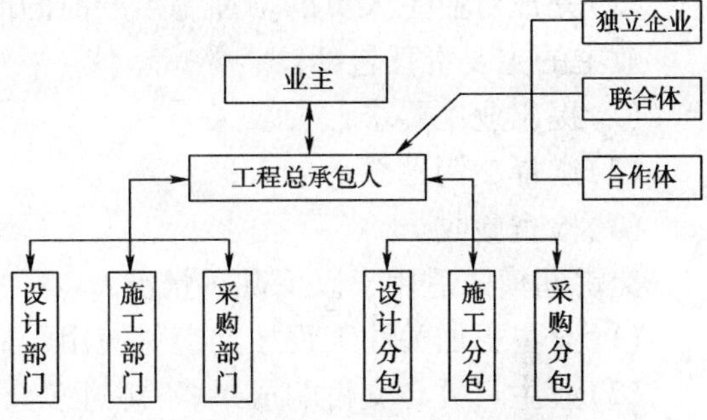

图 4-23　设计—采购—施工总承包模式合同结构图

(3)有利于缩短建设工期。由于设计与施工由一个单位统筹安排，使两个阶段能够有机地融合，一般均能做到设计阶段与施工阶段的相互搭接。

(4)对总承包人而言，责任重、风险大，需要具有较高的管理水平和丰富的实践经验。当然，获得高额利润的潜力也较大。

总承包人的主要责任：

(1)按合同完成设计、采购、施工和试运行服务等工作；

(2)招标选择分包人；

(3)对工程进行管理、控制和协调；

(4)对合同实施效果负责，承担风险和经济责任。

业主的主要责任包括：

(1)选择业主代表或项目管理承包人；

(2)提出业主要求；

(3)招标选择总承包人；

(4)审批分包人；

(5)监督和验收。

适用性：

(1)设计、施工、采购、试运行交叉，协调关系密切的项目；

(2)采购工作量大，周期长的项目；

(3)承包人拥有专利、专有技术或丰富经验的项目；

(4)业主缺乏项目管理经验，项目管理能力不足的项目。

2. 交钥匙总承包模式(Turnkey)

是设计—采购—施工总承包向两头扩展延伸而形成的业务和责任范围更广的总承包模

式，其中，总承包人不仅承包工程项目的建设实施任务，而且提供建设项目前期工作和运营准备工作的综合服务。

交钥匙模式与EPC模式的主要不同点在于：承包范围更大，工期更稳定，合同总价更固定，承包人风险更大，合同价相对较高。

总承包人的主要责任与EPC模式的类似，此外还应承担以下责任：

(1)按合同约定完成工程总承包项目的可行性研究、项目立项、设计、采购、施工和试运行；

(2)按合同工期和固定的价格交付工程；

(3)完成对业主人员的培训等生产前的准备工作。

业主的主要责任包括：

(1)提出业主要求；

(2)选择交钥匙总承包人；

(3)检查验收。

交钥匙模式适用于以下几种情况：

(1)业主更加关注工程按期交付使用；

(2)业主只关心交付的成果，不想过多介入项目实施过程；

(3)业主希望承包人承担更多风险，而同时愿意支付更多风险费用；

(4)业主希望收到一个完整配套的工程项目。

3. 设计—施工总承包模式(Design-Build)，简称为DB模式

业主根据项目的要求和原则选定DB承包人，DB承包人可以自行完成全部设计和施工任务，也可以竞争性招标方式选择分包人，完成设计和部分施工任务。其合同结构图见图4-24。DB模式的基本出发点是促进设计与施工的早期结合，以便有可能充分发挥设计和施工双方的优势，提高项目的经济性。

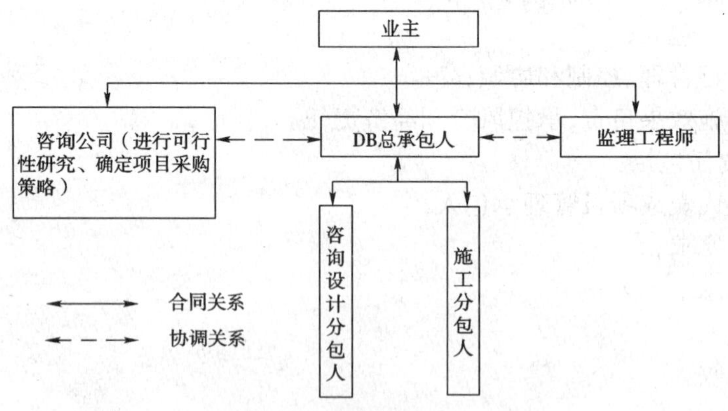

图4-24 设计—建造模式合同结构图

DB模式的优点：DB模式有效地避免了设计与施工分离所产生的建设周期长、不利于设计优化、设计不考虑施工的可行性、施工者按图施工等弊端，有利于设计优化、节约成本和缩短工期。

根据承包起点时间不同，DB模式可分为以下几种类型，如表4-19所示。DB承包人承包的时间越早，承包人的风险越大；承包的时间越晚，设计与施工结合而产生的优势就越弱。

表 4-19

项目程序 / DB 模式的类型	项目决策	方案设计	初步设计	技术设计	施工图设计	施工安装	竣工验收
DB1							
DB2							
DB3							
DB4							

4. 设计—采购总承包模式(Engineering Procurement),简称为 EP

EP 模式是将设计与采购结合,由 EP 总承包人承包设计和采购工作,其合同结构如图4-25所示。

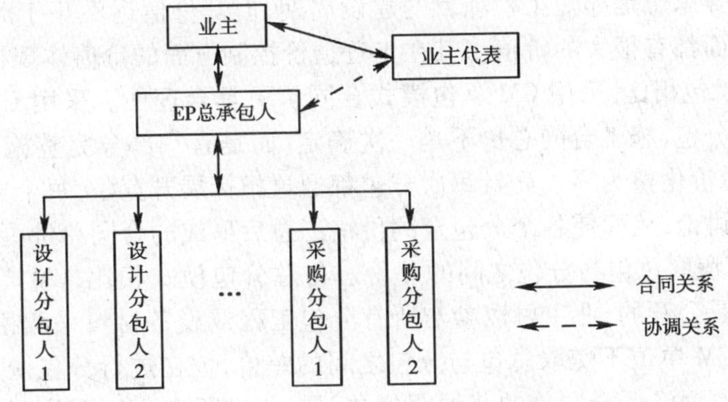

图 4-25　设计—采购模式合同结构图

5. 采购—施工总承包模式(Procurement Construction),简称为 PC

PC 模式是将采购与施工结合,由 PC 总承包人承包采购和施工任务,其合同结构如图4-26所示。

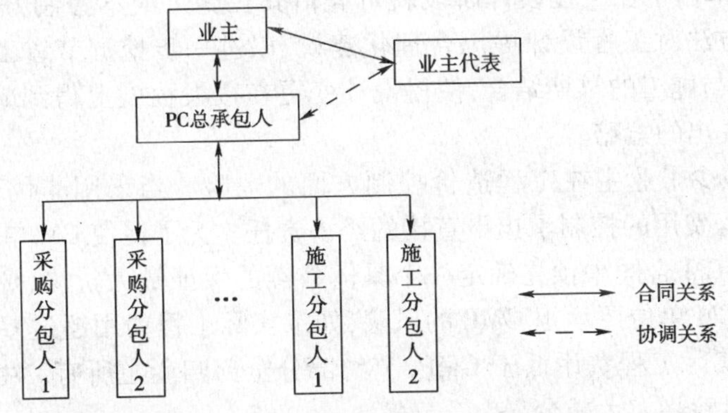

图 4-26　采购—施工总承包模式合同结构图

(五) CM 承包模式

CM 承包模式其全称为 Fast-Track-Construction Management。它是由业主委托一家 CM 单位承担项目管理工作,该 CM 单位以承包人的身份进行施工管理,并在一定程度上影响工程设计活动,组织快速路径(Fast-Track)的生产方式,使工程项目实现有条件的“边设计、边施工”。

1. CM 承包模式的特点

(1)采用快速路径法施工。即在工程设计尚未结束之前,当工程某些部分的施工图设计已经完成时,就开始进行该部分工程的施工招标,从而使这部分工程的施工提前到工程项目的设计阶段。

(2)CM 单位有代理型(Agency)和非代理型(Non-Agency)两种。代理型的 CM 单位不负责工程分包的发包,与分包人的合同由业主直接签订。而非代理型的 CM 单位直接与分包商签订分包合同。

(3)CM 合同采用成本加酬金方式。代理型和非代理型的 CM 合同是有区别的。由于代理型合同是业主与分包人直接签订,所以采用简单的成本加酬金合同形式。而非代理型合同由于 CM 合同总价是在 CM 合同签订之后,随着 CM 单位与各分包人签约而逐步形成的,因此采用保证最大工程费用加酬金的合同形式,以便业主控制工程总费用。

2. 实施 CM 承包模式的价值

CM 承包模式特别适用于那些实施周期长、工期要求紧迫的大型复杂建设工程。采用 CM 承包模式的基本指导思想是缩短工程项目的建设周期,但其价值远不止于此,它在工程质量、进度和造价控制方面都有很大的价值。其在工程造价控制方面的价值体现在:

(1)与施工总承包相比,采用 CM 承包模式合同价更具合理性。采用 CM 承包模式时,施工任务要进行多次分包,施工合同总价不是一次确定,而是有一部分完整施工图纸,就分包一部分,将施工合同总价化整为零。而且每次分包都通过招标展开竞争,每个分包合同价格都通过谈判进行详细的讨论,从而使各个分包合同价格汇总后形成的合同总价更具合理性。

(2)CM 单位不赚取总包与分包之间的差价。与总分包模式相比,CM 单位与分包人或供货人之间的合同价是公开的,业主可以参与所有分包工程或设备材料采购招标及分包合同或供货合同的谈判。CM 单位不赚取总包与分包之间的差价,他在进行分包谈判时,会努力降低分包合同价。经谈判而降低合同价的节约部分全部归业主所有,CM 单位可获得部分奖励,这样有利于降低工程费用。

(3)应用价值工程等优化方法挖掘节约投资的潜力。CM 承包模式不同于普通承包模式的"按图施工",CM 单位早在工程设计阶段就可凭借其在施工成本控制方面的实践经验,应用价值工程等优化方法对工程设计提出合理化建议,以进一步挖掘节省工程投资的可能性。此外,由于工程设计与施工的早期结合,使得设计变更在很大程度上得到减少,从而减少了分包人因设计变更而提出的索赔。

(4)GMP 大大减少了业主在工程造价控制方面的风险。当采用非代理型 CM 承包模式时,CM 单位将对工程费用的控制承担更直接的经济责任。为了促使 CM 单位加强费用控制工作,业主往往要求在 CM 合同中预先确定一个具体数额的保证最大价格(Guaranteed Maximum Price,简称 GMP)。CM 单位要承担 GMP 的风险,如果实际工程费用超过 GMP,超出部分将由 CM 单位承担;如果实际工程费用低于 GMP,节约部分全部归业主所有。由此可见,业主在工程造价控制方面的风险将大大减少。

(5)采用现代化管理方法和手段控制工程费用。与普通承包人相比,CM 单位不是单"为自己控制成本",还要承担"为业主控制工程费用"的任务。CM 单位要制订和实施完整的工程费用计划和控制工作流程,并不断向业主报告工程费用情况。

第四节　工程项目风险管理

风险至今尚未统一的定义。其中,为学术界和实务界较为普遍接受的有以下两种定义:其一,风险就是与出现损失有关的不确定性;其二,风险就是在给定情况下和特定时间内,可能发生的结果之间的差异。工程项目风险便是指在项目决策和实施过程中,实际结果与预期目标的差异及其发生的概率。

一、工程项目风险管理概述

(一)工程项目风险分类

1. 按项目行为主体划分

(1)业主的风险;

(2)承包人的风险;

(3)项目管理者(如监理工程师)的风险;

(4)其他方面的风险。

2. 按项目目标划分

(1)工期风险;

(2)费用风险;

(3)质量风险。

3. 按管理的过程和要素分析

(1)高层战略风险;

(2)环境调查和预测的风险;

(3)决策风险;

(4)项目策划风险;

(5)技术设计风险;

(6)计划风险;

(7)实施控制中的风险;

(8)运营管理风险。

4. 按风险的来源划分

(1)政治风险;

(2)法律风险;

(3)经济风险;

(4)自然条件;

(5)社会风险;

(6)管理风险;

(7)组织风险。

(二)工程项目风险管理的过程

风险管理是一个识别、确定和度量风险,并制订、选择和实施风险处理方案的过程。工程项目风险管理在这一点上并无特殊性。风险管理应是一个系统的、完整的过程,一般也是一个循环过程。风险管理过程包括风险识别、风险评价、风险对策决策、实施决策、检查与监控五方面内容。

1. 风险识别

风险识别是风险管理中的首要步骤,是指通过一定的方式,系统而全面地识别出影响建设工程目标实现的风险事件并加以适当归类的过程,必要时,还需对风险事件的后果作出定性的估计。

2. 风险评价

风险评价是将建设工程风险事件的发生可能性和损失后果进行定量化的过程。这个过程在系统地识别建设工程风险与合理地作出风险对策决策之间起着重要的桥梁作用。风险评价的结果主要在于确定各种风险事件发生的概率及其对建设工程目标影响的严重程度,如投资增加的数额、工期延误的天数等。

3. 风险对策决策

风险对策决策是确定建设工程风险事件最佳对策组合的过程。一般来说,风险管理中所运用的对策有以下四种:风险回避、损失控制、风险自留和风险转移。这些风险对策的适用对象各不相同,需要根据风险评价的结果,对不同的风险事件选择最适宜的风险对策,从而形成最佳的风险对策组合。

4. 实施决策

对风险对策所作出的决策还需要进一步落实到具体的计划和措施,例如,制订预防计划、灾难计划、应急计划等;又如,在决定购买工程保险时,要选择保险公司,确定恰当的保险范围、免赔额、保险费等。这些都是实施风险对策决策的重要内容。

5. 检查与监控

在建设工程实施过程中,要对各项风险对策的执行情况不断地进行检查,并评价各项风险对策的执行效果;在工程实施条件发生变化时,要确定是否需要提出不同的风险处理方案。除此之外,还需要检查是否有被遗漏的工程风险或者发现新的工程风险,也就是进入新一轮的风险识别,开始新一轮的风险管理过程。

二、工程项目风险识别

风险识别指确定对项目影响的风险集合。

(一)风险识别的原则

在风险识别过程中应遵循以下原则。

1. 由粗及细,由细及粗

由粗及细是指对风险因素进行全面分析,并通过多种途径对工程风险进行分解,逐渐细化,获得对工程风险的广泛认识,从而得到工程初始风险清单。而由细及粗是指从工程初始风险清单的众多风险中,根据同类建设工程的经验以及对拟建建设工程具体情况的分析和风险调查,确定那些对建设工程目标实现有较大影响的工程风险,作为主要风险,即作为风险评价以及风险对策决策的主要对象。

2. 严格界定风险内涵并考虑风险因素之间的相关性

对各种风险的内涵要严格加以界定,不要出现重复和交叉现象。另外,还要尽可能考虑各种风险因素之间的相关性,如主次关系、因果关系、互斥关系、正相关关系、负相关关系等。应当说,在风险识别阶段考虑风险因素之间的相关性有一定的难度,但至少要做到严格界定风险内涵。

3. 先怀疑,后排除

对于所遇到的问题都要考虑其是否存在不确定性,不要轻易否定或排除某些风险,要通过认真的分析进行确认或排除。

4. 排除与确认并重

对于肯定可以排除和肯定可以确认的风险应尽早予以排除和确认。对于一时既不能排除又不能确认的风险再作进一步的分析，予以排除或确认。最后，对于肯定不能排除但又不能肯定予以确认的风险按确认考虑。

5. 必要时，可做试验论证

对于某些按常规方式难以判定其是否存在，也难以确定其对建设工程目标影响程度的风险，尤其是技术方面的风险，必要时可做试验论证，如抗震试验、风洞试验等。这样做的结论可靠，但要以付出费用为代价。

（二）风险识别的方法

1. 专家调查法

这种方法又有两种方式：一种是召集有关专家开会，让专家各抒己见，充分发表意见；另一种是采用问卷式调查，各专家完全根据自己的判断完成问卷，不受其他专家意见的影响。采用专家调查法时，所提出的问题应具有指导性和代表性，并具有一定的深度，还应尽可能具体些。专家所涉及的面应尽可能广泛些，有一定的代表性。对专家发表的意见要由风险管理人员加以归纳分类、整理分析，有时可能要排除个别专家的个别意见。

2. 财务报表法

财务报表有助于确定一个特定企业或特定的建设工程可能遭受哪些损失以及在何种情况下遭受这些损失。通过分析资产负债表、现金流量表、营业报表及有关补充资料，可以识别企业当前的所有资产、责任及人身损失风险。将这些报表与财务预测、预算结合起来，可以发现企业或建设工程未来的风险。采用财务报表法进行风险识别，要对财务报表中所列的各项会计科目作深入的分析研究，并提出分析研究报告，以确定可能产生的损失，还应通过一些实地调查以及其他信息资料来补充财务记录。由于工程财务报表与企业财务报表不尽相同，因而需要结合工程财务报表的特点来识别建设工程风险。

3. 流程图法

将一项特定的生产或经营活动按步骤或阶段顺序以若干个模块形式组成一个流程图系列，在每个模块中都标出各种潜在的风险因素或风险事件，从而给决策者一个清晰的总体印象。一般来说，对流程图中各步骤或阶段的划分比较容易，关键在于找出各步骤或各阶段不同的风险因素或风险事件。由于流程图的篇幅限制，采用这种方法所得到的风险识别结果较粗。

4. 初始清单法

如果对每一个建设工程风险的识别都从头做起，至少有以下三方面缺陷：一是耗费时间和精力多，风险识别工作的效率低；二是由于风险识别的主观性，可能导致风险识别的随意性，其结果缺乏规范性；三是风险识别成果资料不便积累，对今后的风险识别工作缺乏指导作用。因此，为了避免以上缺陷，有必要建立初始风险清单。

建立建设工程的初始风险清单有两种途径：

(1)常规途径是采用保险公司或风险管理学会（或协会）公布的潜在损失一览表，即任何企业或工程都可能发生的所有损失一览表。以此为基础，风险管理人员再结合本企业或某项工程所面临的潜在损失对一览表中的损失予以具体化，从而建立特定工程的风险一览表。

(2)通过适当的风险分解方式来识别风险是建立建设工程初始风险清单的有效途径。对于大型、复杂的建设工程，首先将其按单项工程、单位工程分解，再对各单项工程、单位工程分别从时间维、目标维和因素维进行分解,可以较容易地识别出建设工程主要的、常见的风险。

初始风险清单只是为了便于人们较全面地认识风险的存在,而不至于遗漏重要的工程风险,但并不是风险识别的最终结论。在初始风险清单建立后,还需要结合特定建设工程的具体情况进一步识别风险,从而对初始风险清单做一些必要的补充和修正。为此,需要参照同类建设工程风险的经验数据,或针对具体建设工程的特点进行风险调查。

5.经验数据法

经验数据法也称为统计资料法,即根据已建各类建设工程与风险有关的统计资料来识别拟建建设工程的风险。不同的风险管理主体都应有自己关于建设工程风险的经验数据或统计资料。在工程建设领域,可能有工程风险经验数据或统计资料的风险管理主体包括咨询公司、承包人、项目的业主等。由于这些不同的风险管理主体其角度不同、数据或资料来源不同,其各自的初始风险清单一般多少有些差异。但是,建设工程风险本身是客观事实,有客观的规律性,当经验数据或统计资料足够多时,这种差异性就会大大减小。况且风险识别只是对建设工程风险的初步认识,只是一种定性分析,因此,这种基于经验数据或统计资料的初始风险清单可以满足对建设工程风险识别的需要。

三、工程项目风险评价

风险评价的任务包括:确定单一风险因素发生的概率,分析单一风险因素的影响范围大小;分析各风险因素的风险后果,探讨这些风险因素对项目目标的影响程度;在单一风险因素量化分析的基础上,考虑多种因素对项目目标的综合影响、评估风险的程度并提出可能的措施作为管理决策的依据。

(一)风险的度量

风险的度量就是定量确定风险事件发生的概率和风险事件造成损失的大小。

1.风险概率的衡量

衡量风险概率的方法常用概率分布法。一般而言,概率分布法的结果则接近于客观概率。概率分布法可以较为全面地衡量工程风险。因为通过确定潜在损失的概率分布,有助于确定在一定情况下的风险对策或对策组合最佳。

概率分布法的常见表现形式是建立概率分布表。为此,需参考外界资料和本企业历史资料。外界资料主要是保险公司、行业协会、统计部门等的资料。但是,这些资料通常反映的是平均数字,且综合了众多企业或众多建设工程的损失经历,因而在许多方面不一定与本企业或本建设工程的情况相吻合,运用时需作客观分析。本企业的历史资料虽然更有针对性,更能反映工程风险的个别性,但往往数量不够多,有时还缺乏连续性,不能满足概率分析的基本要求。另外,即使本企业历史资料的数量、连续性均满足要求,其反映的也只是本企业的平均水平,在运用时还应当充分考虑资料的背景和拟建建设工程的特点。由此可见,概率分布表中的数字可能是因工程而异的。

理论概率分布也是风险衡量中所经常采用的一种估计方法。即根据建设工程风险的性质分析大量的统计数据,当损失值符合一定的理论概率分布或与其近似吻合时,可由特定的几个参数来确定损失值的概率分布。

实际工作中根据风险事件发生的频繁程度,将风险事件发生概率分为5个等级,即经常、很可能、偶然、极小、不可能,见表4-20。等级的划分反映了一种主观判断。

风险事件发生概率的指数　　表 4-20

风险事件发生的概率		
说　明	简 单 描 述	等 级 指 数
经常	很可能频繁地出现,在所关注的期间多次出现	4
很可能	在所关注的期间出现几次	3
偶然	在所关注的期间偶尔出现	2
极小	不太可能,但还有可能在所关注的期间出现	1
不可能	由于不太可能,所以假设他不会出现或不可能出现	0

2. 风险后果的衡量

为了在采取控制措施时能分清轻重缓急,常常给风险划一个等级。通常按照风险事故发生后果的严重程度划分为 5 级,即灾难性的、关键的、严重的、次要的、可忽略的。风险后果的等级可以用表 4-21 表示。

风险后果的等级划分　　表 4-21

风险事件发生的后果		
等　　级	简 单 描 述	等　　级
灾难性的	人员死亡、项目失败、犯罪行为、破产	4
关键的	人员严重受伤、目标无法完全达到、超过风险准备费用	3
严重的	时间损失,耗费的以外费用,需要保险索赔	2
次要的	需要处理的损伤或疾病,能接受的工期拖延,需要部分以外费用或保险费过多	1
可忽略的	损失很小,或认为没有损失后果	0

(二)风险评价

在风险衡量过程中,工程风险被量化为关于风险发生概率和损失严重性的函数,但在选择对策之前,还需要对建设工程风险量作出相对比较,以确定建设工程风险的相对重要性。实际中,常常将风险事件发生的概率指数和风险后果的等级相乘,根据相乘所得的数字对风险的重要性进行判断,项目风险重要性评定如表 4-22 所示。

项目风险重要性评定　　表 4-22

项 目 风 险 重 要 性						
可能性	后果	灾难性的	关键的	严重的	次重要的	可忽略的
	等级	4	3	2	1	0
经常	4	16	12	8	4	0
很可能	3	12	3	6	3	0
偶然的	2	8	6	4	2	0
极小	1	4	3	2	1	0
不可能	0	0	0	0	0	0

根据项目风险重要性评定结果,可以进行项目风险可接受评定。一般情况下,项目风险重要性评分值在 8 分以上的风险因素,表示风险重要性较高,是不可以接受的风险,需要给予重点关注。

四、工程项目风险应对策略

工程项目风险的应对策略包括风险回避、风险控制、风险自留、风险转移。

(一)风险回避

风险回避就是以一定的方式中断风险源,使其不发生或不再发展,从而避免可能产生的潜在损失。例如,某建设工程的可行性研究报告表明,虽然从净现值、内部收益率指标来看是可行的,但敏感性分析的结论是对投资额、产品价格、经营成本均很敏感,这意味着该建设工程的风险很大,因而决定不投资建造该工程。

采用风险回避这一对策时,有时需要作出一些牺牲,但较之承担风险,这些牺牲比风险真正发生时可能造成的损失要小得多。

在采用风险回避对策时需要注意以下问题:

(1)回避一种风险可能产生另一种新的风险。在建设工程实施过程中,绝对没有风险的情况几乎不存在。就技术风险而言,即使是相当成熟的技术也存在一定的风险。例如,在地铁工程建设中,采用明挖法施工有支撑失败、顶板坍塌等风险。如果为回避这种风险而采用逆作法施工方案的话,又会产生地下连续墙失败等其他新的风险。

(2)回避风险的同时也失去了从风险中获益的可能性。由投机风险的特征可知,它具有损失和获益的两重性。

(3)回避风险可能不实际或不可能。这一点与工程风险的定义或分解有关。工程风险定义的范围越广或分解得越粗,回避风险就越不可能。例如,如果将建设工程的风险仅分解到风险因素这个层次,那么任何建设工程都必然会发生经济风险、自然风险和技术风险,根本无法回避。正因为如此,才需要其他不同的风险对策。

总之,虽然风险回避是一种必要的、有时甚至是最佳的风险对策,但应该承认这是种消极的风险对策。如果处处回避,事事回避,其结果只能是停止发展,直至停止生存。因此,应当勇敢地面对风险,这就需要适当运用风险回避以外的其他风险对策。

(二)损失控制

1.损失控制的概念

损失控制是一种主动、积极的风险对策。损失控制可分为预防损失和减少损失两方面工作。预防损失措施的主要作用在于降低或消除损失发生的概率,而减少损失措施的作用在于降低损失的严重性或遏制损失的进一步发展,使损失最小化。一般来说,损失控制方案都应当是预防损失措施和减少损失措施的有机结合。

2.制订损失控制措施的依据和采取损失控制措施的代价

制订损失控制措施必须以定量风险评价的结果为依据,才能确保损失控制措施具有针对性,取得预期的控制效果。风险评价时特别要注意间接损失和隐蔽损失。

采取损失控制措施还必须考虑其付出的代价,包括费用和时间两方面的代价,而时间方面的代价往往还会引起费用方面的代价。损失控制措施的最终确定,需要综合考虑损失控制措施的效果及其相应的代价。由此可见,损失控制措施的选择也应当进行多方案的技术经济分析和比较。

3.损失控制计划系统

在采用损失控制这一风险对策时,所制订的损失控制措施应当形成一个周密的、完整的损失控制计划系统。就施工阶段而言,该计划系统一般应由预防计划、灾难计划和应急计划三部分组成。

(1)预防计划

预防计划的目的在于有针对性地预防损失的发生,其主要作用是降低损失发生的概率,在许多情况下也能在一定程度上降低损失的严重性。在损失控制计划系统中,预防计划的内容最广泛,具体措施最多,包括组织措施、管理措施、合同措施、技术措施。

组织措施的首要任务是明确各部门和人员在损失控制方面的职责分工,以使各方人员都能为实施预防计划而有效地配合;还需要建立相应的工作制度和会议制度;必要时,还应对有关人员(尤其是现场工人)进行安全培训;等等。

管理措施,既可采取风险分隔措施,将不同的风险单位分离间隔开来,将风险局限在尽可能小的范围内,以避免在某一风险发生时,产生连锁反应或互相牵连;也可采取风险分散措施,通过增加风险单位以减轻总体风险的压力,达到共同分摊总体风险的目的,如在涉外工程结算中采用多种货币组合的方式付款,从而分散汇率风险。

合同措施除了要保证整个建设工程总体合同结构合理、不同合同之间不出现矛盾之外,要注意合同具体条款的严密性,并作出与特定风险相应的规定,如要求承包人提供履约保证和预付款保证,等等。

技术措施是在建设工程施工过程中常用的预防损失措施,如地基加固、周围建筑物防护、材料检测等。与其他几方面措施相比,技术措施的显著特征是必须付出费用和时间两方面的代价,应当慎重比较后选择。

(2)灾难计划

灾难计划是一组事先编制好的、目的明确的工作程序和具体措施,为现场人员提供明确的行动指南,使其在各种严重的,恶性的紧急事件发生后,不至于惊慌失措,也不需要临时讨论研究应对措施,可以做到从容不迫、及时、妥善地处理,从而减少人员伤亡以及财产和经济损失。

灾难计划是针对严重风险事件制订的,其内容应满足以下要求:

①安全撤离现场人员;

②援救及处理伤亡人员;

③控制事故的进一步发展,最大限度地减少资产和环境损害;

④保证受影响区域的安全尽快恢复正常。

灾难计划在严重风险事件发生或即将发生时付诸实施。

(3)应急计划

应急计划是在风险损失基本确定后的处理计划,其宗旨是使因严重风险事件而中断的工程实施过程尽快全面恢复,并减少进一步的损失,使其影响程度减至最小。应急计划不仅要制订所要采取的相应措施,而且要规定不同工作部门相应的职责。

应急计划应包括的内容有:调整整个建设工程的施工进度计划,并要求各承包人相应调整各自的施工进度计划;调整材料、设备的采购计划,并及时与材料、设备供应商联系,必要时,可能要签订补充协议;准备保险索赔依据,确定保险索赔的额度,起草保险索赔报告;全面审查可使用的资金情况,必要时需调整筹资计划;等等。

(三)风险自留

风险自留就是将风险留给自己承担,是从企业内部财务的角度应对风险。风险自留与其他风险对策的根本区别在于,它不改变工程风险的客观性质,即既不改变工程风险的发生概率,也不改变工程风险潜在损失的严重性。

1. 风险自留的类型

风险自留可分为非计划性风险自留和计划性风险自留两种类型。

(1)非计划性风险自留

由于风险管理人员没意识到建设工程某些风险的存在,或者不曾有意识地采取有效措施,以致风险发生后只好由自己承担。这样的风险自留就是非计划性的和被动的。

事实上对于大型、复杂的建设工程来说,风险管理人员几乎不可能识别出所有的工程风险。从这个意义上讲,非计划性风险自留有时是无可厚非的,因而也是一种适用的风险处理策略。但是,风险管理人员应当尽量减少风险识别和风险评价的失误,要及时做出风险对策决策,并及时实施决策,从而避免被迫承担重大和较大的工程风险。总之,虽然非计划产生风险自留不可能不用,但应尽可能少用。

(2)计划性风险自留

计划性风险自留是主动的、有意识的、有计划的选择,是风险管理人员在经过正确的风险识别和风险评价后作出的风险对策决策,是整个建设工程风险对策计划的一个组成部分。也就是说,风险自留绝不可能单独运用,而应与其他风险对策结合使用。在实行风险自留时,应保证重大和较大的建设工程风险已经进行了工程保险或实施了损失控制计划。

计划性风险自留的计划性主要体现在风险自留水平和损失支付方式两方面。所谓风险自留水平,是指选择哪些风险事件作为风险自留的对象。确定风险自留水平可以从风险量数值大小的角度考虑,一般应选择风险量小或较小的风险事件作为风险自留的对象。计划性风险自留还应从费用、期望损失、机会成本、服务质量和税收等方面与工程保险比较后才能得出结论。损失支付方式的含义比较明确,即在风险事件发生后,对所造成的损失通过什么方式或渠道来支付。

2. 损失支付方式

计划性风险自留应预先制订损失支付计划,常见的损失支付方式有以下几种。

(1)从现金净收入中支出。采用这种方式时,在财务上并不对自留风险作特别的安排,在损失发生后从现金净收入中支出,或将损失费用记入当期成本。实际上,非计划性风险自留通常都是采用这种方式。因此,这种方式不能体现计划性风险自留的“计划性”。

(2)建立非基金储备。这种方式是设立了一定数量的备用金。但其用途并不是专门针对自留的风险,其他原因引起的额外费用也在其中支出。

(3)自我保险。这种方式是设立一项专项基金(亦称为自我基金),专门用于自留风险所造成的损失。该基金的设立不是一次性的,而是每期支出,相当于定期支付保险费。因而称为自我保险。这种方式若用于建设工程风险自留,需作适当的变通,如将自我基金(或风险费)在施工前一次性设立。

(4)母公司保险。这种方式只适用于存在总公司与子公司关系的集团公司,往往是在难以投保或自保较为有利的情况下运用。从子公司的角度来看,与一般的投保无异,收支较为稳定,税赋可能得益(是否按保险处理,取决于该国的规定);从母公司的角度,可采用适当的方式进行资金运作,使这笔基金增值,也可再以母公司的名义向保险公司投保。对于建设工程风险自留来说,这种方式可用于特大型建设工程(有众多的单项工程和单位工程),或长期有较多建设工程的业主。

3. 风险自留的适用条件

计划性风险自留至少要符合以下条件之一才应予以考虑：

(1)别无选择。有些风险既不能回避，又不可能预防，且没有转移的可能性，只能自留，这是一种无奈的选择。

(2)期望损失不严重。风险管理人员对期望损失的估计低于保险公司的估计，而且根据自己多年的经验和有关资料，风险管理人员确信自己的估计正确。

(3)损失可准确预测。在此，仅考虑风险的客观性。这一点实际上是要求建设工程有较多的单项工程和单位工程，满足概率分布的基本条件。

(4)企业有短期内承受最大潜在损失的能力。由于风险的不确定性，可能在短期内发生最大的潜在损失，这时，即使设立了自我基金或向母公司保险，已有的专项基金仍不足以弥补损失，需要企业从现金收入中支付。如果企业没有这种能力，可能因此而摧毁企业。对于建设工程的业主来说，与此相应的是要具有短期内筹措大笔资金的能力。

(5)投资机会很好(或机会成本很大)。如果市场投资前景很好，则保险费的机会成本就显得很大，不如采取风险自留，将保险费作为投资，以取得较多的投资回报。即使今后自留风险事件发生，也足以弥补其造成的损失。

(四)风险转移

风险转移是建设工程风险管理中非常重要而且广泛应用的一项对策，分为非保险转移和保险转移两种形式。根据风险管理的基本理论，建设工程的风险应由有关各方分担，而风险分担的原则是：任何一种风险都应由最适宜承担该风险或最有能力进行损失控制的一方承担。符合这一原则的风险转移是合理的，可以取得双赢或多赢的结果。例如，项目决策风险应由业主承担，设计风险应由设计方承担，而施工技术风险应由承包人承担，等等；否则，风险转移就可能付出较高的代价。

1. 非保险转移

非保险转移又称为合同转移，因为这种风险转移一般是通过签订合同的方式将工程风险转移给非保险人的对方当事人。建设工程风险最常见的非保险转移有以下三种情况。

(1)业主将公司责任和风险转移给对方当事人。在这种情况下，被转移者多数是承包人。例如，在合同条款中规定，业主对场地条件不承担责任；又如，采用固定总价合同将涨价风险转移给承包人，等等。

(2)承包人进行合同转让或工程分包。承包人中标承接某工程后，可能由于资源安排出现困难而将合同转让给其他承包人，以避免由于自己无力按合同规定时间建成工程而遭受违约罚款；或将该工程中专业技术要求很强而自己缺乏相应技术的工程内容分包给专业分包人，从而更好地保证工程质量。

(3)第三方担保。合同当事人的一方要求另一方为其履约行为提供第三方担保。担保方所承担的风险仅限于合同责任，即由于委托方不履行或不适当履行合同以及违约所产生的责任。第三方担保的主要表现是业主要求承包人提供履约保证和预付款保证(在投标阶段还有投标保证)。我国施工合同(示范文本)有发包人和承包人互相提供履约担保的规定。

与其他的风险对策相比，非保险转移的优点主要体现在：一是可以转移某些不可保的潜在损失，如物价上涨、法规变化、设计变更等引起的投资增加；二是被转移者往往能较好地进行损失控制，如承包人相对于业主能更好地把握施工技术风险，专业分包人相对于总包人能更好地完成专业性强的工程内容。但是，非保险转移的媒介是合同，这就可能因为双方当事人对合同条款的理解发生分歧而导致转移失效。另外，在某些情况下，可能因被转移者无力承担实际发生的重大损失而导致仍然由转移者来承担损失。例如，在采用固定总价合同的条件下，如果承包人报价中所考虑涨价风险费很低，而实际的通货膨胀率很高，从而导致承包人亏损破产，最终只得由业主自己来承担涨价造成的损失。还需指出的是，非保险转移一般都要付出一定的代价，有时转移代价可能超过实际发生的损失，从而对转移者不利。仍以固定总价合同为例，在这种情况下，如果实际涨价所造成的损失小于承包人报价中的涨价风险费，这两者的差额就成为承包人的额外利润，业主则因此遭受损失。

2. 保险转移

保险转移通常直接称为保险，对于建设工程风险来说，则为工程保险。通过购买保险，建设工程业主或承包人作为投保人将本应由自己承担的工程风险（包括第三方责任）转移给保险公司，从而使自己免受风险损失。

在进行工程保险的情况下，建设工程在发生重大损失后可以从保险公司及时得到赔偿，使建设工程实施能不中断地、稳定地进行，从而最终保证建设工程的进度和质量，也不致因重大损失而增加投资。通过保险还可以使决策者和风险管理人员对建设工程风险的担忧减少，从而可以集中精力研究和处理建设工程实施中的其他问题，提高目标控制的效果。而且，保险公司可向业主和承包人提供较为全面的风险管理服务，从而提高整个建设工程风险管理的水平。

保险这一风险对策的缺点，首先表现在机会成本增加，这一点已如前述。其次，工程保险合同的内容较为复杂，保险费没有统一固定的费率，需根据特定建设工程的类型、建设地点的自然条件（包括气候、地质、水文等条件）、保险范围、免赔额的大小等加以综合考虑，因而保险合同谈判常常耗费较多的时间和精力。在进行工程保险后，投保人可能产生心理麻痹而疏于损失控制计划，以致增加实际损失和未投保损失。

需要说明的是，工程保险并不能转移建设工程的所有风险，一方面是因为存在不可保风险，另一方面则是因为有些风险不宜保险。因此，对于建设工程风险，应将工程保险与风险回避、损失控制和风险自留结合起来运用。对于不可保风险，必须采取损失控制措施。即使对于可保风险，也应当采取一定的损失控制措施，这有利于改变风险性质，达到降低风险量的目的，从而改善工程保险条件，节省保险费。

第五节　流水施工组织方法

一、工程施工作业方式

考虑工程项目的施工特点、工艺流程、资源利用、平面或空间布置等要求，施工方式可以采用依次、平行、流水等施工组织方式。

（一）依次施工

依次施工方式是将拟建工程项目中的每一个施工对象分解为若干个施工过程，按施工工艺要求依次完成每一个施工过程；当一个施工对象完成后，再按同样的顺序完成下一个施工对象,以此类推,直至完成所有施工对象。

例如,拟修建4座跨径6.0m的同类型钢筋混凝土矩形板桥,假定4座桥的同一工序工作量相等,每座小桥分4道工序,同时假定施工班组按完全相同的条件组成,因而在每座桥上每一工序所需的工作日数亦固定不变。如果按依次施工的作业方式,则4座桥按先后顺序逐个进行施工,后一座桥的施工必须待前座桥全部竣工后才能进行。工程进度横道图见图4-27,可见施工总期限64d,同时投入施工的劳动力(或其他资源)较少,最多12人,最少3人。

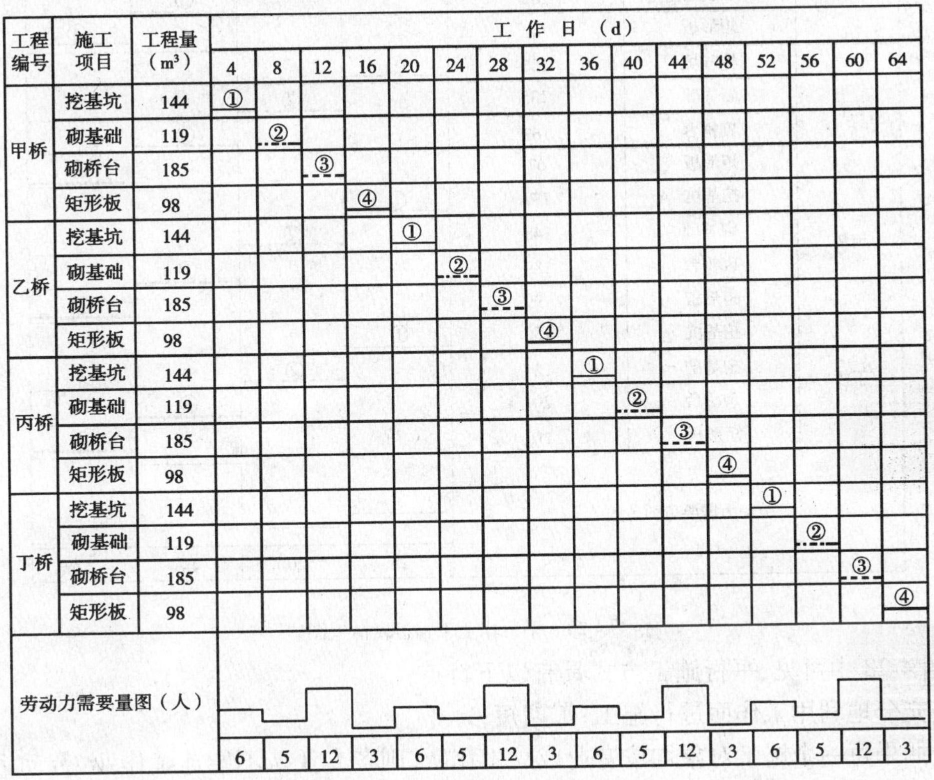

工程编号	施工项目	工程量(m³)	工作日(d)															
			4	8	12	16	20	24	28	32	36	40	44	48	52	56	60	64
甲桥	挖基坑	144	①															
	砌基础	119		②														
	砌桥台	185			③													
	矩形板	98				④												
乙桥	挖基坑	144					①											
	砌基础	119						②										
	砌桥台	185							③									
	矩形板	98								④								
丙桥	挖基坑	144									①							
	砌基础	119										②						
	砌桥台	185											③					
	矩形板	98												④				
丁桥	挖基坑	144													①			
	砌基础	119														②		
	砌桥台	185															③	
	矩形板	98																④
劳动力需要量图(人)			6	5	12	3	6	5	12	3	6	5	12	3	6	5	12	3

图4-27　顺序作业工程进度横道图

从图4-27中可见,依次施工方式具有以下特点:

(1)没有充分地利用工作面进行施工,工期长;

(2)如果按专业成立工作队,则各专业队不能连续作业,有时间间歇,劳动力及施工机具等资源无法均衡使用;

(3)如果由一个工作队完成全部施工任务,则不能实现专业化施工,不利于提高劳动生产率和工程质量;

(4)单位时间内投入的劳动力、施工机具、材料等资源量较少,有利于资源供应的组织;

(5)施工现场的组织、管理比较简单。

(二)平行施工

平行施工是组织几个劳动组织相同的工作队,在同一时间、不同的空间,按施工工艺要求完成各施工对象。

对上述4座桥梁,如果采用平行施工,则这4座桥同时开工,同时竣工,配以四组相等的劳动力和相关资源。虽施工总期限缩短为16d,但所需劳动力(资源数)却按施工对象即桥梁的座数的成倍数增加,最多48人,最少12人,如图4-28所示。

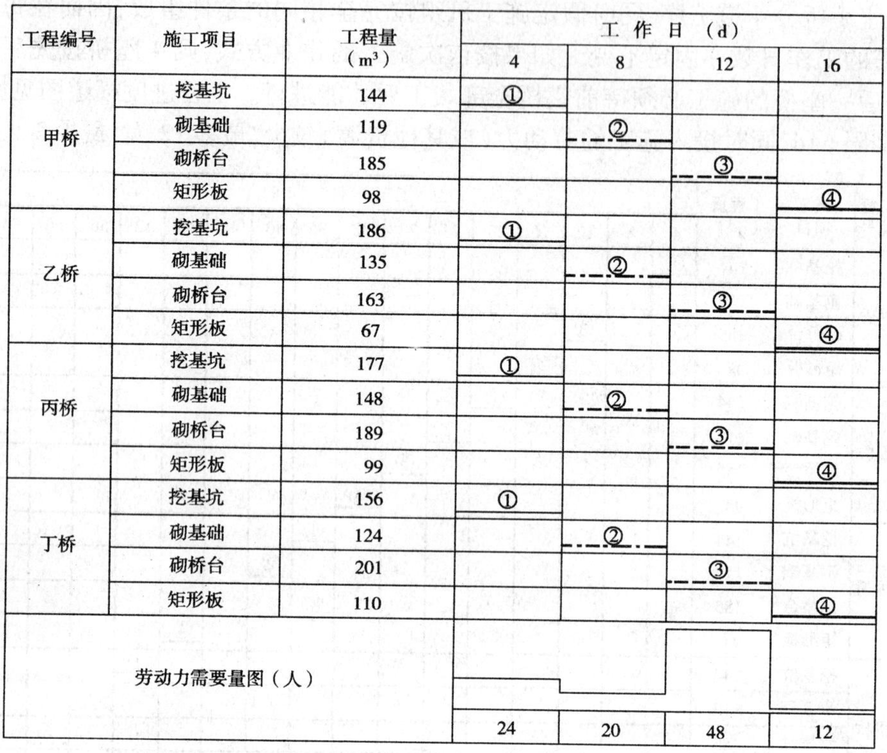

工程编号	施工项目	工程量（m³）	工作日（d）4	8	12	16
甲桥	挖基坑	144	①			
	砌基础	119		②		
	砌桥台	185			③	
	矩形板	98				④
乙桥	挖基坑	186	①			
	砌基础	135		②		
	砌桥台	163			③	
	矩形板	67				④
丙桥	挖基坑	177	①			
	砌基础	148		②		
	砌桥台	189			③	
	矩形板	99				④
丁桥	挖基坑	156	①			
	砌基础	124		②		
	砌桥台	201			③	
	矩形板	110				④
劳动力需要量图（人）			24	20	48	12

图4-28　平行作业工程进度横道图

从图4-28中可见,平行施工方式具有以下特点:

(1)充分地利用工作面进行施工,工期短;

(2)如果每一个施工对象均按专业成立工作队,则各专业队不能连续作业,劳动力及施工机具等资源无法均衡使用;

(3)如果由一个工作队完成一个施工对象的全部施工任务,则不能实现专业化施工,不利于提高劳动生产率和工程质量;

(4)单位时间内投入的劳动力、施工机具、材料等资源量成倍地增加,不利于资源供应的组织;

(5)施工现场的组织、管理比较复杂。

(三)流水施工

流水施工方式是将拟建工程项目中的每一个施工对象分解为若干个施工过程,并按照施工过程成立相应的专业工作队,各专业队按照施工顺序依次完成各个施工对象的施工过程,同时保证施工在时间和空间上连续、均衡和有节奏地进行,使相邻两专业队能最大限度地搭接作业。

对上述4座桥梁,如果采用流水施工,则这各座桥的全部施工操作内容分4个独立的施工过程,即挖基坑、砌基础、砌桥台、安装矩形板,分别交由4个专业班组施工,此时专业班组按规定的先后顺序(流水方向)进入各桥,见图4-29。

由图 4-29 知：

(1)挖基坑专业班组由 6 人组成，最先在甲桥施工，再依次在乙、丙、丁三座桥施工，直到全部完成，共占用 16 个工作日。

(2)砌基础专业班组要等甲桥完成挖基坑任务后才能进入甲桥施工，并依次进入乙、丙、丁三座桥，每班 5 人同样亦占用 16 个工作日。

(3)砌基础专业班组在日程进度图上比挖基坑班组推迟 4d 开工，其他两个班组依次比前一班组推迟 4d 开工，以后在甲、乙、丙、丁 4 座桥上连续施工。

(4)本例用流水作业法施工时，总期限为 28d。

工程编号	施工项目	工程量(m^3)	工作日(d) 4	8	12	16	20	24	28
甲桥	挖基坑	114	①						
	砌基础	119		②					
	砌桥台	185			③				
	矩形板	98				④			
乙桥	挖基坑	186		①					
	砌基础	135			②				
	砌桥台	163				③			
	矩形板	67					④		
丙桥	挖基坑	177			①				
	砌基础	148				②			
	砌桥台	189					③		
	矩形板	99						④	
丁桥	挖基坑	156				①			
	砌基础	124					②		
	砌桥台	201						③	
	矩形板	110							④
劳动力需要量图(人)			6	11	23	26	20	15	3

图 4-29　流水作业工程进度横道图

从图 4-29 中可见，流水施工方式具有以下特点：

(1)尽可能地利用工作面进行施工，工期比较短；

(2)各工作队实现了专业化施工，有利于提高技术水平和劳动生产率，也有利于提高工程质量；

(3)专业工作队能够连续施工，同时使相邻专业队的开工时间能够最大限度地搭接；

(4)单位时间内投入的劳动力、施工机具、材料等资源量较为均衡，有利于资源供应的组织；

(5)为施工现场的文明施工和科学管理创造了有利条件。

二、组织流水施工的条件

流水作业基本前提是:批量生产、分工、协作。因此要组织流水施工,就应人为地创造相应的条件。具体来讲,组织流水施工的条件如下。

1. 划分施工过程

划分施工过程就是把拟建工程的整个建造过程分解为若干个施工过程。划分施工过程的目的是为了对施工对象的建造过程进行分解,以便于逐一实现局部对象的施工,从而使施工对象整体得以实现。只有这种合理分解,才能组织专业化施工和有效协作。

2. 划分施工段

根据组织流水施工的需要,将拟建工程在平面上或空间上,尽可能地划分为劳动量大致相同的若干个施工段,形成多个虚拟产品,为流水作业创造条件。

3. 每个施工过程组织独立的施工班组

在一个流水组中,每个施工过程尽可能组织独立的施工班组,这样才能达到专业化生产的目的。

4. 不同施工过程尽可能组织平行搭接施工

根据施工顺序,不同的施工过程,在有工作面的条件下,除必要的技术和组织间歇时间外,应尽可能组织平行搭接施工,这样才能达到协作生产的目的。

5. 主要施工过程必须连续、均衡地施工

对于主要施工过程,必须连续、均衡地施工;对于其他次要施工过程,可考虑与相邻的施工过程合并。如不能合并,为缩短工期,可安排间断施工。

三、流水施工参数

在组织流水施工时,用以表达流水施工在工艺流程、空间布置和时间排列方面开展状态的参数,称为流水参数,包括:工艺参数、空间参数和时间参数三类。

(一)工艺参数

工艺参数是指一组流水中施工过程的个数。施工过程可以根据计划的需要确定其粗细程度,因此施工过程可以是一个个工序,也可以是一项项分项工程,还可以是它们的组合。在划分施工过程时,只有那些对工程施工有直接影响的施工内容才予以考虑并组织在流水之中。

组入流水的施工过程如果各由一个专业队(组)施工,则施工过程数和专业队(组)数相等。有时由几个专业队(组)负责完成一个施工过程或一个专业队(组)完成几个施工过程,于是施工过程数与专业队(组)数便不相等。计算时可用 N 表示施工过程数,用 n 表示专业队(组)数。

对工期影响最大的,或对整个流水施工起决定性作用的施工过程,称为主导施工过程。在划分施工过程以后,首先应找出主导施工过程,以便抓住流水作业的关键环节。

(二)时间参数

1. 流水节拍

流水节拍是指某个专业队(或作业班组)在一个施工段上的施工作业持续时间,以 t 表示。它的大小关系着投入的劳动力、机械和材料量的多少,决定着施工的速度和施工的节奏性。通常有两种确定方法,一种是根据工期要求来确定;另一种是根据现有能投入的资源(劳动力、机械台班数和材料量）来确定。流水节拍 t 按下式计算：

$$t = \frac{Q_i}{C \cdot R} = \frac{P}{R} \tag{4-1}$$

式中：Q_i——某施工段的工作量（$i=1,2,3,\cdots,k$）；

C——每一工日（或台班）的计划产量（产量定额）；

R——施工人数（或机械台数）；

P——某施工段所需要的劳动量（或机械台班量）。

确定流水节拍时应首先确定主导施工过程的流水节拍，并以它为依据确定其他施工过程的流水节拍。主导施工过程的流水节拍应是各施工过程流水节拍的最大值，应尽可能是有节奏的，以便组织节奏流水。

2. 流水步距

流水步距是指两个相邻的施工队（组）先后进入流水作业的最小时间间隔，以符号 K 表示。流水步距的长度，要根据需要及流水方式的类型经过计算确定。计算时应考虑的因素有以下几点：

(1)每个专业队连续施工的需要。流水步距的最小长度，必须使专业队进场以后不发生停工、窝工现象。

(2)技术间歇的需要。有些施工过程完成后，后续施工过程不能立即投入作业，必须有足够的时间间歇。这个间歇时间应尽量安排在专业队进场之前，不然便不能保证专业队工作的连续性。

(3)流水步距的长度应保证每个施工段的施工作业程序不乱，不发生前一施工过程尚未全部完成，而后一施工过程便开始施工的现象。有时为了缩短时间，某些次要的专业队可以提前插入，但必须在技术上可行，而且不影响前一个专业队的正常工作。提前插入的现象越少越好，多了会打乱节奏，影响均衡施工。

3. 工期

工期是指从第一个专业队投入流水作业开始，到最后一个专业队完成最后一个施工过程的最后一段工作退出流水作业为止的整个延续时间。由于一项工程往往由许多流水组组成，所以这里说的是流水组的工期，而非整个工程的总工期。

在安排流水施工之前，应有一个基本的工期目标，以便在总体上约束具体的流水作业组织。在进行流水作业安排以后，可以通过计算确定工期，并与目标工期比较，两者应相等或使计算工期小于目标工期。

(三)空间参数

空间参数是指单体工程划分的施工段或群体工程划分的施工区的个数，施工区、段可称为流水段。在划分施工段时，应考虑以下几点：

(1)施工段的大小应保证工人有足够的工作面，由主要施工过程的工作需要确定。

(2)在同一组流水中，各个施工过程原则上应采用相同的分段界限和相同的施工段数。

(3)某些以施工机械负责主导施工过程施工的工程，施工段的划分必须满足施工机械（一般指大型施工机械）操作区间和操作能力的限制，以利于提高机械的使用效率和确保机械施工作业的安全。

(4)划分施工段应保证结构不受施工缝的影响，应尽量利用结构的自然分界（温度缝、沉降缝和单元尺寸等）作为流水段的分界。

四、流水施工的类型

由于工程构造物的复杂程度不同，所处的具体位置多变以及工程性质各异等因素的影响，流水施工的组织按节奏性可分为有节奏流水和无节奏流水。其中，有节奏流水又分为全等节拍流水、成倍节拍流水和分别流水。

（一）全等节拍流水

在组织流水施工时，如果各个施工过程在各个施工段上的流水节拍均相等，这种流水施工组织方式称为全等节拍流水，也称为等节拍流水或固定节拍流水。

1. 基本特点

（1）流水节拍均相等，即：

$$t_1 = t_2 = \cdots = t_{n-1} = t_n = t(\text{常数})$$

（2）流水步距相等，且等于流水节拍，即：

$$K_{1,2} = K_{2,3} = \cdots = K_{n-1,n} = K = t(\text{常数})$$

（3）每个专业工作队都能够连续施工，施工段没有空闲时间；

（4）专业工作队数 n 等于施工过程数 N，即：

$$n = N$$

2. 施工工期

（1）无间歇时间的全等节拍流水施工

指各施工过程之间没有技术和组织间歇时间，进行搭接施工，且流水节拍均相等的一种流水施工方式。

其流水施工工期 T 可按公式（4-2）计算：

$$T = (n-1)t + m \cdot t = (m+n-1)t \tag{4-2}$$

式中：T——流水施工工期；

m——施工段数；

n——施工专业队数。

其余符号含义同前。

（2）有间歇时间的全等节拍流水施工

指各施工过程之间有的需要技术或组织间歇时间，有的可搭接施工，且流水节拍均相等的一种流水施工方式。

其流水施工工期 T 可按式（4-3）计算：

$$T = (n-1)t + \sum Z + \sum G + \sum C + m \cdot t = (m+n-1)t + \sum Z + \sum G - \sum C \tag{4-3}$$

式中：$\sum Z$——技术间歇时间总和；

$\sum G$——组织间歇时间总和；

$\sum C$——平行搭接时间总和；

其余符号含义同前。

因为全等节拍流水施工虽然是一种比较理想的流水施工方式，它能保证专业班组的工作连续，工作面充分利用，实现均衡施工。但由于它要求划分的各分部、分项工程都采用相同的流水节拍，这对一个单位工程或建筑群来说，往往十分困难且不容易达到。因此，实际应用范围不是很广泛。

图4-30是一个全等节拍流水的例子。图中空间参数 $m=3$,工艺参数 $n=5$,时间参数流水节拍 t 和流水步距 K 均等于2。全等节拍流水总工期 T 为:

$$T=(n-1)K+m\cdot t=(m+n-1)t \tag{4-4}$$

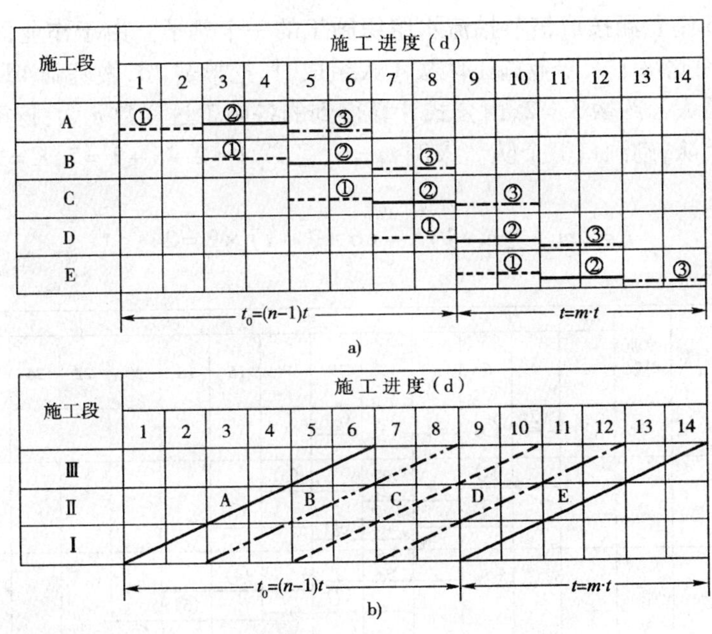

图4-30　全等节拍流水

a)水平横道图;b)垂直图

(二)成倍节拍流水

当各施工过程的流水节拍彼此不相等,但又互成倍数的常数关系时,如仍按全等节拍流水组织施工,则会造成施工队窝工或作业面间歇,从而导致总工期延长。此时,为了使各施工队仍能继续、均衡地依次在各施工段上施工,应按成倍节拍流水组织施工。

1.基本特点

(1)同一施工过程在各个施工段的流水节拍均相等,不同施工过程的流水节拍不等,但其值为倍数关系;

(2)流水步距彼此相等,且等于流水节拍的最大公约数 K;

(3)每个专业工作队都够连续工作,施工段没有空闲时间;

(4)专业工作队总数 $\sum n$ 大于施工过程数。

2.成倍节拍流水步骤

(1)求各流水节拍的最大公约数 K,它相当于各施工过程都共同遵守的"公共流水步距",为了使用方便和便于与其他流水作业法比较起见,称这个 K 为流水步距。

(2)求各施工过程的专业施工队数目 n。每个施工过程的流水节拍 t 是 K 的几倍,就应相应安排几个施工队,才能保证均衡施工。同一施工项目的各个施工队依次相隔 K 天投入流水施工,因此,施工队数目 n 按下式计算:

$$n=t/K \tag{4-5}$$

(3)将专业施工队数目的总和$\sum n$看成是施工过程数n,将K看成是流水步距后,按全等节拍流水的方法安排施工进度。

(4)计算总工期T,由于$n=\sum n$,因此总工期为:

$$T=(m+\sum n-1)K \tag{4-6}$$

式中:K——各流水节拍的最大公约数。

图4-31表示6座管涵按成倍节拍流水组织施工的一个例子。由于作业面受限制,只能容纳4人同时操作,因此每个人专业施工队按4人组成时,挖槽需2d,做基础4d,安管涵6d,洞口砌筑2d。它们的最大公约数$K=2$,由公式计算得到的各施工过程数n为:挖槽1个队;砌基础2个队;安涵管3个队;砌洞口1个队。该例$m=6$,$\sum n=1+2+3+1=7$,$K=2$,由公式计算得到总工期:

$$T=(m+\sum n-1)K=(6+7-1)\times 2=24(\mathrm{d})$$

施工段	工日数	专业对数	施工进度(d) 2	4	6	8	10	12	14	16	18	20	22	24	26	28
挖槽			①	②	③	④	⑤	⑥								
砌基础					①②		③	④	⑤	⑥						
安涵管							①	②	③	④	⑤	⑥				
砌洞口									①	②	③	④	⑤	⑥		

$t_0=(n-1)t$　　$t=m\cdot t$

a)

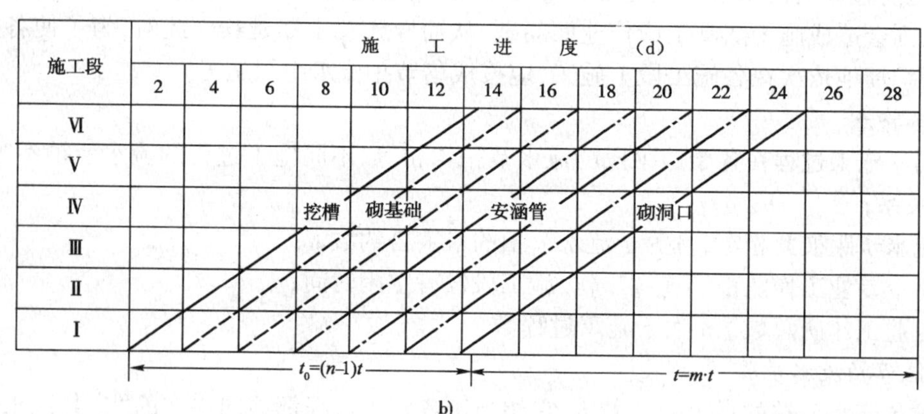

b)

图4-31　成倍节拍流水

a)水平横道图;b)垂直图

(三)分别流水

所谓分别流水是指各施工过程的流水节拍各自保持不变($t=$常数),但不存在最大公约数,流水步距K也是一个变数的流水作业。分别流水作业的组织方法见图4-32。

组织分别流水施工时，首先应保证各施工过程本身均衡而不间断地进行，然后将各施工过程彼此搭接协调。也就是说，既要避免各施工过程之间发生矛盾，也要尽可能减少作业面的间歇时间，使整个施工安排保持最大限度的紧凑，以达到缩短工期的目的。

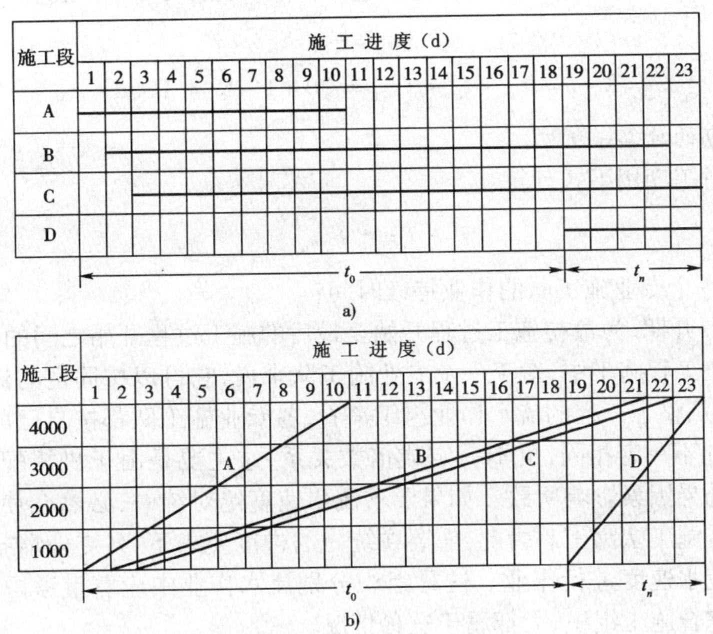

图4-32　分别流水

a）水平横道图；b）垂直图

1. 基本特点

（1）同一施工过程流水节拍相等，不同施工过程流水节拍不一定相等；

（2）相邻施工过程的流水步距不一定相等；

（3）每个专业队都能够连续施工，施工段可能有空闲时间；

（4）专业工作队数 n 等于施工过程数。

2. 流水步距的确定

由于流水步距是个变数，因此必须个别确定，这对各施工过程的相互配合和正确搭接是一个很重要的参数。下面用图4-32来说明流水步距的计算（注：下文中 $n+1$ 均代表项数）。

（1）当 $t_{n+1} \geqslant t_n$ 时

$t_{n+1} \geqslant t_n$，即当后一个施工过程的作业持续时间（t_{n+1}）等于或大于前一个施工过程的作业持续时间（t_n）时，即意味着后一个施工过程的施工速度慢于前一个施工过程的施工速度，则流水步距根据后一个施工过程所要求的时间间隔（或足够的作业面）决定，即 $K_{n+1} = t_n$。如图4-32中的 A 与 B、B 与 C 之间的情形，图中要求间隔1d。

（2）当 $t_{n+1} < t_n$ 时

$t_{n+1} < t_n$，即当后一个施工过程的作业持续时间（t_{n+1}）小于前一个施工过程的作业持续时间（t_n）时，即意味着后一个施工过程的施工速度快于前一个施工过程的施工速度，则流水步距（K_{n+1}）用下式计算：

$$K_{n+1} = t_n + t_a - t_{n+1} \tag{4-7}$$

式中：t_a——两个相邻施工过程之间必须的最小时间间隔；

其余符号意义同前。

当 t_n 和 t_{n+1} 已知，根据安全与技术要求即可决定 t_a 值，则 K_{n+1} 值就可以求得。t_a 值一般不宜小于 1d。在图 4-32 中，C 与 D 之间就属于这种情形。图中 $t_n=t_c=20$，$t_{n+1}=t_D=1$，由公式计算流水步距为：

$$K_{n+1}=t_n+t_a-t_{n+1}=20+1-5=16(\mathrm{d})$$

3. 流水总工期的计算

分别流水的总工期用下式计算：

$$T=t_0+t_n \tag{4-8}$$

式中：t_n——最后一个专业施工队的作业持续时间；

t_0——流水展开期，为最初施工过程开始至最后的施工过程开始之间的时间间隔。

在实际的道路工程施工中，对于一个专业施工队来说，它可以按固定的流水节拍（或不变的速度）前进。但从整个工程的流水作业组织来看，各专业施工队都按自已的流水节拍（或移动速度）前进，彼此不一定相同，也不一定成倍数关系，这主要是由于机械配备、施工条件、劳动生产率或其他外界因素影响所致。如果要求流水速度绝对统一，必然会使机械效率不能充分发挥或造成某些施工队窝工。为此，需要在统一的进度要求下，各专业队按照本身最合理、施工效率最高的流水速度进行作业。这是组织分别流水作业中应着重考虑且仔细解决的问题。道路工程的综合施工组织，大都属于这种情况。

（四）无节奏流水

无节奏流水施工是指各施工过程的流水节拍随施工段的不同而改变，不同施工过程之间的流水节拍也有很大的差异。有些工程由于结构比较复杂，平面轮廓不规则，不易划分劳动量大致相等的施工段，无法组织全等节拍、成倍节拍流水施工。在这种情况下，只能组织无节奏流水施工。无节奏流水施工本身没有规律性，只是在保持工作均匀和连续的基础上进行施工安排。无节奏流水施工方式是工程流水施工的普遍方式。

对于道路工程施工来说，沿线工程量的分布都是不均匀的，而大、中型桥梁或路基土石方的高填深挖，又为集中型工程，因此，实际上各专业施工队在机具和劳动力固定的条件下，流水作业速度不可能保持一致，即各施工段上同一施工过程的流水节拍无法相等。也就是说，在组织流水施工时，t 不等于常数，K 不等于常数，t 不等于 K，也非整数倍，如图 4-33 所示。

对于以上情况，只能按照流水组织施工。基本的组织方法是：统一控制整个工程的总平均速度，再按分别流水的原则处理各施工过程的搭接关系。流水的各个参数以及总工期的确定，都必须通过对专业施工队逐个落实，反复调整，才能得到满意的结果。

1. 基本特点

（1）各施工过程在各施工段的流水节拍不全等；

（2）流水步距与流水节拍之间存在某种函数关系，流水步距也多数不相等；

（3）每个专业工作队都能够连续施工，施工段可能有间歇时间；

（4）专业工作队数等于施工过程数。

2. 流水步距的确定

流水步距的确定是无节奏流水组织的关键环节。以下介绍潘特考夫斯基法，亦称为“累加数列错位相减取大差”法，简称累加数列法。其计算步骤如下：

（1）根据各专业工作队在各施工段上的流水节拍，求累加数列；

（2）根据施工顺序，对所求相邻的两累加数列，错位相减；

（3）根据错位相减的结果，确定相邻专业工作队之间的流水步距，即相减结果中数值最大者。

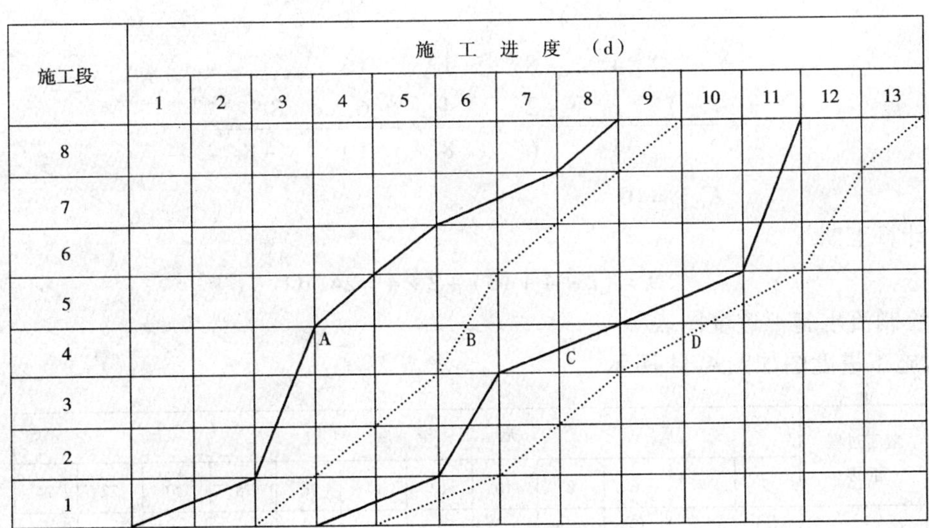

图4-33　无节奏流水

【例4-2】　某工程由A、B、C、D四个施工过程组成，施工顺序为：A→B→C→D，分别在施工段上，各施工过程相应的流水节拍为：$t_A=2d$，$t_B=4d$，$t_C=4d$，$t_D=2d$。在劳动力相对固定的条件下，试确定流水施工方案。

解：本例从流水节拍特点看，可组织异节拍专业流水；但因劳动力不能增加，无法做到等步距。为了保证专业工作队连续施工，按无节奏专业流水方式组织施工。

（1）确定施工段数、工序数

为使专业工作队连续施工，取施工段数等于施工过程数，即 $m=n=4$。

（2）求累加数列

A：2，4，6，8；

B：4，8，12，16；

C：4，8，12，16；

D：2，4，6，8。

（3）确定流水步距

①$K_{A,B}$

$$\begin{array}{rrrrrr} & 2 & 4 & 6 & 8 & \\ -) & & 4 & 8 & 12 & 16 \\ \hline & 2 & 0 & -2 & -4 & -16 \end{array}$$

$K_{A,B}=2$

②$K_{B,C}$

$$\begin{array}{rrrrrr} & 4 & 8 & 12 & 16 & \\ -) & & 4 & 8 & 12 & 16 \\ \hline & 4 & 4 & 4 & 4 & -16 \end{array}$$

$K_{B,C}=4$

③$K_{C,D}$

$$\begin{array}{rrrrrr} & 4 & 8 & 12 & 16 & \\ -) & & 2 & 4 & 6 & 8 \\ \hline & 4 & 6 & 8 & 10 & -8 \end{array}$$

$K_{C,D}=10$

(4)计算工期

$$T=(2+4+10)+2\times 4=24(\mathrm{d})$$

(5)绘制流水施工进度图表

流水施工进度图如图4-34所示。

施工过程名称	施工进度(d)											
	2	4	6	8	10	12	14	16	18	20	22	24
A	①	②	③	④								
B	$K_{A,B}$		①		②		③		④			
C		$K_{B,C}$			①		②		③		④	
D					$K_{C,D}$				①	②	③	④

图4-34 流水施工进度图

从图4-34可知，当同一施工段上不同施工过程的流水节拍不相同，而相互为整倍数关系时，如果不组织多个同工种专业工作队完成同一施工过程的任务，流水步距必然不等，只能用无节奏专业流水的形式组织施工；如果以缩短流水节拍长的施工过程，达到等步距流水，就要在增加劳动力没有问题的情况下，检查工作面是否满足要求；如果延长流水节拍短的施工过程，工期就要延长。

因此，到底采取哪一种流水施工的组织形式，除要分析流水节拍的特点外，还要考虑工期要求和项目经理部自身的具体施工条件。任何一种流水施工的组织形式，仅仅是一种组织管理手段，其最终目的是要实现企业目标——质量好、工期短、成本低、效益高和安全施工。

五、流水施工的组织

流水作业的效率具体表现在施工连续、进度加快、工期缩短方面。由于专业化程度提高，不仅保证质量，而且提高了劳动生产率；又由于资源供应均衡，降低了工程成本，因此公路工程施工组织应尽可能采用流水作业法。

流水施工组织步骤如下：

(1)根据工程项目对象划分施工段；

(2)划分工序并编工艺流程，且按工艺原则建立专业班组；

(3)各专业班组依次、连续进入各个施工段，完成同类工种的作业；

(4)计算或确定流水作业参数；

(5)相邻施工段及相邻工序尽可能衔接紧密。

【例 4-3】 某路段有 4 座相同性质的通道工程，其施工过程均可分解为挖基坑 A、砌基础 B、浇筑墙身 C、安装盖板 D 四道工序，各道工序在各座通道上的持续时间(流水节拍)见表 4-23，试按一、二、三、四自然顺序和四、二、一、三顺序施工时，分别组织流水作业。

流 水 节 拍(d)　　表 4-23

施工工序	一	二	三	四
A	3	4	3	2
B	5	6	4	5
C	6	5	4	6
D	3	2	2	3

根据上述流水施工组织原则，施工段数 $m=4$，工序数 $n=4$，然后根据施工组织顺序分别计算相邻工序之间的流水步距 K，最后计算其总工期 T 并绘制施工进度横道图。

解：(1)按一、二、三、四自然顺序组织流水作业时

$$\begin{array}{rrrrrr} & 3 & 7 & 10 & 12 & \\ -) & & 5 & 11 & 15 & 20 \\ \hline & 3 & 2 & -1 & -3 & -20 \end{array}$$

$K_{A,B}=3$，同理

$$K_{B,C}=5, K_{C,D}=14$$

$$T=(3+5+14)+(3+2+2+3)=32(d)$$

由 $T=32$ 和 $K_{A,B}=3$，$K_{B,C}=5$，$K_{C,D}=14$ 按图 4-34 方法即可绘制流水作业施工进度横道图(绘制图形略)。

(2)按四、二、一、三顺序组织流水施工时

$$\begin{array}{rrrrrr} & 2 & 6 & 9 & 12 & \\ -) & & 5 & 11 & 15 & 20 \\ \hline & 2 & 1 & -2 & -4 & -20 \end{array}$$

$K_{A,B}=2$，同理

$$K_{B,C}=5, K_{C,D}=13$$

$$T=(2+5+13)+(3+2+3+2)=30(d)$$

其流水施工进度横道图如图 4-35 所示。

由上述示例可以看出，施工段的组织次序不同，其施工进度的总工期可能不同，在无特殊顺序要求的条件下，应以总工期最短作为组织施工段顺序的依据。

施工过程名称	施工进度（d）														
	2	4	6	8	10	12	14	16	18	20	22	24	26	28	30
A	④	②		①		③									
B	$K_{A,B}$		④		②			①			③				
C			$K_{B,C}$		④		②				①		③		
D							$K_{C,D}$				④	②		①	③

图4-35　流水施工进度图

第六节　网络计划技术

一、网络计划技术概述

（一）网络计划技术

网络图是由箭杆和节点（事件）组成的用来表示工作流程的有向、有序的网状图形。在网络图上加注时间参数等而成的进度计划，称为网络计划。用网络计划对任务的工作进行安排和控制，以保证预定目标顺利实现的、科学的计划管理方法即为网络计划技术。

网络计划技术的基本原理是：利用网络的形式和数学运算来表达一项计划中各项工作的先后顺序和相互关系，通过时间参数的计算，确定计划的总工期，找出计划中的关键工作和关键线路，在满足既定约束条件下，按照规定的目标，不断地改善网络计划，选择最优方案，并付诸实施。在计划执行过程中，进行严格的控制和有效的监督，保证计划自始至终有计划、有组织地顺利进行，从而达到工期短、费用低、质量好的良好效果。

（二）网络计划技术的特点

与传统的横道图计划方法相比，网络计划技术具有如下的特点：

（1）它能够把整个计划用一张网络图的形式完整地表达出来，并在图中严密地表示计划中各工作间的逻辑关系。

（2）通过网络时间参数计算，找出关键工作和关键线路及各工作的机动时间，从而使计划管理人员心中有数，便于抓住主要矛盾，充分利用时差，合理安排人力、物力和资源，取得降低成本、缩短工期的效果。

（3）可直接对网络计划进行优化，从多个可行方案中找出最优方案，并付诸实施。

(4)在计划执行过程中,可根据外界条件的变化及工程的实际进展情况加以及时调整,保证自始至终对计划实行有效的监督与控制,使整个计划任务按期或提前完成。

(5)它不仅是控制工期的有力工具,也是控制费用和资源消耗的有力工具,也就是说,可把进度控制与成本控制、合理利用资源综合起来考虑。

(6)网络计划的编制过程是深入调查研究,对工程任务对象认真分析与综合的过程,因此有利于克服计划编制工作中的主观盲目性。而且编制网络计划需要各种信息数据和统计资料,这样有助于推动应用单位加强基础工作的管理。

(7)可根据项目进展阶段的不同和管理层次的需要,将计划的总目标从不同的角度层层分解,形成一个层次清晰、目标明确、责任分明的、完整的目标体系。这样,有利于贯彻各级岗位责任制,充分发挥工作效率。同时还能使全体人员了解任务的全局,领会总的部署要求,便于统一思想、统一步调,为总目标的顺利实现而共同努力。

(8)可以根据不同的网络模型和目标,编制相应的计算机程序,为电子计算机的应用提供了条件。从绘图、计算、方案优化到动态控制都可由计算机来完成,这样就保证了计划的准确性、及时性,而且可大大提高工作效率。工程规模越大,关系越复杂,越能显示出其优越性。

(三)网络计划的分类

网络计划技术是一种内容非常丰富的计划管理方法,从不同的角度可将其分成不同的类别。常见的分类方法如下。

1. 按网络计划参数性质不同分类

(1)肯定型网络计划。如果网络计划中各项工作间的逻辑关系是肯定的,各项工作的持续时间也是确定的,而且整个网络计划有确定的工期,这类型的网络计划就称为肯定型网络计划。其主要代表为关键线路法(CPM)。

(2)非肯定型网络计划。如果网络计划中,各工作间的逻辑关系或工作的持续时间是不确定的,整个网络计划工期也是不确定的,这类型的网络计划就称为非肯定型的网络计划。

非肯定型网络计划通常又分为概率型网络计划和随机型网络计划两大类。其中,概率型网络计划的典型代表是计划评审法(PERT);随机型网络计划的典型代表是图示评审法(GERT)。决策关键线路法(DCPM)和风险评审法(VERT)等也属于非肯定型网络计划。

2. 按网络计划的目标不同分类

(1)单目标网络计划。具有一个终点节点(汇节点)的网络计划称为单目标网络计划,此种网络计划只有一个最终目标。CPM 和 PERT 网络计划一般均为单目标网络计划。

(2)多目标网络计划。有多个终点节点或汇节点的网络计划称为多目标网络计划,此种网络计划有多个最终目标。GERT 网络计划一般属于多目标网络计划。

3. 按工作表示方法不同分类

(1)双代号网络计划。双代号网络计划是以双代号表示法绘制而成的网络计划,在双代号网络图中,以箭杆代表工作,节点表示工作间的连接关系,计划中的每项工作均可用其两端的两个节点编号来表示。

(2)单代号网络计划。单代号网络计划是以单代号表示法绘制而成的网络计划。在单代号网络图中,以节点代表工作,并可用节点的编号来表示,箭杆仅用来表示工作间的逻辑关系。

4. 按有无时间坐标分类

(1)标时网络计划。在标时网络计划中,工作箭杆长度与持续时间无关,工作持续时间,以数字标注在工作箭杆的下方,因此称为标时网络计划。

(2)时标网络计划。以时间坐标为尺度绘制的网络计划。在时标网络计划中,每项工作箭杆的水平投影长度与其持续时间成正比。时标的时间单位可根据需要在编制网络计划之前确定。

5. 按工作间的连接关系不同分类

(1)普通网络计划。工作间的连接关系单一,均按首尾衔接关系绘制的网络计划。

(2)搭接网络计划。工作间的连接关系复杂,需按各种规定的搭接时距关系来绘制的网络计划。网络图中,既能反映各种搭接关系,又能反映相互衔接关系。搭接网络计划又有单代号搭接网络计划和双代号搭接网络计划之分,其中以前者为主。

(3)流水网络计划。流水网络计划是将流水作业的原理与网络计划方法有机结合以充分反映流水作业特点的网络计划。

6. 按编制对象的不同分类

(1)总体网络计划。以整个计划任务或总目标为对象编制的网络计划,如群体网络计划或整体工程项目网络计划等。

(2)局部网络计划。以计划任务的某一部分或各部分目标为对象编制的网络计划,如子项目网络计划或分部、分项网络计划等。

二、网络图的基本概念

(一)网络图

网络图是由箭线和节点组成,用来表示工作流程的有向、有序网状图形。一个网络图表示一项计划任务。

网络图有双代号网络图和单代号网络图两种。双代号网络图又称箭线式网络图,它是以箭线及其两端节点的编号表示工作,同时,节点表示工作的开始或结束以及工作之间的连接状态。单代号网络图又称节点式网络图,它是以节点及其编号表示工作,箭线表示工作之间的逻辑关系。

网络图中的节点都必须有编号,其编号严禁重复,并应使每一条箭线上箭尾节点编号小于箭头节点编号。

(二)工作

网络图中的工作是计划任务按需要粗细程度划分而成的、消耗时间或同时也消耗资源的一个子项目或子任务。工作可以是单位工程,也可以是分部工程、分项工程;一个施工过程也可以作为一项工作。在一般情况下,完成一项工作既需要消耗时间,也需要消耗劳动力、原材料、施工机具等资源。但也有一些工作只消耗时间而不消耗资源,如混凝土浇筑后的养护过程和墙面抹灰后的干燥过程等。

1. 虚工作

在双代号网络图中,有时存在虚箭线,虚箭线不代表实际工作,我们称之为虚工作。虚工作既不消耗时间,也不消耗资源。虚工作主要用来表示相邻两项工作之间的逻辑关系。但有时为了避免两项同时开始、同时进行的工作具有相同的开始节点和完成节点,也需要用虚工作加以区分。在单代号网络图中,虚拟工作只能出现在网络图的起点节点或终点节点处。虚工作通常用带箭头的虚线表示,如图 4-36 中的工作③—④即为虚工作。

2. 紧前工作、紧后工作和平行工作

(1)紧前工作

在网络图中,相对于某工作而言,紧排在该工作之前的工作称为该工作的紧前工作。在双代号网络图中,工作与其紧前工作之间可能有虚工作存在。如图 4-36 所示,支模 1 是支模 2 的紧前工作;扎筋 1 和扎筋 2 之间虽然存在虚工作,但扎筋 1 仍然是扎筋 2 的紧前工作。支模 1 则是扎筋 1 的紧前工作。

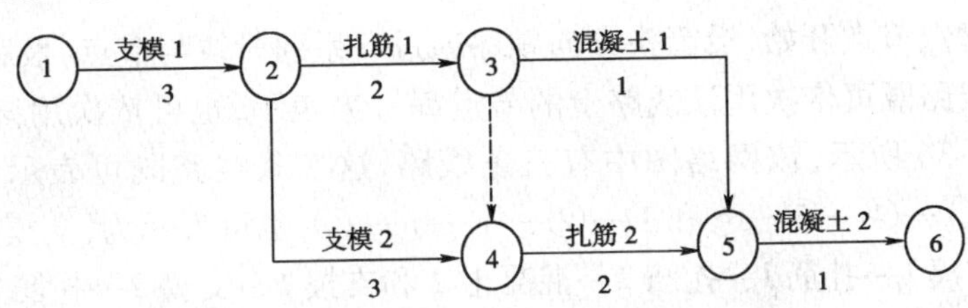

图 4-36　某混凝土工程双代号网络计划

(2)紧后工作

在网络图中,相对于某工作而言,紧排在该工作之后的工作称为该工作的紧后工作。在双代号网络图中,工作与其紧后工作之间也可能有虚工作存在。如图 4-36 所示,扎筋 2 是扎筋 1 的紧后工作;混凝土 1 是扎筋 1 的紧后工作。

(3)平行工作

在网络图中,相对于某工作而言,可以与该工作同时进行的工作即为该工作的平行工作。如图 4-36 所示,扎筋 1 和支模 2 互为平行工作。

紧前工作、紧后工作及平行工作是工作之间逻辑关系的具体表现,只要能根据工作之间的工艺关系和组织关系明确其紧前或紧后关系,即可据此绘出网络图。它是正确绘制网络图的前提条件。

3. 先行工作和后续工作

(1)先行工作

相对于某工作而言,从网络图的第一个节点(起点节点)开始,顺箭头方向经过一系列箭线与节点到达该工作为止的各条通路上的所有工作,都称为该工作的先行工作。如图 4-36 所示,支模 1、扎筋 1、混凝土 1、支模 2、扎筋 2 均为混凝土 2 的先行工作。

(2)后续工作

相对于某工作而言,从该工作之后开始,顺箭头方向经过一系列箭线与节点到网络图最后一个节点(终点节点)的各条通路上的所有工作,都称为该工作的后续工作。如图 4-36 所示,扎筋 1 的后续工作有混凝土 1、扎筋 2 和混凝土 2。

在工程项目进度控制中,后续工作是一个非常重要的概念。因为在工程网络计划的实施过程中,如果发现某项工作进度出现拖延,则受到影响的工作必然是该工作的后续工作。

(三)逻辑关系

逻辑关系指工作之间的先后顺序关系,包括工艺关系和组织关系。

1. 工艺关系

生产性工作之间由工艺过程决定的、非生产性工作之间由工作程序决定的先后顺序关系称为工艺关系。在图 4-36 所示的双代号网络计划中,支模 1→扎筋 1→混凝土 1 为工艺关系。

2. 组织关系

工作之间由于组织安排需要或资源(劳动力、原材料、施工机具等)调配需要而规定的先后顺序关系称为组织关系。在图4-36所示的双代号网络计划中,支模1→支模2;扎筋1→扎筋2等为组织关系。

(四)线路

1. 线路

网络图中从起点节点开始,沿箭头方向顺序通过一系列箭线与节点,最后到达终点节点的通路称为线路。线路既可依次用该线路上的节点编号来表示,也可依次用该线路上的工作名称来表示。如图4-36所示,该网络图中有三条线路,这三条线路既可表示为:①—②—③—⑤—⑥、①—②—③—④—⑤—⑥和①—②—④—⑤—⑥,也可表示为:支模1→扎筋1→混凝土1→混凝土2、支模1→扎筋1→扎筋2→混凝土2和支模1→支模2→扎筋2→混凝土2。

通常,一个网络图中有许多条线路,线路上各项工作持续时间的总和称为该线路的长度或称为线路时间。它表示完成该线路上的所有工作需耗用的时间,其计算可按下式进行:

$$T_s = \sum D_{i-j} \tag{4-9}$$

式中:T_s——第 s 条线路的时间;

D_{i-j}——第 s 条线路上工作 $i-j$ 的持续时间。

2. 关键线路和关键工作

在关键线路法(CPM)中,线路上所有工作的持续时间总和称为该线路的总持续时间。总持续时间最长的线路称为关键线路,关键线路的长度就是网络计划的总工期。如图4-36所示,线路①—②—④—⑤—⑥或支模1→支模2→扎筋2→混凝土2为关键线路。

在网络计划中,关键线路可能不止一条。而且在网络计划执行过程中,关键线路还会发生转移。

关键线路上的工作称为关键工作。在网络计划的实施过程中,关键工作的实际进度提前或拖后,均会对总工期产生影响。因此,关键工作的实际进度是工程项目进度控制工作中的重点。

网络计划的关键线路不是一成不变的,在一定条件下,关键线路和非关键线路可以互相转化。比如,缩短了某些关键工作的持续时间,或者延长了某些非关键工作的持续时间,就有可能使关键线路增加或发生转移。

3. 非关键线路和非关键工作

在一个网络图中,关键线路以外的线路通称为非关键线路,关键工作以外的工作通称为非关键工作。非关键线路上的工作既有关键工作,也有非关键工作。在所有的非关键线路中,最接近关键线路长度的线路有时也称为次关键线路。

三、双代号网络图

双代号网络计划是目前国内应用较为广泛的一种网络计划的表达形式。它用箭杆和节点(事件)来表达计划要完成的各项工作,反映它们的先后顺序和相互关系,加注工作的时间参数后就构成了双代号网络计划。用双代号网络计划对任务的工作进度进行安排和控制,以保证实现预定目标的科学的计划管理技术就称双代号网络计划技术。

（一）双代号网络图的组成

双代号网络图主要由工作（箭杆）、节点和线路三个要素所组成。

1. 工作

工作是指按计划需要的粗细程度划分而成的一个消耗时间的子项目或子任务。一项工作，其具体内容可多可少，范围可大可小。

按照网络图中工作之间的相互关系，可将工作分为紧前工作、紧后工作、平行工作；先行工作和后续工作。

在双代号网络图中，那种既不消耗时间，也不消耗资源，只表示前后相邻工作之间逻辑关系而虚设的工作称为虚工作。虚工作一般用虚箭线表示，其作业时间为零。在双代号网络图中，虚工作起着联系、区分和断路的作用。

2. 节点

在双代号网络图中，节点（即前后工作的交点）标志着前面工作的结束和后面工作的开始。节点与工作不同，它既不消耗时间也不消耗资源，只表示前后工作交接过程的出现，因此也称为事件。

网络图的第一个节点叫做起点节点，表示一项计划的开始，最后一个节点叫做终点节点，表示一项计划的结束，其余节点都称为中间节点。任一个中间节点既是其紧前各工作的结束节点，同时也是其紧后各工作的开始节点。

为了叙述和检查方便，节点应编上整数号码，称为节点编号。节点编号的要求和方法一般为：从前向后，由小到大，箭头的号码大于箭尾号码，编码可以连续，也可以不连续，如编成 1、3、5、…，或 2、4、6、…等，以便于因需要在网络图中增加工作时不致打乱全图的编号。此外，在同一个网络图中不能有相同的节点号码出现。

3. 线路

网络图中从起点节点开始，沿箭杆方向连续通过一系列箭杆和节点，最后到达终点节点的通路，称为线路。线路可依次用该线路上的节点号码来表示，也可依次用该线路上的工作名称来表示。

（二）双代号网络图的绘制

1. 双代号网络图的绘制规则

绘制双代号网络图时，应正确地表达工作间的逻辑关系和引用虚工作并遵循有关绘图的基本规则；否则，绘制的网络图就不能正确地反映工程项目的施工流程和进行时间参数的计算。绘制双代号网络图必须遵循以下基本规则。

（1）一张网络图只允许一个起始节点和一个终点节点

例如，图 4-37a）双代号网络图有两个起始节点①、②，这是不允许的。解决此问题的最简单的方法是用虚箭线把节点①和②连接起来，使网络图变成一个起点；同样，两个终点节点⑦、⑧也是不允许的，也应该用虚箭线将其连接起来，见图 4-37b）。

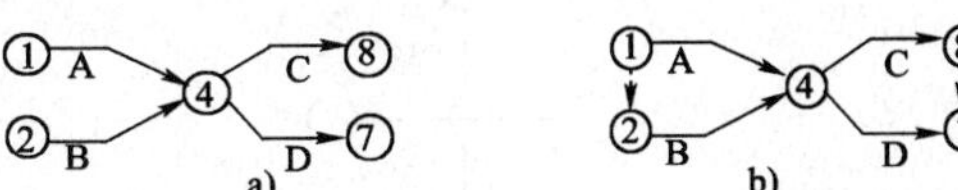

图 4-37　网络图的开始、结束节点画法

a）错误网络图；b）正确网络图

（2）一对节点之间只允许一条箭线

在双代号网络图中，两个代号表示一项唯一的工作，如果一对节点之间有两条甚至更多条

箭线同时存在,则无法分清这两个代号究竟代表哪一项工作。这种情况下正确的表达方法是引入虚箭线。

(3)网络计划图中不允许出现闭合回路

在网络计划图中,如果从一个节点出发沿某一条线路又能回到原出发的节点,称此线路为闭合回路。图4-38a)中节点③、④、⑤是一条闭合回路,它表示的工作关系是错误的,工艺流程相互矛盾,工作 A_2、A_3、A_4 的每一项都无法开始,也无法结束,此时若用计算机计算网络图时间参数时,只进行循环运行,不能输出计算结果。遇到这种情况的处理办法一般是更改箭线方向消除闭合回路,如图4-38b)所示。

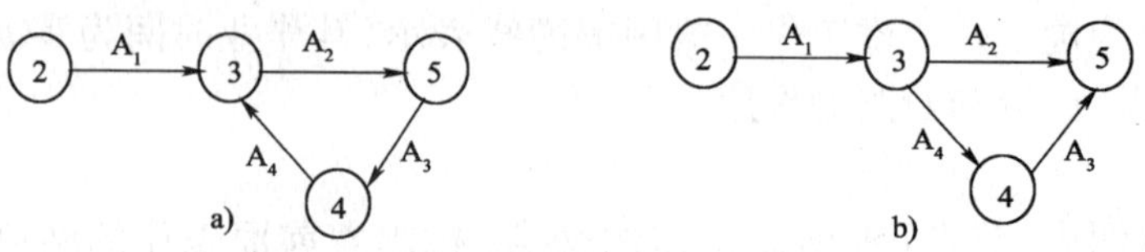

图4-38　网络图不允许出现闭合回路

a)错误网络图;b)正确网络图

(4)网络计划图中不允许出现线段、双向箭头,并应避免使用反向箭线

表示工程进度计划的网络图是一种施工进程方向的网状流程图,向线段中箭头方向为施工前进方向,所以不允许出现无箭头的线段和双向箭头的箭线。箭线所表述的工作需要占用时间,而时间是不可逆的,应避免使用反向箭线,否则容易引起闭合回路;在时标网络计划图中,更不允许出现双向箭线。

(5)网络计划图的布局应合理,尽量避免箭线交叉

网络图布局调整的目的,除避免箭线交叉外,还应尽量使图面整齐美观,如图4-39所示。

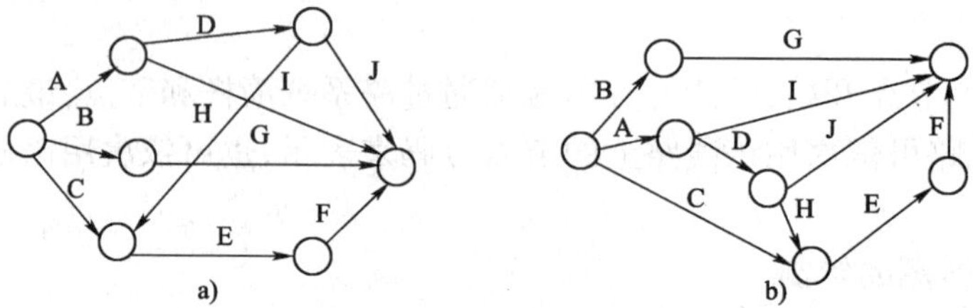

图4-39　网络图中交叉箭线

a)错误网络图;b)正确网络图

当箭杆交叉不可避免时,应采用“暗桥”、“断线”、“指向”等方法加以处理,如图4-40所示。

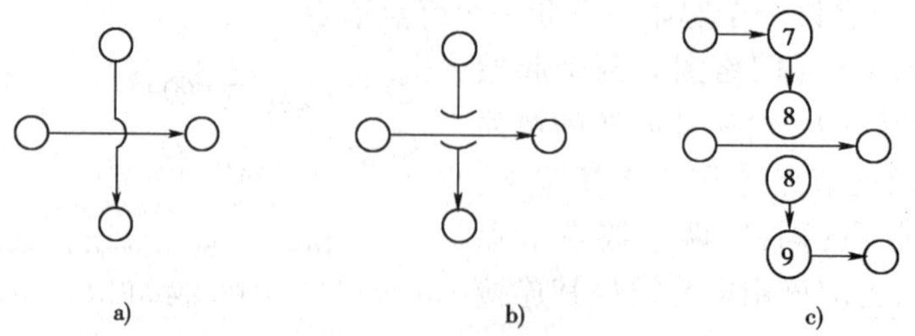

图4-40　箭杆线交叉的处理方法

a)暗桥法;b)断线法;c)指向法

2. 双代号网络图的绘制方法

在构成工作关系及工作持续时间之后，绘制网络计划图通常采用以下方法。

(1)前进法

前进法是从网络图起点开始顺箭线方向用逐节生长法绘图，直到各条线路均达到网络图的终点为止。一般当工作关系表中列出本工作与紧后关系时，可方便地采用前进法绘网络图。前进法绘图的关键是第一步，要正确而又清楚地确定出哪些工作为开始工作。

(2)后退法

后退法是从网络图终点节点开始逆箭线方向逐节后退，直到各条线路均退回到网络图的起点为止。一般当工作关系表中列出本工作与紧前工作关系时，使用后退法较为方便。后退法绘网络图的关键是后退的第一步，也应正确又清楚地确定出哪些工作为最后结束的工作。

(3)先粗后细法

在工程进度计划实际网络图绘制中，可先粗略划分工程项目，然后逐步细分，先绘制分项或分部工程的子网络图，再拼成单位工程或单项工程总网络图。工程实际绘制网络计划图时广泛采用先粗后细法。

3. 工程应用实例及示例

(1)某段城市道路更新工程应用实例

某段城市道路更新工程，工作项目划分与工作相互关系及工作持续时间见表4-24，试绘制其施工进度双代号网络计划图。

工作项目划分明细表　　表4-24

工作序号	A	B	C	D	E	F	G	H
工作名称	测量	土方工程	路基工程	安装排水设施	清理杂物	路面工程	路肩施工	清理现场
紧前工作	—	A	B	B	B	C、D	C、E	F、G
持续时间(d)	1	10	2	5	1	3	2	1

根据表4-24所列工作关系，如果采用前进法绘网络图，关键是确定A为开始工作，然后从表4-24中找出紧前工作与本工作的前后关系，逐节生长绘图直至网络图的终点；若采用后退法绘网络图，关键是确定H为结束工作，再从表4-24中寻找本工作与紧前工作的前后关系，逐节后退绘图直到网络图的起点。绘制的双代号网络计划图如图4-41所示。

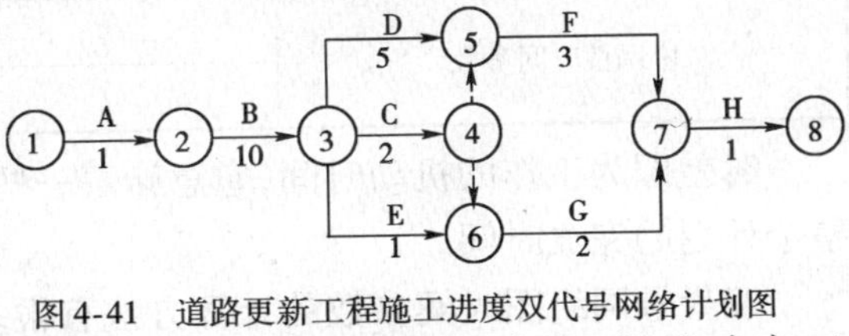

图4-41　道路更新工程施工进度双代号网络计划图

(2)某立交桥工程应用实例

某合同段立交桥工程施丁丁期直接影响主线路基和四条匝道路基填筑，据此确定工程项目的工作组成和工作间的逻辑关系及工作持续时间，如表4-25所示。绘制双代号网络图。

根据表4-25所示工作逻辑关系，利用后退法或前进法绘制某立交桥施工进度的双代号网络图，见图4-42。

工 作 关 系 表

表4-25

工作代号	工作内容	紧前工作	持续时间（周）	工作代号	工作内容	紧前工作	持续时间（周）
A	临建工程	—	5	I	修筑预制场	E	1
B	施工组织设计	A	3	J	主梁预制	I	6
C	平整场地	A	1	K	盖梁施工	H	4
D	材料进场	B	3	L	预制场吊装设备安装	F	1
E	主桥施工放样	B	1	M	吊装准备工作	L	1
F	材质及配合比试验	C	1	N	主梁安装	J、K、M	3
G	基础工程施工	D	4	P	桥面系统施工	N	2
H	桥墩施工	G	3				3

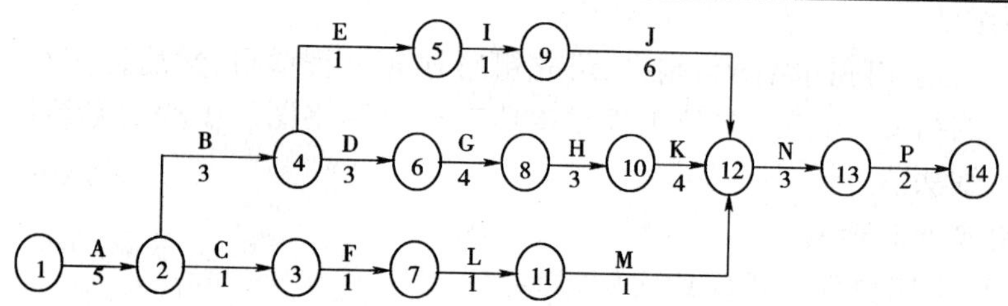

图4-42 某立交桥施工进度双代号网络图

（三）双代号网络图时间参数计算

网络计划的时间参数按其特性可分为控制性时间参数和协调性时间参数两类，具体分类见表4-26。

时 间 参 数 分 类

表4-26

控制性时间参数	最早时间系列参数	工作的最早可能开始时间（ES）
		工作的最早可能完成时间（EF）
		节点的最早可能实现时间（ET）
	最迟时间系列参数	工作的最迟必须开始时间（LS）
		工作的最迟必须完成时间（LF）
		节点的最迟必须实现时间（LT）
协调性时间参数	工作的总时差（TF）	
	工作的局部时差（或称工作的自由时差）（FF）	

时差即为工作的机动时间，它意味着一些工作适当地推迟开始或者推迟完成时，并不影响整个计划的完成时间。

双代号网络图时间参数的计算方法有很多，如分析计算法、图上计算法、表算法、矩阵法和电算法等，限于篇幅，本文只简单介绍分析计算法的原理，对图上计算法将作为重点介绍。

1. 分析计算法时间参数计算

（1）节点时间参数计算

①节点的最早可能实现时间（ET）

是指以计划起始节点的时间 ET（1）=0 为起点，沿着各条线路达到每一个节点的时刻，它表示该节点紧前工作的已经全部完成，其后的紧后工作最早可能开始的时间，用公式表示即为：

$$\mathrm{ET}_{(j)}=\max\ |\ \mathrm{ET}_{(i)}+t_{(i,j)}\ |\quad (j=2,3,4,\cdots,n) \tag{4-10}$$

式中：$t_{(i,j)}$——工作(i,j)的持续时间；

n——网络计划图中终节点的编号。

按上式计算得到终节点的最早可能实现时间即是计划的总工期。

$$\mathrm{ET}_{(a)}=T \tag{4-11}$$

②节点的最迟必须实现时间（LT）

是指在计划工期确定的情况下，从网络计划图结束节点开始，逆向推算即得各节点的最迟实现时间。先给定 $\mathrm{LT}_{(n)}=T_{(n)}=T$，由此递推：

$$\mathrm{LT}_{(i)}=\min\{\mathrm{LT}_{(j)}-t_{(i,j)}\}\quad (i=n-1,n-2,\cdots,2,1)(j-1\ >1) \tag{4-12}$$

③节点时间参数计算步骤

首先，设起始节点的最早可能实现时间 $\mathrm{ET}_{(1)}=0$，顺箭头计算各节点的最早可能实现时间 $\mathrm{ET}_{(i)}$；如果是汇集节点，即有多条箭线进入的节点，则应对进入节点的各条箭线分别进行计算，然后取其中最大值作为该节点的 ET 值；继续计算直到终节点得到 LT。

第二，终节点的最早可能实现时间 $\mathrm{ET}_{(n)}=T$，即等于计划工期。

第三，设终节点的最迟必须实现时间 $\mathrm{LT}_{(n)}=\mathrm{ET}_{(n)}$，逆箭头计算各节点的最迟必须实现时间 $\mathrm{LT}_{(i)}$；如果是分支节点，即有多条箭线发出的节点，则应对发出节点的各条箭线分别进行计算，然后取其中最小值作为该节点的 LT 值；继续计算直到起始节点。

（2）工作时间参数计算

①工作的最早可能开始时间（ES）

是指一项工作在其紧前工作都结束后，可以开始工作的最早时间。很显然，工作(i,j)的最早可能开始时间就等于箭尾节点(i)的最早可能实现时间，即：

$$\mathrm{ES}_{(i,j)}=\mathrm{ET}_{(i)} \tag{4-13}$$

②工作的最早可能完成时间（EF）

正常情况下，工作(i,j)若能在最早可能开始时间开始，对应就有一个最早可能完成时间，它就等于箭尾节点的最早可能实现时间或者工作的最早可能开始时间加上工作(i,j)的持续时间 $t_{(i,j)}$，即：

$$\mathrm{EF}=\mathrm{ES}_{(i,j)}+t_{(i,j)} \tag{4-14}$$

③工作的最迟必须完成时间（LF）

是指一项工作在不影响工程按总工期结束的条件下，最迟必须完成的时间，它必须在紧后工作开始之前完成。从工作终节点逆箭线计算，工作(i,j)最迟必须完成时间应等于节点 j 的最迟必须实现时间，即：

$$\mathrm{LF}_{(i,j)}=\mathrm{LT}_{(j)} \tag{4-15}$$

④工作的最迟必须开始时间（LS）

在正常情况下，与工作的最迟必须完成时间相对应，有工作的最迟必须开始时间。它即为工作最迟必须完成时间减去该工作的持续时间。

$$\mathrm{LS}_{(i,j)}=\mathrm{LF}_{(i,j)}-t_{(i,j)} \tag{4-16}$$

（3）工作的时差计算

时差反映工作在一定条件下的机动时间范围。通常分为总时差、局部时差、相关时差和独立时差。

①总时差(TF)

工作的总时差 $TF_{(i,j)}$ 是指在不影响任何一个紧后工作的最迟开始时间的条件下，工作 (i,j) 所拥有的最大机动时间。具体地说，它是在保证本工作以最迟完成时间完工的前提下，允许该工作推迟其最早可能开始时间或延长其持续时间的幅度，工作 (i,j) 的总时差计公式如下：

$$TF_{(i,j)} = LT_{(j)} - ET_{(i)} - t_{(i,j)} \tag{4-17}$$

由上式看出，对任何一项工作 (i,j)，其总时差可能有三种情况：

$TF_{(i,j)} > 0$，说明该工作存在机动时间；

$TF_{(i,j)} = 0$，说明该工作没有机动时间；

$TF_{(i,j)} < 0$，说明该工作存在负时差，计划工期长于规定工期，应采取技术组织措施予以缩短，确保计划总工期。

②局部时差(FF)

工作的局部时差 $FF_{(i,j)}$ 是指在不影响其紧后工作的最早可能开始时间的条件下，工作 (i,j) 所具有的机动时间。具体地说，它是在不影响紧后工作按最早开始时间开工的前提下，允许该工作推迟最早开始时间或延长其持续时间的幅度。工作 (i,j) 的局部时差计算公式如下：

$$FF_{(i,j)} = ET_{(j)} - ET_{(i)} - t_{(i,j)} \tag{4-18}$$

③相关时差(IF)

工作的相关时差 $IF_{(i,j)}$ 是指可以与紧后工作共同利用的机动时间。具体地说，是在工作总时差中，除局部时差外，剩余的那部分时差。工作 (i,j) 的相关时差计算公式如下：

$$IF_{(i,j)} = TF_{(i,j)} - FF_{(i,j)} = LT_{(j)} - ET_{(j)} \tag{4-19}$$

④独立时差(DF)

工作的独立时差 $DF_{(i,j)}$ 是指为本工作所独有而其前后工作不可能利用的时差。具体地说，它是在不影响紧后工作按照最早开始时间开工的前提下，允许该工作推迟其最迟开工时间或延长其持续时间的幅度，其计算公式如下：

$$DF_{(i,j)} = ET_{(j)} - LT_{(i)} - t_{(i,j)} = FF_{(i,j)} - IF_{(h,i)} \quad (n < i) \tag{4-20}$$

式中：$IF_{(h,i)}$——紧前工作的相关时差。

当 $DF_{(i,j)} < 0$ 时，取 $DF_{(i,j)} = 0$。

综上所述，四种工作时差的形成条件和相互关系如图 4-43 所示。

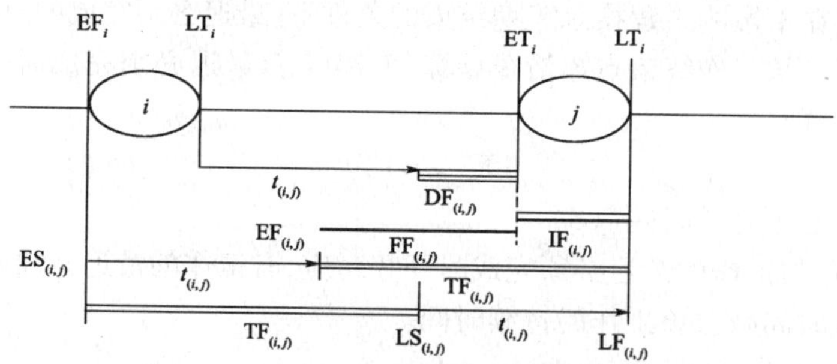

图 4-43 时间参数关系图

①总时差对其紧前工作和紧后工作均有影响。

②一项工作的局部时差只限于本工作利用，不能转移给紧后工作利用，对紧后工作的时差无影响，但对其紧前工作有影响，如运用，将使紧前工作时差减少。

③一项工作的相关时差对其紧前工作无影响，但对紧后工作的时差有影响，如果动用该时差，将使紧后工作的时差减少或消失。它可以转让给紧后工作，变为局部时差而被利用。

④一项工作的独立时差只能被本工作使用，如运用，对其紧前工作和紧后工作均无影响。

2. 图算法计算双代号网络图时间参数

图上计算法是按照各时间参数计算公式，直接在网络图上计算时间参数的方法。由于计算过程在图上直接进行，不需列计算式，既快又不易出错，计算结果直接标在网络图上。此法只限于对简单网络计划图的认识、理解、计算，不适合于大型网络计划图的时间参数计算。节点时间参数有两个，即节点的最早可能实现时间和节点的最迟必须实现时间。

(1) 节点时间参数计算

①计算节点最早时间(ET)

节点最早时间即为节点的最早可能实现时间(ET)，是节点后各工作的统一最早可能开始时间。网络图起始节点(1)的最早可能实现时间为零，$ET_{(1)}=0$，沿箭线方向逐个节点地计算到网络图的终点(n)，某节点的紧前工作全部完成，本工作才能最早开始。所以节点最早时间不一定等于该节点前各工作的最早可能完成时间，因为这些工作最早开始时间可能不相等，工作持续时间也可能不相同，也就是说，进入这个节点的紧前工作不全部完成，本项工作就无法开始。因此，节点(j)的最早可能实现时间应等于该节点紧前工作(i,j)的最早可能完成时间的最大值。

现以图 4-44 所示的双代号网络图为例，计算各节点的最早可能实现时间如下，并按节点时间参数计算图例规定标注在图 4-44 上。

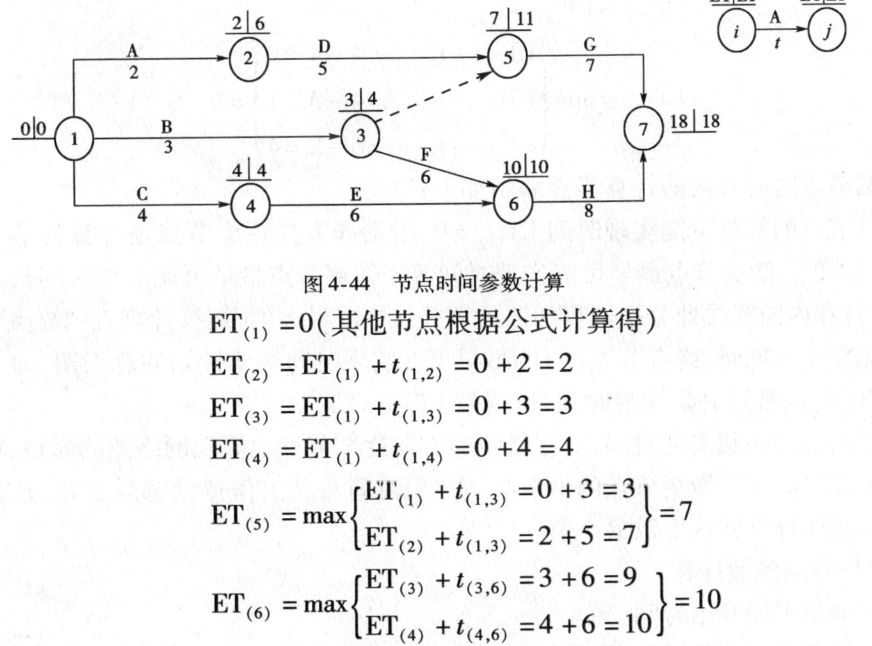

图 4-44　节点时间参数计算

$$ET_{(1)}=0\text{(其他节点根据公式计算得)}$$

$$ET_{(2)}=ET_{(1)}+t_{(1,2)}=0+2=2$$

$$ET_{(3)}=ET_{(1)}+t_{(1,3)}=0+3=3$$

$$ET_{(4)}=ET_{(1)}+t_{(1,4)}=0+4=4$$

$$ET_{(5)}=\max\begin{Bmatrix}ET_{(1)}+t_{(1,3)}=0+3=3\\ET_{(2)}+t_{(1,3)}=2+5=7\end{Bmatrix}=7$$

$$ET_{(6)}=\max\begin{Bmatrix}ET_{(3)}+t_{(3,6)}=3+6=9\\ET_{(4)}+t_{(4,6)}=4+6=10\end{Bmatrix}=10$$

$$\mathrm{ET}_{(7)}=\max\left\{\begin{array}{l}\mathrm{ET}_{(3)}+t_{(3,7)}=7+7=14\\ \mathrm{ET}_{(6)}+t_{(6,7)}=10+8=18\end{array}\right\}=17$$

网络图终点(n)的最早可能实现时间就是计划的总工期(T),即:

$$T=\mathrm{ET}_{(n)}$$

因此,图4-44双代号网络计划图的总工期 $T=18$。

②计算节点最迟时间(LT)

节点最迟时间即为节点的最迟必须实现时间(LT),是节点前各工作的统一最迟必须完成时间。由公式知,节点的最迟必须实现时间,就是计划工期确定的条件下,从网络图的终点(n)开始,逆着箭线方向逐个节点地算到网络图的起点。终点(n)节点的最迟必须实现时间也等于计划工期,即:$\mathrm{LT}_{(n)}=T$。

需要注意的是,节点最迟时间不一定等于该节点后各工作的最迟必须开始时间。箭尾节点的最迟必须实现时间等于箭头节点的最迟必须实现时间与其工作持续时间之差;当节点 i 有多条箭线同时出发时,应对每条箭线都进行计算,然后取其最小值作为该节点的最迟必须实现时间。

以图4-44双代号网络图为例,计算各节点的最迟必须实现时间,并将计算结果标注在图例规定位置。

$$\mathrm{LT}_{(7)}=\mathrm{ET}_{(7)}\text{(其他节点根据公式计算得)}$$

$$\mathrm{LT}_{(6)}=\mathrm{LT}_{(1)}-t_{(6,7)}=18-8=10$$

$$\mathrm{LT}_{(5)}=\mathrm{LT}_{(1)}-t_{(5,7)}=18-7=11$$

$$\mathrm{LT}_{(4)}=\mathrm{LT}_{(1)}-t_{(6,4)}=10-6=4$$

$$\mathrm{LT}_{(5)}=\min\left\{\begin{array}{l}\mathrm{LT}_{(6)}+t_{(3,6)}=10-6=4\\ \mathrm{ET}_{(2)}+t_{(3,5)}=11-0=11\end{array}\right\}=4$$

$$\mathrm{LT}_{(2)}=\mathrm{LT}_{(5)}-t_{(2,5)}=11+5=6$$

$$\mathrm{LT}_{(1)}=\min\left\{\begin{array}{l}\mathrm{LT}_{(4)}-t_{(1,4)}=4-4=0\\ \mathrm{LT}_{(3)}-t_{(1,3)}=4-3=1\\ \mathrm{LT}_{(2)}-t_{(1,2)}=6-2=4\end{array}\right\}=0$$

网络图节点时间参数的计算步骤总结如下:

①起点节点的最早可能实现时间 $\mathrm{ET}_{(1)}=0$,沿箭线方向逐个节点地计算各节点的最早可能实现时间 $\mathrm{ET}_{(j)}$,箭头节点最早可能实现时间等于箭尾节点最早可能实现时间与其工作持续时间之和,且在内向箭线处分别进行加法计算并从中取最大值,继续计算直到终点(n)为止。

②当无规定工期时,终点节点(n)的最早可能实现时间等于计划的总工期,即 $T=\mathrm{ET}_{(n)}$ 也等于该节点(n)的最迟必须实现时间,也就是 $\mathrm{LT}_{(n)}=\mathrm{ET}_{(n)}$。

③节点的最迟必须实现时间,应按箭线逆方向逐个节点地算到网络图的起点,箭尾节点的最迟必须实现时间等于箭头节点的最迟必须实现时间与其工作持续时间之差,且在外向箭线处分别进行减法计算并从中取最小值。

(2)工作时间参数计算

①工作最早可能开始时间

工作的最早可能开始时间,是指一项工作在具备一定工作条件和资源条件后可以开始工作的最早时间。在工作流程上，各项工作要等到其紧前工作都结束以后方能开始。很明显，工作(i,j)的最早可能开始时间就等于箭尾节点(j)的最早可能实现时间，即按照公式计算如下（并标注在图4-45上）。

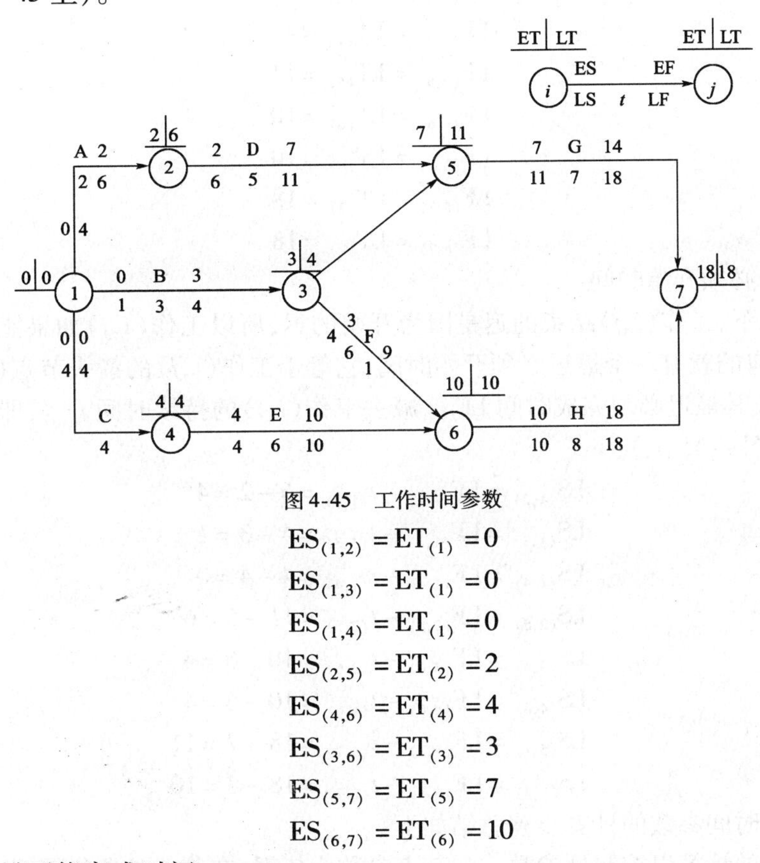

图4-45　工作时间参数

$$ES_{(1,2)} = ET_{(1)} = 0$$
$$ES_{(1,3)} = ET_{(1)} = 0$$
$$ES_{(1,4)} = ET_{(1)} = 0$$
$$ES_{(2,5)} = ET_{(2)} = 2$$
$$ES_{(4,6)} = ET_{(4)} = 4$$
$$ES_{(3,6)} = ET_{(3)} = 3$$
$$ES_{(5,7)} = ET_{(5)} = 7$$
$$ES_{(6,7)} = ET_{(6)} = 10$$

②工作最早可能完成时间

正常情况下，工作(i,j)若能在最早可能开始时间开始，对应就有一个最早可能结束时间，它就等于箭尾节点的最早可能实现时间或者工作的最早可能开始时间加上工作(i,j)的持续时间$t_{(i,j)}$，即按照公式计算如下（并标注在图4-45上）：

$$EF_{(1,2)} = ES_{(1,2)} + t_{(1,2)} = 0 + 2 = 2$$
$$EF_{(1,3)} = ES_{(1,3)} + t_{(1,3)} = 0 + 3 = 3$$
$$EF_{(1,4)} = ES_{(1,3)} + t_{(1,3)} = 0 + 4 = 4$$
$$EF_{(2,5)} = ES_{(2,5)} + t_{(2,5)} = 2 + 5 = 7$$
$$EF_{(3,6)} = ES_{(3,6)} + t_{(2,5)} = 3 + 6 = 9$$
$$EF_{(4,6)} = ES_{(4,6)} + t_{(4,6)} = 4 + 6 = 10$$
$$EF_{(5,7)} = ES_{(5,7)} + t_{(5,7)} = 7 + 7 = 14$$
$$EF_{(6,7)} = ES_{(6,7)} + t_{(6,7)} = 10 + 8 = 18$$

③工作最迟必须完成时间

工作最迟必须完成时间（LF）是指一项工作在不影响工程按总工期完成的条件下最迟必须完成的时间，它必须在紧后工作开始之前完成。计算工作的最迟必须结束时间应从终节点逆箭线方向向起始节点逐项进行计算。工作(i,j)就等于箭头节点(j)的最迟必须实现时间

$LT_{(j)}$，按照公式计算如下（并标注在图 4-45）：

$$LF_{(1,2)}=LT_{(2)}=6$$
$$LF_{(1,3)}=LT_{(3)}=4$$
$$LF_{(1,4)}=LT_{(4)}=4$$
$$LF_{(2,5)}=LT_{(5)}=11$$
$$LF_{(4,6)}=LT_{(6)}=10$$
$$LF_{(3,6)}=LT_{(6)}=10$$
$$LF_{(5,7)}=LT_{(7)}=18$$
$$LF_{(6,7)}=LT_{(7)}=18$$

④工作最迟必须开始时间

在正常情况下，工作(i,j)结束的迟是因为开始的迟，所以工作(i,j)如果能在最迟必须完成时间结束，对应的就有一个最迟必须开始时间，它等于工作(i,j)的箭头节点(j)的最迟必须实现时间 $LT_{(j)}$ 或其最迟必须完成时间 $LF_{(i,j)}$ 减去工作(i,j)的持续时间 $t_{(i,j)}$，即按照公式计算如下（并标注在图 4-45 上）：

$$LS_{(1,2)}=LF_{(1,2)}-t_{(1,2)}=6-2=4$$
$$LS_{(1,3)}=LF_{(1,3)}-t_{(1,3)}=4-3=1$$
$$LS_{(1,4)}=LF_{(1,4)}-t_{(1,4)}=4-4=0$$
$$LS_{(2,5)}=LF_{(2,5)}-t_{(2,5)}=11-5=6$$
$$LS_{(3,6)}=LF_{(3,6)}-t_{(3,6)}=10-6=4$$
$$LS_{(4,6)}=LF_{(4,6)}-t_{(4,6)}=10-6=4$$
$$LS_{(5,7)}=LF_{(5,7)}-t_{(5,7)}=18-7=11$$
$$LS_{(6,7)}=LF_{(6,7)}-t_{(6,7)}=18-8=10$$

网络图工作时间参数的计算步骤总结如下：

①工作参数的计算以控制性参数——节点参数为依据，在节点参数的图例中，起点到终点的节点参数符合从小到大排列的规律，因此最左边的为 ET_i，最右边的为 LT_j，称$[ET_i, LT_j]$为工作(i,j)的时间边界。

②工作的最早可能时间就是在图例中向左看齐，让开始时间对准起点的 ET_i（左边界），则最早完成时间为在左边界上加一个持续时间 $t_{(i,j)}$。

③工作的最迟时间就是在图例中向右看齐，让结束时间对准起点的 ET_i（右边界），则最迟开始时间为在右边界上减去一个持续时间 $t_{(i,j)}$。

(3)时差参数计算

工作的时差也称为工作的机动时间，是在计划工期不变的条件下，工作的最早可能开始（或完成）时间与最迟必须开始（或完成）时间的差值。按时差的不同性质和作用，一般分为工作的总时差和局部时差。

①计算工作的总时差(TF)

工作(i,j)的总时差 $TF_{(i,j)}$ 是在不影响任何一项紧后工作(i,j)的最迟必须开始时间条件下，本工作(i,j)所拥有的极限机动时间。按公式计算如下（并标注在网络图 4-46 上）：

$$TF_{(1,2)}=LS_{(1,2)}-ES_{(1,2)}=4-0=4$$
$$=LT_{(2)}-ET_{(1)}-t_{(1,2)}=6-0-2=4$$

$$TF_{(1,3)} = LS_{(1,3)} - ES_{(1,3)} = 1 - 0 = 1$$
$$= LT_{(3)} - ET_{(1)} - t_{(1,3)} = 4 - 0 - 3 = 1$$
$$TF_{(1,4)} = LS_{(1,4)} - ES_{(1,4)} = 0 - 0 = 0$$
$$= LT_{(4)} - ET_{(1)} - t_{(1,4)} = 4 - 0 - 4 = 0$$
$$TF_{(2,5)} = LS_{(2,5)} - ES_{(2,5)} = 6 - 2 = 4$$
$$= LT_{(5)} - ET_{(2)} - t_{(2,5)} = 11 - 2 - 5 = 4$$
$$TF_{(3,6)} = LS_{(3,6)} - ES_{(3,6)} = 4 - 0 = 4$$
$$= LT_{(6)} - ET_{(3)} - t_{(3,6)} = 6 - 0 - 2 = 4$$
$$TF_{(4,5)} = LS_{(4,5)} - ES_{(4,5)} = 4 - 4 = 0$$
$$= LT_{(5)} - ET_{(4)} - t_{(4,5)} = 10 - 4 - 6 = 0$$
$$TF_{(5,7)} = LS_{(5,7)} - ES_{(5,7)} = 4 - 0 = 4$$
$$= LT_{(7)} - ET_{(5)} - t_{(5,7)} = 18 - 7 - 7 = 4$$
$$TF_{(6,7)} = LS_{(6,7)} - ES_{(6,7)} = 10 - 10 = 0$$
$$= LT_{(7)} - ET_{(6)} - t_{(6,7)} = 18 - 10 - 8 = 0$$

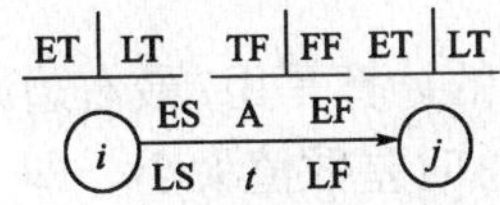

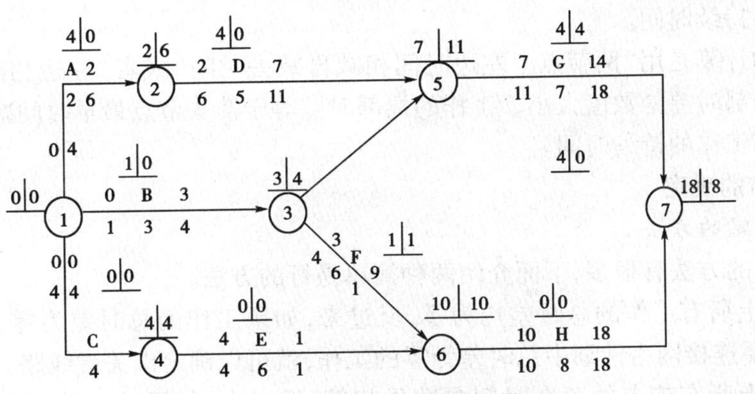

图4-46　时差参数计算

②计算工作的局部时差(FF)

工作(i,j)的局部时差$FF_{(i,j)}$，是在不影响任何一项紧后工作(i,j)最早可能开始时间的条件下，本工作(i,j)所具有的机动时间。工作(i,j)的局部时差反映了工作(i,j)最早可能完成时间到其紧后工作(j,k)最早可能开始时间之间的时间间隔，有时也被称为自由时差，它属于总时差的一部分。按公式计算如下(并标注在图4-46上)：

$$FF_{(1,2)} = ET_{(2)} - ET_{(1)} - t_{(1,2)} = 2 - 0 - 2 = 0$$
$$FF_{(1,3)} = ET_{(3)} - ET_{(1)} - t_{(1,3)} = 3 - 0 - 3 = 0$$
$$FF_{(1,4)} = ET_{(4)} - ET_{(1)} - t_{(1,4)} = 4 - 0 - 4 = 0$$
$$FF_{(2,5)} = ET_{(5)} - ET_{(2)} - t_{(2,5)} = 7 - 2 - 5 = 0$$
$$FF_{(3,6)} = ET_{(6)} - ET_{(3)} - t_{(3,6)} = 10 - 3 - 6 = 1$$
$$FF_{(4,6)} = ET_{(6)} - ET_{(4)} - t_{(4,6)} = 10 - 4 - 6 = 0$$

$$FF_{(5,7)} = ET_{(7)} - ET_{(5)} - t_{(5,7)} = 18 - 7 - 7 = 4$$

$$FF_{(6,7)} = ET_{(7)} - ET_{(6)} - t_{(6,7)} = 18 - 10 - 8 = 0$$

工作的局部时差有以下主要特点：

①工作的局部时差总是小于或等于其总时差，即 $FF_{(i,j)} \leqslant TF_{(i,j)}$。

②使用工作的局部时差，对紧后工作的最早可能开始时间没有任何影响。

③工作的局部时差用于控制工程项目实施过程中的中间进度或称为形象进度，即用来掌握网络计划图中各项工作的最早时间，以便控制计划各阶段按期完成。

综上所述，工作时差大小的计算有十分重要的意义，计划管理人员根据时差的大小来协调施工组织，控制项目的总工期。如在时差范围内改变工作的开始或完成时间以达到施工均衡性的目的；或在机动时间内适当增加非关键工作的持续时间，相应地将其部分劳动力和设备、材料转移到关键工作中去，以确保关键工作，从而达到按期或提前完成工程进度计划的目的。

网络图工作时间参数的计算采用图算法计算时差参数，主要是避免抽象记忆计算公式，利用图例的相对位置理解参数的计算过程和方法，因此计算步骤为：

①掌握计算工作参数的左右时间边界，找到节点参数从小到大排列的规律，分清左边最小，右边最大。

②总时差的计算是用“最右边减去最左边再减去时间”或者“最大值减去最小值再减去时间”即可求出总时差数值大小。即工作的总时差等于箭头节点最迟时间减去箭尾节点最早时间再减去其工作的持续时间。

③局部时差的计算是用“两节点上左边时间相减再减去时间”或者“左边相减再减时间”的方法即可求出局部时差的数值大小。工作的局部时差等于箭头节点最早时间减去箭尾节点最早时间再减去其工作的持续时间。

(四)关键线路的确定

1. 关键线路确定的方法

关键线路确定的方法有很多，下面介绍两种简单易行的方法。

(1)关键线路上所有工作的总时差均为零，反过来，如果工作的总时差为零，则它必是关键工作。由此，只要连接网络计划中总时差为零的工作，就可以确定出关键线路。

(2)关键线路上所有节点的两个时间参数均相等，反过来，如果节点的两个时间参数相等，该节点一定是关键线路上的节点，即成为关键线路上的关键节点，但是由任意两个关键节点组成的工作，并非是关键工作。如果由此判别还需加上条件：箭尾节点时间 + 工作持续时间 = 箭头节点时间，满足此两条件的工作，即为关键工作。

2. 关键工作与非关键工作区别

关键线路上的工作称为关键工作。关键工作没有任何机动时间，即工作的总时差为零。在网络计划中除了关键线路之外的线路称为非关键线路，在非关键线路中总是存在有一定数量的时差，其中存在时差的工作称为非关键工作。值得注意的是，非关键线路并不是全由非关键工作组成，在网络图的任何一条线路中，只要有一项非关键工作，则这条线路就是非关键线路，其线路长度小于关键线路长度。所以，只有全部由关键工作组成的线路才能构成关键线路，即关键工作连成关键线路，不在关键线路上的工作则为非关键工作。

网络计划图中的每个节点都有两个时间参数，最早可能实现时间和最迟必须实现时间。利用节点时间参数来确定关键线路时，首先要判别节点是否为关键节点，如果节点最早可能实现时间等于节点最迟必须实现时间，即 $ET_{(j)} = LT_{(j)}$，则称节点 j 为关键节点；其次要判断两个关键节点之间的工作是否构成关键工作，其判别式为：

$$箭尾节点时间 + 工作持续时间 = 箭头节点时间$$

如果上式成立，则这项工作为关键工作，否则就是非关键工作。

计算网络计划时间参数的目的之一是找出计划中的关键线路。找出了关键线路也就抓住了工程进度计划的主要矛盾，这样就可使工程管理人员在施工的组织和管理工作中做到心中有数。

在网络计划中除了关键线路之外的线路都称为非关键线路，在非关键线路中总是或多或少地存在时差，其中存在时差的工作称为非关键工作，需要指出的是，非关键线路并不是全由非关键工作组成。在任何一条线路上，只要有一项非关键工作，这条线路就是非关键线路，它的总长度小于关键线路。所以，只有全部由关键工作组成的线路才能成为关键线路。

3. 关键线路的特性

(1)关键线路上各工作的总时差均为零。

(2)关键线路在网络计划中不一定只有一条，有时存在多条，但关键工作所占比重并不大。据统计资料，对于一个具有 100 项工作的网络计划，它的关键工作数目约有 12 ~ 15 项，一个具有 1 000 项工作的网络计划，关键工作的数目约是 70 ~ 80 项，而一个具有 5 000 项工作的网络计划，关键工作数目仅约有 150 ~ 160 项。这样就有可能使工程项目的管理者集中精力抓住主要矛盾，搞好计划管理工作。

(3)非关键工作如果将总时差全部用完，就会转化为关键工作。

(4)当非关键线路延长的时间超过它的总时差，关键线路就转变为非关键线路。

四、单代号网络图

(一)单代号网络计划图的构成

单代号网络计划图和双代号网络计划图一样，也由三要素组成，但其含义却完全不同。

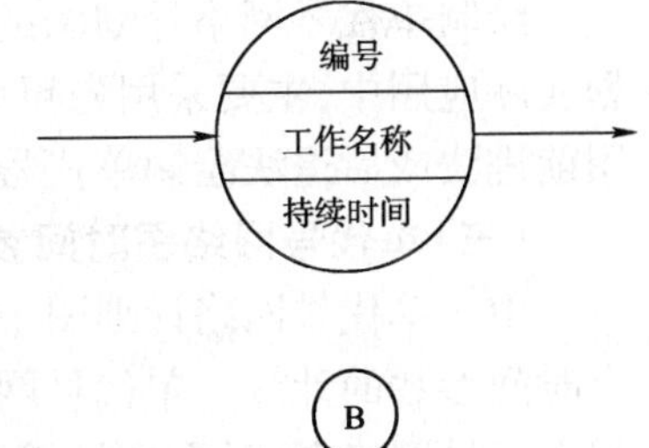

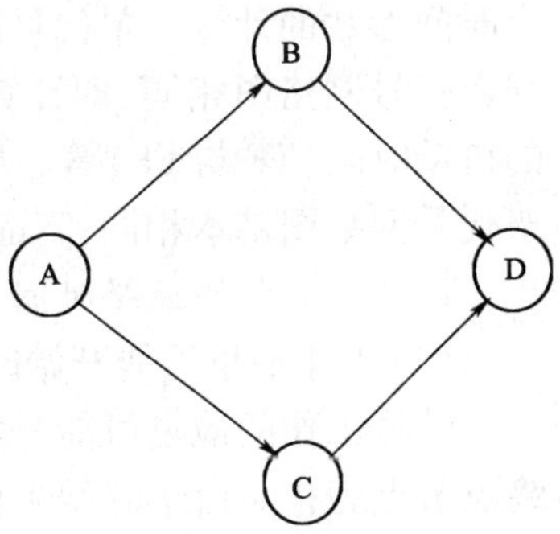

图 4-47　单代号网络图

(1)单代号网络图节点(图 4-47)：单代号网络计划图中节点可以用圆圈或方框表示，一个节点表示一项具体的工作过程。节点所表示的工作名称、持续时间和代号一般都标注在圆圈内。值得注意的是，单代号网络图的开始节点和结束节点不同于双代号网络图，而是要视网络图中最先开始的工作数量或者最后结束的工作数量的多少来决定节点的选择方式，如图 4-47 所示。

(2)箭线：在单代号网络计划图中，箭线表示工作之间的相互关系，它既不消耗时间也不消耗资源，代表工作之间的直接约束关系。因此单代号网络计划图中不用虚箭线，箭线的箭头方向表示工作的前进方向。同时，逻辑关系越是复杂，表示直接联系的箭线就越多，因此，就可以出现箭线交叉的情况。图 4-47 中，A 为 B、C 的紧前工作，D 为 B、C 的紧后工作。

(3)方向：与双代号网络图一样，在单代号网络计划图中，也表示物流，代表路线的方向，在网络图中,存在大量的线路,对网络图研究的中心任务是研究关键线路。

(二)单代号网络计划图的绘制

单代号网络计划图与双代号网络计划图表达的计划内容是一致的,两者的区别仅在于绘图的符号所表示的意义不同。单代号网络计划图的绘制过程和双代号网络计划图一样,先将计划任务分解成若干项具体的工作,然后确定这些工作之间的相互关系,以及各项工作的持续时间,持续时间的确定仍然应按正常情况来进行。

1. 单代号网络图的绘图规则

(1)单代号网络图必须正确表述已定的逻辑关系。

(2)单代号网络图中严禁出现循环回路。

(3)单代号网络图中严禁出现双向箭线或无箭头的连线。

(4)单代号网络图中严禁出现没有箭尾节点的箭线和没有箭头节点的箭线。

(5)绘制网络图时,箭线不宜交叉。当交叉不可避免时,可采用过桥法或指向法绘制(具体方法同双代号网络图)。

(6)单代号网络图中,只能有一个起点节点和一个终点节点。当网络图中出现多项无内向箭线的工作或多项无外向箭线的工作时,应在网络图的左端或右端分设一项虚拟工作,作为该网络图的起点节点与终点节点。

2. 单代号网络图的绘制

通过单代号网络图与双代号网络图的比较可以看出,单代号网络图的绘制方法比较简单,图中各项工作的相互关系容易表达,不存在虚工作,使得单代号网络图便于检查与修改。但是单代号网络图不能绘制成时标网络图,而双代号网络图可绘成时标图,特别是双代号网络图按节点最早时间绘制时标图时,可以清楚地反映出工作的局部时差,所以进行进度计划下达和对网络计划优化时,经常采用双代号网络计划图。由于双代号网络图和单代号网络图各有优缺点,因此两种形式的网络计划图的应用都很普遍。

绘制单代号网络计划图的方法,也可采用前进法、后退法和先粗后细法。工程项目进度计划实际应用中,主要采用先粗后细法绘制单代号网络图;确定工作之间的相互关系后,多数采用前进法或后退法绘制单代号网络图。

(三)单代号网络图时间参数的计算

由于单代号网络计划图中用节点表示工作,所以它只有工作时间参数的计算,而不存在节点时间参数的计算。单代号网络图的工作时间参数计算内容和时间参数的含义及其计算目的与双代号网络图相同,即计算工作的最早时间(ES 与 EF)、工作的最迟时间(LF 和 LS)、工作的机动时间(TF 与 FF)等。单代号网络图工作时间参数的计算步骤和方法,以及计算公式与双代号网络图基本相同,下面以图算法为例予以说明。

1. 计算工作的最早时间

(1)工作最早可能开始时间(ES)的计算

计算工作的最早可能开始时间应从网络图起点开始,按箭线方向逐项工作进行计算,直到终点节点为止。由于开始工作的最早可能开始时间为零,即 $ES_1=0$(1 为起始节点即开始工作),其他工作的最早开始时间应等于紧前工作最早开始时间与其工作持续时间之和的最大值,其计算公式为:

$$ES_j=\max\{ES_i+t_i\}=\max\{EF_i\} \tag{4-21}$$

式中：ES_j——工作 j 的最早可能开始时间，工作 i 之紧前工作；

ES_i——工作 i 的最早可能开始时间；

EF_i——工作 i 的最早可能完成时间；

t_i——工作 i 的持续时间，$i=1\sim n-1$，$j=2\sim n$，n 为单代号网络图终点节点代号。

工作的最早可能开始时间也等于紧前工作中最早可能完成时间的最大值，即紧前工作全部完成本项工作才能开始。

(2)工作的最早可能完成时间(EF)的计算

工作的最早可能完成时间(EF_i)的计算公式为：

$$EF_i = ES_i + t_i \quad (i=1,\cdots,n-1) \tag{4-22}$$

终点节点(n)的最早可能完成时间(EF_n)就是单代号网络计划工期(T)，即 $T=EF_n$。

2. 计算工作的最迟时间

(1)工作的最迟必须完成时间(LF)的计算

计算工作的最迟时间应从网络图的结束节点开始，逆着箭线方向逐项工作地计算到开始节点。最后结束工作的最迟必须完成时间应保证总工期不被拖延，所以网络图终点节点的最迟必须完成时间应等于该节点的最早可能完成时间，即：

$$LF_n = EF_n = T \tag{4-23}$$

本项工作 i 的最迟必须完成时间 LF_i 应等于紧后工作 j 的最迟必须完成时间 LF_j 与其工作持续时间 t_j 之差的最小值，即：

$$LF_i = \min\{LF_i - t_i\} = \min\{LS_j\} \tag{4-24}$$

即工作的最迟必须完成时间也等于紧后工作中最迟必须开始时间的最小者，这是因为任何一项工作的完成时间都不应影响紧后工作的最迟必须开始时间。

(2)计算工作的最迟必须开始时间(LS)

工作的最迟必须开始时间的计算公式为：

$$LS_i = LF_i - t_i \tag{4-25}$$

3. 计算工作的时差

(1)计算工作的总时差(TF)

在单代号网络计划图中，工作总时差的概念与双代号网络图完全相同，利用已经计算的各项工作最早开始和最迟开始时间，可方便地计算各项工作的总时差，所以工作的总时差计算公式为：

$$TF_i = LS_i - ES_i = LF_i - EF_i \tag{4-26}$$

(2)计算工作的局部时差(FF)

单代号网络图中工作的局部时差概念也与双代号网络图相同，但是在单代号网络计划图中，本项工作有若干项紧后工作时，紧后工作的最早可能开始时间不一定相同。此时应取紧后工作最早可能开始时间的最小值，减去本工作的最早可能完成时间。其他时差的计算公式基本与双代号网络图计算相同，在此不再重复。

4. 关键线路的确定

单代号网络计划图中确定关键线路的方法与双代号网络计划图基本相同，但由于单代号网络图没有节点时间参数计算，所以不存在用关键节点法来确定关键线路。因此，单代号网络图主要采用关键工作法确定关键线路，即连接工作总时差为零的关键工作自始至终的线路就是关键线路。

五、时标网络计划

(一)时标网络计划的特点

双代号时标网络计划(以下简称时标网络计划)是网络计划的一种表达形式。在前述的双代号网络计划中,箭杆长短与工作的持续时间的多少无关,而在时标网络计划中,节点位置和箭杆的长短表示了工作的时间进程,这是与一般网络计划的主要区别。

归纳起来,时标网络计划具有如下特点:

(1)时标网络计划既是一个网络计划,又具有水平进度计划(横道图)的一些特征。网络图中,箭杆长短反映了工作持续时间的长短(即计划的时间进程),时标的时间单位根据需要在编制网络计划前确定,可为时、日、周、月等。

(2)时标网络计划既能显示工作间的逻辑关系,又能显示各工作的开始和完成时间、时差及关键线路。在时标网络计划中,以实箭杆表示工作,以虚箭杆表示虚工作,以波形线表示工作与其紧后工作之间的时间间隔。

(3)在时标网络计划图上,可以按给定的时间单位计算劳动力、材料、机械设备、资金等资源需用量,并能在图上调整时差,进行网络计划时间和资源的优化,其用途很广泛。

但是,时标网络计划在执行过程中,若改变某工作的持续时间,就必须改变箭杆长度和节点位置,这样往往会引起整个网络图的变动。从这点说,它不如一般双代号网络图简便。因此,时标网络计划适用于工作数目较少、工艺过程较简单的工程。

时标网络计划中宜用水平箭杆或垂直箭杆,不宜用斜向箭杆。虚工作的垂直段用虚箭杆表示,水平段用波形线表示。一根箭杆不管有无时差,均采用一个箭头。

时标网络计划根据需要可以按最早时间绘制,如图4-48a)所示,也可按最迟时间绘制,如

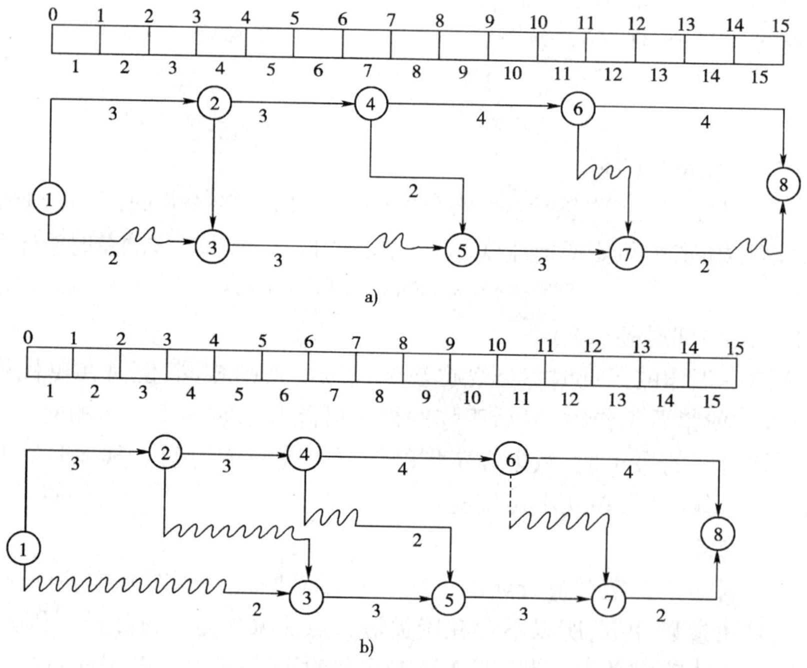

图4-48 时标网络计划

a)早时标网络计划;b)迟时标网络计划

图 4-48b)所示,一般以前者为主。

(二)时标网络计划的绘制方法

在绘制时标网络计划前,一般需先绘制无时标网络计划草图,然后采用间接绘制法或直接绘制法绘出时标网络计划。当网络计划较复杂时,宜采用前者。不管采用哪种方法,都必须符合网络图的绘图规则。

1. 间接绘制法

间接绘制法,是先绘制无时标的网络计划(亦称标时网络计划),确定关键线路,再绘制时标网络计划。绘制时可先绘出关键线路,再绘制非关键工作。当工作箭杆长度不足以达到该工作的完成节点时,用波形线补足,箭头画在波形线与节点连接处。

【例 4-4】 已知网络计划的有关资料如表 4-27 所示,试用间接绘图法绘制时标网络计划。

有关资料表　　表 4-27

工作代号	A	B	C	D	E	G	H	I	J
持续时间	1	3	4	7	3	5	4	3	1
紧前工作	—	A	A	B	B、C	C	D、E	E、G	H、I

(1)用前面介绍的绘图方法绘制标时网络计划,如图 4-49 所示,并用标号法确定关键线路。

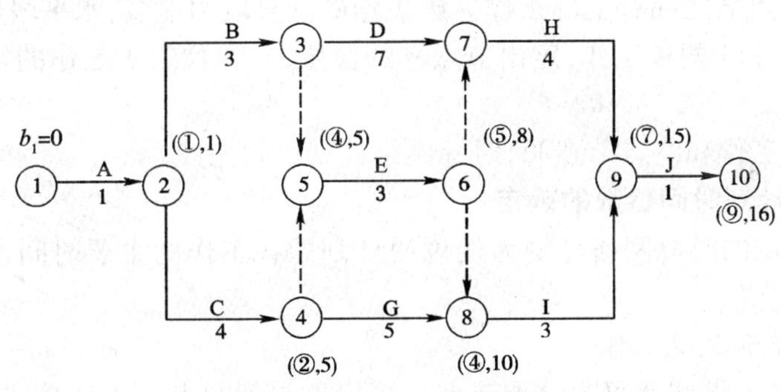

图 4-49　标时网络计划

(2)按工作最早时间绘制时标网络计划。在时间坐标中,先按节点的最早时间定出节点的位置,然后绘出关键线路①→②→③→⑦→⑨→⑩,再画出非关键工作和非关键线路,如图 4-50 所示。

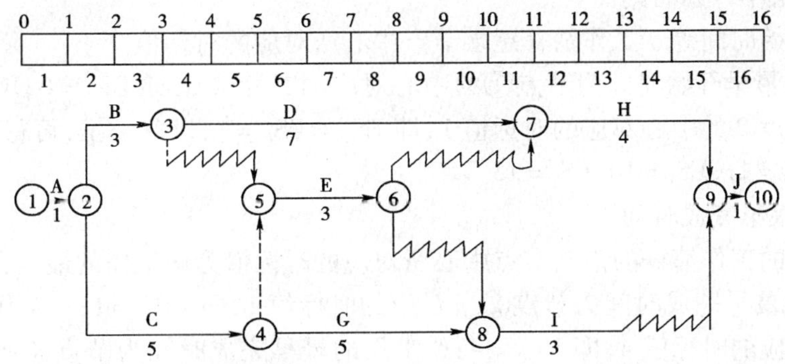

图 4-50　双代号时标网络计划

图中时间采用了双坐标系，上面为计算坐标系，下面为工作日坐标系。

2. 直接绘制法

直接绘制法是在绘出网络图后，不进行计算，直接在时间坐标系中绘制成时标网络的方法，其步骤如下：

(1)将起点节点的中心定位在时标表的起始刻度线上。

(2)按工作的持续时间在时间坐标系中绘制以网络计划起点节点为开始节点的工作箭杆。其他工作的开始节点必须在该工作的全部紧前工作都绘出后，定位在这些紧前工作最后完成的时间刻度上。当某些工作的箭杆长度不足以达到该节点时，用波形线补足，箭头画在波形线与节点连接处。

(3)用上述方法，自左至右依次确定各节点位置，直至网络终点节点定位为止。网络计划的终点节点是在无紧后工作的工作全部绘出后，定位在最后完成的时间刻度上。

下面结合图4-50所示的时标网络计划加以具体的说明。

首先，将网络计划起点节点①定位在时标表的起始刻度线"0"的位置上。

第二步，画出A工作，定出节点②的位置。

第三步，画出B和C两项工作，定出节点③、节点④和节点⑤的位置，并在节点③与节点⑤之间，节点④与节点⑤之间补上虚工作。

第四步，画出D、E、G三项工作，定出节点⑦、节点⑥和节点⑧的位置，并在节点⑥与节点⑦之间，节点⑥与节点⑧之间补上虚工作。虚工作的垂直段用虚线，水平段用波形线表示。

第五步，画出H和I两项工作，定出节点⑨的位置，并在代表I工作的实箭线至节点⑨之间补足波形线。

第六步，画出J工作和终点节点⑩，时标网络计划绘制完成。

(三)时标网络计划时间参数的确定

现以图4-50所示的时标网络计划为例说明计划中各工作的主要时间参数确定的步骤和方法。

1. 确定关键线路和关键工作

时标网络计划的关键线路可自终点节点逆箭杆方向朝起点节点逐项进行判定，自终至始不出现波形线的线路为关键线路。图4-50所示的时标网络计划的关键线路为①→②→③→⑦→⑨→⑩。位于关键线路上的工作A、B、D、H、J为关键工作，其他均为非关键工作。

2. 确定各工作的最早时间

(1)工作的最早开始时间

工作最早开始时间等于工作箭杆尾端节点中心所对应的时标值。

如A工作的最早开始时间为节点①的中心对应的时标值0，即$ES_A=0$；B和C工作的最早开始时间为节点②的中心对应的时标值1，即$ES_B=ES_C=1$；以此类推，可得到$ES_D=4$，$ES_E=5$，$ES_G=5$，$ES_H=11$，$ES_I=10$，$ES_J=15$。

(2)工作的最早完成时间

①无波形线的工作箭杆的箭头节点中心所对应的时标值为该工作的最早完成时间。

如A工作的最早完成时间为节点②所对应的时标值1，即EFA=1；B工作的最早完成时间为节点③所对应的时标值4，即$EF_B=4$；C工作的最早完成时间为节点④所对应的时标值5，即$EF_C=5$；同理，可得到，$EF_D=11$，$EF_E=8$，$EF_G=10$，$EF_H=15$，$EF_J=16$。

②有波形线的工作箭杆实线部分在右端点所对应的时标值为该工作的最早完成时间。

如I工作的箭杆实线部分的右端点所对应的时标值是13，则 $EF_I = 13$。

3. 工作间的时间间隔LAG

时标网络计划中波形线的长度为工作间的时间间隔。从图中所显示的波形线的长度可知，B工作与E工作之间的间隔时间为2，E工作与H工作之间的间隔时间为3，E工作与I工作之间的间隔时间为2，I工作与J工作之间的间隔时间为2。分别记为 $LAG_{B,E} = 2$，$LAG_{E,H} = 3$，$LAG_{E,I} = 2$，$LAG_{I,J} = 2$。其他相邻工作之间的间隔时间均为零。

4. 工作的自由时差和总时差

(1)工作的自由时差。时标网络计划中，工作的自由时差可按下面的方法进行确定：

①当工作之后紧接有工作时，本工作的箭杆右端波形线的长度即为该工作的自由时差。

如I工作之后紧接有工作J，则I工作的自由时差等于箭杆右端波形线的长度值2，即 $FF_I = 2$。

②当工作之后只紧接虚工作时，则该工作的自由时差为其后的虚工作波形线中的最短者。

如E工作之后只紧接虚工作，则 $FF_E = \min(LAG_{E,H}, LAG_{E,I}) = \min(3,2) = 2$

除了E和I两工作外，图中其他工作自由时差均为零。

至此，工作的自由时差可以表叙如下：

工作的自由时差等于其紧后工作的最早开始时间与本工作最早完成时间差值中的最小值，即：

$$FF_{i-j} = \min(ES_{j-k} - EF_{i-j}) \quad (i<j<k) \tag{4-27}$$

或者说，工作的自由时差等于该工作与其各紧后工作之间的时间间隔中的最小值，即：

$$FF_{i-j} = \min(LAG_{i-j,j-k}) \quad (i<j<k) \tag{4-28}$$

式中：$LAG_{i-j,j-k}$——工作 $i-j$ 与其紧后工作 $j-k$ 的时间间隔。

(2)工作的总时差。在早时标网络计划中工作的总时差应自右向左(从后向前)，在其各紧后工作的总时差均被判定后才能判定。工作的总时差等于该工作的各紧后工作的总时差加该工作与其各紧后工作之间的时间间隔之和的最小值，即：

$$TF_{i-j} = \min(TF_{j-k} + LAG_{i-j,j-k}) \quad (i<j<k) \tag{4-29}$$

式中符号的意义同前。

图4-50中，A、B、D、H、J均为关键工作，所以有 $TF_A = TF_B = TF_D = TF_H = TF_J = 0$，其他工作的总时差为：

$$TF_I = TF_J + LAG_{I,J} = 0 + 2 = 2$$

$$TF_E = \min[(TF_I + LAG_{E,I}), (TF_H + LAG_{E,H})] = \min[(2+2), (0+3)] = 3$$

$$TF_G = TF_I + LAG_{G,I} = 2 + 0 = 2$$

$$TF_C = \min[(TF_E + LAG_{C,E}), (TF_G + LAG_{C,G})] = \min[(3+0), (2+0)] = 2$$

5. 工作的最迟时间

根据工作的最早时间和总时差，由式 $LS_{i-j} = ES_{i-j} + TF_{i-j}$ 和 $LF_{i-j} = EF_{i-j} + TF_{i-j}$ 就可计算出各工作的最迟开始时间和最迟完成时间。

六、网络计划的检查、调整及优化

前面介绍了公路工程施工初始网络计划的编制，但在实际中如果计划工期超出了上级的规定，资源供应不均衡时，还应综合考虑网络计划中的时间、资源和费用三者之间的关系，利用时差对初始网络计划进行多次调整与改善，使其工期、资源、费用达到最优的计划方案，即是网络计划的优化问题。

最优的网络计划方案的评价，应综合评定工期、资源和费用消耗等技术经济指标，但目前尚无综合评价模型，只能根据施工既定的条件，分别进行时间优化、资源优化及费用优化。

（一）网络计划的检查

1. 网络计划的检查方法

进行网络计划检查，首先要在计划图上进行记录，然后根据记录的结果进行进度分析，判断进度的实际状况，并对未来的进度进行预测，为网络计划的调整提供信息。常用的检查方法有：

（1）当利用元时标网络计划检查时，采用“切割线法”。

（2）当利用时标网络计划检查时，采用“实际进度前锋线法”。

2. 切割线法

某工程的网络计划如图4-51所示。当计划进行到第9d时检查，正在进行的D、E、F三项工作（用切割线 MN 切割的三项工作）各需要1d才能完成（尚需天数注在计划持续时间旁边的方括号内），试分析其进度状况。

在检查前先要对网络计划进行计算，计算结果标在图上。

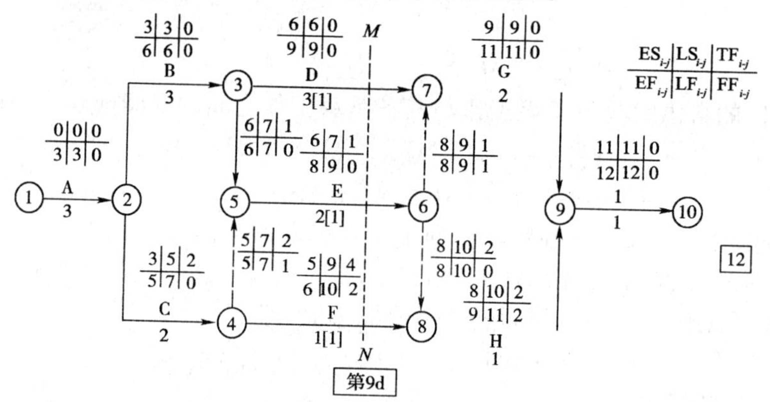

图4-51 切割线法检查网络计划

为了对进度状况进行分析，列出表4-28。

网络计划第9d检查结果 表4-28

工作代号	工作名称	第9d时尚需作业天数	按计划最迟完成前尚有天数	总时差		进度分析
				原有	目前尚需	
(1)	(2)	(3)	(4)	(5)	(6) = (4) - (3)	(7)
3-7	D	1	9-9=0	0	0-1=-1	拖期1d
5-6	E	1	9-9=0	1	0-1=-1	拖期1d
4-8	F	1	10-9=1	4	1-1=0	正常

表中(1)、(2)、(3)、(5)列都可以从图4-51中读到；第(4)列需经计算，被减数是图4-28中的工作最迟完成时间，减数是切割线的天数；第(6)列的被减数是第(4)列中的数，减数是第(3)列中的数；第(7)列的结论是通过对(5)、(6)列的比较得出的。由于工作D原来没有总时

差，而目前反欠 1d 总时差，说明进度拖延 1d；工作 E 原来虽有 1d 总时差，而目前反欠 1d 总时差，说明进度比原计划拖了 2d，比总工期拖了 1d；工作 F 原来虽有 4d 总时差，然而目前已不存在，所以虽比原计划拖了 4d，但因有 4d 总时差，并未影响计划工期，故作"正常"对待。进一步分析 D、E 两项拖期工作，由于工作 D 在关键线路上，故它拖期 1d 将导致计划工期延误 1d；工作 E 虽然拖期 1d，但因不在关键线路上，故并不构成对计划工期的影响。

3. 实际进度前锋线法

"实际进度前锋线法"简称"前锋线"，是时标网络计划检查时各项工作的实际进度达到的前锋点连接而成的折线。实际进度前锋点的标定方法有两种：一是按已完成的实物工程量（工作量）比例标定。时标网络计划图上箭线的长度与相应工作的持续时间对应，也与其实物工程量（工作量）的多少成正比；检查计划时某工作的实物工程量（工作量）完成了几分之几，其实际进度前锋点就从表示该工作箭线起点自左至右标在箭线长度几分之几的位置。二是按尚需时间标定。有些工作的持续时间难以按实物工程量（工作量）来计算，只能用经验估算，估出从该时刻起到该工作全部完成尚需的时间，从该工作的箭线末端反过来标出实际进度前锋点的位置。图 4-52 的三条折线就是计划进展到第 5d、第 10d 和第 15d 进行检查时的实际进度前锋线。

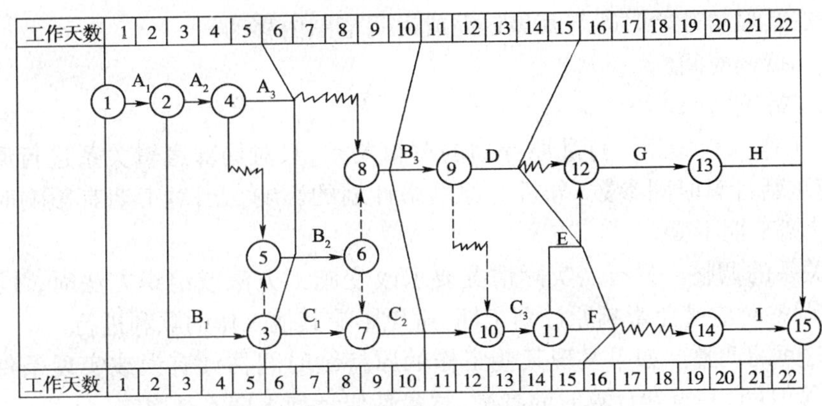

图 4-52　用实际进度前锋线法检查网络计划

利用已绘制的实际进度前锋线可作如下分析：

（1）分析目前进度

以检查日期为基准线，前锋线可以看成描述实际进度的波形图。前锋处于波峰上的线路相对于相邻线路超前，处于波谷上的线路相对于相邻线路滞后；前锋在基准线前面的线路比原计划提前，前锋在基准线后面的线路比原计划拖后。图 4-52 中，A_3、B_2、F 工作均比原计划提前，C_1、C_2、E 工作的实际进度与原计划进度一致，B_1、D 工作比原计划滞后。

（2）预测未来进度

首先看关键线路上的工作 B_1、C_2、E，三次检查中每次均按计划完成，可以预测，只要按前 15d 的进度干下去，可保计划按期完成。关键工作 B_2 虽比计划提前 ld，但由于其平行的关键工作 C_1 没有提前，故没有积极意义。A_3 和 F 工作均比计划进度快，但由于它们都在非关键线路上，本来就有总时差，故其进度超前的结果是增大总时差，却不能促成整个计划提前完成。D 工作虽然滞后于计划进度 2d，但由于它有 2d 总时差，故对工期不会造成影响。总的预测结果是，该项计划可以确保按期完成。

(二)网络计划的调整

1. 网络计划调整的内容

网络计划调整的内容包括:关键线路长度的调整;非关键工作时差的调整;增减工作项目;调整逻辑关系;重新估计某些工作的持续时间;对资源的投入做相应调整。

2. 网络计划调整的方法

(1)调整关键线路的长度可以针对不同情况采用不同的方法。

①关键工作的实际进度比计划进度提前时,有两种调整方法:当不拟提前工期时,应选用资源占用量大或直接费高的后续关键工作,适当延长其持续时间,以降低其资源强度或费用;当要提前完成计划时,应将计划的未完成部分作为一个新计划,重新确定关键工作的持续时间,按新计划实施。

②关键工作的实际进度比计划进度延误时,应在未完成的关键工作中选择资源强度小或费用低的工作,缩短其持续时间,并把计划的未完成部分作为一个新计划,按工期—成本优化方法进行调整。

(2)非关键工作时差的调整,应在其时差范围内进行。每次调整均必须重新计算时间参数,观察该项调整对整个网络计划的影响。调整时可在下述方法中选择:

①将工作在其最早开始时间与其最迟完成时间范围内移动。

②延长工作持续时间。

③缩短工作持续时间。

(3)增减"工作",应做到不打乱原计划的逻辑关系,只对局部逻辑关系进行调整;在增减"工作"以后应重新计算时间参数,分析对原网络计划的影响。当对工期有影响时,应采取调整措施,保证计划工期不变。

(4)逻辑关系的调整。只有当实际情况要求改变施工方法或组织方法时,才可进行逻辑关系的调整。调整时应避免影响原计划工期,避免影响其他工作的顺利进行。

(5)持续时间的调整。如果发现某些工作的原持续时间估计有误或实现条件不充分,应重新估算其持续时间,并重新计算时间参数,尽量使原计划工期不受影响。

(6)资源调整。如果资源供应发生异常,应采用资源优化方法对计划进行调整,或采取应急措施,使其对工期影响最小。

(三)网络计划的优化

1. 时间优化

以缩短工期为优化目标,调整初始网络计划方案,称为网络计划的时间优化。时间优化的目的在于科学地安排施工进度计划,以便缩短工期,使公路工程建设项目投资尽早发挥效益。

(1)时间优化的措施

在施工网络计划中,关键线路控制任务的总工期,因此压缩关键工序的持续时间,缩短关键线路的长度是网络计划时间优化措施的一种途径,但并非最佳措施。在网络计划的时间优化中最佳措施是合理地调整施工组织,以便达到缩短工期的目的。

①将施工顺序作业调整为平行作业。

②将施工顺序作业调整为交叉作业或者流水作业。

③相应于工序时差推迟非关键工序的开始时间。

④延长非关键工序持续时间相应地缩短关键工序的持续时间。

⑤从计划外增加资源加快关键工序的完成。

(2)时间优化的方法

循环优化法是网络计划时间优化常用的一种方法,缩短工期必须在关键线路上考虑,循环优化法的基本步骤为:

①确定初始网络计划的计划工期及其关键线路。

②将计划工期与指令工期比较,计算出需要缩短的时间。

③采取合理的优化措施压缩关键线路的长度,求出调整网络计划后的新计划工期,新计划工期若满足指令工期要求,则完成了优化过程;否则,重复以上步骤,再次压缩新关键线路的长度,直到满足指令工期为止。如果需要找寻网络计划的最短工期,也可按上述步骤循环压缩关键线路的长度,直到网络计划中关键线路的长度再也不能缩短为止,此时得到的网络计划工期就是最短工期。

需要注意的是,当网络计划图同时存在多条关键线路时,必须同时压缩各条关键线路的长度,才能达到缩短工期的目的。

2. 资源优化

绘制初始网络计划以后,其资源进度可能出现以下两种不合理现象:一是在某种时间范围内所消耗的资源数量超过实际供应量,导致开工不足、工期延误;二是资源进度计划不均衡,出现忽高忽低的大起大落现象,给施工过程中的资源调配带来困难。因此,网络计划资源优化的目的,就是要合理地安排施工进度,解决好资源的供应矛盾问题或者均衡利用资源问题。

(1)资源优化目标

资源优化目标一般有两种。

①工期规定资源均衡:即在工期限定的条件下,安排施工进度,实现资源的均衡利用。

②资源有限工期最短:即在资源有限的情况下,安排施工进度,力求使工期最短。

以上两种优化目标,都需重新安排某些工序,使网络计划的工期和资源分配得以调整与改善,且一般通过对非关键工序的调整来进行,其具体方法是:

①利用工序时差,推迟或提前某些非关键工序的开始时间;

②在条件许可时,在资源超限的时段内中断某些非关键工序;

③改变某些非关键工序的持续时间。

(2)资源优化步骤

资源的优化是一个十分复杂的问题,由于资源种类多,如有若干个工种,多种不同规格型号的施工机械设备,各种规格的钢材、水泥等材料,很少有一项工程只需一种资源的。而进行资源优化时,又只能逐一品种分别进行,所以计算工作量很大,当工序数较多时应采用电脑软件计算,下面仅介绍具体步骤,据此可作为资源进一步优化和编制计算机软件的基础。

①计算出网络计划中各施工工序的各种资源的需要总量。

②逐个工序分析其工日的平均需要资源的数量,即以其下序的延续时间(工日)去除该工序资源的总需要量,常称为资源的强度。

③根据资源分析资料,绘制带有时间坐标的网络图,将该项资源的日平均需要量标注在箭杆的上方,工日标注在箭杆的下方,同时绘制该项资源的曲线(梯阶形)图。

④如果某种资源的总需求超过可能供应的能力,或者出现需求极不均衡的情况,从绘制成的资源曲线图上就可获得极其准确的信息。这样,就可对各目标的网络进行调整优化,均衡其

需要，实现资源的合理配置，求得最优计划方案。

3. 工期—费用优化

时间的优化，在计划任务紧迫的情况下，无疑是十分必要的，但一般并没有考虑费用问题。实践表明，对于任何一项计划任务来说，都可以采取增加人员和设备的办法来加快工作进度，缩短其工序的持续时间，实际就是突击赶工，无疑增加费用，是不经济的。这显然存在一个以最少的费用去缩短工期的办法问题，也就是工期－费用优化。

(1)工期—费用优化原则

在进行网络计划的工期—费用优化时，应遵循以下原则：

①在确定缩短整个建设工程计划任务工期的前提下，必须采取正常的工作速度来缩短关键线路上各道施工工序的持续时间，即不应由于作业时间的缩短而造成突击赶工情况，或产生窝工等待等浪费现象。因为一般是在合理组织和正常施工条件下进行施工时，其建设费用最低。

②在缩短关键线路上各道施工工序的持续时间时，首先要选择资源消耗少的作业来缩短，以免造成大量人员、设备的增加和材料供应量的增加。

③若有多余关键线路时，要优先考虑缩短其共同作业的持续时间，还要结合所花费的总费用进行综合考虑。

(2)工期—费用关系及其优化步骤为：

网络计划中的工期与费用(直接费、间接费、总费用)关系曲线如图4-53所示。

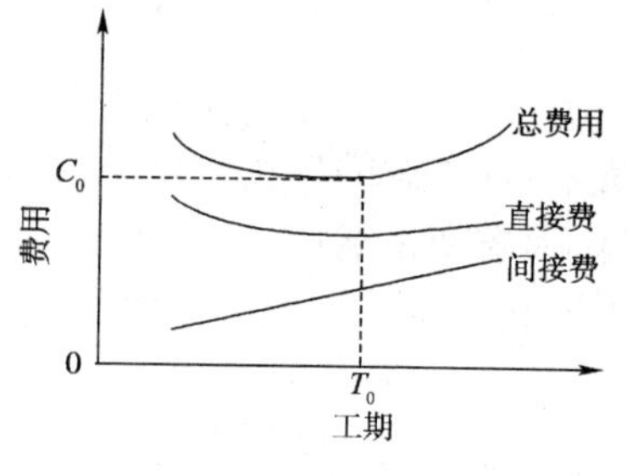

图4-53　工期—费用曲线

工期—费用优化的基本步骤为：

①按正常工序时间编制网络计划图，并计算计划工期和完成计划的直接费用。

②列出整个网络计划各道工序在正常工期和最短工期时的直接费，以及缩短单位时间所需增加的费额，即费用斜率。

③根据费用最小原则，找出关键工序中费用斜率最小者予以先压缩，这样可使直接费增加最少。

④计算加快某关键工序后，计划的总工期和直接费额，并重新确定关键线路。

⑤重复③和④步骤，直到网络计划中关键线路上的工序都达到最短持续时间，再不能压缩为止。

⑥根据以上计算结果可得到一条直接费用曲线。

⑦总费用曲线上最低的点对应的工期，就是项目计划相应的最优工期。

第五章　法律法规

第一节　合　同　法

一、合同法概述

1. 合同的概念

合同是平等主体的自然人、法人、其他组织之间设立、变更、终止民事权利义务关系的协议。合同作为一种协议，其本质是一种合意，必须是两个以上意思表示一致的民事法律行为。合同当事人作出的意思表示必须合法，这样才能具有法律约束力。

合同是当事人合法的行为。合同中所确立的权利义务，必须是当事人依法可以享有的权利和能够承担的义务，这是合同具有法律效力的前提。如果在订立合同的过程中有违法行为，当事人不仅达不到预期的目的，还应根据违法情况承担相应的法律责任。

2. 合同法的概念

合同法是调整平等主体的自然人、法人、其他组织之间在设立、变更、终止合同时所发生的社会关系的法律规范总称。我国实行改革开放以来，一直十分重视合同法的立法工作。为了满足我国发展社会主义市场经济的需要，1999 年 3 月 15 日，第九届全国人大第二次会议通过了《中华人民共和国合同法》（以下简称《合同法》），于 1999 年 10 月 1 日起施行，原有的三部合同法（《经济合同法》、《技术合同法》、《涉外经济合同法》）同时废止。

3. 合同的分类

从不同的角度可以对合同作出不同的分类。

（1）合同法的基本分类。《合同法》分则部分将合同分为 15 类：买卖合同，供用电、水、气、热力合同，赠与合同，借款合同，租赁合同，融资租赁合同，承揽合同，建设工程合同，运输合同，技术合同，保管合同，仓储合同，委托合同，行纪合同，居间合同。

（2）其他分类。合同的其他分类主要有以下几种：

①计划与非计划合同。计划合同是依据国家有关计划签订的合同；非计划合同则是当事人根据市场需求和自己的意愿订立的合同。

②双务合同与单务合同。双务合同是当事人双方相互享有权利和相互负有义务的合同；单务合同是指合同当事人双方并不相互享有权利、负有义务的合同。

③诺成合同与实践合同。诺成合同是当事人意思表示一致即可成立的合同；实践合同则要求在当事人意思表示一致的基础上，还必须交付标的物或者其他给付义务的合同。

④主合同与从合同。主合同是指不依赖其他合同而独立存在的合同；从合同是以主合同的存在为存在前提的合同。主合同的无效、终止将导致从合同的无效、终止，但从合同的无效、终止不能影响主合同。担保合同是典型的从合同。

⑤有偿合同与无偿合同。有偿合同是指合同当事人双方任何一方均需给予另一方相应的权益方能取得自己利益的合同,而无偿合同的当事人一方无需给予相应权益即可从另一方取得利益。在市场经济中,绝大部分合同都是有偿合同。

⑥要式合同与不要式合同。如果法律要求必须具备一定形式和手续的合同,称为要式合同;反之,法律不要求具备一定形式和手续的合同,称为不要式合同。

4. 合同法的基本原则

(1)平等原则。合同当事人的法律地位平等,一方不得将自己的意志强加给另一方。合同当事人不论是自然人,还是法人,也不论其经济实力和经济成分如何,其法律地位无高低之分,即享有民事权利和承担民事义务的资格是平等的。当事人只有在平等的基础上,才有可能经过协商,达成意思表示一致的协议。

(2)自愿原则。当事人有订立合同或不订立合同的权利,以及选择合同相对人、确定合同内容和合同形式的权利。一方不得将自己的意志强加给对方,其他民事主体乃至国家机关不得对当事人订立合同进行非法干预。

(3)公平原则。当事人订立和履行合同时,应根据公平的要求约定各自的权利和义务,正当行使合同权利和履行合同义务,兼顾他人利益。对于显失公平的合同,当事人一方有权请求人民法院或仲裁机构变更或撤销。

(4)诚实信用原则。当事人在订立合同时要诚实,真实地向对方当事人介绍与合同有关的情况,不得有欺诈行为;合同生效后,要守信用,积极履行合同义务,不得擅自变更和解除合同,也不能任意违约。

(5)守法原则。当事人订立合同、履行合同,应当遵守法律、行政法规,尊重社会公德,不得扰乱社会经济秩序,损害社会公共利益。

二、合同的订立

(一)合同的形式

当事人订立合同,有书面形式、口头形式和其他形式。法律法规规定采用书面形式的,或当事人约定采用书面形式的,应当采用书面形式。

(1)书面形式

书面形式是指合同书、信件和数据电文(包括电报、电传、传真、电子数据交换和电子邮件)等可以有形地表现所载内容的形式。书面合同是实践中广泛采用的一种合同形式。建设工程合同应当采用书面形式。

①合同书,是合同中常见的一种。合同书有标准合同书与非标准合同书之分。标准合同书是指合同条款由当事人一方预先拟订,对方只能表示同意或者不同意的合同书,也即格式条款合同;非标准合同书是指合同条款完全由当事人双方协商一致所签订的合同书。

②信件,是当事人就要约与承诺的内容相互往来的普通信函。信件的内容一般记载于纸张上,因而也是书面形式的一种。

③数据电文,包括电报、传真、电子数据交换和电子邮件等。其中,电报和传真是通过电子方式来传递信息的,它们的最终传递结果总是产生一份书面材料。而电子数据交换和电子邮件虽然也是通过电子方式传递信息,可以产生以纸张为载体的书面资料,但也可以被储存在磁带、磁盘或接收者选择的其他非纸张的中介物上。

(2)口头形式

口头形式是指当事人用谈话的方式订立的合同,如当面交谈、电话联系等。口头合同形式一般运用于标的数额较小和即时结清的合同。

(3)其他形式

其他形式是指除书面形式、口头形式以外的方式来表现合同内容的形式,主要包括默示形式和推定形式。默示形式是指当事人既不用口头形式、书面形式,也不用实施任何行为,而是以消极的不作为的方式进行的意思表示。默示形式只有在法律有特别规定的情况下才能运用。推定形式是指当事人不用语言、文字,而是通过某种有目的的行为表达自己意思的一种形式,从当事人的积极行为中,可以推定当事人已进行意思表示。

(二)合同订立的程序

订立合同的过程,就是双方当事人采用要约和承诺方式进行协商的过程。要约和承诺,是达成合意的方式。《合同法》第 13 条规定"当事人订立合同,采取要约、承诺方式。"合同作为关于债的合意,往往一方提出要约,另一方又提出新要约,反复多次最后有一方完全接受了对方的要约,这样才能使合同得以成立。合同的成立需要经过要约和承诺两个阶段,被称为合同订立的程序。

1. 要约

要约,在许多场合又称为发价、发盘。《合同法》第 14 条对要约的定义是:要约是希望和他人订立合同的意思表示。该定义强调了要约追求合同成立的目的,没有限定受要约人是特定的当事人。因为,按照《合同法》第 15 条第 2 款,向不特定多数人发出的广告,也可以构成要约。

(1)要约有效的条件。要约应当符合如下规定:

①内容具体、确定。

②表明经受要约人承诺,要约人即受该意思表示约束。也就是说,要约必须是特定人的意思表示,必须是以缔结合同为目的,必须具备合同的主要条款。

有些合同在要约之前还会有要约邀请。所谓要约邀请,是希望他人向自己发出要约的意思表示。要约邀请并不是合同成立过程中的必经过程,它是当事人订立合同的预备行为,这种意思表示的内容往往不确定,不含有合同得以成立的主要内容和相对人同意后受其约束的表示,在法律上无须承担责任。寄送的价目表、拍卖公告、招标公告、商业广告等为要约邀请。商业广告的内容符合要约规定的,视为要约。

(2)要约的生效。要约到达受要约人时生效。如采用数据电文形式订立合同,收件人指定特定系统接收数据电文的,该数据电文进入该特定系统的时间,视为到达时间;未指定特定系统的,该数据电文进入收件人的任何系统的首次时间,视为到达时间。

(3)要约的撤回。要约的撤回是指要约人阻止要约发生效力的意思表示。我国对要约的生效采取到达主义。《合同法》第 17 条规定:"要约可以撤回。撤回要约的通知应当在要约到达受要约人之前或者与要约同时到达受要约人。"要约撤回有两种情况,其一,撤回通知先于要约到达受要约人,此时不会给受要约人造成任何损害,自应允许以撤回通知时取消要约,要约不发生效力。其二,撤回通知与要约同时到达受要约人,此时,受要约人也不会因信赖要约而行事,不会产生损害,撤回通知也足以抵消要约。在要约生效前对发送的要约的修改,其效果等于原要约撤回,新要约产生。比如,甲方对乙方发出要约,要以 4 700 元/t 的价格出卖

1 000t钢材，在要约生效之前，甲方又发出通知把4 700元/t改成4 800元/t。这就等于以新要约撤回了旧要约。

（4）要约的撤销。要约的撤销是要约人消灭要约效力的意思表示。《合同法》第18条规定："要约可以撤销，撤销要约的通知应当在受要约人发出承诺通知之前到达受要约人。"要约的撤销采用通知的方式。在要约生效后、承诺生效前对要约的修改，其效果等于旧要约撤销，新要约产生。要约到达受要约人后，要约对要约人产生约束力，此时不发生撤回的问题，但要约人尚有可能撤销要约。

但有下列情形之一的，要约不得撤销：

①要约人确定了承诺期限或者以其他形式明示要约不可撤销。

②受要约人有理由认为要约是不可撤销的，并已经为履行合同做了准备工作。

（5）要约的失效。《合同法》第20条规定，有下列情形之一的，要约失效：

①拒绝要约的通知到达要约人。受要约人在要约规定的承诺期之前，就明示予以拒绝，此时要约提前失去约束力。

②要约人依法撤销要约。在符合撤销条件时，要约人可以撤销要约，被撤销的要约是一个已经生效的要约，被撤回的要约是尚未生效的要约。

③承诺期限届满，受要约人未作出承诺。要约期限届满而未获得承诺，受要约人以沉默的方式表示拒绝，即受要约人在规定的期限内未予以答复，此时要约效力终止，不能自动延伸。

④受要约人对要约的内容作出实质性变更。受要约人对要约的内容作出实质性的变更，说明受要约人提出了新要约（《合同法》第30条），新要约意味着对原要约的拒绝，使要约失去效力。双方当事人的主体地位发生变化，原受要约人成为要约人，原要约人成为受要约人。

2. 承诺

承诺是受要约人同意要约的意思表示，是指受要约人接受要约中的全部条款，向要约人作出的同意按要约成立合同的意思表示。承诺与要约结合，方能构成合同。《合同法》第21条规定："承诺是受要约人同意要约的意思表示。"要约是一个诺言，承诺也是一个诺言，一个诺言代表一项债务，两个诺言取得了一致，就构成了一个合同。承诺有以下特征：

①承诺必须由受要约人作出；

②承诺只能向要约人作出；

③承诺的内容应当与要约的内容一致；

④承诺必须在承诺期限内发出。

（1）承诺的期限。承诺应当在要约确定的期限内到达要约人。要约没有确定承诺期限的，承诺应当依照下列规定到达：①除非当事人另有约定，以对话方式作出的要约，应当即时作出承诺；②以非对话方式作出的要约，承诺应当在合理期限内到达。

《合同法》第24条规定："要约以信件或者电报作出的，承诺期限自信件载明的日期或者电报交发之日开始计算。信件未载明日期的，自投寄该信件的邮戳日期开始计算。以电话、传真等快速通信方式作出的要约，承诺期限自要约到达受要约人时开始计算。"

（2）承诺的生效。承诺通知到达要约人时生效。承诺不需要通知的，根据交易习惯或者要约的要求作出承诺的行为时生效。采用数据电文形式订立合同的，承诺到达的时间适用于要约到达受要约人时间的规定。

（3）承诺的撤回。承诺可以撤回，撤回承诺的通知应当在承诺通知到达要约人之前或者与承诺通知同时到达要约人。

(4)逾期承诺。受要约人超过承诺期限发出承诺的,除要约人及时通知受要约人该承诺有效的以外,为新要约。

(5)要约内容的变更。承诺的内容应当与要约的内容一致。有关合同标的、数量、质量、价款或者报酬、履行期限、履行地点和方式、违约责任和解决争议方法等的变更,是对要约内容的实质性变更。受要约人对要约的内容作出实质性变更的,为新要约。

3.合同的内容

合同法规定了合同一般应当包括的条款,但具备这些条款不是合同成立的必备条件。

(1)当事人的名称或者姓名和住所。明确合同主体,对了解合同当事人的基本情况、合同的履行和确定诉讼管辖具有重要的意义。合同当事人包括自然人、法人、其他组织。

(2)标的。标的是合同当事人双方权利和义务共同指向的对象。标的表现形式为物、劳务、行为、智力成果、工程项目等。

(3)数量。数量是衡量合同标的多少的尺度,是以数字和其他计量单位表示的尺度。

(4)质量。质量是标的的内在品质和外观形态的综合指标。合同对质量标准的约定应当是准确而具体的,对于技术上较为复杂的和容易引起歧义的词语、标准,应当加以说明和解释。对于强制性的标准,当事人必须执行,合同约定的质量不得低于该强制性标准。对于推荐性的标准,国家鼓励采用。

(5)价款或者报酬。价款或者报酬是当事人一方向交付标的的另一方支付的货币。标的物的价款由当事人双方协商,但必须符合国家的物价政策,劳务酬金也是如此。合同条款中应写明有关银行结算和支付方法的条款。

(6)履行的期限、地点和方式。履行的期限是当事人各方依照合同规定全面完成各自义务的时间,包括合同的签订期、有效期和履行期。履行的地点是指当事人交付标的和支付价款或酬金的地点,包括标的的交付、提取地点,服务、劳务或工程项目建设的地点,价款或劳务的结算地点。履行的方式是指当事人完成合同规定义务的具体方法,包括标的的交付方式和价款或酬金的结算方式。

(7)违约责任。违约责任是任何一方当事人不履行或者不适当履行合同规定的义务而应当承担的法律责任。当事人可以在合同中约定,一方当事人违反合同时,向另一方当事人支付一定数额的违约金;或者约定违约损害赔偿的计算方法。

(8)解决争议的方法。在合同履行过程中不可避免地会产生争议,为使争议发生后能够有一个双方都能接受的解决办法,应当在合同条件中对此作出规定。

4.关于格式条款

格式条款是指当事人为了重复使用而预先拟订,在订立合同时未与对方协商的条款。

(1)格式条款提供者的义务。由于格式条款的提供者往往在经济地位方面具有明显的优势,在行业中居于垄断地位,因而导致其在拟订格式条款时,会更多地考虑自己的利益,而较少考虑另一方当事人的权利或者附加种种限制条件。为此,提供格式条款的一方应当遵循公平的原则确定当事人之间的权利义务关系,并采取合理的方式提请对方注意免除或限制其责任的条款,按照对方的要求,对该条款予以说明。

(2)格式条款无效。提供格式条款一方免除自己责任、加重对方责任、排除对方主要权利的,该条款无效。此外,《合同法》规定的合同无效的情形,同样适用格式合同条款。

(3)格式条款的解释。对格式条款的理解发生争议的,应当按照通常理解予以解释。对格式条款有两种以上解释的,应当作出不利于提供格式条款一方的解释。格式条款和非格式条款不一致的,应当采用非格式条款。

5. 订约责任

(1)订约过错责任。在合同的订立过程中,不论合同成立与否,当事人如果违背诚实信用原则,在合同订立过程中有过错,给对方造成损失的,也应承担相应的赔偿责任。当事人在订立合同过程中有下列情形之一,给对方造成损失的,应当承担损害赔偿责任:

①假借订立合同,恶意进行磋商;

②故意隐瞒与订立合同有关的重要事实或提供虚假情况;

③有其他违背诚实信用原则的行为。

(2)订约保密责任。当事人在订立合同过程中知悉的商业机密,无论合同是否成立,不得泄露或者不正当使用。泄露或者不正当使用该商业秘密给对方造成损失的,应当承担损害赔偿责任。

三、合同的效力

1. 合同的生效

(1)合同生效应当具备的条件。合同生效是指合同对双方当事人的法律约束力的开始。合同生效应当具备下列条件:

①当事人具有相应的民事权利能力和民事行为能力;

②意思表示真实;

③不违反法律或者社会公共利益。

(2)合同的生效时间。一般来说,依法成立的合同,自成立时生效。具体地讲,口头合同自受要约人承诺时生效;书面合同自当事人双方签字或者盖章时生效;法律规定应当采用书面形式的合同,当事人虽然未采用书面形式但已经履行全部或者主要义务的,可以视为合同有效。

当事人可以对合同生效约定附条件或者约定附期限。附条件的合同,包括附生效条件的合同和附解除条件的合同两类。①附生效条件的合同,自条件成就时生效;②附解除条件的合同,自条件成就时失效。附条件的合同一经成立,在条件成就前,当事人对于所约定的条件是否成就,应当听其自然发展。

2. 涉及代理的合同效力

当合同具备生效条件,代理行为符合法律规定,授权代理人在授权范围内订立的合同当然有效。但在有些情况下,涉及代理的合同效力则十分复杂。

(1)限制民事行为能力人订立的合同。无民事行为能力人不能订立合同,限制行为能力人一般情况下不能独立订立合同。限制民事行为能力的人订立的合同,经法定代理人追认以后,合同有效。

(2)无权代理。无权代理的行为人以被代理人的名义订立的合同,未经被代理人追认,对被代理人不发生效力,由行为人承担责任。相对人可以催告被代理人在一个月内予以追认。被代理人未作表示的,视为拒绝追认。

(3)表见代理。表见代理是善意相对人通过被代理人的行为足以相信无权代理人具有代理权的代理。基于此项信赖,该代理行为有效。善意第三人与无权代理人进行的交易行为(订立合同),其后果由被代理人承担。表见代理的规定,其目的是保护善意的第三人。表见代理一般应当具备以下条件:

①表见代理人并未获得被代理人的授权,是无权代理;

②客观上存在让相对人相信行为人具备代理权的理由;

③相对人善意且无过失。

3. 无效合同

无效合同是指当事人违反了法律规定的条件而订立的,国家不承认其效力,不给予法律保护的合同。无效合同从订立之时起就没有法律效力。

(1)无效合同的情形。有下列情形之一的合同无效:

①一方以欺诈、胁迫的手段订立合同,损害国家利益;

②恶意串通,损害国家、集体或第三人利益的;

③以合法活动掩盖非法目的;

④损害社会公共利益;

⑤违反法律、行政法规的强制规定。

(2)合同部分条款无效的情形。合同中的下列免责条款无效:

①造成对方人身伤害的;

②因故意或者重大过失造成对方财产损失的。

上述两种免责条款具有一定的社会危害性,双方即使没有合同关系也可以追究对方的侵权责任。因此这两种免责条款无效。

无效合同的确认权归人民法院或仲裁机构,其他任何机构均无权确认合同无效。

4. 可变更或可撤销的合同

可变更、可撤销的合同是指欠缺生效条件,但一方当事人可依照自己的意思使合同的内容变更或者使合同的效力归于消灭的合同。可变更、可撤销的合同不同于无效合同,当事人提出请求是合同被变更、撤销的前提。当事人如果只要求变更合同,人民法院或仲裁机构不得撤销其合同。

(1)可变更或可撤销合同的情形。《合同法》第52条规定有下列情形之一的,当事人一方有权请求人民法院或仲裁机构变更或撤销其合同:

①因重大误解而订立的;

②在订立合同时显失公平的。

一方以欺诈、胁迫等手段或乘人之危,使对方在违背真实意思的情况下订立的合同,受损害方有权请求人民法院或仲裁机构变更或者撤销。

(2)撤销权的消灭。由于可撤销的合同只是涉及当事人意思表示不真实的问题,因此法律对撤销权的行使有一定的限制。有下列情形之一的,撤销权消灭:

①具有撤销权的当事人自知道或应当知道撤销事由之日起1年内没有行使撤销权;

②具有撤销权的当事人知道撤销事由后明确表示或以自己的行为放弃撤销权。

(3)合同无效和被撤销后的法律后果。无效合同或被撤销的合同自始没有法律约束力。合同部分无效,不影响其他部分效力的,其他部分仍然有效。合同无效、被撤销或终止的,不影响合同中独立存在的有关解决争议方法的条款的效力。

合同被确认无效和被撤销后,合同规定的权利义务即为无效。履行中的合同应当终止履行,尚未履行的不得继续履行。对因履行无效合同和被撤销合同而产生的财产后果应当依法进行处理:

①返还财产。由于无效合同或被撤销的合同自始没有法律约束力,因此,返回财产是处理无效合同和可撤销合同的主要方式。

②赔偿损失。合同被确认无效或被撤销后,有过错的一方应赔偿对方因此而受到的损失。如果双方都有过错,应当根据过错的大小各自承担相应的责任。

③追缴财产,收归国有。双方恶意串通,损害国家或第三人利益的,应将双方取得的财产收归国库或返还第三人。无效和可撤销合同不影响善意第三人取得合法权益。

四、合同的履行

合同履行是指合同各方当事人按照合同的规定,全面履行各自的义务,实现各自的权利,使各方的目的得以实现的行为。合同依法成立,当事人就应当按照合同的约定,全部履行自己的义务。合同的履行以有效的合同为前提和依据,因为无效合同从订立之时起就没有法律效力,不存在合同履行的问题。

1.合同履行的原则

(1)全面履行原则。当事人应当按照约定全面履行自己的义务。即按合同约定的标的、价款、数量、质量、地点、期限、方式等全面履行各自的义务。按照约定履行自己的义务,既包括全面履行义务,也包括正确适当履行合同义务。

(2)诚实信用原则。当事人应当遵循诚实信用原则,根据合同性质、目的和交易习惯履行通知、协助和保密的义务。当事人首先要保证自己全面履行合同约定的义务,并为对方履行创造条件。当事人双方应关心合同履行情况,发现问题应及时协商解决。一方当事人在履行过程中发生困难,另一方当事人应在法律允许的范围内给予帮助。在合同履行过程中应信守商业道德,保守商业秘密。

2.合同履行的一般规定

合同生效后,当事人就质量、价款或者报酬、履行地点等内容没有约定或者约定不明的,可以协议补充,不能达成补充协议的,按照合同有关条款或者交易习惯确定。如果按照上述办法仍不能确定合同如何履行的,适用下列规定进行履行:

(1)质量要求不明的,按国家标准、行业标准履行;没有国家、行业标准的,按通常标准或者符合合同目的的特定标准履行。

(2)价款或报酬不明的,按订立合同时履行地的市场价格履行;依法应当执行政府定价或政府指导价的,按规定履行。

(3)履行地点不明确的,给付货币的,在接收货币一方所在地履行;交付不动产的,在不动产所在地履行;其他标的在履行义务一方所在地履行。

(4)履行期限不明确的,债务人可以随时履行,债权人也可以随时要求履行,但应当给对方必要的准备时间。

(5)履行方式不明确的,按照有利于实现合同目的的方式履行。

(6)履行费用的负担不明确的,由履行义务一方承担。

合同在履行中既可能是按照市场行情约定价格,也可能执行政府定价或政府指导价。如果是按照市场行情约定价格履行，则市场行情波动不应影响合同价，执行原合同价格。

如果执行政府定价或政府指导价的，在合同约定的交付期限内政府价格调整时，按照交付时的价格计价。逾期交付标的物的，遇价格上涨时按照原价格执行；遇价格下降时，按新价格执行。逾期提取标的物或者逾期付款的，遇价格上涨时，按新价格执行；价格下降时，按原价格执行。

3. 第三人履行合同

第三人履行合同包括债务人向第三人履行债务和第三人向债权人履行债务两种情况。

(1)债务人向第三人履行债务。债务人向第三人履行债务是指债务人本应向债权人履行义务，但由于债权人与债务人经过约定由债务人向第三人履行债务，但原债权人的地位不变。当事人约定由债务人向第三人履行债务，债务人未向第三人履行债务或者履行债务不符合约定，应当向债权人承担违约责任。

债务人向第三人履行债务，但第三人仍不是合同的当事人。合同当事人需协商同意由第三人接受履行，向第三人的履行原则上不能增加履行难度和履行费用。

(2)第三人向债权人履行债务。第三人向债权人履行债务是指经当事人约定由第三人代替债务人履行债务。当事人约定由第三人向债权人履行债务的，第三人不履行债务或者履行债务不符合约定的，债务人应当向债权人承担违约责任。

第三人向债权人履行债务，第三人也不是合同的当事人。但这种代替履行的行为必须征得债权人的同意，并且对债权人没有不利的影响。

4. 合同履行中的抗辩权

抗辩权是指双方在合同的履行中，都应当履行自己的债务，一方不履行或者有可能不履行时，另一方可以据此拒绝对方的履行要求。

(1)同时履行抗辩权。当事人互负债务，没有先后履行顺序的，应当同时履行。同时履行抗辩权包括：一方在对方履行之前有权拒绝其履行要求；一方在对方履行债务不符合约定时，有权拒绝其相应的履行要求。

同时履行抗辩权的适用条件是：

①由同一双务合同产生互负的对价给付债务；

②合同中未约定履行的顺序；

③对方当事人没有履行债务或没有正确履行债务；

④对方的对价给付是可能履行的义务。

所谓对价给付是指一方履行的义务和对方履行的义务之间具有互为条件、互为牵连的关系并且在价格上基本相等。

(2)先履行抗辩权。《合同法》第67条规定："当事人互负债务，有先后履行顺序，先履行一方未履行的，后履行一方有权拒绝其履行要求。先履行一方履行债务不符合约定的，后履行一方有权拒绝其相应的履行要求。"先履行抗辩权的适用条件是：

①由同一双务合同产生互负的对价给付债务；

②合同中约定了履行的顺序；

③应当先履行的合同当事人没有履行债务或没有正确履行债务；

④应当先履行的对价给付是可能履行的义务。

【例5-1】　甲方2010年1月将某桥梁工程发包给乙方，在建设工程合同中约定：甲方负责"三通一平"（通水、通电、通路，工地上住户迁走），"三通一平"于2010年6月完成，乙方

2011年8月交工。但甲方"三通一平"的工作,至2010年9月才完成,乙方公司此时得以进入工地。至2011年10月,乙方才交工。请问,乙方是否承担违约责任。

乙方不承担违约责任。乙方有权顺延工期(行使履行抗辩权)。《合同法》第283条规定:"发包人未按照约定的时间和要求提供原材料、设备、场地、资金、技术资料的,承包人可以顺延工程日期,并有权要求赔偿停工、窝工等损失。"顺延工程日期,是行使履行抗辩权的一种方式。行使履行抗辩权,不影响追究对方违约责任的权利。

(3)不安抗辩权。不安抗辩权是指合同中约定了履行的顺序,合同成立后发生了应当后履行合同一方财务状况恶化的情况,应当先履行合同的一方在对方未履行或提供担保前有权拒绝先为履行。设立不安抗辩权的目的在于,预防合同成立后情况发生变化而损害合同另一方的利益。

应当先履行合同的一方有确切证据证明对方有下列情形之一的,可以中止履行:①经营状况严重恶化;②转移财产、抽逃资金,以逃避债务的;③丧失商业信誉;④有丧失或可能丧失履行债务能力的其他情形。

当事人中止履行合同的,应当及时通知对方,对方提供适当的担保时应恢复履行。中止履行后,对方在合理的期限内未恢复履行能力且未提供适当的担保,中止履行的一方可以解除合同。当事人没有确切证据就中止履行合同的应承担违约责任。

【例5-2】 甲方、乙方在1月20日签订了合同,由甲方卖给乙方一台价款为320万元的机器,交货时间为1月23日,付款时间为2月25日。1月23日甲方交货后,乙方认为机器质量很好,又于1月25日与乙方签订合同,再购买一台机器。发货日期为3月25日。至3月25日,甲方公司可以乙方公司未支付第一份合同的货款为由拒绝第二份合同的发货,因为乙方欠缺商业信用。

(4)代位权。代位权是指债务人怠于行使其对第三人(次债务人)享有的到期债权,而有害于债权人的债权时,债权人为保障自己的债权而以自己的名义行使债务人对次债务人的债权的权利。《合同法》第73条规定:"因债务人怠于行使其到期债权,对债权人造成损害的,债权人可以向人民法院请求以自己的名义代位行使债务人的债权,但该债权专属于债务人自身的除外。代位权的行使范围以债权人的债权为限。债权人行使代位权的必要费用,由债务人负担。"具体地说,债权人行使代位权,是以自己作为原告,以次债务人为被告,要求次债务人对债务人履行到期债务,直接向自己履行。

债权人可以越过债务人以原告名义直接起诉次债务人,获得债权的清偿。因此,代位权对解决三角债、连环债,维护债权人的利益,维护交易安全具有重要的作用。代位权行使的结果,使债权人直接获得清偿。

【例5-3】 甲方向乙方提供了200万元的借款,丙方又欠乙方300万元工程款。甲方不是金融企业,无权放贷,按照目前的规定,甲乙之间的合同是无效的,利息应当给予追缴,但乙方对于本金是应当返还的。甲方向乙方索取200万元的本金是合法的。这样,甲方行使代位权就有了前提。甲方可以起诉丙方,要求丙方直接向自己清偿200万元。

五、合同的变更、转让

1.合同的变更

合同变更有狭义和广义之分。狭义的变更是指合同内容的某些变化,是在主体不变、标的不变、法律性质不变的条件下,在合同没有履行或没有完全履行之前,由于一定的原因,由当事人对合同约定的权利义务进行局部调整。这种调整,通常表现为对合同某些条款的修改或补充。如买卖合同标的物数量的增加或减少、交货时间的提前或延期、运输方式和交货地点改变等都可视为合同的变更。

广义的合同变更,除包括合同内容的变更以外,还包括合同主体的变更,即由新的主体取代原合同的某一主体,这实质上是合同的转让。合同内容的变更,是当事人之间民事关系的某种变化,它是本质意义上的变更;而合同主体的变更,则是合同某一主体与新的主体建立民事权利义务关系,因此,它不是本质意义上的变更。

合同变更,通常要遵循一定的程序或依据某项具体原则或标准。协商一致是合同变更的必要条件,任何一方都不得擅自变更合同。这些程序、原则、标准等可以在订立合同时约定,也可以在合同订立后约定。有些合同需要有关部门的批准或登记,《合同法》第 77 条第 2 款规定:"法律、行政法规规定变更合同应当办理批准、登记等手续的,依照其规定。"有效的合同变更必须要有明确的合同内容的变更。如果当事人对合同的变更约定不明确,视为没有变更。合同变更后原合同债消灭,产生新的合同债。因此,合同变更后,当事人不得再按原合同履行,而须按变更后的合同履行。

2. 合同的转让

合同转让是指合同一方将合同的权利、义务全部或部分转让给第三人的法律行为。合同的转让,体现了债权债务关系是动态的财产关系这一特性。合同的转让包括债权转让和债务承担两种情况,当事人也可将权利、义务一并转让。

(1)债权转让。债权转让是指合同债权人通过协议将其债权全部或部分转让给第三人的行为。债权人可以将合同的权利全部或部分转让给第三人。《合同法》第 87 条规定"法律、行政法规规定转让权利或者转让义务应当办理批准、登记等手续的,依照其规定。"但下列情形债权不可以转让:

①根据合同性质不得转让。如对公益事业的赠与合同,受赠人不能将债权转让。

②根据当事人约定不得转让。

③依照法律规定不得转让。如《担保法》第 50 条规定:抵押权不得与债权分离而单独转让。

《合同法》第 80 条、第 84 条的规定,债权人转让债权,是依法转让、是通知转让,而债务人转让债务须得到债权人的许可。未通知的,该转让对债务人不发生效力。且转让权利的通知不得撤销,除经受让人同意。

(2)债务承担。债务承担是指债务人将合同的义务全部或部分转移给第三人的情况。债务人将合同的义务全部或部分转移给第三人的必须经债权人同意,否则,这种转移不发生法律效力。

(3)权利和义务同时转让。当事人一方经对方同意,可以将自己在合同中的权利和义务一并转让给第三人。当事人订立合同后合并的,合并后的法人或其他组织行使合同权利,履行合同义务。当事人订立合同后分立的,除债权人和债务人另有约定外,由分离的法人或其他组织对合同的权利和义务享有连带债权,承担连带债务。

合同的转让,与合同的第三人履行或接受履行不同,第三人并不是合同的当事人,他只是代债务人履行义务或代债权人接受义务的履行。合同责任由当事人承担而不是由第三人承担。合同转让时,第三人成为合同的当事人。合同转让,虽然在合同内容上没有发生变化,但出现了新的债权人或债务人,故合同转让的效力在于成立了新的法律关系,即成立了新的合同,原合同应归于消灭,由新的债务人履行合同,或者由新的债权人享受权利。

六、合同的终止

1.合同终止的概念

合同终止是指当事人之间根据合同确定的权利义务在客观上不复存在。合同终止是随着一定法律事实发生而发生的,是合同关系的消灭,不可能恢复。合同的权利义务终止后,当事人应当遵循诚实信用的原则。根据交易习惯履行通知、协助、保密等义务。权利义务的终止不影响合同中结算和清理条款的效力。

2.合同终止的原因

我国《合同法》第91条规定:"有下列情形之一的,合同的权利义务终止:①债务已经按照约定履行;②合同解除;③债务相互抵消;④债务人依法将标的物提存;⑤债权人免除债务;⑥债权债务同归一人;⑦法律规定或者当事人约定终止的其他情形。"

(1)债务已按照约定履行。债务已按照合同的约定履行即是债的清偿,是按照合同约定实现债权目的的行为。清偿是合同权利义务终止的最主要和最常见的原因。清偿一般由债务人为之,但不以债务人为限,也可能由债务人的代理人或第三人进行合同的清偿。

(2)合同解除。合同解除是指对已经发生法律效力,但尚未履行或尚未完全履行的合同,因当事人一方的意思表示或双方的协议而使债权债务关系提前归于消灭的行为。合同解除可分为约定解除和法定解除两类。

约定解除是当事人通过行使约定的解除权或双方协商决定而进行的合同解除。当事人协商一致可以解除合同,即合同的协商解除。当事人也可以约定一方解除合同的条件,解除合同条件成就时,解除权人可以解除合同,即合同约定解除权的解除。

法定解除是解除条件直接由法律规定的合同解除。当法律规定的解除条件具备时,当事人可以解除合同。它与合同约定解除权的解除都是具备一定解除条件时,由一方行使解除权;区别则在于解除条件的来源不同。有下列情形之一的,当事人可以解除合同:

①因不可抗力致使不能实现合同目的的。不可抗力往往导致合同当事人无法履行合同义务,这种无法履约不是当事人的过错引起的,受不可抗力影响一方可以解除合同。

②在履行期限届满之前,当事人一方明确表示或以自己的行为表明不履行主要债务。

③当事人一方延迟履行主要债务,经催告后在合理的期限内仍未履行。主要债务是指合同规定的具有重要地位的、决定合同性质的合同义务。主要债务的不履行将导致合同的根本目的没有实现。在这种情况下,没有违约一方可以解除合同。

④当事人一方延迟履行债务或有其他违法行为,致使不能实现合同目的。不能实现合同目的的违约属于根本违约,没有违约一方可以解除合同。

⑤法律规定的其他情形的。

【例5-4】 甲方定于4月12日举办中学生运动会,其与乙方订立承揽合同,要求乙方将特制的在运动会开幕式上使用的彩旗于4月11日前送到。至4月11日,乙方没有送货,甲方了解到乙方还没有将旗帜制好,根本不能保证4月12日的使用。遂通知乙方解除合同,并要求赔偿损失。此例中,甲方解除合同不需要事先经过催告程序。

(3)债务相互抵消。债务相互抵消是指两个人彼此互负债务,各以其债权充当债务的清偿,使双方的债务在等额范围内归于消灭。债务抵消可以分为约定债务抵消和法定债务抵消两类。

(4)债务人依法将标的物提存。标的物提存是指由于债权人的原因致使债务人无法向其交付标的物,债务人可以将标的物交给有关机关保存,以此消灭合同的制度。因为债务的履行往往要有债权人的协助,如果出于债权人的原因致使债务人无法向其交付标的物,仅仅要求债权人承担违约责任,将使债务人长期处于合同不合理的约束之下。此时,债务人将标的物提存后,合同的权利义务即告终止。我国目前的提存机构为公证机构。有下列情况,难以履行债务的,债务人可以将标的物提存:

①债权人无正当理由拒绝领受。

②债权人下落不明。

③债权人死亡未确定继承人或丧失民事行为能力未确定监护人。

④法律规定的其他情形。

标的物不适用于提存,或提存费用过高的,债务人依法可以拍卖或变卖标的物,提存所得的价款。标的物提存后,除债权人下落不明外,债务人应当及时通知债权人或其继承人、监护人。

(5)债权债务同归一方。债权债务同归一方也称混同,是指债权债务同归于一人而导致合同权利义务归于消灭的情况。但是,在合同标的物上设有第三人利益的,如债权上设有抵押权,则不能混同。混同是一种事实,无需任何意思表示。

(6)债权人免除债务。指债权人免除债务人的债务,即债权人以消灭债务人的债务为目的而抛弃债权的意思表示。债权人免除债务人部分或全部债务的,合同的权利义务部分或全部终止。免除债务是一种民事法律行为,必须有抛弃的意思表示而不能以事实行为的方式作出。免除是一种无偿行为,必须以债权债务关系消灭为内容。

(7)合同的权利义务终止的其他情形。除上述原因外,法律规定或当事人约定合同终止的其他情形出现时,合同也告终止。如时效(取得时效)的期满、合同的撤销、作为合同主体的自然人死亡而其债务又无人承担等。

七、违约责任

1.违约责任的概念

违约责任是指当事人任何一方不能履行或履行合同不符合约定的而应当承担的法律责任。违约行为的表现形式包括不履行和不适当履行。不履行是指当事人不能履行或拒绝履行合同义务。不能履行合同的当事人一般也应承担违约责任。《合同法》第107条规定:“当事人一方不能履行合同义务或者履行合同义务不符合约定的,应当承担继续履行、采取补救措施或者赔偿损失等违约责任。”上述继续履行、采取补救措施或者赔偿损失等,都属于财产责任。违约责任是违反有效合同构成的责任。未成立的合同、无效合同、被撤销的合同以及效力未定的合同(可追认的合同)未被追认时均不产生违约责任。

2.承担违约责任的条件和原则

(1)承担违约责任的条件。当事人承担违约责任的条件是指当事人承担违约责任应具备的要件:①有违约行为。违约行为包括不履行和履行不符合约定。违约行为可以是预期违约

(参见《合同法》第94条第2项和第108条的规定),也可以是届期违约。②无免责事由。未按合同履行,但有免责事由,则不承担违约责任;未按合同履行,无免责事由则要承担违约责任。有无免责事由,由违约人举证。过错责任原则要求:当事人因过错违约而构成违约责任。据此,其构成要件有两个:其一,有违约行为;其二,有过错。免责事由分为法定的免责事由和约定的免责事由。约定免责事由属于当事人意思自治范畴。但约定免责,不得违反《合同法》第53条的规定。

违反合同而承担的违约责任,是以合同有效为前提的。当事人承担违约责任的前提,必须是违反了有效的合同或合同条款的有效部分。

(2)承担违约责任的原则。我国合同法规定的承担违约责任是以补偿性为原则。补偿性是指违约责任旨在补偿因违约行为造成的损失。对于财产损失的赔偿范围,我国合同法规定,赔偿损失额应相当于因违约行为所造成的损失,包括合同履行后可获得的利益。

但是,违约责任在有些情况下也具有惩罚性,如合同约定了违约金,违约行为没有造成损失或损失小于约定的违约金。

3.承担违约责任的方式

(1)继续履行。继续履行是指违反合同的当事人不论是否承担了赔偿金或违约金责任,都必须根据对方的要求,在自己能够履行的条件下,对合同未履行的部分继续履行。承担赔偿金或违约金责任不能免除当事人的履约责任。特别是金钱债务,违约方必须继续履行,因为金钱是一般等价物,没有别的方式可以替代履行。

当事人一方不履行非金钱债务或履行非金钱债务不符合约定的,对方也可以要求继续履行。但有下列情形之一的除外。

①法律上或事实上不能履行。

法律不能履行主要有以下几种情况:a.特定的标的物已经被他人善意取得。b.强制实际履行侵害债务人的人身自由。c.债务人破产。d.债务为自然债务。e.实践合同约定的债务。因为实践合同通常是无偿合同,法律给无偿付出的一方以反悔权。

事实上不能履行的情况:事实上不能履行的情况主要是基于自然法则的不能履行。比如一幅古画已经被火烧成灰烬或已经丢失。这幅古画是独一无二的,无法替代的。因而,强制实际履行在事实上不能履行。

②债务的标的不适于强制履行或履行费用过高。

【例5-5】 甲应当卖给乙普通红砖5 000块,甲违约,乙向法院要求强制甲履行。但甲已经停炉烧砖,若甲对乙赔偿,则赔偿50万元(包括了可得利益),如甲实际履行,重新开炉烧砖,则需花费150万元。普通红砖在市场上可以轻易买到,此时应当判决赔偿,而不应当判决强制实际履行。这种情况下,也不宜判决甲方买来普通红砖送给乙,因为这样仍然增加费用。

③债权人在合理期限内未要求履行。

债权人在合理的时间内没有要求履行,视为放弃了要求实际履行的权利。"合理的时间",要根据具体情况来判断。如债权人甲要求债务人乙(果园主)交付9t苹果,但提出实际履行的要求时,季节已过。此时的要求不合理,不应当给予支持。不能把"合理的时间"理解为诉讼时效。

(2)采取补救措施。所谓的补救措施主要是指我国民法通则和合同法中所确定的,在当事人违反合同的事实发生后,为防止损失发生或扩大,而由违反合同一方依照法律规定或约定采取的修理、更换、重新制作、退货、减少价格或报酬等措施,以给权利人弥补或挽回损失的责任形式。采取补救措施的责任形式,主要发生在质量不符合约定的情况下。

(3)赔偿损失。当事人一方不履行合同义务或履行合同义务不符合约定,给对方造成损失的,应当赔偿对方的损失。这种方式是承担违约责任的主要方式。因为违约一般都会给当事人造成损失,赔偿损失是守约者避免损失的有效方式。

当事人一方不履行合同义务或履行合同义务不符合约定的,在履行义务或采取补救措施后,对方还有其他损失的,应承担赔偿责任。当事人一方违约后,对方应采取适当措施防止损失的扩大,没有采取措施致使损失扩大的,不得就扩大的损失请求赔偿,当事人因防止扩大而支出的合理费用,由违约方承担。

(4)支付违约金。当事人可以约定一方违约时应根据违约情况向对方支付一定数额的违约金,也可以约定因违约产生的损失额的赔偿办法。约定违约金低于造成损失的,当事人可以请求人民法院或仲裁机构予以增加;约定违约金过分高于造成损失的,当事人可以请求人民法院或仲裁机构予以适当减少。违约金包括:不履行合同的违约金、逾期履行的违约金、瑕疵履行的违约金。

不履行合同的违约金是指当事人没有履行主债务应当支付的违约金,这种违约金一般是按合同标的额的一定比例计算。当合同部分未履行时,按未履行的部分计算。

(5)定金罚则。《合同法》第115条规定:"当事人可以依照《中华人民共和国担保法》约定一方向对方给付定金作为债权的担保。债务人履行债务后,定金应当抵作价款或者收回。给付定金的一方不履行约定的债务的,无权要求返还定金;收受定金的一方不履行约定的债务的,应当双倍返还定金。"定金是预交的违约金,但对定金的数额法律有限制(《担保法》第91条规定:"定金的数额由当事人约定,但不得超过主合同标的额的20%。超过的部分,人民法院不予支持。"),因此定金又不具备违约金完全弥补损失的功能。

当事人既约定违约金,又约定定金的,一方违约时,对方可以选择适用违约金或定金条款。但是,这两种违约责任不能合并使用。

八、合同争议的解决

合同争议也称合同纠纷,是指合同当事人对合同规定的权利和义务产生了不同的理解。合同争议的解决方式有和解、调解、仲裁、诉讼四种。

1. 和解

和解是指合同纠纷当事人在自愿友好的基础上,互相沟通、互相谅解,从而解决纠纷的一种方式。合同发生纠纷时,当事人应首先考虑通过协商解决纠纷。合同纠纷协商解决有以下优点:简便易行,能经济、及时地解决纠纷;有利于维护合同双方的友好合作关系,使合同能更好地得到履行;有利于和解协议的执行。

2. 调解

调解是指合同当事人对合同所约定的权利、义务发生争议,经过协商后,不能达成和解协议时,在经济合同管理机关或有关机关、团体等的主持下,通过对当事人进行说服,促使双方互相作出适当的让步,自愿达成协议,以求解决经济合同纠纷的方法。

合同纠纷的调解往往是当事人经过协商仍不能解决纠纷后采取的方式,因此与和解相比,它面临的纠纷要大一些。与诉讼、仲裁相比，仍具有与和解相似的优点：它能够较经济、较及时地解决纠纷；有利于消除合同当事人的对立情绪，维护双方的长期合作关系。

3.仲裁

仲裁是当事人双方在争议发生前或争议发生后达成协议，自愿将争议交给第三者作出裁决，并负有自动履行义务的一种解决争议的方式。这种争议解决方式必须是自愿的，因此必须有仲裁协议。如果当事人之间有仲裁协议，争议发生后又无法通过协商和调解解决，则应及时将争议提交仲裁机构仲裁。

(1)仲裁的原则。仲裁制度具有以下原则：

①自愿原则。仲裁机构本身并无强制力，当事人采用仲裁方式解决纠纷，应当双方自愿，达成仲裁协议。如有一方不同意进行仲裁的，仲裁机构即无权受理纠纷。

②公平合理原则。仲裁的公平合理是仲裁制度的生命力所在。这一原则要求仲裁机构要充分搜集证据，听取纠纷双方的意见。仲裁应当根据事实。同时，仲裁应当符合法律规定。

③仲裁依法独立进行原则。仲裁机构是独立的组织，相互间也无隶属关系。仲裁依法独立进行，不受行政机关、社会团体和个人的干涉。

④一裁终局原则。由于仲裁是当事人基于对仲裁机构的信任作出的选择，因此其裁决是立即生效的。裁决作出后，当事人就同一纠纷再申请仲裁或向人民法院起诉的，仲裁委员会或人民法院不予受理。

(2)仲裁协议的内容。仲裁协议是纠纷当事人愿意将纠纷提交仲裁机构仲裁的协议。它应包括请求仲裁的意思表示、仲裁事项、选定的仲裁委员会等内容。

(3)仲裁协议的作用。合同当事人均受仲裁协议的约束；是仲裁机构对纠纷进行仲裁的先决条件；排除了法院对纠纷的管辖权；仲裁机构应按仲裁协议进行仲裁。

(4)仲裁庭的组成。仲裁庭的组成有两种方式：

①当事人约定由三名仲裁员组成仲裁庭。当事人如果约定由三名仲裁员组成仲裁庭，应当各自选定或各自委托仲裁委员会主任指定一名仲裁员，第三名仲裁员由当事人共同选定或共同委托仲裁委员会主任指定。第三名仲裁员是首席仲裁员。

②当事人约定由一名仲裁员组成仲裁庭。仲裁庭也可以由一名仲裁员组成。当事人如果约定由一名仲裁员组成仲裁庭的，应当由当事人共同选定或共同委托仲裁委员会主任指定仲裁员。

(5)仲裁裁决的执行。仲裁委员会的裁决作出后，当事人应当履行。当一方当事人不履行仲裁裁决时，另一方当事人可以依照民事诉讼法的有关规定向人民法院申请执行。接受申请的人民法院应当执行。

4.诉讼

诉讼是指合同当事人依法请求人民法院行使审判权，审理双方之间发生的合同争议，作出有国家强制保证实现其合法权益，从而解决纠纷的审判活动。合同双方当事人如果未约定仲裁协议，则只能以诉讼作为解决争议的最终方式。

对于一般的合同争议，由被告住所地或合同履行地人民法院管辖。我国的民事诉讼法也允许合同当事人在书面协议中选择被告住所地、合同履行地、合同签订地、原告所在地、标的物所在地人民法院管辖。对于建设工程合同的纠纷一般都适用不动产所在地的专属管辖，由工程所在地人民法院管辖。

第二节 公路工程建设主要相关法律法规

在工程建设中,必然会产生多种法律关系,这是工程建设复杂性的重要体现。我们选择在工程建设中比较重要的部分法律进行介绍。

一、公路法

《中华人民共和国公路法》于1997年7月3日中华人民共和国主席令第86号发布(根据1999年10月31日第九届全国人民代表大会常务委员会第十二次会议《关于修改〈中华人民共和国公路法〉的决定》第一次修正;根据2004年8月28日第十届全国人民代表大会常务委员会第十一次会议《关于修改〈中华人民共和国公路法〉的决定》第二次修正)。是调整在从事公路建设活动和对公路建设活动监督管理过程中所形成的社会关系的法律规范总称。本法中的公路建设活动是指公路、公路桥桥梁、公路隧道和公路渡口的规划、建设、养护、经营、使用和管理。

1. 公路规划

(1)公路标准的划分。公路按其在公路路网中的地位分为国道、省道、县道和乡道,并按技术等级分为高速公路、一级公路、二级公路、三级公路和四级公路。新建公路应当符合技术等级的要求。原有等外公路,应逐步改造为符合技术等级要求的公路。

(2)各级公路规划要求。公路规划应根据国民经济和社会发展以及国防建设的需要编制,与城市建设发展规划和其他方式的交通运输发展规划相协调。建设用地规划应符合土地利用总体规划,当年建设用地应纳入年度建设用地计划。

①国道规划由国务院交通行政主管部门会同国务院有关部门并商国道沿线省、自治区、直辖市人民政府编制,报国务院批准。

②省道规划由省、自治区、直辖市人民政府交通行政主管部门会同同级有关部门并商省道沿线下一级人民政府编制,报省、自治区、直辖市人民政府批准,并报国务院交通行政主管部门备案。

③县道规划由县级人民政府交通行政主管部门会同同级有关部门编制,经本级人民政府审定后,报上一级人民政府批准。

④乡道规划由县级交通行政主管部门协助乡、民族乡、镇人民政府编制,报县级人民政府批准。

经批准的省道、县道、乡道公路规划需要修改的,由原编制机关提出修改方案,报原批准机关批准。

(3)专用公路规划要求。专用公路规划由专用公路的主管单位编制,经其上级主管部门审定后,报县级以上人民政府交通主管部门审核。专用公路规划应与公路规划相协调。

2. 公路建设

(1)建设资金。筹集公路建设资金,除各级人民政府的财政拨款外,可以依照法律或国务院有关规定决定征收用于公路建设的费用;还可以依法向国内外金融机构或外国政府贷款。国家鼓励国内外经济组织对公路建设进行投资。开发、经营公路的公司可以依照法律、行政法规的规定发行股票、公司债券筹集资金。

(2)公路建设体制。公路建设应当按照基本建设程序和有关规定进行。公路建设项目应实行法人负责制度、招标投标制度、工程监理制度和合同管理制度。

(3)从业资格制度。承担公路建设的可行性研究单位、勘察设计单位、施工单位和工程监理单位,必须持有国家规定的资质证书。

(4)公路建设的有关要求。

①公路建设需要使用国有荒山、荒地或在国有荒山、荒地、河滩、滩涂上挖砂、采石、取土的,依照有关规定办理手续后,任何单位和个人不得阻挠或非法收取费用。

②地方各级人民政府对公路建设依法使用土地和搬迁居民,应当给予支持和协助。

③公路建设项目的设计和施工,应当符合依法保护环境、保护文物古迹和防止水土流失的要求。

④公路规划中贯彻国防要求的公路建设项目,应当严格按照规划进行建设。

⑤因建设公路影响铁路、水利、电力、邮电设施和其他设施正常使用时,公路建设单位应事先征得有关部门的同意;因公路建设对有关设施造成损坏的,公路建设单位应按照不低于该设施原有的技术标准予以修复,或给予经济补偿。

⑥改建公路时,施工单位应当在施工路段两端设置明显的施工标志、安全标志。需要车辆绕行的,应当在绕行路口设置标志;不能绕行的,必须修建临时道路,保证车辆和行人通行。建成的公路,应当按照规定设置明显的标志、标线。

⑦公路建设项目和公路修复项目竣工后,应当按照国家有关规定进行验收;未经验收或验收不合格的,不得交付使用。

⑧县级以上地方人民政府应当确定公路两侧边沟(截水沟、坡脚护坡道,下同)外缘起不少于1m的公路用地。

3.公路养护

(1)公路养护费用征收办法。2009年1月1日起国家实行燃油税改革,取消养路费,采取依法征税的办法筹集公路养护资金。使用车辆的单位和个人,在购买燃油时,按照国家有关规定缴纳燃油附加费。依法征税筹集的公路养护资金必须用于公路的养护和改建。

(2)养护管理。县、乡级人民政府对公路养护需要的材料、劳务应给予支持和协助,应当在农村义务工的范围内,按照国家有关规定组织公路两侧的农村居民履行为公路建设和养护提供劳务的义务。因严重自然灾害致使国道、省道交通中断,公路管理机构应当及时修复;公路管理机构难以及时修复时,县级以上地方人民政府应当及时组织当地机关、团体、企业事业单位、城乡居民进行抢修,并可以请求当地驻军支援,尽快恢复交通。

4.路政管理

国务院交通行政主管部门主管全国公路工作。各级地方人民政府应当采取措施,加强对公路的保护。县级以上地方人民政府交通主管部门应当认真履行职责,依法做好公路保护工作,并努力采用科学的管理方法和先进的技术手段,提高公路管理水平,逐步完善公路服务设施,保障公路的完好、安全和畅通。

5.收费公路

(1)收费公路类型

国家允许依法设立收费公路,对收费公路的数量进行控制。符合国务院交通行政主管部门规定的技术等级和规模的下列公路,可以依法收取车辆通行费:

①由县级以上地方人民政府交通主管部门利用贷款或向企业、个人集资建成的公路;

②由国内外经济组织依法受让前项收费公路收费权的公路;

③由国内外经济组织依法投资建成的公路。

其他任何公路禁止收取车辆通行费。目前,二级公路逐步取消收费。

(2)收费管理

①收费期限。收费公路的收费期限,按照收费偿还贷款、集资款的原则,由省、自治区、直辖市人民政府依照国务院交通行政主管部门的规定确定。收费经营期限按照收回投资并有合理回报的原则,由有关交通主管部门与投资者约定并按照国家有关规定办理审批手续,但最长不得超过国务院规定的年限。

②收费站的设定。收费站的设定,应当报经省、自治区、直辖市人民政府审查批准。跨省的收费公路设置车辆通行费的收费站,由有关省、自治区、直辖市人民政府协商确定;协商不成的,由国务院交通行政主管部门决定。

③收费标准。收费公路车辆通行费的收费标准,由公路收费单位提出方案,报省、自治区、直辖市人民政府交通行政主管部门会同同级物价行政主管部门审查批准。

6. 监督检查

交通主管部门、公路管理机构负有管理和保护公路的责任,依法对有关公路的法律、法规执行情况进行监督检查,有权检查、制止各种侵占、损坏公路、公路用地、公路附属设施及其他违反法律规定的行为。

7. 法律责任

违反了国家的法律法规对公路建设和公路工程造成影响或损失的,要追究经济责任或行政责任;构成犯罪的,要依法追究刑事责任。

二、招标投标法

招标投标法是调整在招标投标活动中产生的社会关系的法律规范的总称。《中华人民共和国招标投标法》(以下简称《招标投标法》)已由第九届全国人大常委会第十一次会议于1999年8月30通过,自2000年1月1日起施行。凡在我国境内进行招标采购项目的采购活动,必须依照该法的规定进行。

1. 招标

(1)强制招标的工程建设项目范围

在我国境内进行下列工程建设项目,包括项目的勘察、设计、施工、监理以及与工程建设有关的重要设备、材料等的采购,必须进行招标。

①大型基础设施、公用事业等关系社会公共利益、公共安全的项目;

②全都或者部分使用国有资金投资或者国家融资的项目;

③使用国际组织或者外国政府贷款、援助资金的项目。

上述项目的具体范围和规模标准,由国务院发展计划部门会同国务院有关部门制定,报国务院批准。对上述必须进行招标的建设项目,任何个人或者单位不得将其化整为零或者以其他任何方式回避招标。

(2)可以不进行招标的工程范围

①涉及国家安全、国家秘密或者抢险救灾而不适宜招标的;

②属于利用扶贫资金实行以工代赈需要使用农民工的;

③施工主要技术采用特定的专利或者专有技术的;

④施工企业自建自用的工程,且该施工企业资质等级符合工程要求的;

⑤在建工程追加的附属小型工程或者主体加层工程,原中标人仍具备承包能力的;

⑥法律、行政法规规定的其他情形。

(3)建设工程的招标方式

建设工程的招标方式分为公开招标和邀请招标两种。

①公开招标是指招标人以招标公告的方式邀请不特定的法人或其他组织投标,它是一种由招标人按照法定程序,在公开出版物上发布或以其他公开方式发布招标公告,所有符合条件的承包人均可以平等参加投标竞争,从中择优选择中标者的招标方式。

②邀请招标是指招标人以投标邀请书的方式邀请特定的法人或其他组织投标。邀请招标是由接到投标邀请书的法人或其他组织才能参加投标的一种招标方式,其他潜在的投标人则被排除在投标竞争之外,邀请招标必须向三个以上的潜在投标人发出邀请。邀请招标只有在有些项目不适合公开招标时才可以采用。

(4)招标公告与投标邀请书

招标公告是指采用公开招标方式的招标人(包括招标代理机构)向所有潜在的投标人发出的一种广泛的通告。依法必须进行招标项目的招标公告,应当通过国家指定的报刊、信息网络或其他媒介发布招标公告。投标邀请书是指采用邀请招标方式的招标人,向三个以上具备承担招标项目的能力、资信良好的特定法人或其他组织发出的参加投标的邀请。

(5)资格预审

资格预审是指在招标开始之前或者开始初期,由招标人对申请参加投标的潜在投标人进行资质条件、业绩、信誉、技术、资金等多方面的情况进行资格审查。只有在资格预审中被认定为合格的潜在投标人(或投标人),才可以参加投标。如果国家对投标人的资格条件有规定的,依照其规定。

招标人在规定时间内,按照资格预审文件中规定的标准和方法,对提交资格预审申请书的潜在投标人的资格进行审查。审查的重点是专业资格审查。

(6)编制和发售招标文件

招标人应当根据招标项目的特点和需要编制招标文件。招标文件是投标人准备投标文件和参加投标的依据,也是招标投标活动当事人的行为准则和评标的重要依据。因此,招标文件在招标活动中具有重要的意义。

招标人对已发出的招标文件进行必要的澄清或修改,应当在招标文件要求提交投标文件截止时间至少15日前,以书面形式通知所有招标文件收受人。该澄清或修改的内容为招标文件的组成部分。对招标人而言,对招标文件作出必要的澄清或修改后,以书面形式通知所有招标文件收受人是一项必须履行的义务。

招标文件是招标活动公平、公正的重要体现,招标文件不得要求或标明特定的生产供应者以及含有倾向或排斥潜在投标人的其他内容。

国家对招标项目的技术、标准和投标人的资格条件有规定的,应当按照规定在招标文件中载明。这些要求一般都是强制性的,不允许当事人通过协议降低这方面的要求。

2. 投标

(1)投标人及其资格要求。投标人是响应招标、参加投标竞争的法人或其他组织。自然人不能作为建设工程项目的投标人。投标人应当具备以下条件:

①投标人应当具备承担招标项目的能力;

②投标人应当符合招标文件规定的资格条件。

(2)编制和送达投标文件。不同的招标项目,其投标文件的组成也会有一定的区别。对于建设施工项目招标,投标文件的内容应当包括拟派出的项目负责人与主要技术人员的简历、业绩和拟用于完成招标项目的机械设备等。

①投标文件的编制。为了编制投标文件,除了应当搜集有关资料外,还应当参加投标预备会和勘察现场。

招标人将在资料表写明的地点和时间统一组织投标人对现场及其周围环境进行一次现场考察,以便投标人自行查明或核实有关编制投标文件和签订合同所必需的一切资料。

标前会议的目的,是澄清并解答投标人在查阅招标文件和现场考察后,可能提出的涉及投标和合同方面的任何问题。会后,招标人将其书面答复和澄清的内容以编号的补遗书形式发给所有已购买招标文件的投标人。投标人在收到书面答复(补遗书)后,应在24小时内以传真等书面形式向招标人确认收到。

②投标文件的送达。投标人应当在招标文件要求提交投标文件的截止时间前,将投标文件送达投标地点。招标人收到投标文件后,应当签收保存,不得开启。招标人在投标截止期以后收到的投标文件,将原封退给投标人。

③投标文件的补充、修改或撤回。投标人在招标文件要求提交投标文件的截止时间前,可以补充、修改或撤回已提交的投标文件,并以规定的书面形式通知招标人(应当与投标文件同样密封和递交)。补充、修改的内容也是投标文件的组成部分。

④联合体共同投标。联合体共同投标是指由两个以上的法人或其他组织共同组成联合体,以该联合体的名义即一个投标人的身份参加投标的组织方式。但是,联合投标应当是潜在投标人的自愿行为,招标人不得强制投标人组成联合体共同投标。

联合体各方应当具备承担招标项目的相应能力,联合体各方均应当具备规定的相应资格条件。由同一专业的单位组成的联合体,按照资质等级较低的单位确定资质等级。

联合体各方应当签订共同投标协议,明确约定各方应当承担的工作和责任,并将共同投标协议连同投标文件一并提交招标人。联合体中标者,联合体各方应当共同与招标人签订合同,就中标项目向招标人承担连带责任。

3. 开标、评标和中标

(1)开标。我国《招标投标法》规定,开标应当在招标文件确定的提交投标文件截止时间的同一时间公开进行。开标由招标人或招标代理人主持,邀请所有投标人参加。评标委员会委员和其他有关单位的代表也应当应邀出席开标。投标人或他们的代表则不论是否被邀请,都有权参加开标。

(2)评标。评标由招标人依法组建的评标委员会负责。依法必须进行招标的项目,评标委员会由招标人和招标代理机构的代表,以及受聘或应邀参加该委员会的技术、经济等方面的专家组成。评标委员会的成员人数为5人以上单数,其中,技术、经济等方面的专家不得少于成员总数的2/3,并且这些专家应当从事相关领域工作满八年、具有高级职称或具有同等专业水平。

评标委员会可以要求投标人对投标文件中含意不明确的内容作必要的澄清或说明,但是澄清或说明不得超出投标文件的范围或改变投标文件的实质性内容。

评标委员会应当按照招标文件确定的评标步骤和方法,对投标文件进行评审和比较;设有标底的,应当参考标底。评标委员会完成评标后向招标人提出书面评标报告,并推荐合格的中标候选人。招标人根据评标委员会提出的书面评标报告和推荐的中标候选人确定中标人;招标人也可以授权评标委员会直接确定中标人。评标只对有效投标进行评审。

中标人的投标应当符合下列条件之一:

①能够最大限度地满足招标文件中规定的各项综合评标标准;

②能够满足招标文件的实质性要求,并且经评审的投标价格最低,但是投标价格低于成本的除外。

在建设项目的招标投标中,评价的方法有综合评议法和合理低标价法(也可称为最低评标价法)等。

(3)中标。中标人确定后,招标人应当向中标人发出中标通知书,并同时将中标结果通知所有未中标的投标人。中标通知书对招标人和中标人具有法律效力。中标通知书发出后,招标人改变中标结果的,或中标人放弃中标项目的,应当依法承担法律责任。

招标人和中标人应当自中标通知书发出之日起30日内,按照招标文件和中标人的投标文件订立书面合同。招标人和中标人不得再行订立背离合同实质性内容的其他协议。招标文件要求中标人提交履约保证金的,中标人应当提交。

依法必须进行招标的项目,招标人应当自确定中标人之日起15日内,向有关行政监督部门提交招标投标情况的书面报告。

三、政府采购法

《中华人民共和国政府采购法》(2003年1月1日起实施)中规定的政府采购,是指各级国家机关、事业单位和团体组织,使用财政性资金采购依法制定的集中采购目录以内的或采购限额标准以上的货物、工程和服务的行为。政府采购实行集中采购和分散采购相结合。集中采购的范围由省级以上人民政府公布的集中采购目录确定。

1. 政府采购当事人

政府采购当事人包括采购人、供应商和采购代理机构等。

(1)采购人,是指依法进行政府采购的国家机关、事业单位、团体组织。

(2)采购代理机构,是指根据采购人的委托办理采购事宜的集中采购机构,是非营利事业法人。采购人采购纳入集中采购目录的政府采购项目,必须委托集中采购机构代理采购。

集中采购机构进行政府采购活动,应符合采购价格低于市场平均价格、采购效率更高、采购质量优良和服务良好的要求。

(3)供应商。供应商参加政府采购活动应当具备下列条件:

①有独立承担民事责任的能力;

②有良好的商业信誉和健全的财务会计制度;

③具有履行合同所必需的设备和专业技术能力;

④有依法缴纳税收和社会保障资金的良好记录;

⑤参加政府采购活动前3年内,在经营活动中没有重大违法记录;

⑥法律、行政法规规定的其他条件。

采购人可以要求供应商提供有关资质证明文件和业绩情况,并根据上述条件和采购项目对供应商的特定要求,对供应商的资格进行审查。但不得以不合理的条件对供应商实行差别或歧视待遇。

2. 政府采购方式及程序

政府采购的方式包括:公开招标、邀请招标、竞争性谈判、单一来源采购、询价、国务院政府采购监督管理部门认定的其他采购方式。

（1）公开招标

公开招标应作为政府采购的主要方式。采购货物或服务应采用公开招标方式的，其具体数额标准，属于中央预算的政府采购项目，由国务院规定；属于地方预算的政府采购项目，由省、自治区、直辖市人民政府规定；因特殊情况需要采用公开招标以外的采购方式，应当在采购活动开始前获得设区的市、自治州以上人民政府采购监督管理部门的批准。

（2）邀请招标

符合下列情形之一的货物或服务，可采用邀请招标采购：

①具有特殊性，只能从有限范围的供应商处采购；

②采用公开招标方式的费用占政府采购项目总价值的比例过大。

（3）竞争性谈判

符合下列情形之一的货物或服务，可采用竞争性谈判方式采购：

①招标后没有供应商投标或没有合格标的或重新招标未能成立；

②技术复杂或性质特殊，不能确定详细规格或具体要求；

③采用招标所需时间不能满足用户紧急需要；

④不能事先计算出价格总额。

（4）单一来源采购

符合下列情形之一的货物或服务，可以采用单一来源方式采购：

①只能从唯一供应商处采购；

②发生了不可预见的紧急情况，不能从其他供应商处采购；

③必须保证原有采购项目一致性或服务配套的要求，需要继续从原供应商处添购，且添购资金总额不超过原合同采购金额的10%。

（5）询价

采购的货物规格、标准统一，现货货源充足且价格变化幅度小的政府采购项目，可以采用询价方式采购。

3. 政府采购合同

政府采购合同应当采用书面形式。采购人可以委托采购代理机构代表与供应商签订政府采购合同。

经采购人同意，中标、成交供应商可依法采取分包方式履行合同。政府采购合同履行中，在不改变合同其他条款的前提下，可以与供应商签订补充合同，但补充合同的采购金额不得超过原合同采购金额的10%。

四、土地管理法

1. 土地的所有权和使用权

（1）土地所有权

土地所有权是指土地所有人在法律规定的范围内享有对土地的占有、使用、收益和处分的权利。我国实行土地的社会主义公有制，即全民所有制和劳动群众集体所有制。全民所有即国家所有，国家所有土地的所有权由国务院代表国家行使，城市市区的土地属于国家所有。农村和城市郊区的土地，除法律规定属于国家所有的以外，属于农民集体所有；宅基地和自留地、自留山，属于农民集体所有。国家为了公共利益的需要,可以依法对土地实行征收或者征用并给予补偿。我国实行国有土地有偿使用制度,国有土地和集体所有土地的使用权可以依法转让。

(2)土地使用权

国有土地和农民集体所有的土地,可以依法确定给单位或者个人使用。单位和个人依法使用的国有土地,由县级以上人民政府登记造册,核发证书,确认使用权。其中,中央国家机关使用的国有土地的具体登记发证机关,由国务院确定。用于非农业建设的农民集体所有的土地,由县级人民政府登记造册,核发证书,确认使用权。依法改变土地权属和用途,应当办理土地变更登记手续。

2. 土地的利用和保护

国家实行占有耕地补偿制度。非农业建设经批准占用耕地的,按照"占多少,垦多少"的原则,由占用耕地的单位负责开垦与所占用耕地的数量和质量相当的耕地;没有条件开垦或开垦的耕地不符合要求的,应当按照规定缴纳耕地开垦费,专款用于开垦新的耕地。各省、自治区、直辖市划定的基本农田应当占本行政区域内耕地的80%以上。

国家建立土地调查制度和土地统计制度。县级以上人民政府土地行政主管部门会同同级有关部门进行土地调查,并根据土地调查成果、规划土地用途和国家制定的统一标准,评定土地等级。土地行政主管部门和统计部门共同发布的土地面积统计资料是各级人民政府编制土地利用总体规划的依据。

3. 建设用地

建设用地是指建造建筑物、构筑物的土地,包括城乡住宅和公共设施用地、工矿用地、交通水利设施用地、旅游用地、军事设施用地等。除兴办乡镇企业、村民建设住宅和乡村公共设施、公益事业建设外,任何单位和个人进行建设,需要使用土地的,必须依法申请使用国有土地。国有土地包括国家所有的土地和国家征用的原属于农民集体所有的土地。

(1)征用土地的批准。建设占用土地,涉及农用地转为建设用地的,应当办理农用地转用审批手续。征用下列土地的,由国务院批准:

①基本农田;

②基本农田以外的耕地超过35公顷的;

③其他土地超过70公顷的。征用上述规定以外的土地,由省、自治区、直辖市人民政府批准,并报国务院备案。

经批准建设项目需要使用国有建设用地的,建设单位应当持法律、行政法规规定的有关文件,向有批准权的县级以上人民政府土地行政主管部门提出建设用地申请,经土地行政主管部门审查,报本级人民政府批准。

(2)征用土地的补偿。征用土地的,按照被征用土地的原用途给予补偿。征用耕地的补偿费用包括土地补偿费、安置补助费以及地上附着物和青苗的补偿费。征用耕地的土地补偿费,为该耕地被征用前3年平均年产值的6~10倍。征用耕地的安置补助费,按照需要安置的农业人口数计算。需要安置的农业人口数,按照被征用的耕地数量除以征地前被征用单位平均每人占有耕地的数量计算。每一个需要安置农业人口的安置补助费标准,为该耕地被征用前3年平均年产值的4~6倍。但是,每公顷被征用耕地的安置补助费,最高不得超过被征用前3年平均年产值的15倍。征地补偿安置方案确定后,有关地方人民政府应当公告,并听取被征地的农村集体经济组织和农民的意见。

(3)国有土地使用权的收回。有下列情形之一,由有关人民政府土地行政主管部门报经原批准用地的人民政府或有批准权的人民政府批准,可以收回国有土地使用权:

①为公共利益需要使用土地的;

②为实施城市规划进行旧城区改建,需要调整土地使用范围的;

③土地出让等有偿使用合同约定的使用期限届满,土地使用者未申请续期或申请续期未获批准的;

④因单位撤销、迁移等原因,停止使用原划拨的国有土地的;

⑤公路、铁路、机场、矿场等经核准报废的。

其中,依照前两项规定收回国有土地使用权的,对土地使用权人应当给予适当补偿。

五、价格法

价格是商品或者服务价值的货币表现。《中华人民共和国价格法》(1998 年 5 月 1 日起实施)中的价格包括商品价格和服务价格,商品价格是指各类有形产品和无形资产的价格,服务价格是指各类有偿服务的收费。我国的价格管理机构是县级以上各级政府价格主管部门和其他有关部门。

1. 价格的分类管理

从价格管理的角度,价格可分为市场调节价、政府指导价和政府定价三类。大多数商品和服务价格实行市场调节价,极少数商品和服务价格实行政府指导价或者政府定价。

(1)市场调节价是指由经营者自主制定,通过市场竞争形成的价格。经营者是指从事生产、经营商品或者提供有偿服务的法人、其他组织和个人。

(2)政府指导价是指依照价格法的规定,由政府价格主管部门或者其他有关部门,按照定价权限和范围规定基准价及其浮动幅度,指导经营者制定的价格。

(3)政府定价是指依照价格法的规定,由政府价格主管部门或者其他有关部门按照定价权限和范围制定的价格。

2. 经营者的价格行为

(1)经营者价格行为要求

商品和服务的价格,除按照规定适用政府指导价和政府定价外,都实行市场调节价,由经营者自主制定。经营者定价,应当遵循公平、合法和诚实信用的原则。经营者定价的基本依据是生产经营成本和市场供求状况。经营者应当努力改进生产经营管理,降低生产经营成本,为消费者提供价格合理的商品和服务,并在市场竞争中获取合法利润。经营者销售、收购商品和提供服务,应当按照政府价格主管部门的规定明码标价,注明商品的品名、产地、规格、等级、计价单位、价格或者服务的项目、收费标准等有关情况。

行业组织应遵守价格法律、法规,加强价格自律,接受政府价格主管部门的工作指导。

(2)经营者违规行为

经营者不得有下列不正当行为:①相互串通,操纵市场价格,侵害其他经营者或消费者的合法权益;②除降价处理鲜活、季节性、积压商品外,为排挤对手或独占市场,以低于成本的价格倾销,扰乱正常的生产经营秩序,侵害国家利益或者其他经营者的合法权益;③捏造、散步涨价信息,哄抬价格,推动商品价格过高上涨;④利用虚假或使人误解的价格手段,诱骗消费者或者其他经营者与其进行交易;⑤对具有同等交易条件的其他经营者实行价格歧视等等。

3. 政府的定价行为

(1)政府定价的商品

必要时,政府可以对下列商品和服务价格实行政府指导价或者政府定价:

①与国民经济发展和人民生活关系重大的极少数商品价格;

②资源稀缺的少数商品价格;

③自然垄断经营的商品价格;

④重要的公用事业价格;

⑤重要的公益性服务价格。

(2)定价目录

政府指导价、政府定价的定价权限和具体适用范围,以中央和地方的定价目录为依据。中央定价目录由国务院价格主管部门制定、修订,报国务院批准后公布。地方定价目录由省、自治区、直辖市人民政府价格主管部门按照中央定价目录规定的定价权限和具体适用范围制定,经本级人民政府审核同意,报国务院价格主管部门审定后公布。省、自治区、直辖市人民政府以下各级地方人民政府不得制定定价目录。

(3)定价依据

政府应当依据有关商品或者服务的社会平均成本和市场供求状况、国民经济与社会发展要求以及社会承受能力,实行合理的购销差价、批零差价、地区差价和季节差价。制定关系群众切身利益的公用事业价格、公益性服务价格、自然垄断经营的商品价格时,应当建立听证会制度,征求消费者、经营者和有关方面的意见。

六、物权法

《中华人民共和国物权法》(以下简称《物权法》)于2007年3月16日第十届全国人民代表大会第五次会议通过,2007年10月1日起施行。《物权法》的立法目的是维护国家基本经济制度,维护社会主义市场经济秩序,明确物的归属,发挥物的效用,保护权利人的物权。《物权法》共分为19章247条,它适用于因物的归属和利用而产生的民事关系。

1. 物权的概念、种类

(1)物权的概念。物权是民事主体依法对特定的物进行管领支配,享有利益并排除他人干涉的权利,包括所有权、用益物权和担保物权。

(2)物权的种类。

①根据物权的权利主体是否为财产的所有人可以分为自物权(又称所有权)和他物权;

②根据设立的目的不同可以分为用益物权和担保物权;

③根据物权的客体是动产还是不动产可以分为动产物权和不动产物权。

2. 物权的保护类型

物权的保护类型包括:请求确认物权、请求排除妨碍、请求恢复原状、请求返还原物、请求损失赔偿等类型。

3. 建设用地使用权

建设用地使用权,指建设用地使用权人依法对国家所有的土地享有占有、使用和收益的权利,有权利用该土地建造建筑物、构筑物及其附属设施。

(1)建设用地使用权的设立

①建设用地使用权的设立范围。建设用地使用权人依法对国家所有的土地享有占有、使用和收益的权利,有权利用该土地建造建筑物、构筑物及其附属设施。

②建设用地使用权的设立方式。设立建设用地使用权,可以采取出让或者划拨等方式。工业、商业、旅游、娱乐和商品住宅等经营性用地以及同一土地有两个以上意向用地者的,应当采取招标、拍卖等方式出让。严格限制以划拨方式设立建设用地使用权。采取划拨方式的,应当遵守法律、行政法规关于土地用途的规定。

(2)建设用地使用权人的权利和义务

①权利 。对建设用地上的物享有所有权;建设用地使用权的转让、互换、出资、赠与、抵押权;获得补偿的权利;宅用地期满续期的权利。

②义务。履约的义务;支付出让金的义务;不得改变土地用途的义务;登记的义务。

4. 担保物权

(1)抵押权

《物权法》中关于抵押权的规定。抵押是指债务人或者第三人不转移对财产的占有,将该财产作为债权的担保。债务人不履行债务时,债权人有权以该财产折价或者以拍卖、变卖该财产的价款优先受偿的担保方式。

《物权法》规定了可以将在建工程作为抵押物。同时规定,以正在建造的建筑物抵押的,应当办理抵押登记,抵押权自登记时设立。

建设用地使用权抵押后,该土地新增的建筑物不属于抵押财产。该建设用地使用权实现抵押权时,应当将该土地上新增的建筑物与建设用地使用权一并处分,但新增建筑物所得的价款,抵押权人无权优先受偿。

抵押权人应当在主债权诉讼时效期间行使抵押权;不行使的,人民法院不予保护。

(2)质权

质押是指债务人或者第三人将其动产或权利移交债权人占有,将该动产作为债权的担保。债务人不履行债务时,债权人有权以该动产折价或者以拍卖、变卖该动产的价款优先受偿的担保方式。

债权人(质权人)可以放弃质权。债权人在质权存续期间,未经债务人同意转质,造成质押财产毁损、灭失的,应当向债务人(出质人)承担赔偿责任。

债务人可以请求债权人在债务履行期届满后及时行使质权;债权人不行使的,出质人可以请求人民法院拍卖、变卖质押财产。债务人请求债权人及时行使质权,因债权人怠于行使权利造成损害的,由债权人承担赔偿责任。

(3)留置权

留置是指债权人按照合同约定占有债务人的动产,债务人不按照合同约定的期限履行债务的,债权人有权以该财产折价或者以变卖、拍卖该财产的价款优先受偿的担保方式。

七、国有土地上房屋征收与补偿条例

《国有土地上房屋征收与补偿条例》(第590号国务院令)于2011年1月19日国务院第141次常务会议通过,自2011年1月21日起施行。2001年6月13日国务院公布的《城市房屋拆迁管理条例》同时废止。

1. 房屋征收与补偿的原则

(1)公平补偿原则(第二条):具体体现在补偿标准是采取评估方式。

(2)房屋征收与补偿应当遵循决策民主、程序正当、结果公开的原则(第三条)。民主决策:体现在征收决定的制定过程;程序正当:体现在整个征收和补偿的过程。结果公开:补偿结果公开、征收决定公开、征收补偿费用管理和使用情况审计情况公开。

(3)保证改善居住生活水平不降原则。补偿不低于市场价;符合条件的,优先购买保障住房;产权调换,可以就近调换。

(4)先补偿、后搬迁原则。达成协议的,先赔偿,然后按照补偿协议履行;未达成补偿协议的,申请法院强制执行时,应当附具补偿金额和专户存储账号、产权调换房屋和周转用房的地点和面积等材料。

2. 相关部门

1)征收和补偿主体

条例第四条第一款规定:“市、县级人民政府负责本行政区域的房屋征收与补偿工作。”因此,实施征收主体为市、县级人民政府,政府是唯一补偿主体。

2)房屋征收部门为具体实施部门

由于市、县政府不能直接进行房屋征收和补偿工作,因此第四条第二款规定:“市、县级人民政府确定的房屋征收部门(以下称房屋征收部门)组织实施本行政区域的房屋征收与补偿工作”。

3)受委托单位

房屋征收部门可以委托房屋征收实施单位,承担房屋征收与补偿的具体工作。房屋征收实施单位不得以营利为目的。房屋征收部门对房屋征收实施单位在委托范围内实施的房屋征收与补偿行为负责监督,并对其行为后果承担法律责任。禁止建设单位参与搬迁活动(第二十七条)。搬迁活动不得由建设单位进行。

4)其他部门职责

监察机关对参与房屋征收与补偿工作的政府和有关部门或者单位及其工作人员的监察(第七条第二款);审计机关对征收补偿费用管理和使用情况的监督,并公布审计结果。

3. 征收的条件

有下列情形之一,确需征收房屋的,由市、县级人民政府作出房屋征收决定:①国防和外交的需要;②由政府组织实施的能源、交通、水利等基础设施建设的需要;③由政府组织实施的科技、教育、文化、卫生、体育、环境和资源保护、防灾减灾、社会福利、市政公用等公共事业的需要;④由政府组织实施的保障性安居工程建设的需要;⑤由政府依照城乡规划法有关规定组织实施的对危房集中、基础设施落后等地段进行旧城区改建的需要;⑥法律、行政法规规定的其他公共利益的需要。

4. 征收的决定程序

1)拟定征收补偿方案

房屋征收部门拟定征收补偿方案,报市、县级人民政府。征收补偿方案的内容应当包括:①征收的主体;②征收的原因;③征收的范围;④征收工作的时间安排;⑤征收的实施程序;⑥办理相关手续的程序;⑦补偿的方式和标准;⑧其他与征收相关的事项。

2)公开征求意见

市、县级人民政府应当组织有关部门对征收补偿方案进行论证并予以公布,征求公众意见。征求意见期限不得少于30日。

特殊情况:因旧城区改建需要征收房屋,多数被征收人认为征收补偿方案不符合本条例规定的,市、县级人民政府应当组织由被征收人和公众代表参加的听证会,并根据听证会情况修改方案。

3)未登记建筑调查

对认定为合法建筑和未超过批准期限的临时建筑,应当给予补偿;对认定为违法建筑和超过批准期限的临时建筑,不予补偿(第二十四条第二款)。

4)社会稳定风险评估

市、县级人民政府作出房屋征收决定前,应当按照有关规定进行社会稳定风险评估。征收房屋的行为符合社会稳定风险评估条件的,需要进行社会稳定风险评估。

5)征收补偿费用准备

作出房屋征收决定前,征收补偿费用应当足额到位、专户存储、专款专用。

6)作出征收决定并公告

市、县级人民政府完成前面所有程序后,应当根据上述情况,作出房屋征收决定,房屋征收决定涉及被征收人数量较多的,决定应当经政府常务会议讨论。征收决定作出之后,应当及时公告。公告应当载明征收补偿方案和行政复议、行政诉讼权利等事项。

被征收人对市、县级人民政府作出的房屋征收决定不服的,可以依法申请行政复议,也可以依法提起行政诉讼。

5.征收的实施和补偿程序

(1)调查登记。房屋征收部门应当对房屋征收范围内房屋的权属、区位、用途、建筑面积等情况组织调查登记,调查结果应当在房屋征收范围内向被征收人公布(第十五条)。

(2)停办相关手续。房屋征收部门应当将征收的有关事项书面通知有关部门,暂停办理相关手续。暂停办理相关手续的书面通知应当载明暂停期限。暂停期限最长不得超过1年。

(3)签订补偿协议。①签订协议的双方:房屋征收部门与被征收人。②内容:补偿方式、补偿金额和支付期限,用于产权调换房屋的地点和面积、搬迁费、临时安置费或者周转用房、停产停业损失、搬迁期限、过渡方式和过渡期限等事项。③争议解决。

(4)达不成协议或者所有权人不明确的处理。房屋征收部门与被征收人在征收补偿方案确定的签约期限内达不成补偿协议,或者被征收房屋所有权人不明确的,由房屋征收部门报请作出房屋征收决定的市、县级人民政府依照本条例的规定,按照征收补偿方案作出补偿决定,并在房屋征收范围内予以公告。

(5)先补偿、后搬迁。作出房屋征收决定的市、县级人民政府对被征收人给予补偿后,被征收人应当在补偿协议约定或者补偿决定确定的搬迁期限内完成搬迁。

(6)禁止性规定。任何单位和个人不得采取暴力、威胁或者违反规定中断供水、供热、供气、供电和道路通行等非法方式迫使被征收人搬迁。禁止建设单位参与搬迁活动。

(7)强制执行。①适用对象:达不成补偿协议的被征收人。②适用条件:被征收人在法定期限内不申请行政复议或者不提起行政诉讼,在补偿决定规定的期限内又不搬迁。③方式:作出房屋征收决定的市、县级人民政府依法申请人民法院强制执行。

(8)补偿情况公开。房屋征收部门应当依法建立房屋征收补偿档案,并将分户补偿情况在房屋征收范围内向被征收人公布。

(9)征收补偿费用管理和使用审计情况公布。

6.被征收人的权利和义务

(1)权利。①对征收方案提出意见;②参加听证会;③选择补偿方式;④对房屋征收决定或补偿决定不服的,可以依法申请行政复议,也可以依法提起行政诉讼;⑤对违法行为进行举报;⑥符合保障住房条件的,优先获得保障住房。

(2)义务。①配合房屋权属等情况调查;②房屋征收范围确定后,不得在房屋征收范围内实施新建、扩建、改建房屋和改变房屋用途,违反规定实施的,不予补偿;③按照补偿协议和补偿决定搬迁。

7. 补偿

1)补偿的内容

①被征收房屋价值的补偿;②因征收房屋造成的搬迁、临时安置的补偿;③因征收房屋造成的停产停业损失的补偿。

同时,市、县级人民政府应当制定补助和奖励办法,对被征收人给予补助和奖励。

2)补偿标准

(1)被征收房屋价值的补偿。①原则:不得低于房屋征收决定公告之日被征收房屋类似房地产的市场价格。②标准确定:由具有相应资质的房地产价格评估机构按照房屋征收评估办法评估确定。房屋征收评估办法由国务院住房城乡建设主管部门制定。(3)货币与产权调换。被征收人可以选择货币补偿,也可以选择房屋产权调换。结清被征收房屋价值与用于产权调换房屋价值的差价。

(2)因征收房屋造成的搬迁、临时安置的补偿。①搬迁费。选择货币补偿的,因征收房屋造成搬迁的,房屋征收部门应当向被征收人支付搬迁费。②临时安置费。选择房屋产权调换的,产权调换房屋交付前,应当向被征收人支付临时安置费或者提供周转用房。

(3)因征收房屋造成停产停业损失的补偿。根据房屋被征收前的效益、停产停业期限等因素确定。具体办法由省、自治区、直辖市制定。

8. 法律责任

(1)市、县级人民政府及房屋征收部门的工作人员,在房屋征收与补偿工作中不履行本条例规定的职责,或者滥用职权、玩忽职守、徇私舞弊的,承担赔偿或法律责任。

(2)采取暴力、威胁或者违反规定中断供水、供热、供气、供电和道路通行等非法方式迫使被征收人搬迁的,承担赔偿或法律责任(征收部门和委托单位)。

(3)以暴力、威胁等方法阻碍依法进行的房屋征收与补偿工作的,承担赔偿或法律责任。

(4)贪污、挪用、私分、截留、拖欠征收补偿费用的,承担赔偿或法律责任。

(5)房地产价格评估机构或者房地产估价师出具虚假或者有重大差错评估报告的,给予警告,对房地产价格评估机构并处5万元以上20万元以下罚款,对房地产估价师并处1万元以上3万元以下罚款;情节严重的,吊销资质证书、注册证书;造成损失的,依法承担赔偿责任;构成犯罪的,依法追究刑事责任。

八、建筑法

《中华人民共和国建筑法》(以下简称《建筑法》)于1997年11月1日通过,自1998年3月1日起施行。2011年4月22日第十一届全国人民代表大会常务委员会第二十次会议《关于修改〈中华人民共和国建筑法〉的决定》,将第四十八条修改为:"建筑施工企业应当依法为职工参加工伤保险缴纳工伤保险费,鼓励企业为从事危险作业的职工办理意外伤害保险,支付保险费。"修改的《建筑法》于2011年7月1日起实施。

《建筑法》是指调整在从事建筑活动和实施对建筑活动监督管理过程中所形成的社会关系的法律规范总称。建筑法中关于施工许可、建筑施工企业资质审查和建筑工程发包、承包、禁止转包，以及建筑工程监理、建筑工程安全和质量管理的规定，适用于其他专业建筑工程的建筑活动。

1.建筑许可

建筑许可包括建筑工程施工许可和从业资格两种。

(1)建筑工程施工许可

①施工许可证的申请。除国务院建设行政主管部门确定的限额以下的小型工程外，建筑工程开工前，建设单位应当按照国家有关规定向工程所在地县级以上人民政府建设行政主管部门申请领取施工许可证。

申请领取施工许可证，应当具备如下条件：

a.已办理建筑工程用地批准手续；

b.在城市规划区内的建筑工程，已取得规划许可证；

c.需要拆迁的，其拆迁进度符合施工要求；

d.已经确定建筑施工单位；

e.有满足施工需要的施工图纸及技术资料；

f.有保证工程质量和安全的具体措施；

g.建设资金已经落实；

h.法律、行政法规规定的其他条件。

②施工许可证的有效期限。建设单位应当自领取施工许可证之日起的3个月内开工。因故不能按期开工的，应当向原发证机关申请延期，延期以两次为限，每次不超过3个月；既不开工又不申请延期或超过延期时限的，施工许可证自行废止。

③取得开工报告的建筑工程不能按期开工或中止施工的处理。按照国务院有关规定批准开工报告的建筑工程，因故不能按期开工或中止施工的，应当及时向批准机关报告情况。因故不能按期开工超过6个月的，应当重新办理开工报告的批准手续。

(2)从业资格制度

包括从事建筑活动的单位资质制度和专业技术人员资格制度两类。

①单位资质。从事建筑活动的建筑施工企业，勘察、设计和监理单位，按照其拥有的注册资本、专业技术人员、技术装备、已完成的建筑工程业绩等资质条件，划分为不同的资质等级，取得相应等级的资质证书后，方可在其资质等级许可的范围内从事建筑活动。

②专业技术人员资格。从事建筑活动的专业技术人员，应该依法进行考试和注册，取得执业资格证书，并在执业资格证书许可的范围内从事建筑活动。

2.建筑工程发包与承包

(1)发包方式。建筑工程发包分为招标发包和直接发包两类。建筑工程依法实行招标发包，对不适于招标发包的可以直接发包。政府投资大、中型和限额以上的工程项目，必须采用公开招标方式；特殊专业工程等项目，可以采取协议方式发包，也可以直接发包。

(2)建筑工程承包。建筑工程承包是指承包单位(勘察设计、施工安装单位)通过一定的方式取得工程项目建设合同的活动。

①承包资质。承包建筑工程的单位应当持有依法取得的资质证书，并在其资质等级许可的业务范围内承揽工程。禁止建筑施工企业超越本企业资质等级许可的业务范围或者以任何

形式用其他建筑施工企业的名义承揽工程。

②禁止行为。禁止承包单位将其承包的全部建筑工程转包给他人,禁止承包单位将其承包的全部建筑工程肢解以后以分包的名义分别转包给他人。禁止总承包单位将工程分包给不具备相应资质条件的单位。禁止分包单位将其承包的工程再分包。

(3)建筑工程造价

建筑工程的发包单位与承包单位应当依法订立书面合同,明确双方的权利和义务。建筑工程造价应当按照国家有关规定,由发包单位和承包单位在合同中约定。

发包单位和承包单位应当全面履行合同约定的义务。不按照合同约定履行义务的,依法承担违约责任。发包单位应当按照合同的约定,及时拨付工程款项。

3. 建筑工程监理

国家推行建筑工程监理制度。实行监理的建筑工程,建设单位与其委托的工程监理单位应当订立书面委托监理合同。工程监理单位接受建设单位委托,依照法律、行政法规及有关的技术标准、设计文件和建设工程承包含同,对承包单位工程质量、建设进度和建设资金使用等方面,代表建设单位实施监督。工程监理人员发现工程设计不符合建筑工程质量标准或者合同约定的质量要求的,应当报告建设单位要求设计单位改正;认为工程施工不符合工程设计要求、施工技术标准和合同约定的,有权要求建筑施工企业改正。

4. 建筑安全生产管理

建筑安全生产管理应当坚持"安全第一、预防为主"的方针,建立安全责任制度,安全教育制度,安全检查制度,伤亡事故的报告、调查和处理制度。

建筑工程设计应当符合按照国家规定制定的建筑安全规程和技术规范,保证工程的安全性能。施工企业应当根据建筑工程的特点制订相应的安全技术措施;对专业性较强的工程项目,应当编制专项安全施工组织设计,并采取安全技术措施。

建筑施工企业应当在施工现场采取维护安全、防范危险、预防火灾等措施。施工现场对毗邻的建筑物、构筑物可能造成损害的,建筑施工企业应当采取措施加以保护。

5. 建筑工程质量管理

建设单位不得以任何理由,要求建筑设计单位或建筑施工单位违反法律、行政法规和建筑工程质量、安全标准,降低工程质量,建筑设计单位和建筑施工单位应当拒绝建设单位的此类要求。

勘察、设计单位必须对其勘察、设计的质量负责。勘察、设计文件应当符合有关法律、行政法规的规定和建筑工程质量、安全标准,建筑工程勘察、设计技术规范以及合同的约定。设计文件选用的建筑材料、建筑构配件和设备,其质量要求必须符合国家规定的标准。

建筑施工企业对工程的施工质量负责。建筑施工企业必须按照工程设计图纸和施工技术标准施工,不得偷工减料。建筑施工企业必须按照工程设计要求、施工技术标准和合同的约定,对建筑材料、构配件和设备进行检验,不合格的不得使用。

竣工验收制度。建筑工程竣工经验收合格后,方可交付使用。交付竣工验收的建筑工程,必须符合规定的建筑工程质量标准,有完整的工程技术经济资料和经签署的工程保修书,并具备国家规定的其他竣工条件。

建筑工程实行质量保修制度。保修范围应当包括地基基础工程、主体结构工程、屋面防水工程和其他土建工程,以及电气管线、上下水管线的安装工程,供热、供冷系统工程等项目。保修的期限应当按照保证建筑物合理寿命年限内正常使用，维护使用者合法权益的原则确定。

九、标准化法

1. 标准的类别及其制定范围

(1)标准的类别

标准分为国家标准、行业标准、地方标准和企业标准四级。国家标准、行业标准又可分为强制性标准和推荐性标准。保障人体健康，人身、财产安全的标准和法律，行政法规规定必须执行的标准是强制性标准，其他标准为推荐性标准。省、自治区、直辖市标准化主管部门制定的工业产品的安全、卫生的地方标准，在本行政区域内是强制性标准。

(2)制定标准的范围

对下列需要统一的技术要求，应当制定标准：

①工业产品的品种、规格、质量、等级或者安全、卫生要求。

②工业产品的设计、生产、检验、包装、储存、运输、使用的方法或者生产、储运过程中的安全、卫生要求。

③有关环境保护的技术要求和检验方法。

④建设工程的设计、施工方法和安全要求。

⑤工业生产、工程建设和环境保护的技术术语、符号、代号和制图方法。

2. 标准的实施

强制性标准，必须执行；推荐性标准，国家鼓励企业自愿采用。企业对国家标准或者行业标准的产品，可以向国务院标准化主管部门或者国务院标准化主管部门授权的部门申请产品质量认证。认证合格的，由认证部门授予认证证书，准许在产品或者其包装上使用规定的认证标志。已经取得认证证书的产品不符合国家标准或者行业标准的，以及产品未经认证或者认证不合格的，不得使用认证标志出厂销售。

出口产品的技术要求，依照合同的约定执行。企业研制新产品、改进产品、进行技术改造，应当符合标准化要求。

县级以上政府标准化行政主管部门负责对标准的实施进行监督检查，可以根据需要设置检验机构，或者授权其他单位的检验机构，对产品是否符合标准进行检验。

十、保险法

保险是指投保人根据合同的约定，向保险人支付保险费，保险人对于合同约定的、可能发生的事故，因其发生所造成的财产损失承担赔偿保险金责任，或者当被保险人死亡、伤残、疾病，或者达到合同约定的年龄、期限时，承担给付保险金责任的商业保险行为。

1. 保险合同

保险合同是指投保人与保险人约定保险权利义务关系的协议。

(1)保险合同的内容

保险合同应当包括下列事项：

①保险人的名称和住所；

②投保人、被保险人的姓名或者名称、住所，以及人身保险的受益人的姓名或者名称、住所；

③保险标的；

④保险责任和责任免除；

⑤保险期间和保险责任开始时间；

⑥保险价值和保险金额；

⑦保险费以及支付办法；

⑧保险金赔偿或者给付办法；

⑨违约责任和争议处理；

⑩订立合同的年、月、日。

(2)保险合同的分类

保险合同可以分为财产保险合同和人身保险合同。

2. 工程保险

(1)建筑工程一切险

①建筑工程一切险适用范围：建筑工程一切险适用于所有房屋工程和公共工程，尤其是住宅、商业用房、医院、学校、剧院；工业厂房、电站；公路、铁路、飞机场；桥梁、船闸、大坝、隧道、排灌工程、水渠及港埠等。

②建筑工程一切险承保的内容：工程本身；临时工程，如引水、保护堤；全部存放于工地，为施工所必需的材料；场地清理费；工地内现有的建筑物等。

③保险费率的制定依据：风险性质；工程本身的危险程度；工程的性质及建筑高度，工程的技术特征及所用的材料，工程的建造方法；工地及邻近地区的自然地理条件；巨灾的可能性，最大可能损失程度；工期的长短；承包人的资信、技术水平及经验；同类工程及以往的损失记录；免赔额的高低及特种危险的赔偿限额等。

(2)安装工程一切险

安装工程一切险属于技术险种，其目的在于为各种机器的安装及钢结构工程的实施提供尽可能全面的专门保险。由于目前机电设备价值越来越高、工艺和构造越来越复杂，使得安装工程风险越来越高，因此，安装工程一切险已发展成为一种保障广泛，专业性很强的综合性险种。安装工程一切险承保安装各种机器、设备、储油罐、钢结构、起重机、吊车以及包含机械工程因素的各种工程建设一切损失。

(3)第三方责任险

第三方责任险指在保险期内，对因工程意外事故造成的、依法应由被保险人负责的工地上及毗邻地区的第三者人身伤亡、疾病或财产损失（本工程除外），以及被保险人因此而支付的诉讼费用和事先经保险人书面同意支付的其他费用等赔偿责任。

十一、税法

税法是调整国家税务机关与纳税人之间税收关系的法律规范的总称。

1. 税收的基本要素

(1)纳税主体。纳税主体又称纳税人或纳税义务人，对国家负有纳税义务的社会组织和自然人，具体的纳税主体由各种税种分别确定。

(2)征税对象，是指规定对什么征税，不同的税种有其特定的征税对象。我国的税收可分为流转税、所得税、财产税、行为税、资源税、关税等。

(3)税率。我国的税率有以下三种:①比例税率;②累进税率;③定额税率。

(4)税种和税目。税种是指税收的种类,如个人所得税、房产税等。税目是各个税种所规定的具体征税项目,如产品税按照不同的产品划分为25类270个税目。

(5)起征点和免征额。起征点是指对某一征税对象开始征税的最低点。免征额是指在征税对象中免予征税的部分。

(6)纳税环节,包括征税对象在生产、流通、消费等过程中应当纳税的环节。

2.税收分类

税收分为流转税、所得税、财产税、行为税、资源税等。

3.与工程建设相关的重要税种

(1)城镇土地使用税。这是国家按使用土地的等级和数量,对城镇范围内的土地使用者征收的一种税,其税率为定额税率,其税额依城市的大小分为四种。

(2)城市维护建设税。其征税对象是在城市中从事生产、经营的活动,税率为比例税率,但比例依纳税人所在地的不同而不同。

(3)房产税。在我国境内拥有房屋产权的单位和个人都是房产税的纳税人。产权属于全民所有的,由经营管理单位纳税。房产税依照房产原值一次减除10%~30%后的余值计算缴纳。国家机关、人民团体、军队以及由国家财政部门拨付事业经费的单位自用的房产,个人所有非营业用的房产等,可以免纳房产税。

(4)土地增值税。转让国有土地使用权、地上的建筑物及其附着物并取得收入的单位和个人,为土地增值税的纳税人,转让房地产所取得的增值额为计征依据。纳税人转让房地产所取得的收入减除规定扣除项目金额后的余额为增值额。

(5)车船使用税。车船使用税法是国家制定的用以调整车船使用税征收与缴纳之间权利及义务关系的法律规范,是对行驶于境内公共道路的车辆和航行于境内河流、湖泊或者领海的船舶,依法征收的一种税。

车船使用税实行定额税率,也称固定税额,适宜于从量计征的税种。对应税车辆实行有幅度的定额税率。按车船的种类和性能,分别确定为辆、净吨位和载重吨位三种。机动船和载货汽车的应纳税额=净吨位数×适用单位税额。

十二、水土保持法

《中华人民共和国水土保持法》所称水土保持,是指对自然因素和人为活动造成水土流失所采取的预防和治理措施。有关基础设施建设、矿产资源开发、城镇建设、公共服务设施建设等方面的规划,在实施过程中可能造成水土流失的,应提出水土流失预防和治理的对策和措施,并在规划审批前征求本级人民政府水行政主管部门的意见。

1.预防

(1)项目建设科学选址。生产建设项目选址、选线应当避让水土流失重点预防区和重点治理区;无法避让的,应当提高防治标准,有效控制可能造成的水土流失。

(2)编制水土保持方案。在容易发生水土流失的区域开办生产建设项目,应当编制水土保持方案,报县级以上人民政府水行政主管部门审批,采取水土流失预防和治理措施。

(3)水土保持“三同时”。应当依法编制水土保持方案生产建设项目中的水土保持设施,应当与主体工程同时设计、同时施工、同时投产使用。

(4)跟踪检查。县级以上人民政府水行政主管部门、流域管理机构,应当对生产建设项目水土保持方案的实施情况进行跟踪检查,发现问题及时处理。

2. 治理

(1)生态修复。国家加强水土流失重点预防区和重点治理区的坡耕地改梯田、淤地坝等水土保持重点工程建设,加大生态修复力度。

(2)征收水土保持补偿费。在容易发生水土流失区开办生产建设项目,不能恢复原有水土保持功能的,应当缴纳水土保持补偿费,专项用于水土流失预防和治理。

(3)政策扶持。国家鼓励单位和个人按照水土保持规划参与水土流失治理,并在资金、技术、税收等方面予以扶持。

3. 监测和监督

生产建设单位应当自行或者委托具备水土保持监测资质的机构,对生产建设活动造成的水土流失进行监测,并将监测情况定期上报当地水行政主管部门。从事水土保持监测活动应当遵守国家有关技术标准、规范和规程,保证监测质量。

4. 法律责任

(1)有下列行为之一的,责令停止违法行为,限期补办手续;逾期不补办手续的,处5万元以上50万元以下的罚款;对相关责任人员依法给予处分:

①未编制水土保持方案或者编制的水土保持方案未经批准而开工建设的;

②补充、修改的水土保持方案未经原审批机关批准的;

③未经原审批机关批准,对水土保持措施作出重大变更的。

(2)水土保持设施未经验收或者验收不合格将生产建设项目投产使用的,责令停止生产或者使用,直至验收合格,并处5万元以上50万元以下的罚款。

(3)在水土保持方案确定的专门存放地以外的区域倾倒砂石、尾矿、废渣等,责令停止违法行为,限期清理,按照倾倒数量处每立方米10元以上20元以下的罚款。

(4)开办生产建设项目或者从事其他生产建设活动造成水土流失,不进行治理的责令限期治理;逾期仍不治理的,其他单位代为治理,所需费用由违法行为人承担。

(5)拒不缴纳水土保持补偿费的,责令限期缴纳;逾期不缴纳的,自滞纳之日起按日加收滞纳部分0.5‰的滞纳金,可以处应缴水土保持补偿费3倍以下的罚款。

(6)造成水土流失危害的,依法承担民事责任;构成违反治安管理行为的,由公安机关依法给予治安管理处罚;构成犯罪的,依法追究刑事责任。

十三、环境保护法

1. 防治污染和其他公害的法律规定

《中华人民共和国环境保护法》规定了许多具体的制度和措施,包括:

(1)环境保护责任制度。产生环境污染和其他公害的单位,必须把环境保护工作纳入计划,建立环境保护责任制度。

(2)推广环保设备、工艺和技术。采用资源利用率高、污染物排放量少的设备和工艺,采用经济合理的废弃物综合利用技术和污染物处理技术。

(3)环境保护的"三同时"制度。建设项目中防治污染的措施,必须与主体工程同时设计、同时施工、同时投产使用。

(4)污染事故的处理报告制度。因发生事故或其他突然性事件,造成或者可能造成污染事故的单位,必须立即采取措施处理,及时通报可能受到污染危害的单位和居民,并向当地环境保护行政主管部门和有关部门报告。

(5)环境影响评价制度。建设项目的环境影响报告书,必须对建设项目产生的污染和对环境的影响作出评价,规定防治措施。

2. 建设工程项目环境影响评价

环境影响评价,是指对建设项目实施后可能造成的环境影响进行分析、预测和评估,提出预防或者减轻不良环境影响的对策和措施,进行跟踪监测的方法与制度。2002 年 12 月 28 日全国人民代表大会常务委员会发布了《中华人民共和国环境影响评价法》,以法律的形式确立了规划和建设项目的环境影响评价制度。对建设项目的环境影响评价实行分类管理:

(1)可能造成重大环境影响的,应当编制环境影响报告书,对产生的环境影响进行全面评价;

(2)可能造成轻度环境影响的,应当编制环境影响报告表,对产生的环境影响进行分析或者专项评价;

(3)对环境影响很小、不需要进行环境影响评价的,应当填报环境影响登记表。

十四、文物法

文物法是《中华人民共和国文物保护法》的简称。基本建设必须遵守文物保护工作的方针,其活动不得对文物造成损害。

1. 不可移动文物的保护

(1)原址保护。文物保护单位的保护范围内不得进行其他建设工程或者爆破、钻探、挖掘等作业。但是,因特殊情况需要在文物保护单位的保护范围内进行其他建设工程或者爆破、钻探、挖掘等作业的,必须保证文物保护单位的安全,并经核定公布该文物保护单位的人民政府批准,在批准前应当征得上一级人民政府文物行政部门同意。

建设工程选址,应当尽可能避开不可移动文物;因特殊情况不能避开的,对文物保护单位应当尽可能实施原址保护。

(2)迁移保护。无法实施原址保护,需迁移或者拆除省级文物保护单位的,批准前须征得国务院文物行政部门同意。全国重点文物保护单位不得拆除,需要迁移的,须由省、自治区、直辖市人民政府报国务院批准。

本条规定的原址保护、迁移、拆除所需费用,由建设单位列入建设工程预算。

2. 因项目建设的考古发掘

(1)进行大型基本建设工程,建设单位应当事先报请省级人民政府文物行政部门组织从事考古发掘的单位在工程范围内有可能埋藏文物的地方进行考古调查、勘探。

(2)需要配合建设工程进行的考古发掘工作,应当由省级文物行政部门在勘探工作的基础上提出发掘计划,报国务院文物行政部门批准。

(3)凡因进行基本建设和生产建设需要的考古调查、勘探、发掘,所需费用由建设单位列入建设工程预算。

(4)在进行项目建设中,任何单位或者个人发现文物,应当保护现场,立即报告当地文物行政部门,文物行政部门应当在 24 小时内赶赴现场,并在 7 日内提出处理意见。

依照规定发现的文物属于国家所有,任何单位或者个人不得哄抢、私分、藏匿。

3. 法律责任

有下列行为之一，由县级以上人民政府文物主管部门责令改正，造成严重后果的，处5万元以上50万元以下的罚款；情节严重的，由原发证机关吊销资质证书：

(1)擅自在文物保护单位的保护范围内进行建设工程或者爆破、钻探、挖掘等作业的；

(2)在文物保护单位的建设控制地带内进行建设工程，其工程设计方案未经文物行政部门同意、报城乡建设规划部门批准，对文物保护单位的历史风貌造成破坏的；

(3)施工单位未取得文物保护工程资质证书，擅自从事文物修缮、迁移、重建的。

十五、矿产资源法

1. 矿产资源的所有权

矿产资源属于国家所有，由国务院行使国家对矿产资源的所有权。地表或者地下的矿产资源的国家所有权，不因其所依附的土地的所有权或者使用权的不同而改变。

2. 采矿权与开采限制

非经国务院授权的有关主管部门同意，不得在下列地区开采矿产资源：

(1)港口、机场、国防工程设施圈定地区以内；

(2)重要工业区、大型水利工程设施、城镇市政工程设施附近一定距离以内；

(3)铁路、重要公路两侧一定距离以内；

(4)重要河流、堤坝两侧一定距离以内；

(5)国家划定的自然保护区、重要风景区，国家重点保护的不能移动的历史文物和名胜古迹所在地；

(6)国家规定不得开采矿产资源的其他地区。

在建设大型建筑物或者建筑群之前，建设单位必须向所在省、自治区、直辖市地质矿产主管部门了解拟建工程所在地区的矿产资源分布和开采情况。

3. 采矿权有偿取得制度

国家实行探矿权、采矿权有偿取得的制度；但是，国家对探矿权、采矿权有偿取得的费用，可以根据不同情况规定予以减缴、免缴。

4. 集体矿山企业和个体采矿

国家对集体矿山企业和个体采矿实行积极扶持、合理规划、正确引导、加强管理的方针，鼓励集体矿山企业开采国家指定范围内的矿产资源，允许个人采挖零星分散资源和只能用作普通建筑材料的砂、石、黏土以及为生活自用采挖少量矿产。

5. 法律责任

未取得采矿许可证擅自采矿的，擅自进入国家规划矿区、对国民经济具有重要价值的矿区范围采矿的，擅自开采国家规定实行保护性开采的特定矿种的，责令停止开采、赔偿损失，没收采出的矿产品和违法所得，可以并处罚款；拒不停止开采，造成矿产资源破坏的，依照刑法第156条的规定对直接责任人员追究刑事责任。

十六、森林法

1. 森林经营管理

(1)勘查、开采矿藏和修建道路、水利、电力、通信等工程，需要占用或者征用林地的，必须遵守下列规定：

①用地单位应当向县级以上人民政府林业主管部门提出用地申请，经审核同意后，按照国家规定的标准预交森林植被恢复费，领取使用林地审核同意书。

②占用或者征用防护林林地或者特种用途林林地面积10公顷以上的，用材林、经济林、薪炭林林地及其采伐迹地面积35公顷以上的，其他林地面积70公顷以上的，由国务院林业主管部门审核；占用或者征用林地面积低于上述规定数量的，由省、自治区、直辖市人民政府林业主管部门审核。占用重点林区的林地的，由国务院林业主管部门审核。

③用地单位需要采伐已经批准占用或者征用的林地上的林木时，应当向林地所在地的县级以上地方人民政府林业主管部门或者国务院林业主管部门申请林木采伐许可证。

(2)需要临时占用林地的，应当经县级以上人民政府林业主管部门批准。临时占用林地的期限不得超过两年，并不得在临时占用的林地上修筑永久性建筑物；占用期满后，用地单位必须恢复林业生产条件。

2. 法律责任

临时占用林地，逾期不归还的，由县级以上人民政府林业主管部门责令限期恢复原状，并处非法改变用途林地每平方米10～30元的罚款。

第三节　《公路工程标准施工招标文件》中的合同条款

一、我国现行的公路工程施工合同文本种类

目前，在公路工程建设中比较典型的施工合同文本主要有：《标准施工招标文件》、《公路工程标准施工招标文件》的合同条款(2009年版)。

(一)标准施工招标文件

为了规范施工招标文件编制活动，提高招标文件编制质量，促进招标投标活动的公开、公平和公正，国家发改委、财政部、建设部、铁道部、交通部、信息产业部、水利部、民用航空总局、广播电影电视总局于2007年11月1日联合发布了《标准施工招标文件》，并于2008年5月1日起施行。与以前的行业标准施工招标文件相比，《标准施工招标文件》在指导思想、体例结构、主要内容以及使用要求等方面都有较大的创新和变化。《标准施工招标文件》不再分行业而是按施工合同的性质和特点编制招标文件，并且结合我国实际情况对通用合同条款作了较为系统的规定。

《标准施工招标文件》主要适用于具有一定规模的政府投资项目，且设计和施工不是由同一承包人承担的工程施工招标。国务院有关行业主管部门可根据《标准施工招标文件》并结合本行业施工招标特点和管理需要，编制行业标准施工招标文件。行业标准施工招标文件重点对“专用合同条款”、“工程量清单”、“图纸”、“技术标准和要求”作出具体规定。

(二)公路工程标准施工招标文件

为加强公路工程施工招标管理，规范招标文件编制工作，交通运输部公路局组织专家对2003年版《公路工程国内招标文件范本》进行修订并经审定形成了《公路工程标准施工招标文件》(2009年版)(以下简称《公路工程标准施工招标文件》)。交通运输部《公路工程标准施工招标文件》以《标准施工招标文件》(2007年版)(以下简称《标准施工招标文件》)为依据，考

虑公路工程施工的招标特点和管理需要编制而成。《标准施工招标文件》规定通用部分,《公路工程标准施工招标文件》补充公路工程行业内容,两者结合使用,其中《公路工程标准施工招标文件》未加修改完全引用了《标准施工招标文件》"投标人须知"正文,"评标办法"正文部分的文字用宋体表示,补充的公路工程行业内容部分的文字用隶书表示,两种字体具有同等效力。《公路工程标准施工招标文件》适用于各等级公路和桥梁、隧道建设项目,且设计和施工不是由同一承包人承担的工程施工招标。招标人在根据《公路工程标准施工招标文件》编制项目招标文件中的"项目专用合同条款"时,可根据招标项目的具体特点和实际需要,对"通用合同条款"及"公路工程专用合同条款"进行补充、细化,除"通用合同条款"明确"专用合同条款"可作出不同约定以及"公路工程专用合同条款"明确"项目专用合同条款"可作出不同约定外,补充和细化的内容不得与"通用合同条款"及"公路工程专用合同条款"强制性规定相抵触。同时,补充、细化或约定的不同内容,不得违反法律、行政法规的强制性规定和平等、自愿、公平和诚实信用原则。《公路工程标准施工招标文件》用相同序号标示的章、节、条、款、项、目,供招标人选择使用;以空格标示的由招标人填写的内容,招标人应根据招标项目具体特点和实际需要具体化,确实没有需要填写的,在空格中用"/"标示。

二、《公路工程标准施工招标文件》合同条款

(一)概述

1.《公路工程标准施工招标文件》中的合同条款简介

《公路工程标准施工招标文件》的合同条款由通用条款和专用条款两部分构成,且附有合同协议书、履约担保和预付款担保三个格式文件。

国内招标项目应采用中华人民共和国交通运输部《公路工程标准施工招标文件》(2009 年版)中的通用合同条款,该通用合同条款完全采用中华人民共和国《标准施工招标文件》(2007 年版)中的通用合同条款。通用合同条款是以发包人委托监理人管理工程合同的模式设定合同当事人的权利、义务和责任,区别于由发包人和承包人双方直接进行约定和操作的合同管理模式。通用合同条款同时适用于单价合同和总价合同,合同条款中涉及单价合同和总价合同的,招标人在编制招标文件时,应根据具体工程的不同特点和要求,进行修改和补充。

通用合同条款参考 FIDIC(1999 版)有关内容,对发包人、承包人的责任进行恰当的划分,在材料设备、工程质量、计量、变更、违约责任等方面,对双方当事人权利、义务、责任作了相关具体、集中和具有操作性的规定,为明确责任、减少合同纠纷提供了条件。具体条款共分为 24 个方面的问题:一般约定,发包人义务,监理人,承包人,材料和工程设备,施工设备和临时设施,交通运输,测量放线,施工安全、治安保卫和环境保护,进度计划,开工和竣工,暂停施工,工程质量,试验和检验,变更,价格调整,计量与支付,竣工验收,缺陷责任与保修责任,保险,不可抗力,违约,索赔,争端的解决。

通用合同条款以及业主根据本地区和项目实际情况编制的专用合同条款,涉及施工结算中的一些特定支付项目,如开工预付款、材料预付款、质量保证金、变更费用、价格调整费用、索赔费用、逾期竣工违约金、工期提前奖金、逾期付款违约金等的具体处理方式。因此,通用合同条款、专用合同条款是施工结算的编制依据。在通用合同条款中,直接涉及施工期中费用结算的条款是 16 条,与施工期中费用结算有关的条款涉及诸如 4.11.2、5.1.3、5.2.5、5.2.6、5.4.1、5.4.3、6.1.2、6.3、7.1、7.2.1、7.2.2、7.3.1、7.4、7.5、8.1.2、8.2.2、8.3、8.4、9.1.2、

9.1.3、9.2.5、9.2.6、9.2.7、11.3、11.5、11.6、12.2、12.4.2、13.1.2、13.1.3、13.5.3、13.5.4、13.6、14.1.3、15、17.2、17.3、17.4、17.5、17.6、18.4.2、18.6.1、18.6.2、18.7.1、18.7.2、19.2.3、19.2.4、19.4、19.6、20.1、20.3.2、20.4.2、20.5、20.6.5、21.3、22.1、22.2、22.3、23 等条目。

国际性招标项目，除可采用前述《公路工程标准施工招标文件》(2009 年版)中的通用合同条款外，考虑应遵循国际惯例，宜采用国际咨询工程师联合会(FIDIC)的《施工合同条件》(1999 版)(以下简称 FIDIC 合同条款)中的通用合同条款。

2. 合同文件的组成及优先顺序

《公路工程标准施工招标文件》1.4 条规定：组成合同的各项文件应互相解释，互为说明。但是这些文件有时会产生冲突或含义不清。除专用合同条款另有约定外，解释合同文件的优先顺序如下：

(1)合同协议书；

(2)中标通知书；

(3)投标函及投标函附录；

(4)专用合同条款；

(5)通用合同条款；

(6)技术标准和要求；

(7)图纸；

(8)已标价工程量清单；

(9)其他合同文件。

(二)施工合同双方的一般权利和义务

1. 发包人的义务

关于发包人在合同履行过程中应当承担的义务，在《公路工程标准施工招标文件》第 2 条中规定如下：

(1)遵守法律，并保证承包人免于承担因发包人违反法律而引起的任何责任；

(2)委托监理人按第 11.1 款的约定向承包人发出开工通知；

(3)按合同条款约定向承包人提供施工场地、施工场地内地下管线与设施等资料；

(4)协助承包人办理法律规定的有关施工证件和批件；

(5)根据合同进度计划，组织设计单位向承包人进行设计交底；

(6)按合同约定向承包人及时支付合同价款；

(7)按合同约定及时组织竣工验收；

(8)履行合同约定的其他义务。

2. 承包人义务

(1)一般义务

①承包人是指与发包人签订合同协议书的当事人，负责工程的具体施工。《公路工程标准施工招标文件》4.1 条款规定其主要义务：

②遵守法律。承包人在履行合同过程中应遵守法律，并保证发包人免于承担因承包人违反法律而引起的任何责任。

③依法纳税。承包人应按有关法律规定纳税，应缴纳的税金包括在合同价格内。

④完成各项承包工作。承包人应按合同约定以及监理人的指示，实施、完成全部工程，并修补工程中的任何缺陷对施工作业和施工方法的完备性负责。承包人应按合同约定的工作内容和施工进度要求，编制施工组织设计和施工措施计划，并对所有施工作业和施工方法的完备性和安全可靠性负责。

⑤保证工程施工和人员的安全。承包人应按合同约定采取施工安全措施，确保工程及其人员、材料、设备和设施的安全，防止因工程施工造成的人身伤害和财产损失。

⑥负责施工场地及其周边环境与生态的保护工作。承包人应按照合同约定负责施工场地及其周边环境与生态的保护工作。

⑦避免施工对公众与他人的利益造成损害。承包人在进行合同约定的各项工作时，不得侵害发包人与他人使用公用道路、水源、市政管网等公共设施的权利，避免对邻近的公共设施产生干扰。承包人占用或使用他人的施工场地，影响他人作业或生活的，应承担相应责任。

⑧为他人提供方便。承包人应按监理人的指示为他人在施工场地或附近实施与工程有关的其他各项工作提供可能的条件。

⑨工程的维护和照管。工程接收证书颁发前，承包人应负责照管和维护工程。

⑩其他义务。承包人应履行合同约定的其他义务。

(2)承包人的其他责任和义务

①履约担保。承包人应保证其履约担保在发包人颁发工程接收证书前一直有效。发包人应在工程接收证书颁发后28天内把履约担保退还给承包人。

②分包。承包人不得将其承包的全部工程转包给第三人，或将其承包的全部工程肢解后以分包的名义转包给第三人或不得将工程主体、关键性工作分包给第三人。

③联合体。联合体各方应共同与发包人签订合同协议书。联合体各方应为履行合同承担连带责任。

3. 监理人

监理人是指在专用合同条款中指明的，受发包人委托对合同履行实施管理的法人或其他组织。

(1)监理人的职责和权力

监理人受发包人委托，享有合同约定的权力。监理人发出的任何指示应视为已得到发包人的批准，但监理人无权免除或变更合同约定的发包人和承包人的权利、义务和责任。合同约定应由承包人承担的义务和责任，不因监理人对承包人提交文件的审查或批准，对工程、材料和设备的检查和检验，以及为实施监理作出的指示等职务行为而减轻或解除。监理人在接受发包人委托的工程监理任务后，应组建现场监理机构，并在发布开工令之前进驻工地，及时开展监理工作。监理机构由总监理工程师和监理人员组成。

(2)总监理工程师和监理人员

总监理工程师是指由监理人委派常驻施工场地对合同履行实施管理的全权负责人。监理人员在总监理工程师的授权范围内行使某项权力。

①总监理工程师委托监理人员。总监理工程师可以授权其他监理人员负责执行其指派的一项或多项监理工作，但总监理工程师不应将合同约定应由总监理工程师做出决定的权力授权或委托其他监理人员。总监理工程师应将被授权监理人员的姓名及其授权范围通知承包人。被授权的监理人员在授权范围内发出的指示视为已得到总监理工程师的同意，与总监理

工程师发出的指示具有同等效力。承包人对总监理工程师授权的监理人员发出的指示有疑问的,可向总监理工程师提出书面异议,总监理工程师应在48小时内对该指示予以确认、更改或撤销(见《公路工程标准施工招标文件》第3.2、3.3条)。

②监理人的指示。《公路工程标准施工招标文件》第3.4条规定:监理人的指示应盖有监理人授权施工场地机构的公章,并由总监理工程师或总监理工程师按第3.3.1项约定授权的监理人员签字。在紧急情况下,总监理工程师或被授权的监理人员可以当场签发临时书面指示,承包人应遵照执行。承包人应在收到上述临时书面指示后24小时内,向监理人发出书面确认函。监理人在收到书面确认函后24小时内未予答复的,该书面确认函应被视为监理人的正式指示。

③商定或确定。《公路工程标准施工招标文件》第3.5条规定:按合同约定对任何事项进行商定或确定时,总监理工程师应与合同当事人协商,尽量达成一致。不能达成一致的,总监理工程师应认真研究后审慎确定。总监理工程师应将商定或确定的事项通知合同当事人。对总监理工程师的确定有异议的,构成争议,按照第24条的约定处理。在争议解决前,双方应暂按总监理工程师的确定执行。

4.承包人项目经理

承包人项目经理是指承包人派驻施工场地的全权负责人。

(1)项目经理的产生和更换

《公路工程标准施工招标文件》第4.5.1条规定:承包人应按合同约定指派项目经理,并在约定的期限内到职。承包人更换项目经理应事先征得发包人同意,并应在更换14天前通知发包人和监理人。承包人项目经理短期离开施工场地,应事先征得监理人同意,并委派代表代行其职责。

(2)项目经理的职责

《公路工程标准施工招标文件》第4.5.2条规定:承包人项目经理应按合同约定以及监理人按第3.4款作出的指示,负责组织合同工程的实施。在情况紧急且无法与监理人取得联系时,可采取保证工程和人员生命财产安全的紧急措施,并在采取措施后24小时内向监理人提交书面报告。

《公路工程标准施工招标文件》第4.5.3、4.5.4条规定:承包人为履行合同发出的一切函件均应盖有承包人授权的施工场地管理机构章,并由承包人项目经理或其授权代表签字。承包人项目经理可以授权其下属人员履行其某项职责,但事先应将这些人员的姓名和授权范围通知监理人。

(三)施工进度和工期

1.合同进度计划

《公路工程标准施工招标文件》第10.1条规定:承包人应按专用合同条款约定的内容和期限,编制详细的施工进度计划和施工方案说明报送监理人。监理人应在专用合同条款约定的期限内批复或提出修改意见,否则该进度计划视为已得到批准。经监理人批准的施工进度计划称合同进度计划,是控制合同工程进度的依据。

不论何种原因造成工程的实际进度与批准的合同进度计划不符时,承包人可以在专用合同条款约定的期限内向监理人提交修订合同进度计划的申请报告,并附有关措施和相关资料,报监理人审批;监理人也可以直接向承包人作出修订合同进度计划的指示,承包人应按该指示修订合同进度计划，报监理人审批。

2. 开工

《公路工程标准施工招标文件》第 11.1 条规定：监理人应在开工日期 7 天前向承包人发出开工通知。监理人在发出开工通知前应获得发包人同意。工期自监理人发出的开工通知中载明的开工日期起计算。承包人应按批准的合同进度计划，向监理人提交工程开工报审表，经监理人审批后执行。

3. 工期延误

(1)发包人的工期延误。《公路工程标准施工招标文件》第 11.3 条规定：在履行合同过程中，由于发包人的下列原因造成工期延误的，承包人有权要求发包人延长工期和(或)增加费用，并支付合理利润：

①增加合同工作内容；

②改变合同中任何一项工作的质量要求或其他特性；

③发包人延迟提供材料、工程设备或变更交货地点的；

④因发包人原因导致的暂停施工；

⑤提供图纸延误；

⑥未按合同约定及时支付预付款、进度款；

⑦发包人造成工期延误的其他原因。

(2)承包人的工期延误。《公路工程标准施工招标文件》第 11.5 条规定：由于承包人原因，未能按合同进度计划完成工作，或监理人认为承包人施工进度不能满足合同工期要求的，承包人应采取措施加快进度，并承担加快进度所增加的费用。由于承包人原因造成工期延误，承包人应支付逾期竣工违约金。承包人支付逾期竣工违约金，不免除承包人完成工程及修补缺陷的义务。

4. 暂停施工

(1)承包人暂停施工的责任。《公路工程标准施工招标文件》第 12.1 条规定：因下列暂停施工增加的费用和(或)工期延误由承包人承担：

①承包人违约引起的暂停施工；

②由于承包人原因为工程合理施工和安全保障所必需的暂停施工；

③承包人擅自暂停施工；

④承包人其他原因引起的暂停施工；

⑤专用条款约定由承包人承担的其他暂停施工。

(2)发包人暂停施工的责任。《公路工程标准施工招标文件》第 12.2 条规定：由于发包人原因引起的暂停施工造成工期延误的，承包人有权要求发包人延长工期和(或)增加费用，并支付合理利润。

(3)监理人暂停施工指示。《公路工程标准施工招标文件》第 12.3 条规定：监理人认为有必要时，可向承包人作出暂停施工的指示，承包人应按监理人指示暂停施工。不论由于何种原因引起的暂停施工，暂停施工期间承包人应负责妥善保护工程并提供安全保障。由于发包人的原因发生暂停施工的紧急情况，且监理人未及时下达暂停施工指示的，承包人可先暂停施工，并及时向监理人提出暂停施工的书面请求。监理人应在接到书面请求后的 24 小时内予以答复；逾期未答复的，视为同意承包人的暂停施工请求。

(4)暂停施工后的复工。《公路工程标准施工招标文件》第12.4条规定:暂停施工后,监理人应与发包人和承包人协商,采取有效措施积极消除暂停施工的影响。当工程具备复工条件时,监理人应立即向承包人发出复工通知。承包人收到复工通知后,应在监理人指定的期限内复工。因发包人原因无法按时复工的,承包人有权要求发包人延长工期和(或)增加费用,并支付合理利润。

(5)暂停施工持续56天以上的处理办法。《公路工程标准施工招标文件》第12.5条规定:监理人发出暂停施工指示后56天内未向承包人发出复工通知,除了该项停工属于承包人的责任外,承包人可向监理人提交书面通知,要求监理人在收到书面通知后28天内准许已暂停施工的工程或其中一部分工程继续施工。如监理人逾期不予批准,则将工程受影响的部分视为按有关变更条款的约定视为可取消工作。如暂停施工影响到整个工程,由发包人承担违约责任。由于承包人责任的暂停施工,如承包人在收到监理人暂停施工指示后56天内不认真采取有效的复工措施,造成工期延误,由承包人承担违约责任。

5. 竣工验收

(1)工程竣工条件。《公路工程标准施工招标文件》第18.2条规定:当工程具备以下条件时,承包人即可向监理人报送竣工验收申请报告:

①合同范围内的全部单位工程以及有关工作(尾工工程和缺陷修补工作除外),包括合同要求的试验、试运行以及检验和验收均已完成,并符合合同要求;

②已按合同约定的内容和份数备齐了符合要求的竣工资料;

③已按监理人的要求编制了在缺陷责任期内完成的尾工工程和缺陷修补工作清单以及相应施工计划;

④监理人要求在竣工验收前应完成的其他工作;

⑤监理人要求提交的竣工验收资料清单。

(2)竣工验收过程。《公路工程标准施工招标文件》第18.3条规定:监理人收到承包人提交的竣工验收申请报告后,应审查申请报告的各项内容。

监理人审查后认为尚不具备竣工验收条件的,应在收到竣工验收申请报告后的28天内通知承包人,指出在颁发接收证书前承包人还需进行的工作内容。承包人完成监理人通知的全部工作内容后,应再次提交竣工验收申请报告,直至监理人同意为止。

监理人审查后认为已具备竣工验收条件的,应在收到竣工验收申请报告后的28天内提请发包人进行工程验收。发包人经过验收后同意接收工程的,应在监理人收到竣工验收申请报告后的56天内,由监理人向承包人出具经发包人签认的工程接收证书。发包人验收后不同意接收工程的,监理人应按照发包人的验收意见发出指示,要求承包人对不合格工程认真返工重作或进行补救处理,并承担由此产生的费用。承包人在完成不合格工程的返工重作或补救工作后,应重新提交竣工验收申请报告。

除专用合同条款另有约定外,经验收合格工程的实际竣工日期,以提交竣工验收申请报告的日期为准。发包人在收到承包人竣工验收申请报告56天后未进行验收的,视为验收合格,但发包人由于不可抗力不能进行验收的除外。

(四)施工质量和检验

1. 工程质量要求

《公路工程标准施工招标文件》第13.1条规定:工程质量验收按合同约定验收标准执行。

因承包人原因造成工程质量达不到合同约定验收标准的，监理人有权要求承包人返工直至符合合同要求为止，由此造成的费用增加和（或）工期延误由承包人承担。因发包人原因造成工程质量达不到验收标准的，发包人应承担由于承包人返工造成的费用增加和（或）工期延误，并支付承包人合理利润。

2. 施工过程中的检查

①承包人的质量检查。《公路工程标准施工招标文件》第 13.3 条规定：承包人应按合同约定对材料、工程设备以及工程的所有部位及其施工工艺进行全过程的质量检查和检验，编制工程质量报表，报送监理人审查。

②监理人的质量检查。《公路工程标准施工招标文件》第 13.4 条规定：监理人有权对工程的所有部位及其施工工艺、材料和工程设备进行检查和检验。承包人应为监理人的检查和检验提供方便，按监理人指示进行施工场地取样试验、工程复核测量和设备性能检测，提供试验样品、提交试验报告和测量成果以及监理人要求进行的其他工作。监理人的检查和检验，不免除承包人按合同约定应负的责任。

3. 隐蔽工程的检查

①通知监理人检查。《公路工程标准施工招标文件》第 13.5.1 条规定：经承包人自检确认的工程隐蔽部位具备覆盖条件后，承包人应通知监理人在约定的期限内检查。监理人应按时到场检查。经监理人检查确认质量符合隐蔽要求，承包人才能进行覆盖。监理人检查确认质量不合格的，承包人应在监理人指示的时间内修整，并由监理人重新检查。

②监理人未到场检查。《公路工程标准施工招标文件》第 13.5.2 条规定：监理人未按约定的时间进行检查的，除监理人另有指示外，承包人可自行完成覆盖工作，并将记录报送监理人，监理人应签字确认。监理人事后对检查记录有疑问的，可要求重新检查，承包人应遵照执行，并在检验后重新覆盖恢复原状。经检验证明工程质量符合合同要求的，由发包人承担由此增加的费用和（或）工期延误，并支付承包人合理利润；经检验证明工程质量不符合合同要求的，由此增加的费用和（或）工期延误由承包人承担。

③承包人私自覆盖。《公路工程标准施工招标文件》第 13.5.4 条规定：承包人未通知监理人到场检查，私自将工程隐蔽部位覆盖的，监理人有权指示承包人钻孔探测或揭开检查，由此增加的费用和（或）工期延误由承包人承担。

4. 材料和工程设备的供应

建筑材料、构配件生产及设备供应单位对其生产或者供应的产品质量负责，材料和工程设备的需方则应根据买卖合同的规定进行质量验收。

（1）承包人提供的材料和工程设备。《公路工程标准施工招标文件》第 5.1 条规定：除专用合同条款另有约定外，承包人提供的材料和工程设备均由承包人负责采购、运输和保管，承包人应对其采购的材料和工程设备负责。承包人应会同监理人进行检验和交货验收，查验材料合格证明和产品合格证书，并进行材料的抽样检验和工程设备的检验测试，检验和测试结果应提交监理人，所需费用由承包人承担。

（2）发包人提供的材料和工程设备。《公路工程标准施工招标文件》第 5.2 条规定：发包人应在材料和工程设备到货 7 天前通知承包人，承包人应会同监理人在约定的时间内，赴交货地点共同进行验收。除专用合同条款另有约定外，发包人提供的材料和工程设备验收后，由承包人负责接收、运输和保管。发包人提供的材料和工程设备如果质量不符合合同要求，或由于发包人原因发生交货日期延误及交货地点变更等情况的,发包人应承担由此增加的费用和(或)工期延误,并向承包人支付合理利润。

(3)材料和工程设备专用于合同工程。《公路工程标准施工招标文件》第5.3条规定:运入施工场地的材料、工程设备、安装专用工器具与随机资料,必须专用于合同工程,未经监理人同意,承包人不得启用、运出施工场地或挪作他用。承包人因合同工作需要使用上述物品时,应向监理人提出申请。

(4)禁止使用不合格的材料和工程设备。《公路工程标准施工招标文件》第5.4条规定:监理人有权拒绝承包人提供的不合格材料或工程设备,并要求承包人立即进行更换。监理人应在更换后再次进行检查和检验,由此增加的费用和(或)工期延误由承包人承担。发包人提供的材料或工程设备不符合合同要求的,承包人有权拒绝,并可要求发包人更换,由此增加的费用和(或)工期延误由发包人承担。

5.缺陷责任与保修责任

缺陷责任期自实际竣工日期起计算。在全部工程竣工验收前,已经发包人提前验收的单位工程,其缺陷责任期的起算日期相应提前。

(1)缺陷责任。《公路工程标准施工招标文件》第19.2条规定:承包人应在缺陷责任期内对已交付使用的工程承担缺陷责任。缺陷责任期内,发包人对已接收使用的工程负责日常维护工作。发包人在使用过程中,如果发现新的缺陷,监理人和承包人应共同查清缺陷和(或)损坏的原因。经查明属承包人原因造成的,应由承包人承担修复和查验的费用。经查验属发包人原因造成的,发包人应承担修复和查验的费用,并支付承包人合理利润。发包人可自行修复或委托其他人修复缺陷,所需费用和利润的承担全由承包人负责。

(2)缺陷责任期的延长。《公路工程标准施工招标文件》第19.3、19.6条规定:由于承包人原因造成某项缺陷或损坏使某项目不能按原定目标使用而需要再次检查和修复的,发包人有权要求承包人相应延长缺陷责任期,但缺陷责任期最长不超过2年。

(3)保修责任。《公路工程标准施工招标文件》第19.7条规定:合同当事人根据有关法律规定,在专用合同条款中约定工程质量保修范围、期限和责任。保修期自实际竣工日期起计算。在全部工程竣工验收前,已经发包人提前验收的单位工程,其保修期的起算日期相应提前。

(五)违约责任

1.承包人违约

(1)承包人违约的情形。《公路工程标准施工招标文件》第22.1.1条规定:在履行合同过程中发生的下列情况属承包人违约:

①私自将合同的权利转让给其他人,或私自将合同的义务转移给其他人;

②私自将已按合同约定进入施工场地的施工设备、临时设施或材料撤离施工场地;

③使用了不合格材料或工程设备,质量达不到标准要求,又拒绝清除不合格工程;

④未能按合同进度计划及时完成合同约定的工作,已造成或预期造成工期延误;

⑤在缺陷责任期内,承包人未能对工程接收证书所列的缺陷清单的内容或缺陷责任期内发生的缺陷进行修复,而又拒绝按监理人指示再进行修补;

⑥承包人无法继续履行或明确表示不履行或实质上已停止履行合同;

⑦承包人不按合同约定履行义务的其他情况。

（2）对承包人违约的处理。《公路工程标准施工招标文件》第22.1.2、22.1.3条规定：承包人无法继续履行或明确表示不履行或实质上已停止履行合同时，发包人可通知承包人立即解除合同，并按有关法律处理。承包人发生其他违约情况时，监理人可向承包人发出期限整改通知。承包人应承担其违约所引起的费用增加和（或）工期延误。承包人已采取了有效措施纠正违约行为，具备复工条件的，可由监理人签发复工通知复工。

监理人发出整改通知28天后，承包人仍不纠正违约行为的，发包人可向承包人发出解除合同通知。合同解除后，发包人可派人员进驻施工场地，另行组织人员或委托其他承包人施工。发包人因继续完成该工程的需要，有权扣留使用承包人在现场的材料、设备和临时设施。但发包人的这一行动不免除承包人应承担的违约责任，也不影响发包人根据合同约定享有的索赔权利。

（3）合同解除后的估价、付款和结清。《公路工程标准施工招标文件》第22.1.4条规定：合同解除后，监理人商定或确定承包人实际完成工作的价值，以及承包人已提供的材料、施工设备、工程设备和临时工程等的价值。发包人应暂停对承包人的一切付款，查清各项付款、已扣款金额和应扣的违约金。合同解除后，发包人应向承包人索赔由于解除合同给发包人造成的损失。合同双方确认上述款项后，出具最终结清付款证书，结清全部款项。双方未能就解除合同后的款项结清有争议的，按合同中争议解决的约定处理。

2. 发包人违约

（1）发包人违约的情形。《公路工程标准施工招标文件》第22.2.1条规定：在履行合同过程中发生的下列情形，属发包人违约：

①发包人未能按合同约定支付预付款或合同价款，或拖延、拒绝批准付款申请和支付凭证，导致付款延误的。

②发包人原因造成停工的。

③监理人无正当理由没有在约定期限内发出复工指示，导致承包人无法复工的。

④发包人无法继续履行或明确表示不履行或实质上已停止履行合同的。

⑤发包人不履行合同约定其他义务的。

（2）对发包人违约的处理。《公路工程标准施工招标文件》第22.2.2、22.2.3条规定：发包人无法继续履行或明确表示不履行或实质上已停止履行合同时，承包人可向发包人发出通知，发包人收到承包人通知后的28天内仍不履行合同义务，承包人有权暂停施工。发包人应承担由此增加的费用和（或）工期延误，并支付承包人合理利润。承包人暂停施工28天后，发包人仍不纠正违约行为的，承包人可向发包人发出解除合同通知。但承包人的这一行动不免除发包人承担的违约责任，也不影响承包人享有的索赔权利。

（3）解除合同后的付款。《公路工程标准施工招标文件》第22.2.4条规定：因发包人违约解除合同的，发包人应在解除合同后28天内向承包人支付下列金额：

①合同解除日以前所完成工作的价款。

②承包人为该工程施工订购并已付款的材料、工程设备和其他物品的金额。发包人付还后，该材料、工程设备和其他物品归发包人所有。

③承包人为完成工程所发生的，而发包人未支付的金额。

④承包人撤离施工场地以及遣散承包人人员的金额。

⑤由于解除合同应赔偿的承包人损失。

⑥按合同约定在合同解除日前应支付给承包人的其他金额。

发包人应按本项约定支付上述金额并退还质量保证金和履约担保,但有权要求承包人支付应偿还给发包人的各项金额。

3.第三人造成的违约

《公路工程标准施工招标文件》第22.3条规定:在履行合同过程中,一方当事人因第三人的原因造成违约的,应当向对方当事人承担违约责任。一方当事人和第三人之间的纠纷,依照法律规定或者按照约定解决。

(六)争议的解决

1.友好解决

《公路工程标准施工招标文件》第24.2条规定:在提请争议评审、仲裁或者诉讼前,以及在争议评审、仲裁或诉讼过程中,发包人和承包人均可共同努力友好协商解决争议。

2.争议评审

《公路工程标准施工招标文件》第24.3条规定:应当采用争议评审的,发包人和承包人应在开工日后的28天内或在争议发生后,协商成立争议评审组。争议评审组由有合同管理和工程实践经验的专家组成。

合同双方的争议,应首先由申请人向争议评审组提交一份详细的评审申请报告,并附必要的文件、图纸和证明材料。被申请人在收到申请人评审申请报告副本后的28天内,向争议评审组提交一份答辩报告。争议评审组在收到合同双方报告后的14天内,邀请双方代表和有关人员举行调查会,向双方调查争议细节;必要时争议评审组可要求双方进一步提供补充材料。除专用合同条款另有约定外,在调查会结束后的14天内,争议评审组应在不受任何干扰的情况下进行独立、公正的评审,作出书面评审意见。在争议评审期间,争议双方暂按总监理工程师的确定执行。

发包人和承包人接受评审意见的,由监理人根据评审意见拟订执行协议,经争议双方签字后作为合同的补充文件,并遵照执行。发包人或承包人不接受评审意见,并要求提交仲裁或提起诉讼的,应在收到评审意见后的14天内将仲裁或起诉意向书面通知另一方,并抄送监理人,但在仲裁或诉讼结束前应暂按总监理工程师的确定执行。

3.争议的法律解决

《公路工程标准施工招标文件》第24.1条规定:发包人和承包人在履行合同中发生争议的,可友好协商解决或提请争议评审组评审。合同当事人友好协商解决不成、不愿提请争议评审或者不接受争议评审组意见的,可在专用合同条款中约定下列一种方式解决。

(1)向约定的仲裁委员会申请仲裁;

(2)向有管辖权的人民法院提起诉讼。

(七)其他内容

1.安全施工

(1)发包人的施工安全责任。《公路工程标准施工招标文件》第9.1条规定:

①发包人应按合同约定履行安全职责,授权监理人按合同约定的安全工作内容监督、检查承包人安全工作的实施,组织承包人和有关单位进行安全检查。

②发包人应对其现场机构雇佣的全部人员的工伤事故承担责任,但由于承包人原因造成发包人人员工伤的,应由承包人承担责任。

③发包人应负责赔偿工程或工程的任何部分对土地占用所造成的第三者财产损失，以及由于发包人原因在施工场地及其毗邻地带造成的第三者人身伤亡和财产损失。

(2)承包人的施工安全责任。《公路工程标准施工招标文件》第9.2条规定：

①承包人应按合同约定履行安全职责，执行监理人有关安全工作指示，并在合同条款约定的期限内，编制施工安全措施计划报送监理人审批。

②承包人应加强施工作业安全管理，特别应加强易燃、易爆材料，有毒与腐蚀性材料和其他危险品的管理，以及对爆破作业和地下工程施工等危险作业的管理。

③承包人应严格按照国家安全标准制订施工安全操作规程，配备必要的安全生产和劳动保护设施，加强安全教育，并发放安全工作手册和劳动保护用具。

④承包人应按监理人的指示制订应对灾害的紧急预案，按预案做好安全检查，配置必要的救助物资和器材，保护好有关人员的人身和财产安全。

⑤承包人按合同约定落实安全作业环境及安全施工措施所需费用。因采取合同未约定的安全作业环境及安全施工措施增加的费用，由监理人按第3.5款商定或确定。

⑥承包人应对其所雇佣的全部人员工伤事故承担责任，但由于发包人原因造成承包人人员工伤事故的，应由发包人承担责任。

⑦由于承包人原因在施工场地内及其毗邻地带造成的第三者人员伤亡和财产损失，由承包人负责赔偿。

2. 环境保护

《公路工程标准施工招标文件》第9.4条规定：承包人在施工过程中，应遵守有关环境保护的法律，履行合同约定的环境保护义务，并对违反法律和合同约定义务所造成的环境破坏、人身伤害和财产损失负责。

(1)承包人应按合同约定编制施工环保措施计划，按照监理批准的施工环保措施计划堆放和处理施工废弃物，避免对环境造成破坏。因承包人任意堆放或弃置施工废弃物造成妨碍公共交通、影响居民生活、降低河流行洪能力、危及居民安全、破坏周边环境，或者影响其他承包人施工等后果的，承包人应承担责任。

(2)承包人应按合同约定对开挖的边坡及时进行支护，进行水土保护，避免因施工造成的地质灾害。

(3)承包人应按国家饮用水管理标准定期对饮用水源进行监测，防止施工活动污染饮用水源。

(4)承包人应按合同约定，加强对噪声、粉尘、废气、废水和废油的控制，控制噪声、粉尘和废气浓度，做好废水和废油的治理和排放。

3. 专利技术

《公路工程标准施工招标文件》第1.11条规定：承包人在使用任何材料、承包人设备、工程设备或采用施工工艺时，因侵犯专利权或其他知识产权所引起的责任，由承包人承担，但由于遵照发包人提供的设计或技术标准和要求引起的除外。承包人在投标文件中采用专利技术的，专利技术的使用费包含在投标报价内。承包人的技术秘密和声明需要保密的资料和信息，发包人和监理人不得为合同以外的目的泄露给他人。

4. 化石、文物

《公路工程标准施工招标文件》第1.10条规定：在施工场地发掘的所有文物、古迹以及具有地质研究或考古价值的其他遗迹、化石、钱币或物品属于国家所有。一旦发现上述文物,承包人应采取有效合理的保护措施,防止任何人员移动或损坏上述物品,并立即报告当地文物行政部门,同时通知监理人。发包人、监理人和承包人应按文物行政部门要求采取妥善保护措施,由此导致费用增加和(或)工期延误由发包人承担。承包人发现文物后不及时报告或隐瞒不报,致使文物丢失或损坏的,应赔偿损失,并承担相应的法律责任。

5. 不利物质条件

《公路工程标准施工招标文件》第 4.11 条规定:不利物质条件,除专用合同条款另有约定外,通常是指承包人在施工场地遇到的不可预见的自然物质条件、非自然的物质障碍和污染物,包括地下和水文条件,但不包括气候条件。承包人遇到不利物质条件时,应采取适应不利物质条件的合理措施继续施工,并及时通知监理人。监理人应当及时发出指示;指示构成变更的,并按有关规定约定办理。监理人没有发出指示的,承包人因采取合理措施而增加的费用和(或)工期延误,由发包人承担。

6. 异常恶劣的气候条件

《公路工程标准施工招标文件》第 11.4 条规定:由于出现专用合同条款规定的异常恶劣气候的条件导致工期延误的,承包人有权要求发包人延长工期。

7. 不可抗力

《公路工程标准施工招标文件》第 21.1、21.2、21.3 条规定:不可抗力是指承包人和发包人在订立合同时不可预见,在工程施工过程中不可避免发生并不能克服的自然灾害和社会性突发事件,如地震、海啸、瘟疫、水灾、骚乱、暴动、战争和专用合同条款约定的其他情形。不可抗力发生后,发包人和承包人应及时认真统计所造成的损失,收集不可抗力造成损失的证据。

合同一方当事人遇到不可抗力事件,使其履行合同义务受到阻碍时,应立即通知合同另一方当事人和监理人,书面说明不可抗力和受阻碍的详细情况,并提供必要的证明。如不可抗力持续发生,合同一方当事人应及时向合同另一方当事人和监理人提交中间报告,说明不可抗力和履行合同受阻的情况,并于不可抗力事件结束后 28 天内提交最终报告。

不可抗力导致的人员伤亡、财产损失、费用增加和(或)工期延误等后果,由合同双方按以下原则承担:

(1)永久工程,包括已运至施工场地的材料和工程设备的损害,以及因工程损害造成的第三者人员伤亡和财产损失由发包人承担。

(2)承包人设备的损坏由承包人承担。

(3)发包人和承包人各自承担其人员伤亡和其他财产损失及其相关费用;承包人的停工损失由承包人承担,但停工期间应监理人要求照管工程和清理、修复工程的金额由发包人承担;不能按期竣工的,应合理延长工期,承包人不需支付逾期竣工违约金。发包人要求赶工的,承包人应采取赶工措施,赶工费用由发包人承担。

但是,合同一方当事人延迟履行,在延迟履行期间发生不可抗力的,不免除其责任。不可抗力发生后,发包人和承包人均应采取措施尽量避免和减少损失的扩大,任何一方没有采取有效措施导致损失扩大的,应对扩大的损失承担责任。合同一方当事人因不可抗力不能履行合同的,应当及时通知对方解除合同。合同解除后,承包人应按照合同约定撤离施工场地。已经订货的材料、设备,由订货方负责退货或解除订货合同,不能退还的货款和因退货、解除订货合同发生的费用,由发包人承担;因未及时退货造成的损失,由责任方承担。合同解除后的付款,参照合同有关条款的约定,由监理人商定或确定。

8.保险

投保责任因为险种的不同而不同。

(1)工程保险。《公路工程标准施工招标文件》第20.1条规定:承包人应以发包人和承包人的共同名义向双方同意的保险人投保建筑工程一切险、安装工程一切险。其具体的投保内容、保险金额、保险费率、保险期限等有关内容在专用合同条款中约定。

(2)人员工伤事故的保险。《公路工程标准施工招标文件》第20.2条规定:承包人应为其履行合同所雇佣的全部人员缴纳工伤保险费,并要求其分包人也进行此项保险。发包人应为其现场机构雇佣的全部人员缴纳工伤保险费,要求其监理人也进行此项保险。

(3)人身意外伤害保险。《公路工程标准施工招标文件》第20.3条规定:发包人应为其现场机构雇用的全部人员投保人身意外伤害险,并要求其监理人也进行此项保险。承包人应在整个施工期间为其现场机构雇用的全部人员投保人身意外伤害险,缴纳保险费,并要求其分包人也进行此项保险。

(4)第三者责任险。《公路工程标准施工招标文件》第20.4条规定:第三者责任系指在保险期内,对因工程意外事故造成的、依法应由被保险人负责的工地上及毗邻地区的第三者人身伤亡、疾病或财产损失(本工程除外),以及被保险人因此而支付的诉讼费用和事先经保险人书面同意支付的其他费用等赔偿责任。在缺陷责任期终止证书颁发前,承包人应以承包人和发包人的共同名义,投保第三者责任险,其保险费率、保险金额等有关内容在专用合同条款中约定。

(5)其他保险。除专用合同条款另有约定外,承包人应为其施工设备、进场的材料和工程设备等办理保险。

第四节　FIDIC合同条件

一、概述

1.FIDIC简介

FIDIC即国际咨询工程师联合会(Federation Internationle Des Inginieurs - Conseils),是由该联合会的法文名称字头组成的缩写词。FIDIC创建于1913年,是国际工程咨询界最具权威的联合组织,中国工程咨询协会于1996年正式加入该组织。FIDIC专业委员会编制了一系列规范性合同条件,不仅世界银行、亚洲开发银行、非洲开发银行的招标文件样本采用这些文件,还有许多国家的国际工程项目也常常采用FIDIC合同条件。

自1957年出版第一版后,每隔10年修订一次,1987年颁布了FIDIC合同条件第四版。1999年,为了适应国际工程承包模式的发展,FIDIC又将这些合同条件作了重大修改,以新的第一版的形式颁布了如下合同条件文本:

施工合同条件(Conditions of Contract for Construction,简称“新红皮书”);

永久设备和设计—建造合同条件(简称“新黄皮书”);

设计采购施工(EPC)/交钥匙工程合同条件(简称“银皮书”);

合同的简明格式(Short Form of Contract,简称“绿皮书”)。

在国际工程承包中比较常用的 FIDIC 施工合同条件,主要适用于土木工程施工。

2. FIDIC 合同条件的构成

FIDIC 合同条件由通用合同条件和专用合同条件两部分构成。

(1)FIDIC 通用合同条件。FIDIC 通用合同条件是固定不变的,工程建设项目只要是属于土木工程施工,如工民建工程、水电工程、路桥工程等建设项目,都可适用。FIDIC 通用合同条件分 20 方面的问题:一般规定,业主工程师,承包人,指定分包人,职员与劳工,工程设备、材料和工艺,开工、延误及暂停,竣工检验,业主的接收,缺陷责任,计量与估价,变更与调整,合同价格与支付,业主提出终止,承包人提出暂停与终止,风险与责任,保险,不可抗力,索赔,争端与仲裁。通用条件可以适用于所有土木工程,其条款非常具体而明确。

(2)FIDIC 专用合同条件。FIDIC 在编制合同条件时,考虑工程的具体特点和所在地区的情况可能予以必要的变动而设置了 FIDIC 专用合同条件。通用合同条件与专用条件一起构成了决定一个具体工程项目各方权利、义务和对工程施工具体要求的合同条件。专用合同条件中条款的出现起因于以下原因:

①在通用合同条件的措词中专门要求在专用合同条件中包含进一步信息,如果没有这些信息,合同条件则不完整。

②在通用合同条件中提到在专用合同条件中可能包含有补充材料的地方。但如果没有这些补充条件,合同条件仍不失其完整性。

③工程类型、环境或所在地区要求必须增加的条款。

④工程所在国法律或特殊环境要求通用合同条件所含条款有所变更。此类变更是这样进行的:在专用合同条件中说明通用合同条件的某条或某条的一部分予以删除,并根据具体情况给出适用的替代条款,或者条款之一部分。

3. FIDIC 合同条件的具体应用

FIDIC 合同条件在应用时对工程类别、合同性质、前提条件等都有一定的要求。

(1)FIDIC 合同条件适用的工程类别

FIDIC 合同条件适用一般的土木工程,其中包括工业与民用建设工程、疏浚工程、土壤改善工程、道桥工程、水利工程、港口工程等。

(2)FIDIC 合同条件适用的合同性质

FIDIC 合同条件在传统上主要适用于国际工程施工,但 FIDIC 合同条件进行修改后,同样适用于国内合同。

(3)应用 FIDIC 合同条件的前提

FIDIC 合同条件注重业主、承包人、工程师三方的关系协调,强调工程师在项目管理中的作用。在土木工程施工中应用 FIDIC 合同条件应具备以下前提:

①通过竞争性招标确定承包人;

②委托工程师对工程施工进行监理;

③按照单价合同编制招标文件(但有些子项也可以采用包干方式)。

4. FIDIC 合同条件下合同文件的组成及优先次序

在 FIDIC 合同条件下,合同文件除合同条件外,还包括其他对业主、承包方都有约束力的文件。构成合同的这些文件应该是互相说明、互相补充的,但是这些文件有时会产生冲突或含义不清。此时,应由工程师进行解释,其解释应按构成合同文件的如下先后次序进行:

①合同协议书；

②中标函；

③投标书；

④专用合同条件；

⑤通用合同条件；

⑥规范；

⑦图纸；

⑧资料表和构成合同组成部分的其他文件。

二、FIDIC 合同条件的各方

FIDIC 合同条件中涉及的各方是指业主、工程师、承包人和指定分包人。

1. 业主

业主是合同的当事人，在合同的履行过程中享有大量的权利并承担相应的义务。

(1)业主应当在投标书附录中规定的时间内给予承包人进入现场、占有现场各部分的权利。此项进入和占有权不可为承包人独享。

(2)许可、执照或批准。业主应当根据承包人的请求，提供以下合理协助：取得与合同有关，但不易得到的工程所在国的法律文本；协助承包人申请工程所在国要求的许可、执照或批准。

(3)业主人员。业主应负责保证在现场的业主人员和其他承包人做到与承包人的各项努力进行合作。

(4)业主的资金安排。业主应当在收到承包人任何要求的28天内，提出其已做并将继续维持的资金安排的合理证明，说明业主能够按照规定支付合同价格。

(5)业主的索赔。如果根据合同条款或合同有关的另外事项，业主认为有权得到任何支付，和(或)对缺陷通知期限的延长，业主或者工程师应当向承包人发出通知，说明细节。通知应当在业主了解引起索赔的事项或者情况后尽快发出。

2. 工程师

工程师由业主任命，与业主签订咨询服务委托协议书。根据施工合同，对工程的质量、进度和费用进行控制和监督，以保证工程项目的建设能满足合同的要求。

(1)工程师的职责和权力。工程师应履行合同中赋予的职责。工程师可行使合同中明确规定的或必然隐含的赋予的权力。如果要求工程师在行使其规定权力之前需获得业主的批准，则此类要求应于合同专用条件中注明。但是，为了合同目的，工程师行使这些应当由业主批准但尚未批准的权利，应当视为业主已经予以批准。除得到承包人同意外，业主承诺不能对工程师的权力加以进一步限制。工程师无权修改合同。

工程师在行使职责和权力时，还需要注意以下问题：

①工程师履行合同中明确规定的或必然隐含的权力时，应当视为代表业主执行。

②工程师无权解除任何一方依照合同具有的任何职责、义务或职责。

③工程师的任何批准、审查、证书、同意、审核、检查、指示、通知、建议、请求、检验或类似行为(包括未表示不批准)，不应解除承包人依照合同应具有的任何责任。

(2)工程师的委托。工程师可以随时将他的职责和权力委托给助理，并可撤回此类委托或授权。这些助理包括驻地工程师,被任命为对设备、材料进行检验和试验的独立检查员。此类委托、授权或撤回应是书面的,并且在合同双方收到书面通知后才生效。助理只能在其授权范围内向承包人发出指示。由助理按照授权作出的任何批准、审查、证书、同意、审核、检查、指示、通知、建议、请求、检验或类似行为,应与工程师作出的具有同等的效力。如果承包人对助理的任何决定或指示提出质疑,承包人可将此情况提交工程师,工程师应尽快对此类决定或指示加以确认、否定或更改。

(3)工程师的指示。工程师可以按照合同的规定向承包人发出指示,以及为实施工程和修补缺陷所必需的附加的或修正图纸,承包人应当接受这些指示。如果指示构成一项变更,则按照变更规定办理。这些指示应当采用书面形式。如果给出的是口头指示,承包人书面确认后两个工作日内工程师仍未发出书面答复,则确认口头指令为书面指令。

(4)工程师的替换。如果业主准备撤换工程师,则必须提前不少于42天发出通知以征得承包人的同意。如果要求工程师在行使某种权力之前需要获得业主批准,则必须在合同专用条件中加以限制。

3. 承包人

承包人是指其投标书已被业主接受的当事人,以及取得该当事人资格的合法继承人。承包人是合同的当事人,负责工程的施工。

(1)承包人的一般义务包括:

①承包人应当按照合同约定及工程师的指示,设计(在合同规定的范围内)、实施和完成工程,并修补工程中的任何缺陷。

②承包人应提供合同规定的生产设备和承包人文件,以及此项设计、施工、竣工和修补缺陷所需的所有临时性或永久性的承包人人员、货物、消耗品及其他物品和服务。

③承包人应对所有现场作业、所有施工方法和全部工程的完备性、稳定性和安全性承担责任。承包人对所有承包文件、临时工程及按照合同要求的每项生产设备和材料的设计承担责任,不应对其他永久工程的设计或规范负责。

④当工程师提出要求时,承包人应提交其建议采用的工程施工安排和方法的细节。

(2)承包人提供履约担保。承包人应当在收到中标函后28天内向业主提交履约担保。履约担保一般为不需承包人确认违约的无条件担保形式。履约担保应担保承包人圆满完成施工和保修的义务,直到工程师颁发工程接收证书为止。工程接收证书颁发后,承包人还应承担的义务仅为保修义务。如果双方有约定的话,允许颁发整个工程的接收证书后将履约保函的担保金额减少一定的百分比。业主应当在收到履约证书副本后21天内,将履约担保退还承包人。

在下列情况下业主可以凭履约担保索赔:

①专用条款内约定的缺陷通知期满后仍未能解除承包人的保修义务时,承包人应延长履约保函有效期而未延长。

②按照业主索赔或争议、仲裁等决定,承包人未向业主支付相应款项。

③缺陷通知期内承包人接到业主修补缺陷通知后42天内未派人修补。

④由于承包人的严重违约行为业主终止合同。

(3)承包人代表。承包人应当任命承包人代表,并授予其代表承包人根据合同采取行动所需的全部权力。承包人代表的任命应当取得工程师的同意。任命后,未经工程师同意,承包人不得撤销承包人代表的任命,或者任命替代人员。

(4)关于分包。承包人不得将整个工程分包。承包人应当对分包人的行为或违约负责。

(5)安全责任。承包人应当承担的安全责任包括:

①遵守所有适用的安全规则。

②负责有权在现场的所有人员的安全。

③努力清除现场和工程不需要的障碍物,以避免对人员造成危险。

④在工程竣工和移交前,提供围栏、照明、保卫和看守。

⑤因实施工程为公众和邻近土地所有人、占用人使用和提供保护,提供任何需要的临时工程。

(6)中标金额的充分性。承包人应当为认为已经确信中标合同金额的正确性和充分性,中标合同金额应当包括根据合同承包人承担的全部义务,以及为正确实施和完成工程并修补任何缺陷所需的全部有关事项。

4. 指定分包人

(1)指定分包人的概念。指定分包人是由业主(或工程师)指定、选定,完成某项特定工作内容并与承包人签订分包合同的特殊分包人。业主有权将部分工程项目的施工任务或设计提供材料、设备、服务等工作内容发包给指定分包人实施。由于指定分包人是与承包人签订分包合同,因而在合同关系和管理关系方面与一般分包人处于同等地位,对其施工过程中的监督、协调工作纳入承包人的管理之中。指定分包工作内容可能包括部分工程的施工,供应工程所需的货物、材料、设备,提供技术服务等。

(2)对指定分包人的付款。为了不损害承包人的利益,给指定分包人的付款应从暂定金额内开支。承包人在每个月末报送工程进度款支付报表时,工程师有权要求他出示以前已按指定分包合同给指定分包人付款的证明。如果承包人没有合法理由而扣押了指定分包人上个月应得的工程款,业主有权按工程师出具的证明从本月应得款内扣除这笔金额直接付给指定分包人。

三、施工合同的进度控制

1. 开工

一般情况下,开工日期应在承包人收到中标函后 42 天内开工,但工程师应在不少于 7 天前向承包人发出开工日期的通知。承包人应当在收到通知后的 28 天内,向工程师提交一份详细的进度计划。

2. 工程师对施工进度的监督

承包人每个月都应向工程师提交进度报告,说明前一阶段的进度情况和施工中存在的问题,以及下一阶段的实施计划和准备采取的相应措施。当工程师发现实际进度与计划进度严重偏离时,不论实际进度是超前还是滞后于计划进度,工程师有权指示承包人编制改进的施工进度计划,并再次提交工程师认可后执行,新进度计划将代替原来的计划。也允许在合同内明确规定,每隔一段时间(一般为 3 个月)承包人都要对施工计划进行一次修改,并经过工程师认可。按照合同条件的规定,工程师在管理中应注意两点:

(1)不论因何方应承担责任的原因导致实际进度与计划进度不符,承包人都无权对修改进度计划的工作要求额外支付。

(2)工程师对修改后进度计划的批准,承包人不能摆脱合同规定应承担的责任。

3.竣工时间的延长

承包人应当在工程或者分项工程的竣工时间内,完成整个工程和每个分项工程。可以给承包人合理延长竣工时间的条件通常可能包括以下几种情况:

(1)变更或者合同中某项工作量的显著变更。

(2)延误发放图纸。

(3)延误移交施工现场。

(4)承包人依据工程师提供的错误数据导致放线错误。

(5)不可预见的外界条件。

(6)施工中遇到文物和古迹而对施工进度的干扰。

(7)非承包人原因检验导致施工的延误。

(8)发生变更或合同中实际工程量与计划工程量出现实质性变化。

(9)施工中遇到有经验的承包人不能合理预见的异常不利气候条件影响。

(10)由于传染病或其他政府行为导致工期的延误。

(11)施工中受到业主或其他承包人的干扰。

(12)施工涉及有关公共部门原因引起的延误。

(13)业主提前占用工程导致对后续施工的延误。

(14)非承包人原因使竣工检验不能按计划正常进行。

(15)后续法规调整引起的延误。

(16)发生不可抗力事件的影响。

4.竣工检验

承包人完成工程并准备好竣工报告所需报送的资料后,应提前21天将某一确定日期通知工程师。工程师应指示在该日期后14天内的某日或数日内进行。如果某区段未能通过竣工检验,承包人对缺陷进行修复和改正。当整个工程或某区段未能通过按重新检验条款规定所进行的重复竣工检验时,工程师有权选择以下任何一种处理办法:

(1)指示再进行一次重复的竣工检验。

(2)如果由于该工程缺陷致使业主基本上无法享有该工程或区段所带来的全部利益,拒收整个工程或区段(视情况而定),在此情况下,业主有权获得承包人的赔偿。

(3)颁发一份接收证书(如果业主同意的话),折价接收该部分工程,合同价格应按照可以适当弥补由于此类失误而给业主造成的减少的价值数额予以扣减。

5.颁发工程接收证书

工程通过竣工检验达到了合同规定的“基本竣工”要求后,承包人在他认为可以完成移交工作前14天以书面形式向工程师申请颁发接收证书。基本竣工是指工程已通过竣工检验,能够按照预定目的交给业主占用或使用,而非完成了合同规定的包括扫尾、清理施工现场及不影响工程使用的某些次要部位缺陷修复工作后的最终竣工,剩余工作允许承包人在缺陷通知期内继续完成。

工程师接到承包人申请后的28天内,如果认为已满足竣工条件,即可颁发工程接收证书;若不满意,则应书面通知承包人,指出还需完成哪些工作后才达到基本竣工条件。工程接收证书中包括确认工程达到竣工的具体日期。工程接收证书颁发后,不仅表明承包人对该部分工程的施工义务已经完成,而且对工程照管的责任也转移给业主。

如果合同约定工程不同区段有不同竣工日期时,每完成一个区段均应按上述程序颁发部分工程的接收证书。

业主提前占用工程时,工程师应及时颁发工程接收证书,并确认业主占用日为竣工日。提前占用或使用表明该部分工程已达到竣工要求,对工程照管责任也相应转移给业主,但承包人对该部分工程的施工质量缺陷仍负有责任。工程师颁发接收证书后,应尽快给承包人采取必要措施完成竣工检验的机会。

有时也会出现施工已达到竣工条件,但由于不应由承包人负责的主观或客观原因不能进行竣工检验。针对此种情况,工程师应以本该进行竣工检验日签发工程接收证书,将这部分工程移交给业主照管和使用。工程虽已接收,仍应在缺陷通知期内进行补充检验。当竣工检验条件具备后,承包人应在接到工程师指示进行竣工试验通知的 14 天内完成检验工作。由于非承包人原因导致缺陷通知期内进行的补检,属于承包人在投标阶段不能合理预见到的情况,该项检查试验比正常检验多支出的费用应由业主承担。

6. 缺陷通知期

缺陷通知期即国内施工文本所指的工程保修期,自工程接收证书中写明的竣工日开始,至工程师颁发履约证书为止的日历天数。设置缺陷通知期的目的是为了考验工程在动态运行下是否达到了合同中技术规范的要求。因此,从开工之日起至颁发履约证书日止,承包人要对工程的施工质量负责。合同工程的缺陷通知期及分阶段移交工程的缺陷通知期,应在专用条件内具体约定。次要部位工程通常为半年;主要工程及设备大多为一年;个别重要设备也可以约定为一年半。

(1)承包人在缺陷通知期内应承担的义务:

①将不符合合同规定的永久设备或材料从现场移走并替换;

②将不符合合同规定的工程拆除并重建;

③实施任何因保护工程安全而需进行的紧急工作。不论事件起因于事故、不可预见事件还是其他事件。

(2)履约证书的颁发。履约证书是承包人已按合同规定完成全部施工义务的证明,因此该证书颁发后工程师就无权再指示承包人进行任何施工工作,承包人即可办理最终结算手续。缺陷通知期内工程圆满地通过运行考验,工程师应在期满后的 28 天内,向业主签发解除承包人承担工程缺陷责任的证书,并将副本送给承包人。但此时仅意味承包人与合同有关的实际义务已经完成,而合同尚未终止,剩余的双方合同义务只限于财务和管理方面的内容。业主应在证书颁发后的 14 天内,退还承包人的履约保函。

缺陷通知期满时,如果工程师认为还存在影响工程运行或使用的较大缺陷,可以延长缺陷通知期推迟颁发证书,但缺陷通知期的延长不应超过竣工日后的 2 年。

四、合同价格和付款

1. 合同价格

接受的合同款额指业主在“中标函”中对实施、完成和修复工程缺陷所接受的金额,来源于承包人的投标报价并对其确认。但最终的合同价格则指按照合同各条款的约定,承包人完成建造和保修任务后,对所有合格工程有权获得全部工程款。

2. 合同价格调整的原因

最后结算的合同价与中标函中注明接受的合同款额一般不会相等，原因有以下几点：

(1)合同类型特点。FIDIC 施工合同条件适用于大型复杂工程采用单价合同的承包方式。由于承包人据以报价的工程量清单中各项工作内容项下的工程量一般为估计工程量。合同履行过程中，承包人实际完成的工程量可能多于或少于清单中的估计量。单价合同的支付原则是，按承包人实际完成工程量乘以清单中相应工作内容的单价结算工程款。另外，由于施工期较长，合同工期内因物价变化对施工成本产生影响，每次支付工程进度款时均要考虑约定可调价范围内项目当地市场价格的涨落变化。而这笔调价款没有包含在中标价格内，仅在合同条款中约定了调价原则和调价费用的计算方法。

(2)发生应由业主承担责任的事件。合同履行过程中，可能因业主的行为或他应承担风险责任的事件发生后，导致承包人增加施工成本，应对承包人受到的实际损害给予补偿。

(3)承包人的质量责任。合同履行过程中，如承包人没有完全或正确地履行合同义务，业主可凭工程师出具的证明，从承包人应得工程款内扣减该部分给业主带来损失的款额。

(4)承包人延误工期或提前竣工。签订合同时双方需约定日拖期赔偿额和最高赔偿限额。在整个合同工程竣工日期以前，工程师已对部分分阶段移交的工程颁发了工程接收证书且证书中注明的该部分工程竣工日期未超过约定的分阶段竣工时间，则全部工程剩余部分的日拖期违约赔偿额应相应折减。当合同内约定有部分项工程的竣工时间和奖励办法时，为了使业主能够在完成全部工程之前占有并启用工程的某些部分提前发挥效益，约定的分项工程完工日期应固定不变。也就是说，不因该部分工程施工过程中出现非承包人应负责原因工程师批准顺延合同工期，而对计算奖励的应竣工时间予以调整。

(5)包含在合同价格之内的暂定金额。暂定金额实际上是一笔业主方的备用金，用于招标时对尚未确定或不可预见项目的储备金额。施工过程中工程师有权依据工程进展的实际需要经业主同意后，用于施工或提供物资、设备，以及技术服务等内容的开支，也可以作为供意外用途的开支。只有当承包人按工程师的指示完成暂定金额项内开支的工作任务后，才能从其中获得相应支付。由于暂定金额是用于招标文件规定承包人必须完成的承包工作之外的费用，承包人报价时未将承包范围内发生的间接费、利润、税金等摊入其中，所以他未获得暂定金额内的支付并不损害其利益。承包人接受工程师的指示完成暂定金额项内支付的工作时，应按工程师的要求提供有关凭证，包括报价单、发票、收据等结算支付的证明材料。

3. 预付款

合同工程是否有预付款，以及预付款的金额多少、支付(分期支付的次数及时间)和扣还方式等均要在专用条款内约定。承包人需首先将银行出具的履约保函和预付款保函交给业主并通知工程师，工程师在 21 天内签发"预付款支付证书"，业主按合同约定的数额和外币比例支付预付款。预付款保函金额始终保持与预付款等额，即随着承包人对预付款的偿还逐渐递减保函金额。预付款在分期支付工程进度款的支付中按百分比扣减的方式偿还。自承包人获得工程进度款累计总额(不包括预付款的支付和保留金的扣减)达到合同总价(减去暂列金额)的 10% 那个月起扣。本月证书中承包人应获得的合同款额(不包括预付款及保留金的扣减)中扣除 25% 作为预付款的偿还，直至还清全部预付款。

4. 工程进度款的支付程序

FIDIC《施工合同条件》对工程进度款的支付程序有详细的规定。

(1)工程量计量。工程量清单中所列的工程量仅是对工程的估算量,不能作为承包人完成合同规定施工义务的结算依据。每次支付工程月进度款前,均需通过测量来核实实际完成的工程量,以计量值作为支付依据。单价合同以计量的数量作为支付进度款的依据,而总价合同或单价包干混合式合同中按总价承包的部分可以按图纸工程量作为支付依据,仅对变更部分予以计量。

(2)承包人提供报表。每个月的月末,承包人应按工程师规定的格式提交一式6份本月支付报表。内容包括提出本月已完成合格工程的应付款要求和对应扣款的确认。

(3)工程师签证。工程师接到报表后,对承包人完成的工程形象、项目、质量、数量以及各项款项的计算进行核查。在收到承包人支付报表的28天内,按核查结果以及总价承包分解表中核实的实际完成情况签发支付证书。工程师可以不签发证书或扣减承包人报表中部分金额的情况包括:

①合同内约定有工程师签证的最小金额时,本月应签发的金额小于签证的最小金额,工程师不出具月进度款的支付证书,本月应付款结转下月或后面月份。

②承包人提供的货物或施工的工程不符合合同要求,可扣发修正或重置相应的费用,直至修整或重置工作完成后再支付。

③承包人未能按合同规定进行工作或履行义务,并且工程师已经通知了承包人,则可以扣留该工作或义务的价值,直至工作或义务履行为止。

④工程进度款支付证书属于临时支付证书,工程师有权对以前签发过的证书中发现的错、漏或重复进行修正,承包人也有权提出更改或修正,经双方复核同意后,将增加或扣减的金额纳入本次签证中。

(4)业主支付。工程师认可并签发工程进度款的支付证书后,业主应在接到证书后及时给承包人付款,付款时间不应超过工程师收到承包人的月进度付款申请单后的56天。

5.竣工结算

颁发工程接收证书后的84天内,承包人应按工程师规定的格式报送竣工报表。工程师接到竣工报表后,应对照竣工图进行工程量详细核算,对其他支付要求进行审查,然后再依据检查结果签署竣工结算的支付证书。此项签证工作,工程师应在收到竣工报表后28天内完成。业主依据工程师的签证予以支付。

6.保留金

保留金是按合同约定从承包人应得的工程进度款中相应扣减的一笔金额保留在业主手中,作为约束承包人严格履行合同义务的措施之一。当承包人有一般违约行为使业主受到损失时,可从该项金额内直接扣除损害赔偿费。

(1)保留金的约定和扣除。承包人在投标书附录中按招标文件提供的信息和要求确认了每次扣留保留金的百分比和保留金限额。每次月进度款支付时扣留的百分比一般为5%~10%,累计扣留的最高限额为合同价的2.5%~5%。从首次支付工程进度款开始,用该月承包人完成合格工程应得款加上因后续法规政策变化的调整和时常价格浮动变化的调价款为基数,乘以合同约定保留金的百分比作为本次支付时应扣留的保留金。逐月累计扣到合同约定的保留金最高限额为止。

(2)保留金的返还。扣留承包人的保留金分两次返还:

第一次,颁发了整个工程的接收证书时,将保留金的前一半支付给承包人。如果颁发的接收证书只是限于一个区段或工程的一部分，则：

返还金额＝保留金总额的一半×（移交工程区段或部分的合同价值的估算值）/（最终合同价值的估算值）×40%

第二次，保修期满颁发履约证书后将剩余保留金返还。整个合同的缺陷通知期满，返还剩余的保留金。如果颁发的履约证书只限于一个区段，则在这个区段的缺陷通知期满后，并不全部返还该部分剩余的保留金：

返还金额＝保留金总额的一半×（移交工程区段或部分的合同价值的估算值）/（最终合同价值的估算值）×40%

第二次支付后剩余的保留金应在各缺陷通知期限的最末一个期满日期后一次性返还。

当承包人严重违约而使合同不能继续顺利履行时，业主可以凭履约保函向银行获取损害赔偿；而因承包人的一般违约行为令业主蒙受损失时，通常利用保留金补偿损失。当保留金已累计扣留到保留金限额的60%时，为了使承包人有较充裕的流动资金用于工程施工，可以允许承包人提交保留金保函代换保留金。业主返还保留金限额的50%，剩余部分待颁发履约证书后再返还。保函金额在颁发接收证书后不递减。

7. 最终结算

最终结算是指颁发履约证书后，对承包人完成全部工作价值的详细结算，以及根据合同条件对应付给承包人的其他费用进行核实，确定合同的最终价格。

颁发履约证书后的56天内，承包人应向工程师提交最终报表草案，以及其他有关资料。最终报表草案要详细说明根据合同完成的全部工程价值和承包人依据合同认为还应支付给他的任何进一步款项，如剩余的保留金及缺陷通知期内发生的索赔费用等。

工程师审核后与承包人协商，对最终报表草案进行适当的补充或修改后形成最终报表。承包人将最终报表送交工程师的同时，还需向业主提交一份“结清单”，进一步证实最终报表中的支付总额，作为同意与业主终止合同关系的书面文件。工程师在接到最终报表和结清单附件后的28天内签发最终支付证书，业主应在收到证书后的56天内支付。只有当业主按照最终支付证书的金额予以支付并退还履约保函后，结清单才生效，承包人的索赔权也即行终止。

五、有关争端处理的规定

1. 对争端的理解

对争端应作广义的理解，当事人对合同条款和合同履行的不同理解和看法都是争端。凡是当事人对合同是否成立、成立的时间、合同内容的解释、合同的履行、违约的责任，以及合同的变更、中止、转让、解除、终止等发生的争端，均应包括在内；也包括对工程师的任何意见、指示、决定、证书或估价方面的任何争端。FIDIC施工合同条件中规定，争端应提交争端裁决委员会（Dispute Adjudication Board，DAB）裁决。

2. 争端裁决委员会的委任

争端裁决委员会是根据投标函附录中的规定设立的，由1人或者3人组成（具体由投标函附录中规定）。若争端裁决委员会成员为3人，则由合同双方各提名一位成员供对方认可，双方共同确定第三位成员作为主席。如果合同中有争端裁决委员会成员的意向性名单，则必须从该名单中进行选择。合同双方应当共同商定对争端裁决委员会成员的支付条件，并由双方各支付酬金的一半。

在合同双方同意的任何时候，他们可以任命一合格人选（或多个合格人选）替代（或备有人选替代)争端裁决委员会的任何一个或多个成员。除非合同双方另有协议,只要某一成员拒绝履行其职责或由于死亡、伤残、辞职或其委任终止而不能尽其职责,该任命即告生效。

任何成员的委任只有在合同双方同意的情况下才能终止,业主或承包人各自的行动将不能终止此类委任。

3. 争端裁决委员会对争端进行裁决

如果在合同双方之间产生起因于合同或实施过程或与之相关的任何争端(任何种类),包括对工程师的任何证书的签发、决定、指示、意见或估价的任何争端,任一方可以将此类争端事宜以书面形式提交争端裁决委员会,供其裁定,并将副本送交另一方和工程师。合同双方应立即向争端裁决委员会提供为对此类争端进行裁决的目的而可能要求的所有此类附加资料、进一步的现场通道和适当的设施。

争端裁决委员会在收到书面报告后 84 天内对争端作出裁决,并说明理由。如果合同一方对争端裁决委员会的裁决不满,则应当在收到裁决后的 28 天内向合同对方发出表示不满的通知,并说明理由,表明准备提请仲裁。如果争端裁决委员会未在 84 天内对争端作出裁决,则双方中的任何一方均有权在 84 天期满后的 28 天内向对方发出要求仲裁的通知。如果双方接受争端裁决委员会的裁决,或者没有按照规定发出表示不满的通知,则该裁决将成为最终的决定并对合同双方均具有约束力。

4. 争端的友好解决

在合同发生争端时,如果双方能通过协商达成一致,这比通过仲裁、诉讼程序解决争端好得多。这样既能节省时间和费用,也不会伤害双方的感情,使双方的良好合作关系能够得以保持。事实上,在国际工程承包合同中产生的争端大都可以通过友好协商得到解决。

合同当事人一方或双方发出表示对裁决不满的通知后,合同双方在仲裁开始前应尽力以友好的方式解决争端。除非合同双方另有协议,否则,仲裁将在表示不满的通知发出后第 56 天或此后开始,即使双方未曾作过友好解决的努力。这 56 天的时间是留给争端的友好解决的。

5. 争端的仲裁

仲裁的规定,其意义不仅在于寻找一条解决争端的途径和方法,更重要的是仲裁条款的出现使当事人双方失去了通过诉讼程序解决合同争端的权利。因为当事人在仲裁与诉讼中只能选择一种解决方法,因此,该规定实际决定了合同当事人只能把提交仲裁作为解决争端的最后办法。

除非通过友好解决,否则,如果争端裁决委员会对有关争端的决定(如有时)未能成为最终决定并具有约束力,那么此类争端应由国际仲裁机构最终裁决。

仲裁人应有权公开、审查和修改工程师的任何证书的签发、决定、指示、意见或估价,以及任何争端裁决委员会有关争端事宜的裁决。工程师有权作为证人向仲裁人提供任何与争端有关的证据。

合同双方的任一方在上述仲裁人的仲裁过程中,均不受以前为取得争端裁决委员会的决定而提供的证据或论据或其不满意通知中提出的不满理由的限制。在仲裁过程中,可将争端裁决委员会的决定作为一项证据。

工程竣工之前或之后均可开始仲裁。但在工程进行过程中,合同双方、工程师以及争端裁决委员会的各自义务不得因任何仲裁正在进行而改变。

仲裁裁决具有法律效力。但仲裁机构无权强制执行,如一方当事人不履行裁决,另一方当事人可向法院申请强制执行。

附录一　复利系数表

$i=5\%$

n	(F/P,i,n)	(P/F,i,n)	(F/A,i,n)	(A/F,i,n)	(A/P,i,n)	(P/A,i,n)
1	1.0500	0.9524	1.0000	1.0000	1.0500	0.9524
2	1.1025	0.9070	2.0500	0.4878	0.5378	1.8594
3	1.1576	0.8638	3.1525	0.3172	0.3672	2.7232
4	1.2155	0.8227	4.3101	0.2320	0.2820	3.5460
5	1.2763	0.7835	5.5256	0.1810	0.2310	4.3295
6	1.3401	0.7462	6.8019	0.1470	0.1970	5.0757
7	1.4071	0.7107	8.1420	0.1228	0.1728	5.7864
8	1.4775	0.6768	9.5491	0.1047	0.1547	6.4632
9	1.5513	0.6446	11.0266	0.0907	0.1407	7.1078
10	1.6289	0.6139	12.5779	0.0795	0.1295	7.7217
11	1.7103	0.5847	14.2068	0.0704	0.1204	8.3064
12	1.7959	0.5568	15.9171	0.0628	0.1128	8.8633
13	1.8856	0.5303	17.7130	0.0565	0.1065	9.3936
14	1.9799	0.5051	19.5986	0.0510	0.1010	9.8986
15	2.0789	0.4810	21.5786	0.0463	0.0963	10.3797
16	2.1829	0.4581	23.6575	0.0423	0.0923	10.8378
17	2.2920	0.4363	25.8404	0.0387	0.0887	11.2741
18	2.4066	0.4155	28.1324	0.0355	0.0855	11.6896
19	2.5270	0.3957	30.5390	0.0327	0.0827	12.0853
20	2.6533	0.3769	33.0660	0.0302	0.0802	12.4622
21	2.7860	0.3589	35.7193	0.0280	0.0780	12.8212
22	2.9253	0.3418	38.5052	0.0260	0.0760	13.1630
23	3.0715	0.3256	41.4305	0.0241	0.0741	13.4886
24	3.2251	0.3101	44.5020	0.0225	0.0725	13.7986
25	3.3864	0.2953	47.7271	0.0210	0.0710	14.0939
26	3.5557	0.2812	51.1135	0.0196	0.0696	14.3752
27	3.7335	0.2678	54.6691	0.0183	0.0683	14.6430
28	3.9201	0.2551	58.4026	0.0171	0.0671	14.8981
29	4.1161	0.2429	62.3227	0.0160	0.0660	15.1411
30	4.3219	0.2314	66.4388	0.0151	0.0651	15.3725
31	4.5380	0.2204	70.7608	0.0141	0.0641	15.5928
32	4.7649	0.2099	75.2988	0.0133	0.0633	15.8027
33	5.0032	0.1999	80.0638	0.0125	0.0625	16.0025
34	5.2533	0.1904	85.0670	0.0118	0.0618	16.1929
35	5.5160	0.1813	90.3203	0.0111	0.0611	16.3742
40	7.0400	0.1420	120.7998	0.0083	0.0583	17.1591
45	8.9850	0.1113	159.7002	0.0063	0.0563	17.7741
50	11.4674	0.0872	209.3480	0.0048	0.0548	18.2559
55	14.6356	0.0683	272.7126	0.0037	0.0537	18.6335
60	18.6792	0.0535	353.5837	0.0028	0.0528	18.9293
65	23.8399	0.0419	456.7980	0.0022	0.0522	19.1611
70	30.4264	0.0329	588.5285	0.0017	0.0517	19.3427
75	38.8327	0.0258	756.6537	0.0013	0.0513	19.4850
80	49.5614	0.0202	971.2288	0.0010	0.0510	19.5965
85	63.2544	0.0158	1245.0871	0.0008	0.0508	19.6838
90	80.7304	0.0124	1594.6073	0.0006	0.0506	19.7523
95	103.0347	0.0097	2040.6935	0.0005	0.0505	19.8059
100	131.5013	0.0076	2610.0252	0.0004	0.0504	19.8479

$i=6\%$

n	(F/P,i,n)	(P/F,i,n)	(F/A,i,n)	(A/F,i,n)	(A/P,i,n)	(P/A,i,n)
1	1.0600	0.9434	1.0000	1.0000	1.0600	0.9434
2	1.1236	0.8900	2.0600	0.4854	0.5454	1.8334
3	1.1910	0.8396	3.1836	0.3141	0.3741	2.6730
4	1.2625	0.7921	4.3746	0.2286	0.2886	3.4651
5	1.3382	0.7473	5.6371	0.1774	0.2374	4.2124
6	1.4185	0.7050	6.9753	0.1434	0.2034	4.9173
7	1.5036	0.6651	8.3938	0.1191	0.1791	5.5824
8	1.5938	0.6274	9.8975	0.1010	0.1610	6.2098
9	1.6895	0.5919	11.4913	0.0870	0.1470	6.8017
10	1.7908	0.5584	13.1808	0.0759	0.1359	7.3601
11	1.8983	0.5268	14.9716	0.0668	0.1268	7.8869
12	2.0122	0.4970	16.8699	0.0593	0.1193	8.3838
13	2.1329	0.4688	18.8821	0.0530	0.1130	8.8527
14	2.2609	0.4423	21.0151	0.0476	0.1076	9.2950
15	2.3966	0.4173	23.2760	0.0430	0.1030	9.7122
16	2.5404	0.3936	25.6725	0.0390	0.0990	10.1059
17	2.6928	0.3714	28.2129	0.0354	0.0954	10.4773
18	2.8543	0.3503	30.9057	0.0324	0.0924	10.8276
19	3.0256	0.3305	33.7600	0.0296	0.0896	11.1581
20	3.2071	0.3118	36.7856	0.0272	0.0872	11.4699
21	3.3996	0.2942	39.9927	0.0250	0.0850	11.7641
22	3.6035	0.2775	43.3923	0.0230	0.0830	12.0416
23	3.8197	0.2618	46.9958	0.0213	0.0813	12.3034
24	4.0489	0.2470	50.8156	0.0197	0.0797	12.5504
25	4.2919	0.2330	54.8645	0.0182	0.0782	12.7834
26	4.5494	0.2198	59.1564	0.0169	0.0769	13.0032
27	4.8223	0.2074	63.7058	0.0157	0.0757	13.2105
28	5.1117	0.1956	68.5281	0.0146	0.0746	13.4062
29	5.4184	0.1846	73.6398	0.0136	0.0736	13.5907
30	5.7435	0.1741	79.0582	0.0126	0.0726	13.7648
31	6.0881	0.1643	84.8017	0.0118	0.0718	13.9291
32	6.4534	0.1550	90.8898	0.0110	0.0710	14.0840
33	6.8406	0.1462	97.3432	0.0103	0.0703	14.2302
34	7.2510	0.1379	104.1838	0.0096	0.0696	14.3681
35	7.6861	0.1301	111.4348	0.0090	0.0690	14.4982
40	10.2857	0.0972	154.7620	0.0065	0.0665	15.0463
45	13.7646	0.0727	212.7435	0.0047	0.0647	15.4558
50	18.4202	0.0543	290.3359	0.0034	0.0634	15.7619
55	24.6503	0.0406	394.1720	0.0025	0.0625	15.9905
60	32.9877	0.0303	533.1282	0.0019	0.0619	16.1614
65	44.1450	0.0227	719.0829	0.0014	0.0614	16.2891
70	59.0759	0.0169	967.9322	0.0010	0.0610	16.3845
75	79.0569	0.0126	1300.9487	0.0008	0.0608	16.4558
80	105.7960	0.0095	1746.5999	0.0006	0.0606	16.5091
85	141.5789	0.0071	2342.9817	0.0004	0.0604	16.5489
90	189.4645	0.0053	3141.0752	0.0003	0.0603	16.5787
95	253.5463	0.0039	4209.1042	0.0002	0.0602	16.6009
100	339.3021	0.0029	5638.3681	0.0002	0.0602	16.6175

i = 7%

n	(F/P,i,n)	(P/F,i,n)	(F/A,i,n)	(A/F,i,n)	(A/P,i,n)	(P/A,i,n)
1	1.0700	0.9346	1.0000	1.0000	1.0700	0.9346
2	1.1449	0.8734	2.0700	0.4831	0.5531	1.8080
3	1.2250	0.8163	3.2149	0.3111	0.3811	2.6243
4	1.3108	0.7629	4.4399	0.2252	0.2952	3.3872
5	1.4026	0.7130	5.7507	0.1739	0.2439	4.1002
6	1.5007	0.6663	7.1533	0.1398	0.2098	4.7665
7	1.6058	0.6227	8.6540	0.1156	0.1856	5.3893
8	1.7182	0.5820	10.2598	0.0975	0.1675	5.9713
9	1.8385	0.5439	11.9780	0.0835	0.1535	6.5152
10	1.9672	0.5083	13.8164	0.0724	0.1424	7.0236
11	2.1049	0.4751	15.7836	0.0634	0.1334	7.4987
12	2.2522	0.4440	17.8885	0.0559	0.1259	7.9427
13	2.4098	0.4150	20.1406	0.0497	0.1197	8.3577
14	2.5785	0.3878	22.5505	0.0443	0.1143	8.7455
15	2.7590	0.3624	25.1290	0.0398	0.1098	9.1079
16	2.9522	0.3387	27.8881	0.0359	0.1059	9.4466
17	3.1588	0.3166	30.8402	0.0324	0.1024	9.7632
18	3.3799	0.2959	33.9990	0.0294	0.0994	10.0591
19	3.6165	0.2765	37.3790	0.0268	0.0968	10.3356
20	3.8697	0.2584	40.9955	0.0244	0.0944	10.5940
21	4.1406	0.2415	44.8652	0.0223	0.0923	10.8355
22	4.4304	0.2257	49.0057	0.0204	0.0904	11.0612
23	4.7405	0.2109	53.4361	0.0187	0.0887	11.2722
24	5.0724	0.1971	58.1767	0.0172	0.0872	11.4693
25	5.4274	0.1842	63.2490	0.0158	0.0858	11.6536
26	5.8074	0.1722	68.6765	0.0146	0.0846	11.8258
27	6.2139	0.1609	74.4838	0.0134	0.0834	11.9867
28	6.6488	0.1504	80.6977	0.0124	0.0824	12.1371
29	7.1143	0.1406	87.3465	0.0114	0.0814	12.2777
30	7.6123	0.1314	94.4608	0.0106	0.0806	12.4090
31	8.1451	0.1228	102.0730	0.0098	0.0798	12.5318
32	8.7153	0.1147	110.2182	0.0091	0.0791	12.6466
33	9.3253	0.1072	118.9334	0.0084	0.0784	12.7538
34	9.9781	0.1002	128.2588	0.0078	0.0778	12.8540
35	10.6766	0.0937	138.2369	0.0072	0.0772	12.9477
40	14.9745	0.0668	199.6351	0.0050	0.0750	13.3317
45	21.0025	0.0476	285.7493	0.0035	0.0735	13.6055
50	29.4570	0.0339	406.5289	0.0025	0.0725	13.8007
55	41.3150	0.0242	575.9286	0.0017	0.0717	13.9399
60	57.9464	0.0173	813.5204	0.0012	0.0712	14.0392
65	81.2729	0.0123	1146.7552	0.0009	0.0709	14.1099
70	113.9894	0.0088	1614.1342	0.0006	0.0706	14.1604
75	159.8760	0.0063	2269.6574	0.0004	0.0704	14.1964
80	224.2344	0.0045	3189.0627	0.0003	0.0703	14.2220
85	314.5003	0.0032	4478.5761	0.0002	0.0702	14.2403
90	441.1030	0.0023	6287.1854	0.0002	0.0702	14.2533
95	618.6697	0.0016	8823.8535	0.0001	0.0701	14.2626
100	867.7163	0.0012	12381.6618	0.0001	0.0701	14.2693

i = 8%

n	(F/P,i,n)	(P/F,i,n)	(F/A,i,n)	(A/F,i,n)	(A/P,i,n)	(P/A,i,n)
1	1.0800	0.9259	1.0000	1.0000	1.0800	0.9259
2	1.1664	0.8573	2.0800	0.4808	0.5608	1.7833
3	1.2597	0.7938	3.2464	0.3080	0.3880	2.5771
4	1.3605	0.7350	4.5061	0.2219	0.3019	3.3121
5	1.4693	0.6806	5.8666	0.1705	0.2505	3.9927
6	1.5869	0.6302	7.3359	0.1363	0.2163	4.6229
7	1.7138	0.5835	8.9228	0.1121	0.1921	5.2064
8	1.8509	0.5403	10.6366	0.0940	0.1740	5.7466
9	1.9990	0.5002	12.4876	0.0801	0.1601	6.2469
10	2.1589	0.4632	14.4866	0.0690	0.1490	6.7101
11	2.3316	0.4289	16.6455	0.0601	0.1401	7.1390
12	2.5182	0.3971	18.9771	0.0527	0.1327	7.5361
13	2.7196	0.3677	21.4953	0.0465	0.1265	7.9038
14	2.9372	0.3405	24.2149	0.0413	0.1213	8.2442
15	3.1722	0.3152	27.1521	0.0368	0.1168	8.5595
16	3.4259	0.2919	30.3243	0.0330	0.1130	8.8514
17	3.7000	0.2703	33.7502	0.0296	0.1096	9.1216
18	3.9960	0.2502	37.4502	0.0267	0.1067	9.3719
19	4.3157	0.2317	41.4463	0.0241	0.1041	9.6036
20	4.6610	0.2145	45.7620	0.0219	0.1019	9.8181
21	5.0338	0.1987	50.4229	0.0198	0.0998	10.0168
22	5.4365	0.1839	55.4568	0.0180	0.0980	10.2007
23	5.8715	0.1703	60.8933	0.0164	0.0964	10.3711
24	6.3412	0.1577	66.7648	0.0150	0.0950	10.5288
25	6.8485	0.1460	73.1059	0.0137	0.0937	10.6748
26	7.3964	0.1352	79.9544	0.0125	0.0925	10.8100
27	7.9881	0.1252	87.3508	0.0114	0.0914	10.9352
28	8.6271	0.1159	95.3388	0.0105	0.0905	11.0511
29	9.3173	0.1073	103.9659	0.0096	0.0896	11.1584
30	10.0627	0.0994	113.2832	0.0088	0.0888	11.2578
31	10.8677	0.0920	123.3459	0.0081	0.0881	11.3498
32	11.7371	0.0852	134.2135	0.0075	0.0875	11.4350
33	12.6760	0.0789	145.9506	0.0069	0.0869	11.5139
34	13.6901	0.0730	158.6267	0.0063	0.0863	11.5869
35	14.7853	0.0676	172.3168	0.0058	0.0858	11.6546
40	21.7245	0.0460	259.0565	0.0039	0.0839	11.9246
45	31.9204	0.0313	386.5056	0.0026	0.0826	12.1084
50	46.9016	0.0213	573.7702	0.0017	0.0817	12.2335
55	68.9139	0.0145	848.9232	0.0012	0.0812	12.3186
60	101.2571	0.0099	1253.2133	0.0008	0.0808	12.3766
65	148.7798	0.0067	1847.2481	0.0005	0.0805	12.4160
70	218.6064	0.0046	2720.0801	0.0004	0.0804	12.4428
75	321.2045	0.0031	4002.5566	0.0002	0.0802	12.4611
80	471.9548	0.0021	5886.9354	0.0002	0.0802	12.4735
85	693.4565	0.0014	8655.7061	0.0001	0.0801	12.4820
90	1018.9151	0.0010	12723.9386	0.0001	0.0801	12.4877
95	1497.1205	0.0007	18701.5069	0.0001	0.0801	12.4917
100	2199.7613	0.0005	27484.5157	0.0000	0.0800	12.4943

$i=10\%$

n	$(F/P,i,n)$	$(P/F,i,n)$	$(F/A,i,n)$	$(A/F,i,n)$	$(A/P,i,n)$	$(P/A,i,n)$
1	1.1000	0.9091	1.0000	1.0000	1.1000	0.9091
2	1.2100	0.8264	2.1000	0.4762	0.5762	1.7355
3	1.3310	0.7513	3.3100	0.3021	0.4021	2.4869
4	1.4641	0.6830	4.6410	0.2155	0.3155	3.1699
5	1.6105	0.6209	6.1051	0.1638	0.2638	3.7908
6	1.7716	0.5645	7.7156	0.1296	0.2296	4.3553
7	1.9487	0.5132	9.4872	0.1054	0.2054	4.8684
8	2.1436	0.4665	11.4359	0.0874	0.1874	5.3349
9	2.3579	0.4241	13.5795	0.0736	0.1736	5.7590
10	2.5937	0.3855	15.9374	0.0627	0.1627	6.1446
11	2.8531	0.3505	18.5312	0.0540	0.1540	6.4951
12	3.1384	0.3186	21.3843	0.0468	0.1468	6.8137
13	3.4523	0.2897	24.5227	0.0408	0.1408	7.1034
14	3.7975	0.2633	27.9750	0.0357	0.1357	7.3667
15	4.1772	0.2394	31.7725	0.0315	0.1315	7.6061
16	4.5950	0.2176	35.9497	0.0278	0.1278	7.8237
17	5.0545	0.1978	40.5447	0.0247	0.1247	8.0216
18	5.5599	0.1799	45.5992	0.0219	0.1219	8.2014
19	6.1159	0.1635	51.1591	0.0195	0.1195	8.3649
20	6.7275	0.1486	57.2750	0.0175	0.1175	8.5136
21	7.4002	0.1351	64.0025	0.0156	0.1156	8.6487
22	8.1403	0.1228	71.4027	0.0140	0.1140	8.7715
23	8.9543	0.1117	79.5430	0.0126	0.1126	8.8832
24	9.8497	0.1015	88.4973	0.0113	0.1113	8.9847
25	10.8347	0.0923	98.3471	0.0102	0.1102	9.0770
26	11.9182	0.0839	109.1818	0.0092	0.1092	9.1609
27	13.1100	0.0763	121.0999	0.0083	0.1083	9.2372
28	14.4210	0.0693	134.2099	0.0075	0.1075	9.3066
29	15.8631	0.0630	148.6309	0.0067	0.1067	9.3696
30	17.4494	0.0573	164.4940	0.0061	0.1061	9.4269
31	19.1943	0.0521	181.9434	0.0055	0.1055	9.4790
32	21.1138	0.0474	201.1378	0.0050	0.1050	9.5264
33	23.2252	0.0431	222.2515	0.0045	0.1045	9.5694
34	25.5477	0.0391	245.4767	0.0041	0.1041	9.6086
35	28.1024	0.0356	271.0244	0.0037	0.1037	9.6442
40	45.2593	0.0221	442.5926	0.0023	0.1023	9.7791
45	72.8905	0.0137	718.9048	0.0014	0.1014	9.8628
50	117.3909	0.0085	1163.9085	0.0009	0.1009	9.9148
55	189.0591	0.0053	1880.5914	0.0005	0.1005	9.9471
60	304.4816	0.0033	3034.8164	0.0003	0.1003	9.9672
65	490.3707	0.0020	4893.7073	0.0002	0.1002	9.9796
70	789.7470	0.0013	7887.4696	0.0001	0.1001	9.9873
75	1271.8954	0.0008	12708.9537	0.0001	0.1001	9.9921
80	2048.4002	0.0005	20474.0021	0.0000	0.1000	9.9951
85	3298.9690	0.0003	32979.6903	0.0000	0.1000	9.9970
90	5313.0226	0.0002	53120.2261	0.0000	0.1000	9.9981
95	8556.6760	0.0001	85556.7605	0.0000	0.1000	9.9988

$i=12\%$

n	$(F/P,i,n)$	$(P/F,i,n)$	$(F/A,i,n)$	$(A/F,i,n)$	$(A/P,i,n)$	$(P/A,i,n)$
1	1.1200	0.8929	1.0000	1.0000	1.1200	0.8929
2	1.2544	0.7972	2.1200	0.4717	0.5917	1.6901
3	1.4049	0.7118	3.3744	0.2963	0.4163	2.4018
4	1.5735	0.6355	4.7793	0.2092	0.3292	3.0373
5	1.7623	0.5674	6.3528	0.1574	0.2774	3.6048
6	1.9738	0.5066	8.1152	0.1232	0.2432	4.1114
7	2.2107	0.4523	10.0890	0.0991	0.2191	4.5638
8	2.4760	0.4039	12.2997	0.0813	0.2013	4.9676
9	2.7731	0.3606	14.7757	0.0677	0.1877	5.3282
10	3.1058	0.3220	17.5487	0.0570	0.1770	5.6502
11	3.4785	0.2875	20.6546	0.0484	0.1684	5.9377
12	3.8960	0.2567	24.1331	0.0414	0.1614	6.1944
13	4.3635	0.2292	28.0291	0.0357	0.1557	6.4235
14	4.8871	0.2046	32.3926	0.0309	0.1509	6.6282
15	5.4736	0.1827	37.2797	0.0268	0.1468	6.8109
16	6.1304	0.1631	42.7533	0.0234	0.1434	6.9740
17	6.8660	0.1456	48.8837	0.0205	0.1405	7.1196
18	7.6900	0.1300	55.7497	0.0179	0.1379	7.2497
19	8.6128	0.1161	63.4397	0.0158	0.1358	7.3658
20	9.6463	0.1037	72.0524	0.0139	0.1339	7.4694
21	10.8038	0.0926	81.6987	0.0122	0.1322	7.5620
22	12.1003	0.0826	92.5026	0.0108	0.1308	7.6446
23	13.5523	0.0738	104.6029	0.0096	0.1296	7.7184
24	15.1786	0.0659	118.1552	0.0085	0.1285	7.7843
25	17.0001	0.0588	133.3339	0.0075	0.1275	7.8431
26	19.0401	0.0525	150.3339	0.0067	0.1267	7.8957
27	21.3249	0.0469	169.3740	0.0059	0.1259	7.9426
28	23.8839	0.0419	190.6989	0.0052	0.1252	7.9844
29	26.7499	0.0374	214.5828	0.0047	0.1247	8.0218
30	29.9599	0.0334	241.3327	0.0041	0.1241	8.0552
31	33.5551	0.0298	271.2926	0.0037	0.1237	8.0850
32	37.5817	0.0266	304.8477	0.0033	0.1233	8.1116
33	42.0915	0.0238	342.4294	0.0029	0.1229	8.1354
34	47.1425	0.0212	384.5210	0.0026	0.1226	8.1566
35	52.7996	0.0189	431.6635	0.0023	0.1223	8.1755
40	93.0510	0.0107	767.0914	0.0013	0.1213	8.2438
45	163.9876	0.0061	1358.2300	0.0007	0.1207	8.2825
50	289.0022	0.0035	2400.0182	0.0004	0.1204	8.3045
55	509.3206	0.0020	4236.0050	0.0002	0.1202	8.3170
60	897.5969	0.0011	7471.6411	0.0001	0.1201	8.3240
65	1581.8725	0.0006	13173.9374	0.0001	0.1201	8.3281
70	2787.7998	0.0004	23223.3319	0.0000	0.1200	8.3303
75	4913.0558	0.0002	40933.7987	0.0000	0.1200	8.3316
80	8658.4831	0.0001	72145.6925	0.0000	0.1200	8.3324

$i=15\%$

n	(F/P,i,n)	(P/F,i,n)	(F/A,i,n)	(A/F,i,n)	(A/P,i,n)	(P/A,i,n)
1	1.1500	0.8696	1.0000	1.0000	1.1500	0.8696
2	1.3225	0.7561	2.1500	0.4651	0.6151	1.6257
3	1.5209	0.6575	3.4725	0.2880	0.4380	2.2832
4	1.7490	0.5718	4.9934	0.2003	0.3503	2.8550
5	2.0114	0.4972	6.7424	0.1483	0.2983	3.3522
6	2.3131	0.4323	8.7537	0.1142	0.2642	3.7845
7	2.6600	0.3759	11.0668	0.0904	0.2404	4.1604
8	3.0590	0.3269	13.7268	0.0729	0.2229	4.4873
9	3.5179	0.2843	16.7858	0.0596	0.2096	4.7716
10	4.0456	0.2472	20.3037	0.0493	0.1993	5.0188
11	4.6524	0.2149	24.3493	0.0411	0.1911	5.2337
12	5.3503	0.1869	29.0017	0.0345	0.1845	5.4206
13	6.1528	0.1625	34.3519	0.0291	0.1791	5.5831
14	7.0757	0.1413	40.5047	0.0247	0.1747	5.7245
15	8.1371	0.1229	47.5804	0.0210	0.1710	5.8474
16	9.3576	0.1069	55.7175	0.0179	0.1679	5.9542
17	10.7613	0.0929	65.0751	0.0154	0.1654	6.0472
18	12.3755	0.0808	75.8364	0.0132	0.1632	6.1280
19	14.2318	0.0703	88.2118	0.0113	0.1613	6.1982
20	16.3665	0.0611	102.4436	0.0098	0.1598	6.2593
21	18.8215	0.0531	118.8101	0.0084	0.1584	6.3125
22	21.6447	0.0462	137.6316	0.0073	0.1573	6.3587
23	24.8915	0.0402	159.2764	0.0063	0.1563	6.3988
24	28.6252	0.0349	184.1678	0.0054	0.1554	6.4338
25	32.9190	0.0304	212.7930	0.0047	0.1547	6.4641
26	37.8568	0.0264	245.7120	0.0041	0.1541	6.4906
27	43.5353	0.0230	283.5688	0.0035	0.1535	6.5135
28	50.0656	0.0200	327.1041	0.0031	0.1531	6.5335
29	57.5755	0.0174	377.1697	0.0027	0.1527	6.5509
30	66.2118	0.0151	434.7451	0.0023	0.1523	6.5660
31	76.1435	0.0131	500.9569	0.0020	0.1520	6.5791
32	87.5651	0.0114	577.1005	0.0017	0.1517	6.5905
33	100.6998	0.0099	664.6655	0.0015	0.1515	6.6005
34	115.8048	0.0086	765.3654	0.0013	0.1513	6.6091
35	133.1755	0.0075	881.1702	0.0011	0.1511	6.6166
40	267.8635	0.0037	1779.0903	0.0006	0.1506	6.6418
45	538.7693	0.0019	3585.1285	0.0003	0.1503	6.6543
50	1083.6574	0.0009	7217.7163	0.0001	0.1501	6.6605
55	2179.6222	0.0005	14524.1479	0.0001	0.1501	6.6636
60	4383.9987	0.0002	29219.9916	0.0000	0.1500	6.6651
65	8817.7874	0.0001	58778.5826	0.0000	0.1500	6.6659

$i=18\%$

n	(F/P,i,n)	(P/F,i,n)	(F/A,i,n)	(A/F,i,n)	(A/P,i,n)	(P/A,i,n)
1	1.1800	0.8475	1.0000	1.0000	1.1800	0.8475
2	1.3924	0.7182	2.1800	0.4587	0.6387	1.5656
3	1.6430	0.6086	3.5724	0.2799	0.4599	2.1743
4	1.9388	0.5158	5.2154	0.1917	0.3717	2.6901
5	2.2878	0.4371	7.1542	0.1398	0.3198	3.1272
6	2.6996	0.3704	9.4420	0.1059	0.2859	3.4976
7	3.1855	0.3139	12.1415	0.0824	0.2624	3.8115
8	3.7589	0.2660	15.3270	0.0652	0.2452	4.0776
9	4.4355	0.2255	19.0859	0.0524	0.2324	4.3030
10	5.2338	0.1911	23.5213	0.0425	0.2225	4.4941
11	6.1759	0.1619	28.7551	0.0348	0.2148	4.6560
12	7.2876	0.1372	34.9311	0.0286	0.2086	4.7932
13	8.5994	0.1163	42.2187	0.0237	0.2037	4.9095
14	10.1472	0.0985	50.8180	0.0197	0.1997	5.0081
15	11.9737	0.0835	60.9653	0.0164	0.1964	5.0916
16	14.1290	0.0708	72.9390	0.0137	0.1937	5.1624
17	16.6722	0.0600	87.0680	0.0115	0.1915	5.2223
18	19.6733	0.0508	103.7403	0.0096	0.1896	5.2732
19	23.2144	0.0431	123.4135	0.0081	0.1881	5.3162
20	27.3930	0.0365	146.6280	0.0068	0.1868	5.3527
21	32.3238	0.0309	174.0210	0.0057	0.1857	5.3837
22	38.1421	0.0262	206.3448	0.0048	0.1848	5.4099
23	45.0076	0.0222	244.4868	0.0041	0.1841	5.4321
24	53.1090	0.0188	289.4945	0.0035	0.1835	5.4509
25	62.6686	0.0160	342.6035	0.0029	0.1829	5.4669
26	73.9490	0.0135	405.2721	0.0025	0.1825	5.4804
27	87.2598	0.0115	479.2211	0.0021	0.1821	5.4919
28	102.9666	0.0097	566.4809	0.0018	0.1818	5.5016
29	121.5005	0.0082	669.4475	0.0015	0.1815	5.5098
30	143.3706	0.0070	790.9480	0.0013	0.1813	5.5168
31	169.1774	0.0059	934.3186	0.0011	0.1811	5.5227
32	199.6293	0.0050	1103.4960	0.0009	0.1809	5.5277
33	235.5625	0.0042	1303.1253	0.0008	0.1808	5.5320
34	277.9638	0.0036	1538.6878	0.0006	0.1806	5.5356
35	327.9973	0.0030	1816.6516	0.0006	0.1806	5.5386
40	750.3783	0.0013	4163.2130	0.0002	0.1802	5.5482
45	1716.6839	0.0006	9531.5771	0.0001	0.1801	5.5523
50	3927.3569	0.0003	21813.0937	0.0000	0.1800	5.5541
55	8984.8411	0.0001	49910.2284	0.0000	0.1800	5.5549

$i=20\%$

n	$(F/P,i,n)$	$(P/F,i,n)$	$(F/A,i,n)$	$(A/F,i,n)$	$(A/P,i,n)$	$(P/A,i,n)$
1	1.2000	0.8333	1.0000	1.0000	1.2000	0.8333
2	1.4400	0.6944	2.2000	0.4545	0.6545	1.5278
3	1.7280	0.5787	3.6400	0.2747	0.4747	2.1065
4	2.0736	0.4823	5.3680	0.1863	0.3863	2.5887
5	2.4883	0.4019	7.4416	0.1344	0.3344	2.9906
6	2.9860	0.3349	9.9299	0.1007	0.3007	3.3255
7	3.5832	0.2791	12.9159	0.0774	0.2774	3.6046
8	4.2998	0.2326	16.4991	0.0606	0.2606	3.8372
9	5.1598	0.1938	20.7989	0.0481	0.2481	4.0310
10	6.1917	0.1615	25.9587	0.0385	0.2385	4.1925
11	7.4301	0.1346	32.1504	0.0311	0.2311	4.3271
12	8.9161	0.1122	39.5805	0.0253	0.2253	4.4392
13	10.6993	0.0935	48.4966	0.0206	0.2206	4.5327
14	12.8392	0.0779	59.1959	0.0169	0.2169	4.6106
15	15.4070	0.0649	72.0351	0.0139	0.2139	4.6755
16	18.4884	0.0541	87.4421	0.0114	0.2114	4.7296
17	22.1861	0.0451	105.9306	0.0094	0.2094	4.7746
18	26.6233	0.0376	128.1167	0.0078	0.2078	4.8122
19	31.9480	0.0313	154.7400	0.0065	0.2065	4.8435
20	38.3376	0.0261	186.6880	0.0054	0.2054	4.8696
21	46.0051	0.0217	225.0256	0.0044	0.2044	4.8913
22	55.2061	0.0181	271.0307	0.0037	0.2037	4.9094
23	66.2474	0.0151	326.2369	0.0031	0.2031	4.9245
24	79.4968	0.0126	392.4842	0.0025	0.2025	4.9371
25	95.3962	0.0105	471.9811	0.0021	0.2021	4.9476
26	114.4755	0.0087	567.3773	0.0018	0.2018	4.9563
27	137.3706	0.0073	681.8528	0.0015	0.2015	4.9636
28	164.8447	0.0061	819.2233	0.0012	0.2012	4.9697
29	197.8136	0.0051	984.0680	0.0010	0.2010	4.9747
30	237.3763	0.0042	1181.8816	0.0008	0.2008	4.9789
31	284.8516	0.0035	1419.2579	0.0007	0.2007	4.9824
32	341.8219	0.0029	1704.1095	0.0006	0.2006	4.9854
33	410.1863	0.0024	2045.9314	0.0005	0.2005	4.9878
34	492.2235	0.0020	2456.1176	0.0004	0.2004	4.9898
35	590.6682	0.0017	2948.3411	0.0003	0.2003	4.9915
40	1469.7716	0.0007	7343.8578	0.0001	0.2001	4.9966
45	3657.2620	0.0003	18281.3099	0.0001	0.2001	4.9986
50	9100.4382	0.0001	45497.1908	0.0000	0.2000	4.9995

$i=25\%$

n	$(F/P,i,n)$	$(P/F,i,n)$	$(F/A,i,n)$	$(A/F,i,n)$	$(A/P,i,n)$	$(P/A,i,n)$
1	1.2500	0.8000	1.0000	1.0000	1.2500	0.8000
2	1.5625	0.6400	2.2500	0.4444	0.6944	1.4400
3	1.9531	0.5120	3.8125	0.2623	0.5123	1.9520
4	2.4414	0.4096	5.7656	0.1734	0.4234	2.3616
5	3.0518	0.3277	8.2070	0.1218	0.3718	2.6893
6	3.8147	0.2621	11.2588	0.0888	0.3388	2.9514
7	4.7684	0.2097	15.0735	0.0663	0.3163	3.1611
8	5.9605	0.1678	19.8419	0.0504	0.3004	3.3289
9	7.4506	0.1342	25.8023	0.0388	0.2888	3.4631
10	9.3132	0.1074	33.2529	0.0301	0.2801	3.5705
11	11.6415	0.0859	42.5661	0.0235	0.2735	3.6564
12	14.5519	0.0687	54.2077	0.0184	0.2684	3.7251
13	18.1899	0.0550	68.7596	0.0145	0.2645	3.7801
14	22.7374	0.0440	86.9495	0.0115	0.2615	3.8241
15	28.4217	0.0352	109.6868	0.0091	0.2591	3.8593
16	35.5271	0.0281	138.1085	0.0072	0.2572	3.8874
17	44.4089	0.0225	173.6357	0.0058	0.2558	3.9099
18	55.5112	0.0180	218.0446	0.0046	0.2546	3.9279
19	69.3889	0.0144	273.5558	0.0037	0.2537	3.9424
20	86.7362	0.0115	342.9447	0.0029	0.2529	3.9539
21	108.4202	0.0092	429.6809	0.0023	0.2523	3.9631
22	135.5253	0.0074	538.1011	0.0019	0.2519	3.9705
23	169.4066	0.0059	673.6264	0.0015	0.2515	3.9764
24	211.7582	0.0047	843.0329	0.0012	0.2512	3.9811
25	264.6978	0.0038	1054.7912	0.0009	0.2509	3.9849
26	330.8722	0.0030	1319.4890	0.0008	0.2508	3.9879
27	413.5903	0.0024	1650.3612	0.0006	0.2506	3.9903
28	516.9879	0.0019	2063.9515	0.0005	0.2505	3.9923
29	646.2349	0.0015	2580.9394	0.0004	0.2504	3.9938
30	807.7936	0.0012	3227.1743	0.0003	0.2503	3.9950
35	2465.1903	0.0004	9856.7613	0.0001	0.2501	3.9984
40	7523.1638	0.0001	30088.6554	0.0000	0.2500	3.9995
45	22958.8740	0.0000	91831.4962	0.0000	0.2500	3.9998

$i=30\%$

n	(F/P,i,n)	(P/F,i,n)	(F/A,i,n)	(A/F,i,n)	(A/P,i,n)	(P/A,i,n)
1	1.3000	0.7692	1.0000	1.0000	1.3000	0.7692
2	1.6900	0.5917	2.3000	0.4348	0.7348	1.3609
3	2.1970	0.4552	3.9900	0.2506	0.5506	1.8161
4	2.8561	0.3501	6.1870	0.1616	0.4616	2.1662
5	3.7129	0.2693	9.0431	0.1106	0.4106	2.4356
6	4.8268	0.2072	12.7560	0.0784	0.3784	2.6427
7	6.2749	0.1594	17.5828	0.0569	0.3569	2.8021
8	8.1573	0.1226	23.8577	0.0419	0.3419	2.9247
9	10.6045	0.0943	32.0150	0.0312	0.3312	3.0190
10	13.7858	0.0725	42.6195	0.0235	0.3235	3.0915
11	17.9216	0.0558	56.4053	0.0177	0.3177	3.1473
12	23.2981	0.0429	74.3270	0.0135	0.3135	3.1903
13	30.2875	0.0330	97.6250	0.0102	0.3102	3.2233
14	39.3738	0.0254	127.9125	0.0078	0.3078	3.2487
15	51.1859	0.0195	167.2863	0.0060	0.3060	3.2682
16	66.5417	0.0150	218.4722	0.0046	0.3046	3.2832
17	86.5042	0.0116	285.0139	0.0035	0.3035	3.2948
18	112.4554	0.0089	371.5180	0.0027	0.3027	3.3037
19	146.1920	0.0068	483.9734	0.0021	0.3021	3.3105
20	190.0496	0.0053	630.1655	0.0016	0.3016	3.3158
21	247.0645	0.0040	820.2151	0.0012	0.3012	3.3198
22	321.1839	0.0031	1067.2796	0.0009	0.3009	3.3230
23	417.5391	0.0024	1388.4635	0.0007	0.3007	3.3254
24	542.8008	0.0018	1806.0026	0.0006	0.3006	3.3272
25	705.6410	0.0014	2348.8033	0.0004	0.3004	3.3286
26	917.3333	0.0011	3054.4443	0.0003	0.3003	3.3297
27	1192.5333	0.0008	3971.7776	0.0003	0.3003	3.3305
28	1550.2933	0.0006	5164.3109	0.0002	0.3002	3.3312
29	2015.3813	0.0005	6714.6042	0.0001	0.3001	3.3317
30	2619.9956	0.0004	8729.9855	0.0001	0.3001	3.3321
31	3405.9943	0.0003	11349.9811	0.0001	0.3001	3.3324
32	4427.7926	0.0002	14755.9755	0.0001	0.3001	3.3326
33	5756.1304	0.0002	19183.7681	0.0001	0.3001	3.3328
34	7482.9696	0.0001	24939.8985	0.0000	0.3000	3.3329
35	9727.8604	0.0001	32422.8681	0.0000	0.3000	3.3330

$i=40\%$

n	(F/P,i,n)	(P/F,i,n)	(F/A,i,n)	(A/F,i,n)	(A/P,i,n)	(P/A,i,n)
1	1.4000	0.7143	1.0000	1.0000	1.4000	0.7143
2	1.9600	0.5102	2.4000	0.4167	0.8167	1.2245
3	2.7440	0.3644	4.3600	0.2294	0.6294	1.5889
4	3.8416	0.2603	7.1040	0.1408	0.5408	1.8492
5	5.3782	0.1859	10.9456	0.0914	0.4914	2.0352
6	7.5295	0.1328	16.3238	0.0613	0.4613	2.1680
7	10.5414	0.0949	23.8534	0.0419	0.4419	2.2628
8	14.7579	0.0678	34.3947	0.0291	0.4291	2.3306
9	20.6610	0.0484	49.1526	0.0203	0.4203	2.3790
10	28.9255	0.0346	69.8137	0.0143	0.4143	2.4136

续上表

n	(F/P,i,n)	(P/F,i,n)	(F/A,i,n)	(A/F,i,n)	(A/P,i,n)	(P/A,i,n)
11	40.4957	0.0247	98.7391	0.0101	0.4101	2.4383
12	56.6939	0.0176	139.2348	0.0072	0.4072	2.4559
13	79.3715	0.0126	195.9287	0.0051	0.4051	2.4685
14	111.1201	0.0090	275.3002	0.0036	0.4036	2.4775
15	155.5681	0.0064	386.4202	0.0026	0.4026	2.4839
16	217.7953	0.0046	541.9883	0.0018	0.4018	2.4885
17	304.9135	0.0033	759.7837	0.0013	0.4013	2.4918
18	426.8789	0.0023	1064.6971	0.0009	0.4009	2.4941
19	597.6304	0.0017	1491.5760	0.0007	0.4007	2.4958
20	836.6826	0.0012	2089.2064	0.0005	0.4005	2.4970
21	1171.3556	0.0009	2925.8889	0.0003	0.4003	2.4979
22	1639.8978	0.0006	4097.2445	0.0002	0.4002	2.4985
23	2295.8569	0.0004	5737.1423	0.0002	0.4002	2.4989
24	3214.1997	0.0003	8032.9993	0.0001	0.4001	2.4992
25	4499.8796	0.0002	11247.1990	0.0001	0.4001	2.4994
26	6299.8314	0.0002	15747.0785	0.0001	0.4001	2.4996
27	8819.7640	0.0001	22046.9099	0.0000	0.4000	2.4997
28	12347.6696	0.0001	30866.6739	0.0000	0.4000	2.4998
29	17286.7374	0.0001	43214.3435	0.0000	0.4000	2.4999
30	24201.4324	0.0000	60501.0809	0.0000	0.4000	2.4999
31	33882.0053	0.0000	84702.5132	0.0000	0.4000	2.4999

$i=50\%$

n	(F/P,i,n)	(P/F,i,n)	(F/A,i,n)	(A/F,i,n)	(A/P,i,n)	(P/A,i,n)
1	1.5000	0.6667	1.0000	1.0000	1.5000	0.6667
2	2.2500	0.4444	2.5000	0.4000	0.9000	1.1111
3	3.3750	0.2963	4.7500	0.2105	0.7105	1.4074
4	5.0625	0.1975	8.1250	0.1231	0.6231	1.6049
5	7.5938	0.1317	13.1875	0.0758	0.5758	1.7366
6	11.3906	0.0878	20.7813	0.0481	0.5481	1.8244
7	17.0859	0.0585	32.1719	0.0311	0.5311	1.8829
8	25.6289	0.0390	49.2578	0.0203	0.5203	1.9220
9	38.4434	0.0260	74.8867	0.0134	0.5134	1.9480
10	57.6650	0.0173	113.3301	0.0088	0.5088	1.9653
11	86.4976	0.0116	170.9951	0.0058	0.5058	1.9769
12	129.7463	0.0077	257.4927	0.0039	0.5039	1.9846
13	194.6195	0.0051	387.2390	0.0026	0.5026	1.9897
14	291.9293	0.0034	581.8585	0.0017	0.5017	1.9931
15	437.8939	0.0023	873.7878	0.0011	0.5011	1.9954
16	656.8408	0.0015	1311.6817	0.0008	0.5008	1.9970
17	985.2613	0.0010	1968.5225	0.0005	0.5005	1.9980
18	1477.8919	0.0007	2953.7838	0.0003	0.5003	1.9986
19	2216.8378	0.0005	4431.6756	0.0002	0.5002	1.9991
20	3325.2567	0.0003	6648.5135	0.0002	0.5002	1.9994
21	4987.8851	0.0002	9973.7702	0.0001	0.5001	1.9996
22	7481.8276	0.0001	14961.6553	0.0001	0.5001	1.9997
23	11222.7415	0.0001	22443.4829	0.0000	0.5000	1.9998
24	16834.1122	0.0001	33666.2244	0.0000	0.5000	1.9999
25	25251.1683	0.0000	50500.3366	0.0000	0.5000	1.9999
26	37876.7524	0.0000	75751.5049	0.0000	0.5000	1.9999

附录二　公路工程造价人员资格考试大纲（第一科目）

本考试大纲对公路工程造价相关知识的要求分为了解、熟悉、掌握三个层次，“了解”即考生应知道的公路工程造价相关知识；“熟悉”即要求考生深刻理解的公路工程造价相关知识；“掌握”即考生能运用所要求的公路工程相关知识解决实际工作问题。

公路工程造价人员资格考试分为甲、乙两个等级，考试大纲中凡不加区分的要求是对甲、乙级均适用的要求；凡有所区分的要求，则括号外的是对甲级的要求，括号内的是对乙级的要求，如掌握（熟悉）即要求甲级“掌握”、乙级“熟悉”。

第一科目　公路工程造价基础理论及相关法规

一、公路工程造价管理及其基本制度

（一）掌握公路工程造价的定义及构成、公路工程造价的计价特点；
（二）掌握（熟悉）公路工程造价管理体制及基本内容；
（三）熟悉（了解）公路工程建设管理体制、公路建设项目的划分；
（四）熟悉（了解）公路基本建设的制度、法规；
（五）了解造价人员资格管理制度及工程造价咨询管理制度。

二、工程经济

（一）掌握资金的时间价值及其计算；
（二）掌握（熟悉）投资方案经济效果的评价指标和方法；
（三）熟悉方案优化方法——价值工程；
（四）熟悉（了解）不确定性分析方法；
（五）熟悉（了解）工程寿命周期成本分析的内容和方法。

三、工程财务

（一）熟悉公路建设项目资本金制度、项目资金筹措的渠道与方式；
（二）熟悉（了解）公路建设项目资金成本、资本结构与融资方式；
（三）熟悉（了解）公路建设项目成本管理的内容和方法；
（四）熟悉（了解）公路建设项目资产评估的内容和方法；
（五）熟悉与工程造价有关的税收及保险的内容；
（六）了解公路建设项目财务分析的内容和方法；
（七）了解与工程财务有关的基本知识和相关内容。

四、工程项目管理

（一）掌握工程项目的计划体系、目标控制的措施和方法；

（二）掌握（熟悉）流水施工组织方法、网络计划技术；

（三）熟悉（了解）工程项目的组成和分类、项目建设程序及不同阶段投资控制措施；

（四）熟悉工程项目管理的组织；

（五）了解工程项目管理的类型和任务、工程项目管理相关制度；

（六）了解工程项目风险管理。

五、法律法规

（一）掌握合同法的有关内容；

（二）熟悉公路法、招标投标法、政府采购法、土地管理法、价格法、物权法、国有土地上房屋征收与补偿条例等法律法规中与工程造价有关的内容；

（三）熟悉（了解）国内公路工程招标合同范本的基本内容，了解国外公路工程招标合同范本的基本内容；

（四）了解建筑、标准化、保险、税收、水土保持、环境保护、文物、矿产资源、森林等相关领域法律法规中与工程造价有关的内容。

参 考 文 献

[1] 交通专业人员资格评价中心,交通公路工程定额站.公路工程造价管理相关知识[M].北京:人民交通出版社,2010.

[2] 交通专业人员资格评价中心,交通公路工程定额站.公路工程造价编制与项目经济评价[M].北京:人民交通出版社,2010.

[3] 全国造价工程师执业资格考试培训教材编审组.工程造价管理基础理论与相关法规[M].北京:中国计划出版社,2009.

[4] 交通运输部公路司.公路建设管理法规文件汇编(2009年版)[M].北京:人民交通出版社,2009.

[5] 中华人民共和国交通运输部.公路工程标准施工招标文件(2009年版)[S].北京:人民交通出版社,2009.

[6] 湖南省交通厅交通造价管理站.交通工程造价管理文件汇编[M].2004.

[7] 徐蓉.工程造价管理[M].上海:同济大学出版社,2005.

[8] 刘三会.合同管理[M].北京:人民交通出版社,2006.

[9] 刘燕.技术经济学[M].成都:电子科技大学出版社,2007.

[10] 袁明鹏,胡艳,庄越.新编技术经济学[M].北京:清华大学出版社,2007.

[11] 丁士昭.工程项目管理[M].北京,中国建筑工业出版社,2006.

[12] 王祖和,王永萍,代春泉,王扬.现代工程项目管理[M].北京,电子工业出版社,2007.

[13] 成虎.工程项目管理(第三版)[M].北京:中国建筑工业出版社,2009.

[14] 史恩静.公路工程财务管理[M].北京:人民交通出版社,2006.

[15] 何康维,陈国新.建设工程计价原理与方法[M].上海:同济大学出版社,2004.

[16] 雒应.合同管理(第二版)[M].北京:人民交通出版社,2007.

[17] 孙昌玲.土木工程造价[M].北京:中国建筑工业出版社,2000.

[18] 吴现立,冯占红.工程造价控制与管理[M].武汉:武汉理工大学出版社,2004.

[19] 中国建设监理协会.建设工程监理概论[M].北京:知识产权出版社,2003.